国家级一流课程建设规划教材

农业院校耕读教育系列教材

农村经济发展调查

RURAL ECONOMIC
DEVELOPMENT SURVEY

杨　丹◎主编

图书在版编目(CIP)数据

农村经济发展调查 / 杨丹主编. -- 重庆 : 西南大学出版社, 2023.12
农业院校耕读教育系列教材
ISBN 978-7-5697-1931-4

Ⅰ. ①农… Ⅱ. ①杨… Ⅲ. ①农村经济发展 – 中国 – 高等学校 – 教材 Ⅳ. ①F323

中国国家版本馆CIP数据核字(2023)第221061号

农村经济发展调查

NONGCUN JINGJI FAZHAN DIAOCHA

杨丹 主编

责任编辑：杜珍辉
责任校对：郑祖艺
特约编辑：赵辰翔
装帧设计：汤 立
排 版：张 祥
出版发行：西南大学出版社(原西南师范大学出版社)
地址：重庆市北碚区天生路2号
邮编：400715
电话：023-68868624
经 销：全国新华书店
印 刷：重庆亘鑫印务有限公司
幅面尺寸：185 mm×260 mm
印 张：23.25
字 数：450千字
版 次：2023年12月第1版
印 次：2023年12月第1次
书 号：ISBN 978-7-5697-1931-4
定 价：68.00元

教材编写人员

主　编

杨　丹　西南大学经济管理学院　教授、博士

副主编

熊　涛　华中农业大学经济管理学院　教授、博士

刘自敏　西南大学经济管理学院　教授、博士

参　编

孙艳华　湖南农业大学商学院　教授、博士

韩爱华　中南财经政法大学统计与数学学院　副教授、博士

高钰玲　安徽大学经济学院　讲师、博士

熊　雪　西南大学经济管理学院　副教授、博士

前言

中国作为世界三大农业起源区之一，拥有深厚的农耕文化渊源。北魏时期贾思勰所著的《齐民要术》是我国最早最完整的农学著作，“起自耕农，终于醯醢”，记载了从土地到餐桌的农业生产、生活的经验与智慧，传递出以农为本、食为政首的农业发展思想。在重农文化的熏陶下，作为农业大国，我国一直都将解决“三农”问题作为全党工作的重中之重。党的十八大以来，以习近平同志为核心的党中央从党和国家事业全局出发，着眼于实现“两个一百年”奋斗目标，打赢脱贫攻坚战，历史性地解决了绝对贫困问题，实施乡村振兴战略，推动农业农村取得历史性成就。

“三农”问题关系到国家经济社会发展全局。开展农村经济发展调查，是深入了解农村社会经济的历史和现实，发现农业、农村、农民发展难题与需求的重要手段。我国农村社会经济与发展问题复杂多元，“因地而异”的客观生产条件决定了在这片幅员辽阔的土地上，农业生产必然充满了差异与不平衡。毛泽东在管理农民运动时，曾历时32天实地考察了湘潭、湘乡、衡山、醴陵、长沙等地，后在《关于农村调查》中写道“认识世界，不是一件容易的事”。习近平总书记多次强调，要在全党大兴调查研究之风。实践是检验真理的唯一标准，要解决中国的农业、农村、农民问题，就要走到田埂高地，去记录阡陌农田的耕作实景，去研究稻谷黍粱的生命周期，去倾听农人的需求，去挖掘农业的现实。

农村经济发展调查是研究“三农”问题必不可少之环节，通过全面、科学、系统的农村调查来讲述中国故事在当今的研究工作中已成为共识。马克思主义发展观指出，人类社会是在不断运动、变化和发展的。进入到新发展阶段，我国农业生产与农村社会的经济环境、发展环境都已发生变化，全面推进乡村振兴，加快农业农村现代化成为当前历史关头的重要任务。从这一角度来说，为研究与解决不断变化的“三农”问题，开展持续性的农村经济调查是重要的突破口。

本教材的编写契机来源于以下几个方面：

首先，《农村经济发展调查》教材是首批国家级社会实践一流课程“农村经济发展调查”的配套教材，其学习对象主要为农林经济管理专业本科生。以该门课程的开设为契机，本教材从完善高等农业院校实践教学体系、促进田野调查类实践课程教学质量提升、丰富课程思政内容、提升涉农专业本科人才培养质量等目标出发，以农村经济发展调查的实际开展进程为脉络，对教材的内容与结构进行设计安排。鉴于课程教授内容具有较强实践性，本教材围绕农村经济发展调查的选题确定、调查方案设计、调查方法选择、调查问卷和访谈提纲设计、测量和指标设计、调查资料整理与分析、撰写调查报告等内容依次展开，期待能够提供具有较强借鉴性的调查实践参考，使学生能够循序渐进，按照内容逐步完成完整的农村调研实践活动。

其次，为贯彻建设高质量教育体系中所提出的“加强创新型、应用型、技能型人才培养”的教育理念，培养学生的实践能力和创新能力。本教材在编撰过程中注重强调思维方法在调查研究中的重要作用，并着力突出调查方法的实用性和可操作性技能的介绍。除此之外，整个编撰团队在教材内容中融入了自身积累的丰富的教学实践经验，强化了农村调查的完整流程指导。在实际的教学工作开展中，我们注意到，很多学生通过系统学习“农村经济发展调查”课程，建立起了自己“提出问题—研究问题—解决问题”的思考体系，掌握了“三农”问题的基本研究方法，而后形成了较为完善的调研报告，以此为基础形成学术论文参加了全国性的学术会议，并做汇报，或参加了“挑战杯”中国大学生创业计划竞赛、中国国际“互联网+”大学生创新创业大赛、“创青春”中国青年创新创业大赛等大型比赛，成绩斐然。编撰团队基于长期积累的良好育人成效，针对授课内容重新进行了系统化的梳理，以期形成可以推广应用的教学模式，为培养拔尖创新人才贡献绵薄之力。

再者，农村社会经济调查依托于统计学方法和技术的发展。我们在教学工作中发现，市面上统计学和市场调查类的教材很多，且这些作者的编撰经验丰富，许多教材历经多次改版调整，在国内外已是较受欢迎的教学参考选择，众多高校的教学经验也表明这类教材对当前教学工作具有较强的适用性。然而，专门针对农村领域的社会经济调查类教材却较少。农村经济发展调查相关教材建设不仅是做好农村田野调查的重要基础和保障，也是高等农业院校培养和输出农业专业人才的重要手段。本教材在编撰过程中参考了社会经济调查、农村调查等相关教材。这些教材突出思维方法和调查方法在调查研究中的重要作用，为本教材的编撰提供了重要的指导。路曼曼其修远兮，本着交流传播教学研究成果与培养“三农”人才的初心，编撰团队反复打磨教材内容，以期达到高质量人才培养的要求，丰富农村经济发展调查类教材体系。

最后，较为重要的是，我们发现，很多学生觉得自己参加了很多调研，去了农村很多次就掌握了调研，其实不然。社会经济调查是一种科学的研究活动，需要通过发掘现象—凝练问题—探寻成因—解释规律等一系列的理性思考与认识才能达到解决现实矛盾的目的。当着手于一项社会经济调查活动时，许多学生往往会凭着对社会经济调查与社会经济现象的感性认识而采取行动，这样难以习得行之有效的调查技能。“凡事预则立”，为避免学生走马观花导致农村经济发展调查流于形式，在实践教学中需要强化问题意识的引导。带着问题去农村，才能明辨虚实。同时，调查研究是一种技能，当不成系统的调查方法被应用于研究或工作中时，得出的调查结论往往会失之偏颇。调查研究是“三农”研究的入门基础，只有地基牢靠，后续研究工作才能避免走进误区。

农村经济发展调查是一项系统工程，任何一个农村调查研究项目的成功开展都离不开科学严谨的调查方法的运用。笔者与众位参与编撰的学者在整个教材的编写过程中就教材的内容与结构安排反复进行了讨论与修改，旨在为田野调查类实践教学提供理论知识与方法的有效参考，促进卓尔有效的农村调查活动的开展。《农村经济发展调查》这一教材编撰完成后，我们十分希望能够助力相关教学实现拔尖创新人才培养的目标，强化学生社会经济调查的技能训练，为服务乡村振兴增砖添瓦。

为了达到以上目标，本教材致力于突出以下的特点：

（1）融合课程思政，润物细无声

为深入贯彻落实习近平总书记在2016年全国高校思想政治工作会议中提出的“使各类课程与思想政治理论课同向同行，形成协同效应”的重要论述，2022年教育部等十部门印发的《全面推进“大思政课”建设的工作方案》中提出将习近平新时代中国特色社会主义思想有机融入全面贯穿哲学社会科学各学科知识体系。本教材在编写中力图破除课程思政存在的“硬融入”“表面化”等问题，用党的创新理论为“三农”教育铸魂。在指导思想上，坚持以习近平新时代中国特色社会主义思想为指导，聚焦立德树人根本任务；在理论知识上，融入思想政治教育资源，培养社会主义理想信念和爱国主义情怀；在操作技巧上，结合时代发展和时代变化对课程思政资源进行及时更新优化，推动思政教育与时俱进；在田野调查中，推动思政教育与实践调查有机结合，促进思政理论有效落实。

（2）训练科学思维，追寻真理之光

农村经济发展调查和研究密不可分，也是一项科学研究活动，需要进行科学思维的训练才能高质量地完成。为全面、科学、精练地介绍农村经济发展调查的理论与方法，培养学生的探究能力、批判性思维能力、获取信息能力，本教材在编写过程中较为注重知识点的逻辑梳理和科学思维训练，并在教材中增加了科学问题和研究假说、调查研究的思维方法等特色章节内容。考虑到选择具有合理性和合意性的调查方法是开展农村经济发展调查的关键，本教材在编写相关内容时，严格遵循并沿袭其中包含的经济学、管理学、社会学、统计学等学科的科学原则、知识原理与本貌，力求尽善尽美。为强化问题意识的引导与培养，本教材旨在引导学生主动去探究身边的科学问题，从农村经济发展实际中凝练问题、回归本质、探寻规律，鼓励和发掘原始创新意识，让学生走上独立自主的求学之道。

(3)配套案例详解,切实指导实践

调查类的课程只讲操作方法和原理是不够的,还需要有大量的案例进行示范教学。为了让学生能够高效理解和掌握基本知识点,并能够熟练运用所学的方法和技巧,本教材的编写内容融合了大量实践案例、知识卡片、思考练习等学习资料,并配套了数字资源,使教材内容更加生动、丰富、具体。如,在介绍农村经济发展调查的文献调查方法时,对分析文献的方法和内容进行了详细介绍,并给出了具体的案例,使学生能够一目了然;再如,在介绍调查问卷设计时,对每一种类型的问题设计都给出了相应的权威调查问卷问题实例,让学生能够在问卷设计时有所参考。本教材内容丰富翔实,注重理论与实践的结合,知识点逻辑安排合理、论述严密,便于教师由易到难进行知识的传授,学生也能够通过自主学习提升学习能力和实践运用能力,使师生逐步跳出传统教学模式的局限性。

(4)全程贯穿实训,强化学思践

在培养服务乡村振兴战略的高素质农林经管人才,提升学生的理论结合实践的能力时,实践类的课程是重要载体。本教材在阐述理论知识的同时,穿插了大量实操训练,让学生在合作、探索的情境中主动获取专业基础知识和思维方法,并能有效应用。通过创设问题情境,激发学生的创新意识,鼓励学生通过不同的切入点和角度来分析农村发展问题。每章的练习分为"思考练习"与"实践练习"两部分,目的是在巩固调查研究理论知识的同时,抓牢实践训练,形成从理论到实践再回归理论的良好知识闭环,促成"学思并行",把学习同思考、实践相结合,在干中学,将"学必期于用,用必适于地"的育人理念贯彻在教学过程中。强化实践方能提升学生的核心素养,书本知识需要借助实训这一载体得到落实与再建构。

《农村经济发展调查》教材着重从帮助学生进行知识学习、能力提升、价值形成等方面进行创新。本教材共十一章,依照农村经济发展调查确定选题—设计方案—开展调查—资料整理—数据分析—报告撰写的基本逻辑与环节依次进行教学内容的设计和架构。教材内容主要按照由基础知识嵌入专业知识再应用于实践练习的逻辑顺序编写,并在适当地方融合课程思政元素以达到"润物细无声"的效果。教材具体内容设计为:教材第一至二章围绕基础知识,包括农村经济发展调查的基本内涵和简史、调查主题等内容,展开理论学习;教材第三至七章围绕农村经济发展调查方案设计、调查方法、抽样设计、调查问卷和访谈提纲、测量和指标设计等具体专业知识,展开实操性学习;教材第八至十一章围绕调查资料整理与分析、案例和计量实证研究、调研报告撰写等内容,展开深入实践练习。

得益于众多同行学者的鼓励、帮助与支持,本教材终于完稿,教材的编撰团队在整个编写与修改过程中付出了大量的心血。本教材的编写基础来自农村经济发展调查课程讲义,其在教学过程中历经多次反复的修改与完善。在全面推进高等农林教育改革的契机下，编撰一本有益于立德树人、强农兴农，针对农村经济与发展的社会调查类教材，是笔者与长期从事教学科研工作的同行们的心愿与目标。本书的主编西南大学经济管理学院杨丹教授，主要负责全书框架和内容的总体设计、统稿、审稿，以及第一章、第七章的编写；副主编华中农业大学经济管理学院熊涛教授，主要负责第五章、第六章的编写；副主编西南大学经济管理学院刘自敏教授，主要负责第二章的编写；湖南农业大学商学院孙艳华教授主要负责第九章的编写；中南财经政法大学统计与数学学院韩爱华副教授主要负责第八章、第十章的编写；安徽大学经济学院高钰玲老师主要负责第三章、第四章的编写；西南大学经济管理学院熊雪副教授主要负责第十一章的编写。本教材的成功编撰离不开课程授课团队的倾心付出，相关的教学经验是我们在编撰过程中的重要参考。除此之外，博士生王晓丽、程丹、刘海、王乔冉，硕士生范雅梦、邱显荣等也参与了本书的资料收集、编写、校稿、细节修饰等工作。西南大学出版社的编辑对本教材的修改提供了宝贵的指导。在本教材出版之际，诚挚感谢以上各位提供的帮助。另外，相关教材和文献资料为我们的编撰工作提供了宝贵参考，在此对各位作者以及学界同行一并表示感谢。

最后，教材编写难免存在疏漏之处，恳请各位读者批评指正，我们将在下一版中不断完善。

杨丹

2024年3月16日于西南大学

目 录

CONTENTS

第一章

初识农村经济发展调查

没有调查,没有发言权。①

——毛泽东

调查研究是一门致力于求真的学问,一种见诸实践的科学,也是一项讲求方法的艺术。②

——习近平

问题导读

农村经济发展调查是认识农村经济发展现状和规律的基本出发点,是制定农村经济发展相关政策的基础,是指导农村经济工作的依据。什么是农村经济发展调查,基本属性是什么?农村经济发展调查的对象和具体内容包含哪些?有哪些具体的步骤?国内外农村经济发展调查经历了哪些发展阶段,有何种演变特征,本章将从这几个问题入手,帮助学习者建立对农村经济发展调查的初步认知,为开展农村经济发展相关的调查活动奠定基础。

学习目标

★知识学习:

(1)理解农村经济发展调查的概念与要点。

(2)明确农村经济发展调查与研究的关系。

① 毛泽东.毛泽东选集:第一卷[M].2版.北京:人民出版社,1991:109.

② 习近平.之江新语[M].杭州:浙江人民出版社,2007:166.

(3)把握农村经济发展调查的历史脉络。

★能力提升:

(1)培养从农村经济发展调查中认识现实问题的能力。

(2)培养基于科学的原则与方法开展农村经济发展调查的能力。

(3)培养基于农村经济发展调查分析和解决问题的能力。

★价值形成:

(1)通过把握农村经济发展调查的属性,养成透过农村经济现象看到本质规律的思维习惯。

(2)通过了解农村经济发展调查的历史,树立和践行农村经济发展的大历史观。

(3)通过认识农村经济发展调查的重要性,厚植懂农业、爱农村、爱农民的"三农"情怀。

知识结构

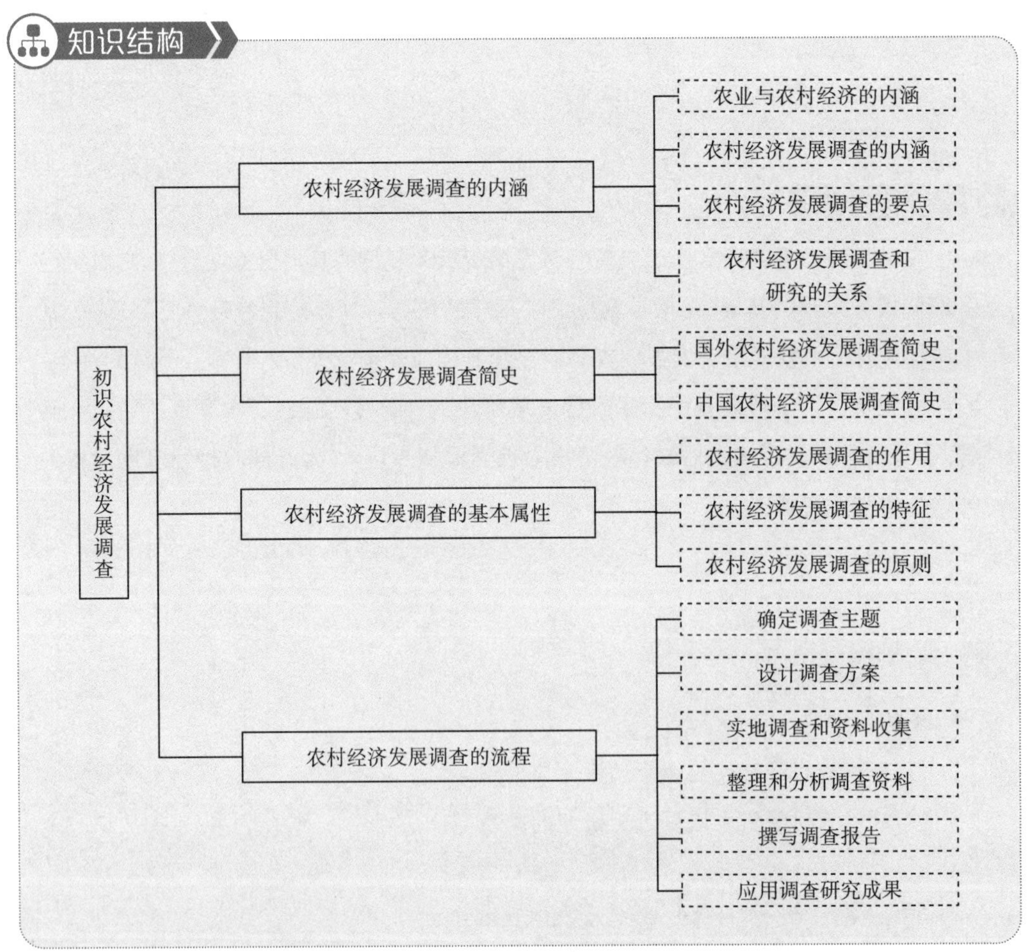

第一节 农村经济发展调查的内涵

一、农业与农村经济的内涵

(一)农业的内涵

关于农业(Agriculture)的概念,最早在甲骨文里就有"农(農)"字的记载。《汉书·食货志》中提到"辟土殖谷曰农",其中,"辟土"是指耕作土地,"殖谷"是指种植五谷。到了春秋时代,古人已经习惯把"务五谷""育六畜"并提,强调种桑养蚕,把农业扩大为两个基本类型即植物栽培业和动物饲养业。以一年生草本植物栽培为主的通称农业(狭义的农业);以多年生木本植物种植为主的通称林业;以陆生动物畜饲为主的通称牧业;以水生动物养殖为主的通称渔业。这样,可以认为农业是人类依靠动植物的生活机能,并通过人们的劳动去强化或控制生物的生命过程来取得符合社会需要的产品的一项生产活动。这里有两层含义,一层含义是农业生产是生物生产。农业生产过程是生物利用太阳能,把无机物转化为有机物,把太阳能转化为化学能的物质和能量的转化过程。农业和工业不同,工业是对各种无生命的(不生长的)物质资料进行采掘或加工,而农业是对各种有生命的(可生长的)动物或植物分别进行养殖或栽培。另一层含义是农业的自然再生产和经济再生产过程交织在一起。自然再生产是指动植物依靠其特有的生物的新陈代谢机能,通过生长、发育和繁殖等一系列生命活动,不断繁衍后代。经济再生产是指农业产品、农业劳动力和农业生产关系在农业延续中不断更新。这两者在农业生产过程中常常依托同一载体表现出来。

可见,农业不仅是一项生产活动,它还是一个生产部门。它的生产活动突破了生物生产的原有范围,并依附于一定的生产方式,在实践中不断有所发展。对野生产品的采集、捕猎,还有诸如农户编织、酿造、烧制砖瓦、修造农具等小型的生产活动,一开始就依附于农业活动,成为农家副业,而农、林、牧、副、渔五业,又是广义的农业内容。过去,我们把主要注意力集中在有限的耕地上,强调种植业特别是粮食生产。党的十一届三中全会以来,提出了大农业概念,提出了"决不放松粮食生产,积极发展多种经营"的方针,使农、林、牧、副、渔五业得到全面发展。农家副业迅速扩大,农村工业、交通运输业、建筑业、商业、金融业迅速发展,乡镇企业逐渐成长壮大为农村经济的支柱。农业生产过程中的产前、产中、产后的资金、技术、信息、加工、贮藏、运输、建筑、修理以及商业活动全面兴起,出现了引人注目的农业社会化服务体系。与广义农业相连的生产、分配、交换、消费等整个再生产活动,已不仅仅属于农业经济范畴,也属于农村经济范畴,其包括了农村这一区域的农业经济及其他部门经济的广泛内容。

(二)农村经济的内涵

农村经济(Rural Economy)是相对于城市经济而言的,其经济活动或者经济关系发生在农村地区,是与农业生产有着一定直接联系的经济集群,其包括农业、农村工业和手工业、商业、交通运输业、生活服务业等部门经济,是农村生产、分配、交换、消费等经济活动的总称。

农村经济有着不同层次的众多要素。它不仅包括狭义的农业即种植业,而且包括林、牧、副、渔各业,包括农村工业、农村商业、农村建筑业、农村运输业以及经济信息和资金信贷等行业;不仅涉及生产力的发展,而且涉及生产关系和上层建筑的调整。农村经济是农村中经济活动和经济关系的总称[①]。在封闭式的自然经济条件下,其主要是种植业、牲畜饲养业及家庭副业。随着商品经济的发展和城市的兴起,农村经济相对于城市经济而言,有了新的内容。除农业以外,还有农村工业和手工业、商业、交通运输业、生活服务业等,其特点是农村中的各部门经济活动同农业大都有直接或间接的关系,是发生在农村区域的一种再生产活动。

二、农村经济发展调查的内涵

(一)社会经济调查的内涵

社会经济调查(Socio-economic Survey)是运用统计调查、整理和分析方法研究,反映社会经济问题,分析社会经济问题形成的原因和影响,总结其发展和变化的客观规律,为研究解决社会经济问题的政策或对策服务的一种科学方法。

社会经济调查从内容上划分包括社会问题的调查和经济问题的调查。社会问题的调查包括对宗教信仰、犯罪、环境、法律、政府政治举措等广泛问题的调查。经济问题的调查包括对生产、分配、消费、投资、市场等广泛问题的调查。在现代社会发展中,社会问题和经济问题相互影响且交织在一起,因此,有关社会和经济问题的系统调查已成为社会经济调查更为关注的研究内容。

(二)农村经济发展调查的内涵

农村经济发展调查(Rural Economic Development Survey)是一种关注于农村区域的

① 陈卫洪,洪名勇.农村经济调查方法[M].北京:中国经济出版社,2012:5.

社会经济调查，它强调调查过程的动态性。农村经济发展调查是指人们有目的、有意识地通过对农村地区的经济发展现象的观察、了解、分析、研究，通过科学的调查方式来调查农业生产经营的相关主体，认识农村经济生活本质及其发展规律的一种自觉认识活动。通过定期开展农村经济发展调查活动，调查者可以对农村经济状况有全面的、动态的、经验层面的认识。

三、农村经济发展调查的要点

（一）农村经济发展调查的目的

农村经济发展调查是一种有目的、有意识的自觉认识活动，它与人们日常生活中对农村发展现象的一般观察和了解有原则性区别。其目的性主要表现为事先确定调查拟解决的问题，并通过严密的计划，在实际调查中有目的地收集农村经济现象和经济问题的消息和数据，以掌握农村经济特征和变动趋势，进而挖掘农村经济发展背后的本质原因。衡量一个调查设计是否科学的关键就是看方案的设计是否能够体现调查目的的要求，是否符合客观实际。

（二）农村经济发展调查的对象

确定调查对象主要是解决为谁调查和由谁来具体提供资料的问题，它主要是由某些性质相同的主体组成的。具体来看，农村经济发展调查的对象是农村经济现象和农业经济问题。其范围广泛，一般只要涉及农村经济方面的问题都是农村经济发展调查的对象。其范围包括农村生产情况调查，如农村的气候、土壤、劳动力资源、地形、地理位置、农作物产量、林业生产情况、人口、交通、农村市场、农村住户经济等；农村分配情况，如农民拥有机械情况、农业劳动力资源情况和农村经济收入分配情况等；农村流通情况，如农产品的进出口情况、农村可提供的畜禽数量、农产品市场流通情况等；农村消费情况，如农村农产品成本情况、农作物管理费用情况、农民的教育文化费用支出情况等。总体而言，农村经济发展调查对象的形式多种多样，研究者须根据自己的需求状况来选择合适的调查对象，确定调查范围，明确调查目标。

（三）农村经济发展调查的内容

农村经济发展调查的内容广泛，涉及农村社会生产、流通和消费的各个环节以及农村经济发展的各个部门。主要包括乡（镇）、村社会经济发展情况、产业发展及生产经营情况、农村基础设施建设情况、农村金融和信贷情况、劳动力数量及转移状况、固定资产状况、农村居民收入和消费情况以及农村社会保障情况等多个方面。

四、农村经济发展调查和研究的关系

调查和研究是一个过程的两个阶段，二者有机关联，缺一不可。调查为研究提供基础资料，是一种研究方法和手段。调查研究方法是一套科学地认识和研究世界的方法。农村经济发展调查强调发现、掌握和收集真实的农村经济发展信息或者最大限度地接近农村经济发展的真实情况。农村经济发展研究则是以调查掌握的现象、信息、客观事实等资料为素材，借助严密的逻辑推理和数量分析方法，找出现象、信息、基本事实之间的联系或规律。

（一）调查是研究的基础

任何研究都是建立在对客观事实了解的基础上，没有调查，研究便会成为空中楼阁，只有得到完整、全面、真实的调查情况，才能给科学、正确的研究提供良好的前提条件。调查情况不准确，研究的结论就肯定会出现偏差。例如，为带动农村地区产业发展，某村引进了一批果树，计划发展种植业，但种植多年后发现这种果树挂果率低、果实口感欠佳、外销困难。究其原因，主要是因为该村当年在产业规划时缺少完备的调研准备，后续果树引进过程中没有对当地的气候和地理位置加以考虑，对种植技术的资料收集也不全面，最终导致该村的产业发展出现问题。

（二）研究是调查的升华

没有研究，所调查的材料就不能上升到理论层面，就寻找不出农村经济发展的内在规律。农村经济发展调查时所收集到的原始材料繁杂，一般没有明确的答案，无法反映事物的本质规律，因此，必须对农村经济发展调查中获得的原始材料进行分析研究，发现农村经济发展事物间的内在联系，进而从感性认识上升到理性认识，得出正确的结论，这样才能对实践产生指导作用。

学者对调查与研究的重视

马克思和恩格斯十分重视对社会实际的调查与研究。马克思拟定过关于各国工人阶级状况的统计调查提纲，并在《社会主义评论》杂志上发表了《工人调查表》。长达40年创作《资本论》的过程，就是他对资本主义社会进行调查研究的过程。恩格斯在居留英国期间，曾对英国工人状况和工人运动进行了周密的调查，写出《英国工人阶级状况》一书。毛泽东曾提出“没有调查，没有发言权”的论断，并且运用马克思主义的立场、观点和方法，调查和研究中国社会的历史和现状，把马克思主义普遍真理同中国革命实践结合起来，进而提出了指导中国革命的理论和方针政策，指引革命走向胜利。

第二节 农村经济发展调查简史

一、国外农村经济发展调查简史

（一）古代国外农村经济发展调查

古代国外农村经济发展调查是伴随社会调查而生的，最早可追溯到古埃及和古罗马，主要是为了徭役、课税、征兵而进行的土地、人口、粮食等方面的调查。但受限于当时经济发展水平和人们对经济认知水平的制约，调查的规模较小，调查方法简单，调查项目少，调查主要是为统治阶级服务，农村经济发展调查尚处于雏形阶段。

据古希腊专家希罗多德（Herodotus）记载，大约在公元前3050年，埃及国王为了筹建金字塔，就曾经举行过人口与财产的调查，这是人类有文字记载的较早的调查。当科学中心随着奴隶社会的发展高峰转移到古希腊时，古希腊的社会调查研究也迅速开展起来。古罗马人在治理国家时进行的实用调查研究比希腊人略胜一筹。据传，罗马帝国第一个皇帝恺撒·奥古斯都曾决定在耶稣降生的那一年举行全国人口普查，耶稣的父亲亚瑟和母亲玛丽亚为此专程前往祖籍伯利恒参加户口登记。到了中世纪，征服者威廉皇帝在1086年派官员前往英格兰各地调查每家的人口与财产，然后将此编订成《末日书》（*Doomsday Book*），作为当时收税征兵的依据。

当英国资本主义制度确定以后，农业出现了一场革命，农村经济发展调查进入初步发展阶段。学者阿瑟·杨（Arthur Young）在1768年出版了《英格兰及威尔士南部游行记》，集中反映了当时该地区农业经营的状况。这是较早的农村经济发展调查报告。此外，作为农村调查的先驱人物，亚当·斯密在《国富论》中也对农村经济有所探讨。总的看来，这个阶段的农村经济发展调查研究，都是原始的观察法、访问法、比较法和文献法以及不成形的统计法的简单运用。

（二）近代国外农村经济发展调查

近代，国外农村经济发展调查进入蓬勃发展期。开展的农村经济发展调查活动主要集中在欧洲、美国等地，由于当时资本主义制度下的经济、社会问题日趋严重，因此出现了一些经济调查，并逐步形成科学化、系统化的经济调查方法，但当时的调查主要聚焦于城镇区域。19世纪，国外开始了新一轮的农村调查活动，马克思、恩格斯通过调查后发现小农经济自身发展受限，受到资产阶级和封建权力的双重剥削，尤其是资本主义的生产方式使得小农经济难以为继。19世纪中叶，农村经济发展调查方法也随着社会统计学的发展而不断改进。

马克思于1842年在《莱茵报》工作时，曾对德国摩塞尔河沿岸地区酿造葡萄酒农民的贫困状况进行了调查研究，从而使马克思的世界观发生了深刻的变化。在1839年，恩格斯在调查他家乡的资产阶级和劳动人民的生活状况之后，写出了《乌培河谷的来信》，恩格斯为了取得真实的材料，不惜花费大量的时间和精力。从1842年11月至1844年9月，他在英国曼彻斯特等地对英国工人和农民的状况进行了实地调查，从工作环境到工人、农民的生活状况，从居住条件到劳动条件等，都作了详细的记载。同时，他还详尽地研究了以前出版的关于这个问题的全部著作，批判地审查了各式各样的官方文件及非官方文件，充分体现了恩格斯是如何“从亲身的观察和亲身的交往中直接研究了英国的无产阶级”的。此外，1877年，英国人高尔顿在研究人类遗传现象时，首次发明了统计相关法，1886年他进一步提出了“相关指数”的概念，为农村经济发展调查方法的进步奠定了基础。

20世纪初期，以苏联为首的社会主义国家兴起，使得社会主义农村经济发展调查活动蓬勃发展。其中，列宁在青年时代，为了反对民粹派对俄国经济的估计，对农村经济发展情况开展调查研究，对民粹派著作中所采用的材料，严格地进行审查和对照，指出哪些是与事实不符的，哪些是歪曲捏造的，并且于1893年写了《农民生活中新的经济变动》一文。

（三）现代国外农村经济发展调查

20世纪以来，国外农村经济发展调查进入成熟发展期，调查方法也在不断丰富、完善。出现了许多新的农村经济现象和问题，客观上要求人们进行大量的农村经济发展调查研究，作出科学的解释。然而，描述统计和推论统计的相继出现，增强定量研究，使农村经济调查研究成功地运用数学，从此可以说现代农村经济发展调查研究方法科学化地崛起了。20世纪初，美国经济学家温斯顿·沙尔和中国经济学家徐学文合著的《农业调查方法》是国外农村经济调查工作的代表作之一。该书系统介绍了农村经济调查的理论和方法，对后来的农村经济调查工作产生了深远影响。

在调查研究方法方面，英国人最先将数理统计学应用于农村经济发展调查研究，成为其迈向科学化的关键一步。1912—1914年，抽样大师鲍莱（Bowley）主持了英国5个中等城镇的比较研究，发表了《生活和贫穷》一文。他做了抽样方法的先驱性试验。1928年前后，曾论证了戈塞特（Gosset）t分布和给出F分布的费雪（Fisher）确立了抽样理论，为农村经济发展调查研究开辟了崭新的途径。此外，还有学者在农村经济发展调查研究中运用自然科学的控制观察法。1920年前后，托马斯(Thomas，1863—1947)和齐南尼基(Znaniecki，1882—1958)，引用自然科学的控制观察法，研究移居美国的波兰移民同仍在原籍的波兰人的社会经济生活变化，同时还运用收集和研究记录日记书信等方法发展了个案研究方法。同时期，查平出版了《实地调查与社会研究》，这是第一部系统探讨调查研究方法的教科书，具有重要指导价值。

20世纪50年代，随着电子计算机技术的日趋成熟，农村经济发展调查活动发生颠覆性的革命。美国的拉扎斯菲尔德通过将数理统计与电子计算机结合并应用在社会调查研究中，有效实现了资料整理与统计的自动化。1968年，斯坦福大学成功研发了"社会科学统计包"(SPSS)，并于1975年投放市场，成为农村经济发展调查研究中统计分析的有效手段。发展至今，电子计算机已成为农村经济发展调查过程中必不可少的一项工具。20世纪60年代，西方国家在第三世界国家开展的援助项目衍生出了一种新的农村经济发展调查方法，即参与式农村评估法(Participatory Rural Appraisal)，并在90年代初期逐步定型。这种方法是以罗伯特、钱伯斯为首的英国发展研究所的一批学者，基于自己在非洲肯尼亚的项目工作，借鉴、吸收他人的研究成果，而总结、创造的。伴随着现代农村经济发展调查方法的发展和应用，各类经济统计学方法的创建及统计软件日趋熟练的使用，农村经济发展调查逐渐成为一门独立的学科。进入21世纪后，与国外农村经济发展调查相关的理论体系更为严密，技术手段更为丰富，数字化进程加快，各类软件层出不穷。

二、中国农村经济发展调查简史

(一)古代中国农村经济发展调查

中国农村经济发展调查起源于奴隶社会初期，它直接同阶级分化和国家的建立相联系，其最早可追溯到4 000多年前的大禹治水时期。据《后汉书》记载，大禹在治水时期，通过划定九州，对土地和人口进行调查。在商代和西周也有包含农村的人口在内的全国性调查。公元前 21 世纪(夏朝)，相关统计资料显示中国人口约1355万，土地约2438万公顷。据《周礼》记载，在中国夏朝时，从中央到地方直至家庭，都有专管人口调查的官员，每年要区分城乡性别，登记生死变化，并且每三年要一式两份送官府归档保存。战国时代商鞅在《商君书》中就明确指出："欲强国，不知国十三数，地虽利，民虽众国愈弱至削"，认为要想变法强国，就需要对本国的男女老幼的数量、粮仓的规模、货币及牲口的数量等有准确的了解，并下令各州郡县将相关数据登记在册。此外，先秦时期的《尚书》也包含了一些关于古代中国农村经济情况的记载，可以视为古代农村调查工作的一部代表性作品。秦始皇统一中国以后,历代王朝都设有专门查访处理民间事务的衙门和官吏,周游四乡,调查研究,其从来没停止过对农村人口的调查。

中国封建社会的封闭性和专制性,决定了这些调查不可能广泛深入地开展和客观地反映真实情况,因而显得简单和没有系统,缺乏专业的理论作为指导思想,调查方法和调查技巧相对简单,缺少专业的调查人员,调查质量不高,只能算是农村经济发展调查研究的萌芽。鸦片战争前半个世纪,由于中国封建统治阶级昏庸腐败,中国的调查研究活动走了下坡路。

(二)近现代中国农村经济发展调查

鸦片战争后至20世纪初,中国农村经济发展调查进入曲折探索期。随着帝国主义的入侵和西方科学文化的传播,欧洲等发达地区的农村经济发展调查也逐渐传入中国。在社会经济衰败、政治斗争日益激烈和各种新文化启蒙思潮兴起的背景下,中国的一大批专家、学者,先后纷纷走出书斋,跨入社会的舞台开展了大量的调查研究活动,但这一时期的农村经济发展调查主要是为封建统治阶级利益服务的,总体进展较为曲折。1897年福建长乐高凤谦曾列一表,上有中国各省人数、面积、人口密度以及全国总人数、总面积、人口密度等调查结果。此外,为了解本地发展情况,1904年河南南阳县知县潘守廉还调查了南阳县的户口、物产、畜牧等,并绘制有《南阳县全境舆图》。

在20世纪20—30年代,各种各样的农村经济发展调查兴起,中国农村经济发展调查进入百家争鸣期。各种类型的机构、团体参与其中,调查内容广泛翔实,调查方法灵活多样,总结分析报告繁多,论文成果直接发表于各类期刊,专著亦盛于一时,提出的政策建议等进入政府决策程序的亦多;有些社会调查者本身就是社会实践者(如“乡村建设派”)。一时间,农村经济发展调查风起云涌,乡村建设实践和地方自治实验蔚为壮观,各种民间团体和研究机构如雨后春笋,各种思想、理论相互交锋甚至论战,并形成了以卜凯(John Lossing Buck)为代表的“农业经济学派”,以陈翰笙为代表的“中国农村派”,以梁漱溟为代表的“乡村建设派”,三大学派在各自研究与调查的基础上提出了解决中国问题的不同方案,形成了20世纪30年代前后的争鸣局面。

其中,以卜凯为代表的农业经济调查归属于经济学科,继承了自由主义经济学的精髓,建立在效率“极大化”这一假设基础之上,集中探讨资源的有效利用和经济行为抉择机制的“帕累托最优”。其来源于20世纪早期美国的农业经济学,研究集中于农场管理、农场经营的理论与实务,农产品的价格和运销,以及土地经济、农村经济等。陈翰笙则接受了马克思主义理论,更是把它作为思想的武器和实践的工具,并在无锡、保定组织青年社会科学研究工作者开展农村调查活动,这次调查是20世纪二三十年代中国农村调查热潮中一次时间较早、规模较大的调查活动，也是首次由中国学者发起，按照马克思主义理论，以配合党农村土地革命任务为目的的大规模农村调查。以梁漱溟和晏阳初为代表的乡村建设派则强调农民的社会化改造，通过对乡村建设实验区的调查，认为应该通过对儒家文化进行重新阐释，找到一条传统文化与现代化融合的有效途径，即乡村社会的组织“新构造”。

（三）新中国成立后的中国农村经济发展调查

新中国成立以后，中国农村经济发展调查先后经历了缓慢发展期、全新发展期和繁荣发展期三个阶段。其中，1949年至20世纪70年代，中国农村经济发展调查发展起伏较大，总体处于缓慢摸索阶段。这一阶段中国处于特殊时期，中国农村经济发展调查发展缓慢，但也出现了运用新调查方法的现象。如中国自1955年开始采用抽样调查的方法进行农民家庭收支调查，系统地提供了农民家庭收支、生产经营和生活消费情况的统计资料；1955年9月，安徽省统计局转发农业生产合作社收益分配调查资料，并制定了实施办法；1961年初，自然灾害全面暴发后，毛泽东领导全党“大兴调查研究之风”，极大促进了当时国民经济的调整；1963年，中国开始进行全国农业产量实割实测抽样调查，采取多级系统（对称）抽样方法逐级进行抽选，确定调查地块，并根据调查地块实割实测产量，逐级推算产量，由此验证、核实农业统计部门逐级上报的农业产量资料。

到20世纪80年代至20世纪90年代，中国农村经济发展调查迎来了全新发展时期。由于处于改革开放初期，中国的经济还是很落后，所以国家非常重视农村经济发展调查，希望能够快速找到发展农村经济的路子。这一时期的农村经济发展调查表现出以下特点：调查方法和技巧更加科学，指导思想更加明确，调查对象越来越详细，调查范围更大，调查更深入，农民配合调查的积极性越来越高，调查研究所获得的第一手资料质量较高。在这时期出现的成果有：1981年开展的全国农业资源的调查和1984年开展的全国土地资源调查，为掌握我国农村经济发展情况以及编制全国农村发展规划提供了可靠依据；1984年安徽省物价局成立了农产品成本调查队；1997年国家层面进行了第一次全国农业普查。

进入21世纪以来，中国的经济快速发展，农村经济的改革和发展比较顺利，农村经济发展调查进入繁荣发展时期。在得到国家重视后，农村经济发展调查方法日渐完善，技术更加先进，调查机构和人员的专业化程度也越来越高，逐渐形成了有中国特色的农村经济发展调查，这时期除了使用抽样调查、个案调查、普查、蹲点调查、典型调查、追踪调查等调查方法外，还出现了一些新的调查方式，比如电话调查、网络调查、参与式调查、广告调查等。这些都为农村经济发展调查提供了便利，有效降低了调查成本。

在新时期，农村经济发展调查方法和技巧更具多样性和科学性；调查对象更多种多样，更加贴近现实生活；调查范围大小不一，大到有全国性的调查，小到有一个村的调查；调查的主体也有多种形式，如教师带学生到农村进行的经济调查、学生自行组团进行的调查、农村项目实施前的实地调查、专业的国家及地方机构进行的调查、社会学者或先进知识分子自己进行的农村经济发展调查、企事业单位组织的调查等。诸如中国人民大学原副校长洪大用教授围绕乡村社会治理组织了新一轮的定县(现定州市)追踪调查，此次调查深入研究近百年来中国农村社会变迁的深层机制和逻辑，旨在探讨在现代化的不同阶段、不同制度框架和制度环境下，乡村社会治理所面临的农民需求、所要解决的核心问题、所要达到的基本目标以及治理模式，并进而对西方治理理论及框架进行反思。

近年来，随着信息技术的发展，中国农村经济发展调查开始借助大数据和信息化手段进行。通过利用遥感、卫星影像、互联网和移动通信等技术，可以更全面、精准地了解农村经济发展情况，并为政策制定提供更科学的依据。未来农村经济发展调查将会更加成熟，其调查方法也将愈发专业化、系统化、现代化和科学化。

中国农村经济发展调查历史发展脉络见图1-1。

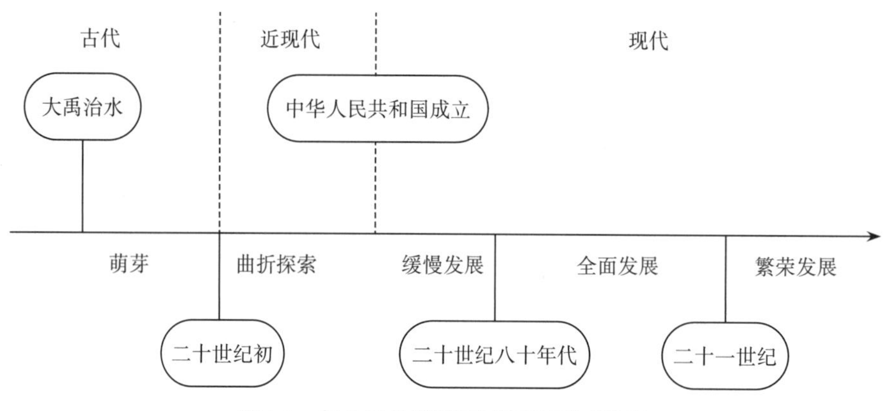

图1-1　中国农村经济发展调查历史发展脉络

第三节　农村经济发展调查的基本属性

一、农村经济发展调查的作用

随着信息技术的不断发展，人们了解农村经济发展现状的渠道日益增多，但农村经济发展调查作为认识、了解农村经济发展现状，制定相关政策的重要手段和基本途径，在帮助科研工作者认清农村经济发展现实，培养和锻炼青年人才，促进乡土文化的保护和传承方面发挥着重要作用。

（一）农村经济发展调查是认识农村经济发展情况的手段

经济活动是人类最基本的活动。改革开放以来，中国农村发生着日新月异的变化。特别是大量人口集中在农村地区的国情，使我们必须进一步关注农村社会经济的情况。农村社会政治、经济、文化等各领域的发展状况对中国社会的发展状况有着巨大的影响。随着中国改革的不断深化，中国农村社会发展状况在国民经济中的地位越来越重要。特别是党的十四大确定建立社会主义市场经济体制以来，农村社会经济随着改革开放的推进，取得了辉煌的成绩。同时，面对新的历史发展时期，面对国际经济形势的不断变化，农村社会经济发展也还存在一些新的情况和新的问题。要了解农村中的各种经济关系和经济问题，这就在客观上对农村经济发展调查提出了必然要求，因此，农村经济发展调查是认识农村经济情况的基本手段。

（二）农村经济发展调查是进行农村经济问题研究的基础

调查是为研究服务的，调查是研究的基础。农村经济活动繁杂，只有通过调查去发现、了解农村社会发展中的各种经济信息、现象和客观事实，最大限度接近事实真相，才能为农村经济的科学研究提供基本的研究素材，为相关工作者探究农村经济发展的基本规律提供可能。此外，农村经济发展调查可为农村经济问题的科学研究提供思路和启发。通过开展实地调查，能够有效解决理论层面一些难以想通的难题，同时也能够为新的理论研究的提出提供灵感。毛泽东同志倡导的“实事求是”，陈云同志倡导的“不唯上、不唯书、只唯实”精神和“交换、比较、反复”的方法，都同时强调调查与研究的重要性和关联性。从事农村经济发展调查要做到善观察、多思考、会思考，要学会从大量的农村经济现象中总结共性问题，既要听调查对象是怎么说的，更要观察调查对象是怎么做的，进而为后续的理论研究奠定基础。

（三）农村经济发展调查是制定农村经济发展政策的前提

农村的改革，其本质是经济体制的改革，这就意味着旧体制被打破，新体制将重新建立和完善。在这新旧体制转变的过程中，会出现各种经济现象或经济问题，要了解这些现象和解决这些问题，必须认真调查研究与农村经济发展相关的各个单位、组织、团体的实际情况。只有对农村经济问题有正确的认识和判断，才能将政策的普遍性与特殊性结合起来，才能切实将政策贯彻落实到实处，研究者才可能实现真正的理论创新。

因此，农村经济发展调查是制定农村经济政策的前提。国家统计局调查数据显示，2020年中国水果产量达2.87亿吨，较2019年增加1 291.6万吨。食品结构的变化导致人均粮食消费量下降。农村居民人均粮食消费量由1978年的248千克下降到2017年的155千克，下降了37.5%。

（四）农村经济发展调查是指导农村经济工作实践的依据

调查可以使我们深入了解农村社会经济的历史和现实的情况，避免出现“盲人摸象”的情况。我国农村的社会经济情况是复杂的，地区差异很大，要深入了解我国社会经济各方面的共性和特殊性，必须进行调查。改革开放以来，各级政府把农村经济工作放在突出的位置来抓，而要有效地指导农村经济工作，就要求对农村的各种经济关系和经济活动有较全面的了解和研究，把国家的农村政策与农村实际结合起来，提出解决问题的途径和方法。因此，农村经济发展调查是指导农村经济实践工作的有效保证。

二、农村经济发展调查的特征

作为一种收集与处理社会信息的工具和认识、了解、改造农村的手段，农村经济发展调查已逐渐成为研究农村经济现象的主要方法之一，在社会科学和各个工作部门得到了广泛应用，并在现代社会中占据越来越重要的地位。与获取农村信息的其他技术相比，农村经济发展调查呈现以下特征。

（一）调查内容广泛

农村经济发展调查内容广泛，涉及农村经济发展的基本特征、家庭收入、生活消费支出、生产投入、家庭投资等各个方面。农村经济发展调查既可以用于调查简单的问题，如被访者的性别、身高、体重以及受教育程度等基本情况，同时也可以调查被访者的某种态度或者喜好等较为复杂的问题。但一般情况下，对于一些社会禁忌或较为隐私的事情，如是否患有疾病、家庭财产状况等，受访者一般不愿意回答，或者采取虚假回答的方式，针对这种情况用普通的调查方法往往不能成功，访谈者要想了解这方面的信息，就必须依靠专业的知识和技术。

（二）调查方法多样

农村经济发展调查的方案设计是多种多样的。收集数据的方法可以采用问卷调查法、当面访问法、电话访谈法等；调查地点可以在被访者的家中、村委会、田间地头、娱乐场所等；调查所耗费的时间可以是几分钟，也可以是几小时。农村经济发展调查既包括考察、了解农村经济实际情况的各种感性认识方法，又包括对收集的感性材料进行统计分析和思维加工的各种理性认识方法。诸如文献调查、问卷调查、实地观察、访问调查、专家调查、参与式调查等方法。例如在实际的农村经济发展调查中，要想了解农村土地流转对农村居民收入的影响，一般需要深入田间地头、村民家中、村委会等场所，采用问卷调查和电话访谈等多种方法来了解村民是否进行土地流转，为什么进行土地流转，以及对农户收入的具体影响等，进而探讨二者之间的内在联系及其影响机制。

（三）调查方式灵活

农村经济发展调查所收集数据的多少和复杂程度是可以根据实际需要进行灵活选择的，一般主要取决于所需求的信息和所拥有的经费。简单的调查可以设计得只需几页记录纸和一个手机，结果大多就是几页报告。而复杂的、大规模的调查要采用高级计算机和数据分析程序，用于处理、计算并生成大量精确的数据。例如，国家想要进一步了解乡村振兴成效，则需要设计有针对性的调查问卷，开展大规模的调研，利用手机、计算机等电子设备来实现信息收集、录入和分析，才能对我国乡村振兴的效果有一个较为全面的认知。但如果某位高校学生只是想要简单了解某个村落旅游资源的开发状况，只需要前往当地做一个基本的情况了解与调查，就可以对该村的旅游资源及其开发有一个基本的了解。因此，在实际的农村经济发展调查中要依据调查对象和调查资源来灵活选择调查方式。

（四）调查任务艰巨

农村经济发展调查的任务艰巨性是由调查对象认知的差异、调查区域的分散情况和专业调查人才的缺乏共同决定的。具体来看，首先，作为被调查主体的农户因为文化水平的差异以及语言体系的不同，在接受农村经济发展调查过程中可能会存在排斥心理，一些常规的问卷调查法和电话访谈法的调查效果甚微。其次，我国农村地域辽阔、位置分散、山岭纵横且地形复杂，部分地区交通不便、信息技术欠发达，要想了解广大农村地区的经济发展状况，则需要耗费巨大的人力、物力才能对当前的发展状况有全面的了解。最后，我国农村社会生产、生活社会化组织程度低下，统计人才缺乏，导致我国农村经济统计资料的缺失和不全，进而为农村经济统计资料的收集带来更多的困难。

（五）调查数据存在一定误差

与其他调查工作一样，农村经济发展调查不可避免地会出现错误、误差和疏忽。例如受访者对问题本身的理解不够准确，从而使调查结果出现误差；调查的有效性受到调查广度的影响；调查数据提供了某一时间点的调查结果，而不是集中于根本性的过程和变化等。因此，对调查方案的缜密设计和细心实施是为了避免调查产生较大的误差和疏忽。只要对调查信息的价值没有严重的损害,细小的错误可以容忍。如果在调查期间或结束之后发现了细小的错误,就应当考察它们对调查信息有什么影响,最后根据错误的具体情况进行修正处理。在具体的农村经济发展调查工作中,最容易出现调查数据误差之一的便是关于农户收入的调查,由于收入涉及个人隐私,出于对自身的保护,受访者一般会虚报个人或家庭的实际收入,因此,我们在实际调研中常用的方法是通过进一步细化家庭的各项收入来源,以及了解相关人员的职业等来降低数据调查中产生的误差。

三、农村经济发展调查的原则

调查是一种科学的认识活动。农村经济发展调查必须遵循一定的原则,必须有科学的方法和正确的态度,这样才能获得真实可靠的信息,得到符合农村社会客观实际的结论。

(一)系统性原则

科学研究的系统性原则要求按照事物本身的系统性,把对象放在系统中加以考察,即从系统的观点出发,始终尊重整体与部分之间、整体与外部环境之间相互联系、相互作用、相互制约的关系,综合、精确地考察对象。科学的系统性原则,要求把事物看成是由相互联系的部分和要素组成的,这些部分和要素之间相互地有机联系,构成了事物整体,每一部分和要素都在整体中担负一定的功能。科学研究就是通过把整体的世界分解为相互联系的各个部分、各个要素,然后从不同层次、不同侧面来分析其内在联系,以揭示事物之间内在的因果规律性,说明事物产生、发展、变化的原因。

在农村经济发展调查中,必须将农村经济问题或经济现象作为一个经济系统来看待。经济系统可分为大系统和小系统。这里的大和小是相对的,而不是绝对的。例如,我们将国民经济总体作为一个大系统,来考察和研究其发展的现状或者预测未来,那么构成国民经济总体的各部门经济就可以看作是若干小系统;如果我们将部门经济中的农业部门单独拿出来作为一个系统进行研究时,农业部门可以看成一个大系统,而构成农业部门的农、林、牧、渔等则可以分别作为小系统;如果我们将一个国家的国民经济总体放在世界范围内进行研究,那么世界经济范围是一个大系统,而一个国家的国民经济总体则是一个小系统。大系统往往包含着若干相互关联的小系统。

(二)客观性原则

客观性原则是任何科学研究都必须遵循的原则,农村经济发展调查也不例外。这一原则要求调查者、研究者对客观现象采取实事求是的态度，不能带有个人的主观偏见或愿望，更不能任意歪曲或虚构事实。毛泽东在《改造我们的学习》一书中就指出："'实事'就是客观存在着的一切事物，'是'就是客观事物的内部联系，即规律性，'求'就是我们去研究。"我们在进行农村经济发展调查的过程中要本着客观性原则，克服主观主义的思维模式。首先，在调查中要做到不"唯上"，不能为了迎合上级机关领导、权威人士的意图，歪曲事实；其次，不"唯书"，不为书本上的结论所禁锢，尊重客观事实；再次，不"唯己"，要敢于进行批评和自我批评，在事实面前要敢于修正自己的错误，尊重事实。事实是客观的、具体的，是任何人也否定不了的。例如，就"农村基层民主建设"来说，调研者应首先弄清它的具体含义、表现形式，了解国家相关的法律法规，然后通过调研举出各个方面、各种表现形式上的具体事实，用这些事实本身来证明农村基层民主建设对农村政治民主化建设的意义，进而研究其对农村社会、农民政治地位的提高、农业经济发展的影响等。

（三）科学性原则

科学性主要是指农村经济发展调查活动的程序、方法、形式等是科学合理的。通过科学的实践调查活动，可以准确了解农村社会经济的实际情况。例如，调查程序的设计要科学。确定调查题目、阅读参考文献、设定研究假设、设计调查问卷或提纲、进行试调查等环节都是不可缺少的。然而，在实际社会调查实践中，我们发现，很多调查者特别是一些年轻的初涉猎农村经济发展调查活动的调查者，他们没有进行设想和开展预调查，缺少对相关资料的查阅，不了解关于调查主题的研究现状，就盲目到农村去调查。可以想象，这样的调查只能获取一些不系统的表面现象资料，而对实际问题的系统性认知就会差很多。另外，一部分调查者虽然设计了调查问卷，但是没有进行预调查，等实地调查的时候，发现很多问卷上的问题不符合实际情况，从而造成调查较被动，获取资料的准确性较低。出现这些情况，就是因为调查者没有很好地把握科学性原则。如此调查而进行的研究，其结论的准确程度也就值得怀疑了。因此，违背科学性原则的调查会带来不科学的研究结果。如果依据不科学的研究结果来制定农村政策，那么由此而带来的后果可能会更加严重。

（四）经济性原则

农村经济发展调查是一件费时、费力、费财的活动。它不仅需要人的体力和脑力，还需要利用一定的物质手段，以确保调查工作的顺利进行和调查结果的准确。在调查内容不变的情况下，采用的调查方式不同，费用支出也会有所差别；同样，在费用支出相同的情况下,不同的调查方案也会产生不同的效果。由于各调查主体的财力情况不同,因此需要根据自己的情况去确定调查费用的支出,并制定相应的调查方案。例如,如果某普通高校没有足够的财力去做全国性的大规模农村调查,就可以采取典型个案调研、就近听取农民意见、大量阅读各种媒体上的有关信息等方式进行调查,只要工作做得认真细致而又有连续性,同样可以收到很好的调查效果。因此,农村经济发展调查要讲求经济效益,力争以较少的投入取得最好的效果。

(五)动态性原则

客观事物的发展并非简单的循环,而是一个由低向高螺旋式上升的发展过程。在农村经济发展调查过程中,要遵循动态性原则,用发展的眼光看问题。首先,调查要看到事物发展的全过程,既要看到它的现在,更要结合它的过去和将来,要用新的眼光看问题。例如在了解农村耕地撂荒问题的过程中,我们不仅要了解耕地撂荒现状,更要把问题产生的原因、过去的历史情况,以及对中国未来粮食安全的影响都考虑其中。其次,要注意分析事物客观存在的理由,并找出其发展变化的内在根源。辩证法认为,万事万物都是处在一定的“联系网”中,它们的现实存在与发展变化都有迹可循。例如,为调查清楚某件事情,我们要了解清楚这件事情是在何时、何地、何种条件下发生的,以及它同周围其他事物有何关联,这是符合唯物辩证法的。若不将这些内容纳入考虑范围,那么由此得到的相关材料是没有实际意义的。最后,在资料收集过程中要注重动态与静态资料相结合。在农村经济发展调查中,动态资料是指人的主观意愿及其现实表现活动、物的变化状态所展现的资料。对人的主观意愿以及事物变化发展状态,如认识、态度、需要、动机、现实活动的各种表现采取多种方式、方法,如问卷调查法、观察法等去进行资料的收集,即动态资料收集。静态资料主要指一些历史事实或统计资料,对这些资料加以收集,即为静态资料收集。一方面,静态资料的收集是必不可少的,其能够为动态资料的调查提供必需的统计数据,还能够推动动态资料的深入分析。另一方面,动态资料的收集也至关重要,如调查对象的主观意愿会随现实情况而产生变动,其信息价值高。所以,农村经济发展调查在收集资料时,一定要将静态资料与动态资料有机结合。

第四节 农村经济发展调查的流程

农村经济发展调查是为了深入了解和评估农村经济状况而进行的一系列研究活动。通过系统收集、整理、分析相关数据和信息，调查可以提供全面的农村经济的现状信息，为制定农村经济发展政策和决策提供科学依据。从调查研究的一般步骤上看，确定选题是一项农村经济发展调查活动的起点，起点的优劣、高低直接决定后续工作的难易、得失。因此，调研选题是开展调研工作的方向，是整个调查工作最重要的部分之一。另外，还需要制定详细的调查方案，确保调查方案科学合理，以便为后续实地调查和资料收集获取准确可靠的数据。在数据收集的基础上，需要对调查资料进行整理和分析，形成系统性文字，完成调研报告的撰写和研究成果的应用。

一、确定调查主题

调查主题(Survey Subject)是指调查的议题或调查涉及的研究领域，是调查活动的核心，决定了调查的目的、对象、方法和结果。

(一)如何提出调查主题

农村经济发展调查主题的选择一般源于以下几个渠道。

1.源自农村经济发展的实践活动

农村经济发展过程中会出现各种各样的社会经济问题，当这些问题成为促进或制约农村社会经济发展的关键时，研究这些问题就非常有必要，因此农村经济的社会实践是提出农村经济调研课题的主要来源和途径。

例如，农业农村部在《乡村振兴科技支撑行动实施方案》中提出要打造1 000个乡村振兴科技引领示范村(镇)就是基于中国农村经济发展的实践和乡村振兴的需要，而实施的农村经济发展调查研究的理论与实践相结合的有力举措。再如，农村宅基地改革中提出的农村“一转一入两允许”的改革试点工作就是基于劳动力不断向外流失，农房闲置、无人种地造成土地浪费的现象而提出的相关政策。这些政策措施的安排能有效解决当前农村发展中出现的各种问题，进一步促进乡村振兴。这些研究课题正是从农村经济实践中来的，总结了农村经济实践的经验和教训，而后又进一步完善和推进农村经济发展调查的发展。

2.源自调查人员的知识积累和问题意识

调研人员因为积累了丰富的学科知识而对各类社会经济问题的发展具有敏感性，特别是具有问题意识，善于从各类纷繁复杂的现象中找寻关键问题和前瞻性问题。因此，调查者学习和掌握各类学科知识非常重要，并且应在知识积累过程中注重问题意识的培养。

特别是近些年来，与农村经济问题密切相关的社会、经济、管理学科大力发展的同时，各类“边缘”学科的相关理论和研究方法也在不断发展，这为研究农村社会经济问题提供了更多的视角，使农村经济研究的深度和广度得到进一步扩展。因此，在发现问题、提出问题的意识基础上，理论知识的学习与对农村社会经济实际情况的深入了解相结合，对选择符合实际情况的、有理论和实际研究价值的课题有很大帮助。

例如，关于农村耕地资源污染问题的研究课题就是为实现农村经济可持续发展，在粮食安全受到影响的情况下被提出来的。这不仅涉及农村经济的发展，而且还涉及整个社会的公共安全。从研究视角上看，有的学者从制度层面进行研究，认为减少农药化肥施用，保护农业耕地资源不受污染非常重要；也有的学者从微观主体角度，研究耕地污染问题发生的深层机理，特别是农户和农业企业在其中扮演的角色，进而从生产者角度探究粮食不安全问题的原因及治理之道。

上述列举的耕地资源污染及粮食安全问题的研究角度和出发点不同，涉及的学科领域也不相同，不仅涉及社会问题，而且可能涉及经济、行政、企业管理等多方面的问题。因此，这类问题必须多角度、多学科交融地来调查、分析和研究，才能使研究更加深入和系统。

3.源自农村经济发展调查研究的文献资料

文献资料具有历史性的特点，丰富的历史文献资料，可以让我们了解以往的调研成果，可以为调研课题的选择和研究设计的思路提供参考。任何调研都应当建立在前人研究成果的基础上，这样才能避免盲目研究或重复研究。同时，前人的研究经验能让我们得到有益的启示。查阅文献还可以了解与调研课题有关的理论和方法，为正确选题提供依据。

当然，课题的选择和确定是一个学习和研究的过程。课题的选择必须经过查阅资料、初步探索及研究思考等环节，才能最终确定下来，因此，课题的选择和确定实际上凝聚着课题研究人员的智慧。

（二）调查主题的初步探索

调查主题（课题）的初步探索是在正式调研之前进行的，一般是就选定的主题征询有关专家、学者和领导干部的意见，同时到调查地点进行初步考察，与相关人员座谈，以便了解调研任务、确定调查主题、明确调查内容、增加感性认识，为提出研究假设和制定调查方案奠定基础、指明方向、提供依据。

1.调查主题初步探索的目的

初步探索能够对调研题目的同类研究、相关研究及其进展情况进行跟踪分析，进而了解研究动态，并选择合适的课题研究的切入点。初步探索能够为提出课题的研究假设、设计调研指标与调研方案，提供客观依据。初步探索的目的不在于证实什么，而在于寻找解答问题的途径，并不直接回答调研课题所要解决的问题。

2.调查主题初步探索的内容

调查主题初步探索是农村经济发展调查的重要环节，它涉及确定调查的范围、目标和关注点。在这个阶段，研究人员需要对影响农村生产、流通和消费的各个环节进行综合分析和重点评估，从农村产业发展、基础设施建设情况、金融和信贷情况、劳动力数量及转移状况、固定资产状况、居民收入和消费情况、社会保障情况等多个方面确定调研内容，并结合自身主题需要以确定重点关注的内容。这些内容的综合分析和评估将为后续的调查工作提供基础，并为制定农村经济发展政策和措施提供科学依据。

3.调查主题初步探索的方法

课题的初探研究一般采用查阅文献、咨询及实地考察等方法。查阅文献一般是利用图书馆和资料室的检索工具，如书刊目录、分类索引等，找出与调研课题有关的书籍、论文和调研报告等。另外，也可以到调研地区、单位去查找或借阅有关资料。摘录文献资料的方法主要有卡片法、笔记法和复印法等。咨询，即询问、征求意见的意思。咨询时既要向理论造诣深厚的专家、教授请教，又要向具有丰富实践经验的实际工作者学习；既要向上级机关的领导者请教，又要向基层的干部和群众学习。咨询对象主要是熟悉这一课题领域的专家或研究人员及掌握第一手资料的知情人等。实地考察要求直接接触调查对象，取得第一手资料。实地考察的人员不宜太多，但社会经济调查的领导者、组织者，特别是调查方案的设计者必须参加。实地考察对象的范围不宜太广，应尽可能选择具有代表性的地区或单位作为考察的重点，采用“解剖麻雀”的方法，进行比较深入的调研。在实际调研活动中，以上的三种方法往往是结合使用、交叉使用、轮换使用的。其中，实地考察具有特别重要的意义，是初步探索中不可缺少的最基本的方法。

二、设计调查方案

调查方案（Survey Plan）是一份详细说明调查目的、调查对象、调查方法和数据分析计划等内容的文档，是进行调查研究的基础，能够确保调查的有效性和可靠性。

（一）调查方案设计的基本原则

1.全面性原则

调查方案的设计必须周到，需要兼顾和考虑各种可能出现的情况和问题，提出尽可能详细的解决办法。如果调查方案设计得不周到，就会给实际调查带来很大的困难，而一旦调查工作开始，修改方案成本极高，特别是涉及面广、牵涉人员较多的大型调查。因此，在设计调查方案时，怎样强调方案的全面、完整、翔实都是不过分的。

2.可行性原则

调查方案的设计必须从农村经济发展调查本身的实际状况出发，根据调查活动的主客观条件有针对性地进行设计。只有符合实际情况的调查方案，才能在实地调查中真正发挥作用。从调查的主观条件来讲，调查方案要考虑到人员自身的业务水平、调查能力及个人兴趣。如果调查人员调查经验丰富，则调查目标可选择难度大些的；但如果调查人员调查经验不足或很少，则调查目标不宜太难，理论性也不宜过强。从调查的客观条件来讲，调查范围大小、被调查的对象多少，都取决于调查方案设计者对调查人员数量、调研时间及调研经费的综合考虑。另外，还有其他客观条件影响调查方案的设计，如被调查对象素质高低、农村人文和自然环境状况等。只有充分考虑这些主客观条件，才能制定出切实可行的调查方案。

3.有效性原则

调查方案的设计必须努力做到节约人力、财力、物力和时间，力争用最小的成本投入，取得最好的效果。换句话说，调查方案设计的原则是在一定的经费约束下，使调查结果的精度可以满足调查目的的需要，是在费用与精度之间寻求某种平衡，讲究有效性。

4.灵活性原则

调查方案是调查者事前的设想和安排，与客观现实之间总会有或大或小的差距，并且在实际调查过程中，还可能出现新情况、新问题，所以调查方案一定要留有余地，具有一定的可调整性，以便根据实际情况进行灵活调整。当出现意外情况、变化的政策环境或其他因素时，可以对调查方案进行适度的调整，以确保调查方案的灵活性。

（二）调查方案内容设计的要点

1.确定调查目的

任何一项调查工作都具有理论或应用价值，调查方案内容的设计中必须交代此次调查的目的、意义是什么，在理论和应用方面有哪些作用；同时，还要说明本方案要解决什么样的问题，这些问题是怎样形成的，是从哪些角度出发提出来的，解答这些问题会有哪些新的发现。此外还要说明解决这些问题的理论是什么，具体的研究假设是什么，研究设想或理论框架是什么。

2.确定调查对象

调查方案必须对调查范围以及被调查对象作出说明，也就是说明在哪些地区、乡村或社区进行调查，说明被调查对象是个人、组织或是群体，说明被调查对象数量的多少。

3.确定调查内容

在调查方案中要对调查内容给予明确的说明，明确要调查的具体的社会经济问题有哪些。一般这些调查内容通过调查提纲（问题）和调查指标反映出来，因此，调查方案中调查内容的设计是制定具体实施方案和设定具体指标的重要依据。

4.确定调查方法

调查方案还要说明调查具体采用普查、抽样调查、个案调查、典型调查等哪一种调查类型。并且，在调查内容与调查方法相结合的基础上，针对不同的调查内容，确定是采用问卷调查，还是采用实地访问调查等方法；确定资料分析是采用定性分析，还是定性定量相结合分析等方法。方案内容和调查类型、方法等的细化对进一步明确调查研究重点、厘清调查研究思路都是有帮助的。

5.确定调查工作安排

调查工作的安排主要包括调查地点确定、经费预算制定以及人员安排等。首先，确定具体的调查地点，如某村、某县或某省等，然后确定其中具体的调查对象，再按照具体的调查方法进行调查。其次，做好调查经费和物质手段的计划与安排。在设计调查方案时，应详细地对调查经费的开支作出预算，特别是要对调查经费的使用范围作出明确规定，并对经费使用作出规划、安排。再者，做好调查人员的安排。根据调查任务的实际情况确定调查人员，并根据调查需要进行人员培训。要选择工作责任心强，愿意到农村基层开展调研，不怕苦、不怕累，具有一定的科学理论知识或社会实践经验的调查人员。同时，调查队伍应该注意其整体的人员结构，保证各种人员都发挥其专长。

三、实地调查和资料收集

（一）调查工具的准备

在开展正式的农村实地调查和资料收集之前，相关调查工具一定要准备充足，以保障定量资料与定性资料收集工作的顺利开展。调查工具是指收集资料和研究资料时所需要使用和借助的工具,一般包括文书性工具和器具性工具两大类。文书性工具一般是调查指标的物质载体,包括访谈提纲、调查问卷、量表、问题卡片和表格等。器具性工具一般是调查中使用的物质手段,如签字笔、摄像机、录音笔、手机、电脑等。

(二)定性资料的收集

定性资料是指调查者预先设想的可能蕴含着有关研究对象(现象、人、问题)的属性特征(本质的或非本质的)的信息载体。根据获得资料的直接性,调查资料可以分为几类:第一手资料,又叫直接资料,是研究者运用一定方法,直接参与收集的来自调查对象的资料或在亲身实践过程中获得的资料,例如亲自拍摄的教学视频、教育调查、教育实验、访谈、座谈、观察、测量、经验等方面的资料;第二手资料,又叫间接资料,是研究者通过某种"中介物"而取得的调查资料,例如从各种文献中或从网上获得的资料。根据资料的表现形式,研究资料可以分为:数据资料,即用数据表示的研究资料(是经过"量化"编码处理后的资料);文字资料,即用语言文字表示的研究资料;其他资料,即除前两种以外的资料,例如图片、影像等。根据获得资料的途径与方法,调查资料可以分为实验资料、访谈资料、文献资料和网络信息资料等。

(三)定量资料的收集

定量资料是指以数值形式表示和记录的数据。它是通过量化观察、测量和统计方法收集的数据,通常以数字、百分比、比率等形式呈现。定量资料可以用于描述和分析变量之间的关系、趋势和差异。定量资料的收集主要有两种方式,一种是通过问卷调查收集数据。比如说"内生能力"这个概念比较抽象,学界已经从理论方面对这个概念进行了界定,同时,其他学者也对这一概念进行了测量指标体系的检验,比如信度检验、效度检验等。我们就可以据此做一个有关"内生能力"的量表,并将其放在一个问卷里面,叫其他人去填写。填写之后就有数据了,有了数据就可以做定量研究。另一种是自己不去做调查,而用公开数据库提供的数据进行研究。不管怎么说,第三方数据也好,自己通过调研收集的数据也好,我们有了数据才能做研究,从而深入了解农村发展问题,实现实证主义的目标。

四、整理和分析调查资料

(一)定性调查资料的整理和分析

定性研究资料整理是资料收集与资料分析之间的重要中介,是承上启下的重要桥梁,是对大量的、杂乱的研究资料进行审查、甄别、分组、归类、登录和汇总,使不同来源的复杂资料条理化、系统化、精练化，变为易于理解、易于解释、可用性强的资料，为下一步资料分析作好准备。定性调查资料整理一般要通过资料审查、资料分类或分组、资料汇总、设计图标和资料打印等程序。我们在调查研究中获得的定性资料主要包括：研究者从实地研究中得到的各种以文字、符号表示的观察记录、访谈笔记以及从文献资料研究中得到的相关材料。定性研究资料分析是研究者通过深化前阶段的认识来“透过现象看本质”，是对研究资料“由此及彼、由表及里”的认识过程。定性资料能够描述一定的社会现象，根据描述的社会现象，我们能够对经验现象进行概括，并提出尝试性的理论解释，并得到相应的策略建议，这是定性资料整理和分析的意义所在。此外，定性调查资料的整理一般遵循资料审查、资料分类和资料汇编三个程序，且每个程序都有不同的整理原则，具体包含真实性原则、可靠性原则和适用性原则、互斥原则和完备性原则、系统性和完整性原则等。

（二）定量调查资料的整理和分析

定量调查资料通过提供客观、可量化的数据，为探索事物之间的联系、验证假设以及支持决策制定提供重要依据。定量调查资料一般是通过问卷调查获取，需要先完成问卷编码和录入工作，将其转化为可供计算机处理和运算的数据形式。具体来看，定量调查资料整理包括问卷资料的复查、问卷资料的编码与录入、问卷资料数据的清理以及数据资料库的建立等过程。定量调查资料的分析一般是通过描述统计分析、推断统计分析等方式，以统计资料为依据，以统计方法为手段，去认识、分析事物。定量调查资料分析作为定量科学研究的一种手段，为扩展农村经济发展研究的深度和广度提供了新的可能性。但是，如同任何方法与手段一样，定量调查资料分析的应用必须满足一定的前提条件，即在一定的范围内，或遵循一定的原则。如果在分析中不了解或不注意这些范围和原则，盲目地运用各种统计技术，生搬硬套各种计算公式，统计分析的效用不仅得不到充分发挥，甚至会导致得到错误的结论。

五、撰写调查报告

调查报告（Survey Report）是对某一事物、某一事件、某一方面或某一问题，进行充分的调查研究之后，根据调查资料所写出的真实反映情况的书面报告。完成调查报告是调查研究程序的关键环节，也是调研工作完成的标志之一。调查报告通常包括两部分：一是调查活动工作的总结报告；二是调查研究主题的分析报告。调查活动工作的总结报告主要是对调查研究过程中的人员、资金、工作计划安排等进行总结，为今后的调查研究工作提供经验借鉴。调查研究主题的分析报告是调查研究成果的集中体现。调查研究报告一般包括调查研究方法、调查研究过程、调查研究结果和结论及政策建议等内容，是对研究问题的系统阐述和说明。

六、应用调查研究成果

调查研究报告完成后的主要任务是将调查研究成果应用到实践领域或理论领域。应用方式主要有公开出版、学术讨论和交流、政策论证、内部简报或汇编等。调查研究报告应该被充分利用起来，以便更好地为农村政策制定和农村经济社会发展服务。

一项调查研究项目的理论和实践价值往往是通过成果应用的深度和广度来反映的。就深度而言，调查研究成果的采用率、转载率、引用率等能体现研究成果深度的指标较高，代表着成果得到同行和专家、政府部门认可的程度较高。就广度而言，调查研究成果的应用范围越广，交流讨论的层次越高，调查研究成果的应用就越广泛。特别是如果一项调查研究的成果能够得到政府相关部门的认可和政策应用，那么其深度和广度都将得到进一步扩大。当然，对调查研究成果最终的评估，必须以实践为基础，在实践中运用和检验结论。

农村经济发展调查流程如图1-2所示。

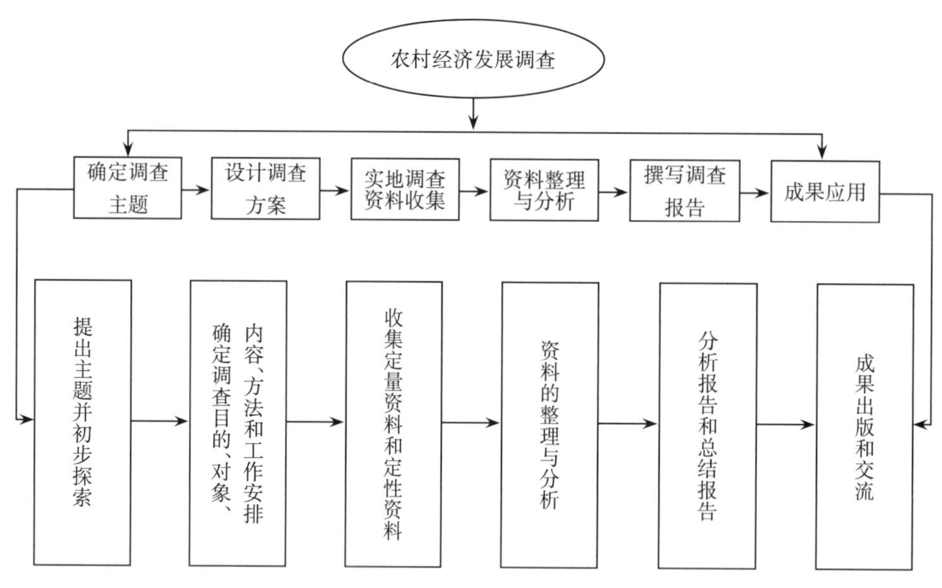

图1-2　农村经济发展调查流程

思政内容提要

通过了解农村经济发展调查的内涵，厘清农村经济发展调查的历史脉络，把握农村经济发展调查的基本属性和步骤，有助于帮助学生更加深刻地认识“三农”、理解“三农”、服务“三农”,进而实现理论与实践的有效结合。农村经济发展调查需要始终秉持以立德树人为核心,以社会需求为导向,以农村文化为载体的理念,强化对农村经济发展现实的认知,了解当前中国农村经济发展的现实情况。

“农村经济发展调查”作为一门方法论课程,重点是培养学生科学的世界观和方法论基础,特别是掌握马克思主义认识论,以及运用马克思主义认识论去观察、分析与解决实际问题的能力。哲学既是世界观又是方法论,是世界观和方法论的统一,是通过对人与世界关系的研究而确立起来的。马克思主义哲学是马克思主义三大组成部分之一,包含历史唯物主义与辩证唯物主义。

通过学习农村经济发展调查的理论与方法,加深对马克思主义认识论基本原理的理解与把握,并熟练运用马克思主义认识论去观察、分析、解释、处理实际问题,培养科学精神与科学思维。

通过对农村经济发展调查简史的学习,提高历史思维能力。懂得知古鉴今,善于运用历史眼光认识发展规律、把握前进方向、指导现实工作。通过加强对农村经济发展调查历史的学习,深刻把握历史规律、认清历史趋势、总结历史经验,在对历史的深入思考中做好现实工作、更好走向未来。

本章小结

了解农村经济发展调查的内涵是认识农村经济发展情况的手段,是进行农村经济问题研究的基础,是制定农村经济发展政策的前提和指导农村经济工作实践的依据。因此本章重点分析农村经济发展调查的内涵,认为其是一种社会调查,属于质性研究的范畴。它强调调查过程动态性,是人们有目的、有意识地通过对农村地区的经济发展现象的观察、了解、分析、研究,通过科学的调查方式来调查农业生产经营的相关主体,认识农村经济生活本质及其发展规律的一种自觉认识活动。通过定期开展农村经济发展调查活动,调查者可以对农村经济状况有全面的、动态的、经验层面的认识。

梳理农村经济发展调查的历史脉络,对国内外农村经济发展调查情况会有更加全面的认识。本章分别从国内、国外两个方面厘清农村经济发展调查的历史演进,分别从三个时间阶段来分析农村经济发展调查的演变特征、代表人物和重要观点等。

随着信息技术的发展,农村经济发展调查也逐渐呈现出诸多特征,具体包括调查内容广泛、调查方法多样、调查方式灵活、调查任务艰巨和调查数据存在一定误差等。

此外，农村经济发展调查还包含系统性、客观性、科学性、经济性以及动态性等原则。与此同时，农村经济发展调查还遵循一定的步骤，具体主要包含确定调查主题、设计调查方案、实地调查和资料收集、整理和分析调查资料、撰写调查报告和应用调查研究成果等六大步骤。

关键术语

农业 Agriculture

农村经济 Rural Economy

社会经济调查 Socio-economic Survey

农村经济发展调查 Rural Economic Development Survey

调查主题 Survey Subject

调查方案 Survey Plan

调查报告 Survey Report

思考练习

(1)农村经济发展调查的内涵是什么?

(2)农村经济发展调查与研究有何关系?

(3)农村经济发展调查包含哪些基本步骤?

(4)农村经济发展调查应遵循哪些基本原则?

(5)中国农村经济发展调查经历了哪些历史阶段?

实践练习

向从事过大型农村经济发展调查的主要工作人员咨询其调查经验，重点了解调查过程中遇到的困难和解决方法。

第二章

农村经济发展调查选题

如果一位经济学家只利用经济数据来做研究，而没有提出重要的经济问题，他是不会得出有价值的结果的。[①]

——邹至庄[②]

提出一个问题往往比解决一个问题更重要，因为解决一个问题也许仅是一个数学上或实验上的技能而已，而提出新的问题、新的可能性，从新的角度去看旧的问题，却需要有创造性的想象力，而且标志着科学的真正进步。[③]

——阿尔伯特·爱因斯坦[④]

问题导读

选好调研主题是精准开展调研工作的前提。必须坚持问题导向，围绕国家战略需求以及农村经济发展中存在的突出问题和群众反映强烈的热点、难点问题，把握调研方向，突出调研重点。如何选定有价值的农村经济发展调查主题，如何在此基础上提炼科学问题并提出研究假说？本章将结合具体实例介绍农村经济发展调查选题的方法与过程，并提供一定的科学思维方法训练。

① 邹至庄.我与计量经济学[J].同舟共进，2018(9)：95.

② 邹至庄(Gregory C. Chow)，国际著名中国经济问题专家、计量经济学大师，其创建的"邹氏检验"已成为计量经济学中的重要工具，主要著作有《动态经济系统的分析与控制》《用控制方法进行计量经济分析》等。

③ 阿尔伯特·爱因斯坦，利奥波德·英费尔德.物理学的进化论[M].周肇威，译.北京：中信出版社，2019：90.

④ 阿尔伯特·爱因斯坦(Albert Einstein)，20世纪最伟大的物理学家之一，提出了相对论和光子假设，因成功解释光电效应而获得1921年诺贝尔物理学奖，被美国《时代》周刊评选为20世纪的"世纪伟人"。

学习目标

★知识学习：

(1)理解科学问题和研究假说的内涵。

(2)把握农村经济发展调查选题的重要性。

(3)掌握农村经济发展调查主题的类型和选择标准。

★能力提升：

(1)增强发现现实问题和提炼科学问题的能力。

(2)掌握农村经济发展调查与研究的思维方法。

(3)具备农村经济发展调查主题的选择和设计能力。

★价值形成：

(1)培养尊重事实、发现问题、求真务实的科学态度和求实精神。

(2)引导观民生之疾苦、解“三农”之症结、护乡村之发展的担当精神。

(3)激发服务国家乡村振兴战略需求的责任感与使命感。

知识结构

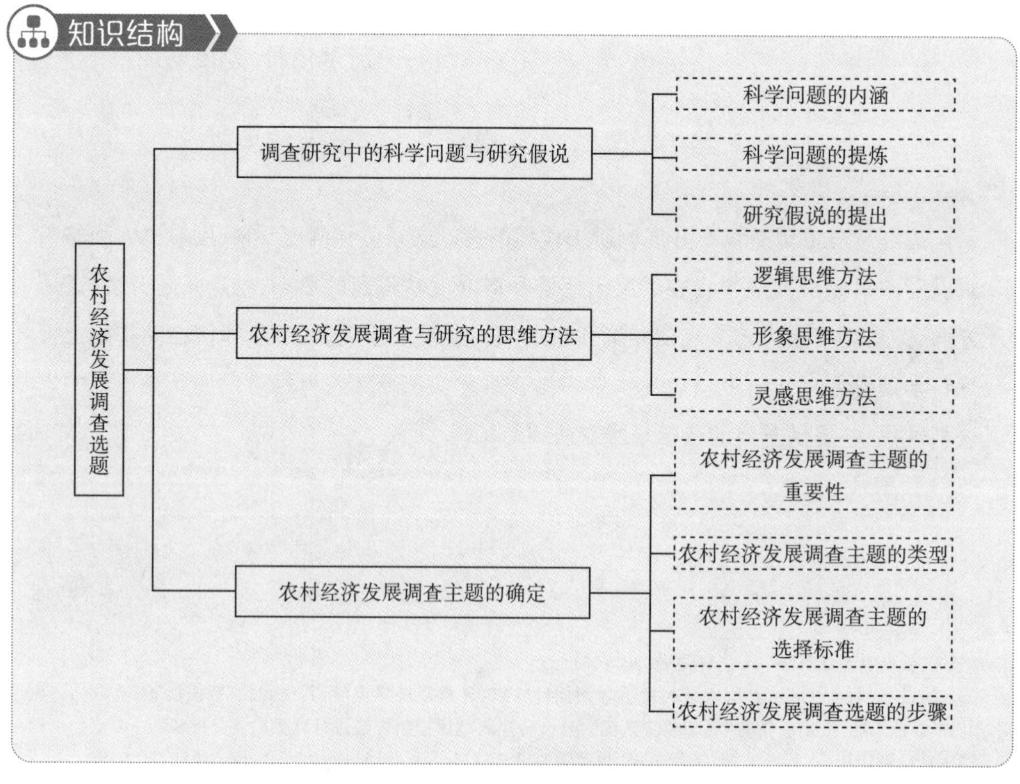

第一节 调查研究中的科学问题与研究假说

一、科学问题的内涵

科学研究是人类最典型、最富有创造力的活动之一。在理解什么是科学问题之前，我们需要明确什么是科学？科学研究的起点是什么？

首先，我们需要明确“什么是科学?”。

科学(Science)是一种系统性的知识体系，是人类揭示客观世界存在的一般规律的学问。在西方的语境下，广义的科学指“知识”“学问”，可以用德文Wissenschaft来表示，狭义的科学指“自然科学”，可以用英文的Science来表示。在人文学科与自然科学长期隔绝、互不理解的背景下，人们很容易以为这是两种“自古以来”就并列发展的完全不同的东西。其实，自然科学与人文学科的分野只是近代以来的事情，也是在这种分野的过程中，“科学”狭义化成为“自然科学”。狭义的科学与广义的科学虽然有区别，自然科学与人文学科虽然有区别，但它们有着共同的历史来源，即都出自希腊的知识传统也就是广义的科学传统。

科学是可以被质疑证伪的，科学中没有绝对的权威，任何科学的理论都有被推翻的可能。有关科学的一个基本事实是：我们并无任何已被确认的、能理解全部自然现象的科学理论。因此可以看出，科学知识不会是一个绝对性的表达，而是在一定前提条件下的一种推断，这就要求科学的知识要以一定的方式提出来，从而保证其可证伪性。

其次，我们需要明确的是“科学研究的起点是什么?”。

20世纪中叶以前，科学界和哲学界都认为科学研究的起点是“观察”。20世纪50年代以后，国际著名的科学哲学家卡尔·波普尔《科学发现的逻辑》(Karl Raimund Popper, *The Logic of Scientific Discovery*)一书问世后，科学哲学界逐渐开始接受一个新的观念，即科学研究的起点是“问题”。自然科学发展的历史，就是它所研究的问题发展的历史，是问题不断深入展开和研究的历史。问题是科学研究的真正灵魂，贯穿于科学研究的始终。那什么是问题呢？英国哲学家图尔敏在其《人类理解》(Stephen Toulmin, *Human Understanding*)一书中，把“问题”定义为：解释的理想与目前能力的差距。他认为问题是科学家通过认识他们目前解释自然界有关特性的能力与他们目前关于自然秩序或充分可理解性的理想间的差距，找到和确定目前概念存在的不足。卡尔·波普尔在《客观知识：一个进化论的研究》(Karl Raimund Popper, *Objective Knowledge: An Evolutionary*

Approach)中认为,问题就是背景知识中固有的预期与所提出的观察或某种假说等之间的冲突。日本当代著名哲学家岩崎允胤和物理学家宫原将平在其合著的《科学认识论》(*Epistemology of Science*)中提出,问题是基于一定的科学知识的完成、积累,为解决某种未知而提出的任务。但是,随着时代与知识的发展,“不是问题的问题”这一奇怪现象不断出现,引发了科学界、哲学界对于问题科学性的探讨。

最后,我们需要回答的是“什么是科学问题?”。

长期以来,科学问题的定义在学术界存在着许多说法,其中较典型的观点有:科学问题就是背景知识中固有的预期与其所提出的观察或某种假说等新发现之间的冲突和矛盾;科学问题就是解释的理想与目前的能力的差距,即“科学问题=解释的理想-目前的能力”;科学问题是基于某种已经明确了的科学知识基础之上,为解决应该而有可能知的未知而提出的任务;科学问题是指一定时代的科学认识主体在当时的知识背景下提出的关于科学认识和科学实践方面的需要解决而未解决的矛盾;科学问题是能够帮助人类增加对客观世界一般规律的认识的问题,能使其从社会的种种现象中发现一般化的因果关系的规律;等等。目前对于科学问题的定义,尚未有一个明确的结论,本书认为,科学问题的提出需要进行大量的比较、分析和论证,科学问题是经过周密思考的成熟而深刻的问题。因此,本书结合科学问题本身的共性以及特征,对其作出简单定义:科学问题(Scientific Problem)就是能够被反复验证的理论假说。

正确认识并准确提炼农村经济发展调查实践当中的科学问题是农村经济发展调查研究的开端,对调研活动的顺利进行、提出相应农村经济发展的政策建议以及推动农村经济发展具有重要的意义。科学研究的三个基本问题见图2-1。

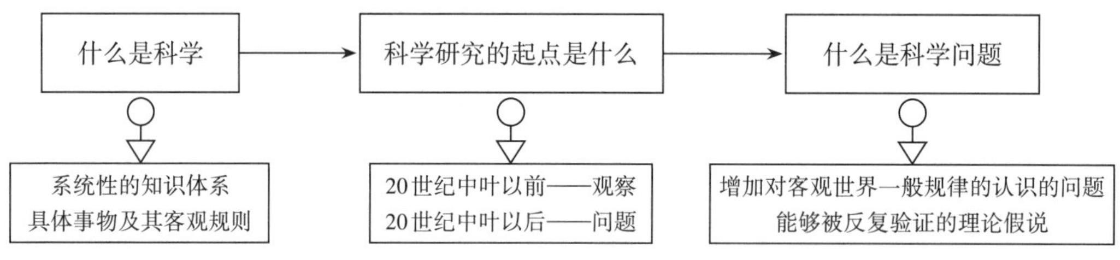

图2-1　科学研究的三个基本问题

二、科学问题的提炼

科学问题的提炼是农村经济发展调查的起点,同时也为农村经济发展调查提供了明确的方向和目标。在无数的科学问题中,哪些问题适合提炼?哪些问题不适合提炼?适合提炼的问题有没有先后的次序?这些问题都是提炼科学问题时要考虑的。那么科学问题来源于哪里,又该如何提炼呢?

好奇心是人类的天性，是人类探索未知的原动力。纵观科学史，诸多科学大师凭着对未知世界的好奇心，创立了载入史册的伟大原创理论或推出了对人类影响深远的成果。例如，伽利略看到吊灯摇晃而好奇，发现了单摆等时定律；牛顿受苹果落地现象启发，发现了万有引力定律；袁隆平从特殊性状的天然杂交水稻中受到启迪，培育出了“三系法”籼型杂交水稻。这样的实例，不胜枚举。爱因斯坦也曾说，“我并非天赋异禀，我只是有强烈的好奇心”。

1.科学问题提炼的基础是理论假说的提出

科学问题是能够被反复验证的理论假说。因此，科学问题的提出首先是要提出有研究价值的理论假说。所谓理论假说是指在有关研究理论的指导下，在深入研究之前，根据以往的经验和初步探索（实验、调研）掌握的情况，对研究对象、问题的基本状况作出初步的描述、解释和推测。“三农”领域在不断探索和发展的过程中积累了越来越多的知识和事实材料，围绕着这些知识和事实材料，通过头脑的想象和思考，对所遇到现象产生的原因和发展的规律性，作出初步的假设，从而提出基于真实问题的科学问题。

2.科学问题提炼的有效方法是调查研究

调查研究的开始应当结合社会发展的需要以及当时科技发展水平等现实背景，确定调查研究的主题与研究层次。通过对所研究问题的历史、现状和发展趋势等作出清晰的判断，总结提炼出尚未得到解决的科学问题，进而确定相应的研究思路和内容。只有通过系统的调查研究，在充分掌握科学技术发展方向的基础上才能进一步为提出有价值的科学问题提供准备。通过调查研究，发现理论与事实之间的矛盾，从而提出具有研究价值的科学问题。

三、研究假说的提出

当研究者选定了研究现象，并提出了值得研究的科学问题之后，接下来要做的事情，就是提出研究假说（Research Hypothesis）。研究假说就是研究者针对问题所猜测的一种答案。这种答案是否正确，还需要一系列实际资料、数据、观察的检验。针对科学问题提出假说的方法，同科学研究经常使用的方法一样，可以概括为归纳法和演绎法。一般来说逻辑论证由结论、数据、论据三部分构成，具体如图2-2所示，而归纳和演绎是逻辑论证中两个比较初级的方法，归纳是由特殊到一般的推理过程，演绎是从一般到特殊的推理过程。

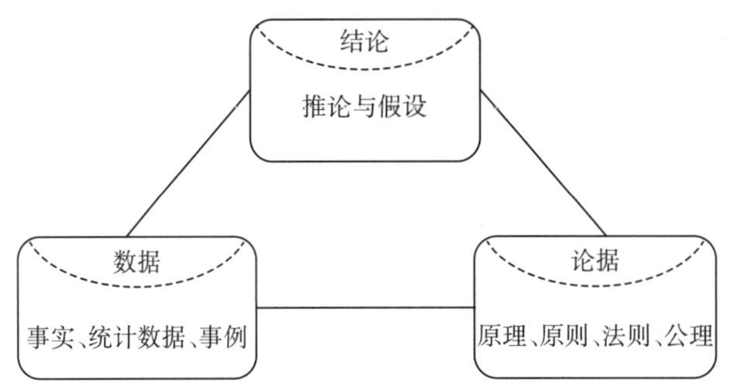

图2-2 逻辑论证的"逻辑三角"

(一)归纳法

归纳法(Inductive Method)一般指归纳推理,是一种由个别到一般的推理,是由一定程度的关于个别事物的观点过渡到范围较大的观点,由特殊具体的事例推导出一般原理、原则的解释方法。归纳推理法一般分为三种方式:完全归纳法、简单枚举法与判明因果联系的归纳法。其中判明因果联系的归纳法又称为穆勒五法,包括:求同法、求异法、求同求异并用法、共变法及剩余法。

归纳法的优点在于判明因果联系,然后以因果规律作为逻辑推理的客观依据,并且以观察、实验和调查为手段,所以结论一般是可靠的。然而归纳法也有其局限性,它只涉及线性的、简单的和确定性的因果联系,而对非线性因果联系、双向因果联系以及随机因果联系等复杂问题,归纳法就显得无能为力了。

(二)演绎法

演绎法(Deductive Method)是指从普遍性结论或一般性事理推导出个别性结论的论证方法。演绎推理的主要形式是三段论,即大前提、小前提和结论。大前提是一般事理;小前提是论证的个别事物;结论就是论点。用演绎法进行论证,必须符合演绎推理的形式。演绎法的基本原理如图2-3所示。

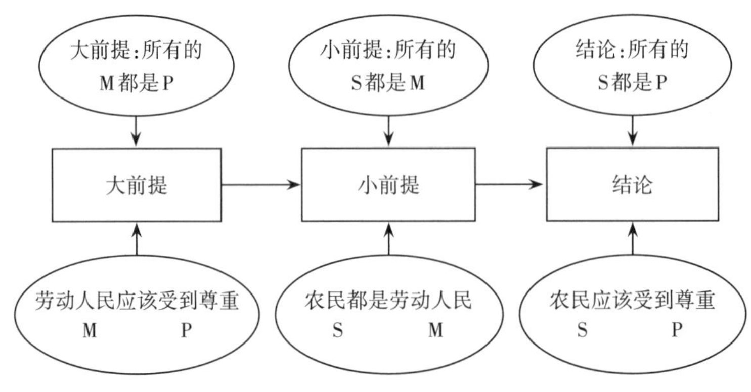

图2-3 演绎法基本原理及举例

基于上述思路，穆勒提出三阶段的演绎法来提出假说：

(1)首先给出一组假设或者理论，即一组关于因果关系的假说，这些假说可能是符合经验的，也可能是不符合经验的；

(2)由这些假设或理论演绎出关于最终结果的陈述；

(3)结合与现象直接或者间接关联的数据资料，检验这些陈述是否成立。

演绎推理是一种必然性推理，因为推理的前提是一般，推出的结论是个别，一般中概括了个别。事物有共性，必然蕴藏着个别，所以“一般”中必然能够推演出“个别”，而推演出来的结论是否正确，取决于大前提是否正确以及推理是否合乎逻辑。

第二节 农村经济发展调查与研究的思维方法

搞调查研究是一项复杂的思维活动，需要正确的方法来指导。思维是大脑通过一定的方式同调查对象相互作用的过程，充分挖掘调研人员的大脑功能，结合调查研究的实际情况是十分重要的。方法是指人们认识世界、改造世界所采用的方式、手段或遵循的途径。思维方法(Thinking Method)，即人们通过思维活动为了实现特定思维目的所凭借的途径、手段或办法，也就是思维过程中所运用的工具和手段。

一、逻辑思维方法

逻辑思维(Logical Thinking)又称理性思维，是人们通过大脑的抽象作用对客观对象内在规律性的认识，是认识发展的高级阶段。逻辑思维依赖于合理推理、有效论证和连贯的证据来支持结论。通常涉及识别和分析信息，并根据现有证据得出合乎逻辑的结论。以下是农村发展调查研究中常用的三种逻辑思维方法。

1.分析与综合

分析与综合分别指在认识中把整体分解为部分和把部分重新结合为整体的过程和方法。分析就是指通过思考把认知的事物分解、分阶段并同时将各部分因素进行特征定义的过程，是认识事物整体的必要阶段。如分析一个村庄的生态保护和可持续发展状况，就需要对农村环境问题进行分析，将生态环境问题和发展问题分解成具体的要素，包括但不限于植被种植、水土流失、农药污染、水源地保护等方面，了解这些组成部分各自的特征和问题。综合,就是把认知事物的各个组成因素再通过一定的规律联系起来,把因素特性再与整体联系或者反映整体的过程。对于村庄生态保护和可持续发展而言,综合就是基于对植被种植、水土流失、农药污染、水源地保护等具体农村环境问题的分析,归纳总结出该村庄生态环境和可持续发展面临的核心问题和挑战,并据此制定村庄环境保护和可持续发展策略。

分析和综合本来就是密不可分的,只分析而不综合,获取的信息是有缺失的、不全面的;只综合而不分析则可能导致由于缺乏深入理解而制定了不切实际的解决方案。要清楚地、客观地、全面地、本质地、整体地准确认识一种事物,应当反复分析综合。

2. 抽象与具体

抽象与具体是科研中常用的一对哲学范畴。抽象是指在认识上把事物的规定、属性、关系从原来有机联系的整体中孤立地抽取出来,是从众多的事物中抽取出共同的、本质性的特征,以达到对具体事物的某种本质方面的认识。例如农民专业合作社是在农村家庭承包经营基础上,同类农产品的生产经营者或者同类农业生产经营服务的提供者、利用者,自愿联合、民主管理的互助性经济组织。这个抽象概念是对众多农民合作社具体实践的总结和提炼。具体是指以概念为本质的一切事物的多方面的规定、属性、关系的有机整体性,以及它们在认识中的反映。例如某地村民根据村庄和自身的要素禀赋成立了柑橘生产专业合作社,这就是农民合作社的具体实践。该合作社实施了统一种植管理、采购生产资料、销售产品、技术培训等一系列措施,提高生产效率和产品质量,实现了农民增收的目的。具体实践展示了农民合作社这个抽象概念在实际组织和运营中的具体应用和体现。具体可分为感性具体和思维具体,世界上没有那种抽象的、孤立的、非此即彼的东西,具体性是概念和真理最基本的特性。

从具体到抽象是辩证思维的一个基本原则,揭示出主体观念的复制和再现客体的逻辑道路,是一个从感性具体经过思维抽象而达到思维具体的有规律的逻辑上升过程。抽象规定指思维经过对感性具体的分析所抽取出来的一个个单一的规定性,它是客观对象众多方面的本质属性在人的思维中的反映,它是从感性具体到思维具体的中间环节。感性具体指感官能直接感觉到的具体对象、具体事物,它是思维逻辑行程的起点;思维具体指在抽象规定的基础上通过思维在大脑中复制出理性的具体。

3. 比较和分类

比较和分类是逻辑思维中的两种最基本的方法,它有助于理解和分析信息,特别是帮助初级研究者厘清研究对象的特征和差异,发现理论与实践之间的反差或矛盾,提供新的研究思路和方向。比较即比较事物内部之间的共同点和差异点的思维模式。比较的方式有很多种，如从物质的外部面貌分类有数量比较、质量比较等等。分类是指将类或组按照相互间的关系，组成系统化的结构，即许多类目按照一定的原则和关系组织起来的体系。

比较的方法主要有以下三种：

（1）横向比较法。即纵观事物在同一时期同一状态下的不同特点，进行比较对比的方法，如相同环境下的水稻生长状态比较。

（2）纵向比较法。即纵观事物发展历史顺序，对其不同特点进行比较。可以是不同时间的比较，能有效地揭示事物发展的趋势。

（3）跨学科比较法。即将不同学科的理论、方法和观点整合起来，对同一问题或现象进行综合分析和比较的方法。例如针对农村生态保护这一议题，经济学更多关注生态保护对农业产值、农民收入和就业的影响，社会学则关注对生态保护政策的认知和落实情况，而生态学则关注生态保护措施对生物多样性、土壤质量和水资源的影响，因此，综合多学科角度的分析，可以更全面地理解农村生态保护对农村发展的影响。

分类须遵循以下四点规则：

（1）一致性。即分类标准和方法在不同情境下应该保持一致，不能对子集部分采取不同的分类标准。

（2）完备性。分类体系应该覆盖所有可能的情况或对象，确保没有漏掉任何可能的类别。

（3）互斥性。每个分类类别应该是相互排斥的，即任何对象只能属于一个类别，不会出现重叠或重复。

（4）可操作性。分类标准应该是具体可操作的，能够被实际应用到具体的对象或情境中。

比较和分类既有联系又有区别。一方面，比较和分类都是为了更好地理解和分析事物，无论是通过比较相似之处来发现共同点，还是通过分类将事物划分为不同类别，都是为了更好地理解事物的特征和关系。另一方面，比较的目的在于寻找事物之间的异同，从而揭示它们之间的关系，而分类的目的在于将事物按照一定的标准或属性划分为不同的类别，以便更好地分析和刻画事物的特性。虽然比较和分类有不同的特点和用途，但它们通常是相辅相成的，经常在认知和分析过程中同时使用，帮助理解和分析复杂的信息。

二、形象思维方法

形象思维（Image Thinking）指人们在认识世界的过程中，对事物表象进行取舍时形成的，用直观形象的表象解决问题的思维方法。这一概念，总是和感受、体验关联在一起。形象思维是以直观形象和表象为支柱的思维过程。形象是针对抽象而言的，抽象到一定程度则成为概念，完全的形象思维则落入“具体形象思维”。形象思维的基础是概念，其总是可以形象化的。“农户”这个概念对应着具体形象，“农地”“农机”“农资”“农产”等这些概念对应着类别形象，甚至“开心”“孤独”“和平”这些概念对应着某种情境画面。仅从概念定义难以有直观形象具体的认识，结合具体例子就会使人豁然开朗。例如“祖国幅员辽阔”，这句话就不属于形象思维，而是抽象概括。诗歌中有这样的诗句：“当灿烂的太阳跳出了你东海的碧波，你的帕米尔高原上依然是群星闪烁；当你的北国还是那银装素裹的世界啊！你的南疆早已到处洋溢着盎然的春色。”这就运用了形象思维，既传达了祖国幅员辽阔这层客观意义，又蕴含了对祖国浓郁的热爱与自豪的主观情感。

对于较为抽象的概念，则每个人脑中的情境形象的相似程度响应较弱。例如“耕牛”，每个见过的人心中浮现出的形象都比较接近，而“孤独”则不然，有的人脑中出现的是路灯下一个形单影只的身形，有的人脑中出现的是茫茫湖面上的垂钓者，甚至可能有人想到的是喧闹聚会中的局外人。根据不同人的经验，概念总会附着在某种形象和情境中。好在有这些形象与概念之间的附着关系，当概念无法严格定义的时候，人们便借助于这些形象来沟通和思考。形象化是为了使得抽象的概念变得可理解和可交流。因此，把形象思维和抽象思维对立起来的观点是错误的。经常看到“形象思维是非逻辑的，抽象思维是逻辑的”，“形象思维是定性的，抽象思维是定量的”，“形象思维是想象的直观的，抽象思维是推理的”这类说法，都犯了这种错误。其实形象思维和抽象思维是一个连续的过程，“耕牛”和“牧羊”这些类别概念里面同样有一般化的抽象思维在起作用。形象思维是符合逻辑的，抽象思维也需要想象力和直观，二者是互相支撑的。

形象思维的主要表现形式为形象描述法、形象比喻法、形象类比法、图标法，见图2-4。其中形象描述法是一种通过详细生动的描绘来呈现和传达信息、概念或情感的方法，它依赖于生动的语言描述和想象力，使读者能够清晰地构建出所描述的场景、情境或对象。形象比喻法将一个抽象的概念或事物与一个具体的形象相比较，以便更生动地传达信息、概念或情感。形象类比法通过将抽象的概念或情感比作具体的事物或场景，使得描述更加生动。图标法是一种通过图标、图表、图形等可视化工具来呈现和传达信息的方法。这四种方法相互结合和运用，可以帮助研究者更生动形象地了解农村经济发展实际。

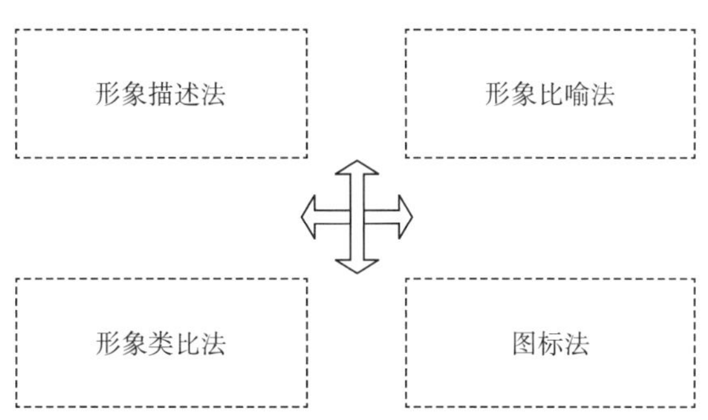

图2-4　形象思维的表现形式

三、灵感思维方法

所谓灵感思维(Inspirational Thinking),也称为顿悟,是指凭借直觉而进行的快速、顿悟性的思维。它不是一种简单逻辑或非逻辑的单向思维运动,而是逻辑性与非逻辑性相统一的理性思维整体过程。它是经过长时间的思索,问题没有得到解决,但是突然受到某一事物的启发,问题一下子得以解决的思维方法。钱学森说:"如果把逻辑思维视为抽象思维,把非逻辑思维视为形象思维或直感,那么灵感思维就是顿悟,它实际上是形象(直感)思维的特例。"灵感的出现常常带给人们渴望已久的智慧之光。灵感思维是在无意识的情况下产生的一种突发性的创造性思维活动。

灵感是人们思维过程中认识飞跃的心理现象。一种新的思路突然迸发出来,这种状态能促进新的构思和观念的产生或实现。简而言之,灵感就是人们大脑中产生的新想法。正如著名科学家钱学森所说:"我认为现在不能以为思维仅有逻辑思维和形象思维这两类,还有一类可称为灵感。也就是人在科学和文艺创作的高潮中,突然出现的、瞬息即逝的短暂思维过程。"由于灵感闪现的突发性、瞬时性和高速性往往使人猝不及防,只有那些处处留心、有所准备的头脑才能以速写的方式快速记下灵感闪现的样貌,然后趁热打铁及时进行精加工,才能得到经得起时间检验的重大发明和发现。例如,奥地利著名作曲家约翰·施特劳斯(Johann Strauss),就是一位记录灵感的高手。据说有一次,施特劳斯在一处优美的环境中休息,突然灵感涌现,但是他没有带纸,急中生智的施特劳斯迅速脱下衬衣,挥笔在衣袖上谱成一曲,这就是后来举世闻名的圆舞曲《蓝色多瑙河》。

它与形象思维和逻辑思维相比,主要有以下三个方面的特征:一是突发性。灵感往往是在出其不意的刹那间出现,使长期苦思冥想的问题突然得到解决。在时间上,它不期而至,突如其来;在效果上,突然领悟,意想不到。这是灵感思维最突出的特征。二是偶然性。灵感在什么时间可以出现,在什么地点可以出现,或在哪种条件下可以出现,都使人难以预测而带有很大的偶然性,经常给人以"有心栽花花不开,无心插柳柳成荫"

之感。三是模糊性。灵感的产生往往是闪电式的，它所产生的新线索、新结果或新结论使人感到模糊不清。要精确，还必须有逻辑思维和形象思维辅佐。逻辑思维和形象思维都是有意识地进行的，而灵感思维是在无意识中进行的，这是它们的根本区别所在。

产生灵感思维的常用方法包括实践激发、观察分析、启发联想、判断推理、激情冲动等方法，见图2–5。其中，实践激发是一种通过实际体验来激发创造性思维的方式，通过亲身参与和探索，可以从实践中发现新问题和挑战，从而产生灵感和创意。观察分析则是通过细致观察发现新的现象、事件，寻找其中的规律、联系和新的见解，以启发创新思维。启发联想是将不同领域、不同背景的思想和概念进行结合，从而产生新的想法和解决方案，进而激发创造性思维。判断推理是在逻辑推理和思维过程中，通过分析问题、推断关系和评估可能性，寻找解决方案的过程。激情冲动则是在情感激发下，通过强烈的情感体验和个人体验，激发灵感和创意。这几种方法相互交织，相辅相成，在农村经济发展调查中可以激发研究者的科研灵感，使其发现创新点，并提出切实可行的发展建议。

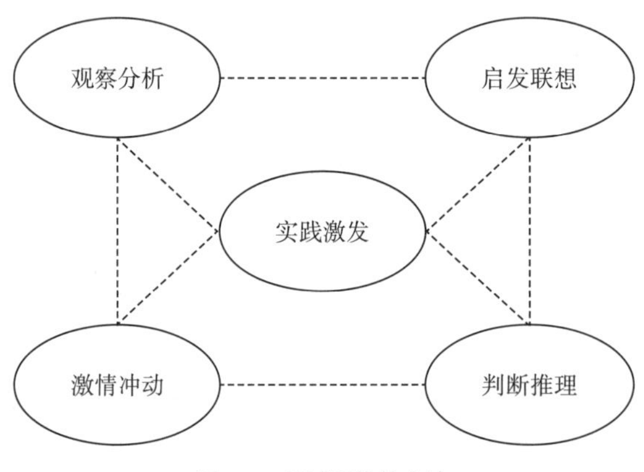

图2–5　灵感思维的方法

第三节　农村经济发展调查主题的确定

一、农村经济发展调查主题的重要性

爱因斯坦曾经说过，“提出一个问题往往比解决一个问题更重要”，这段话揭示了选题在科学研究过程中的先导性地位和决定性作用。英国著名科学家贝尔纳也指出：“课题的形成和选择，无论作为外部的经济技术要求，或作为科学本身的要求，都是研究工

作中最复杂的一个阶段……评价和选择课题，便成为研究战略的起点。”

农村经济发展调查选题及确定调查主题(Survey Topic)是一项社会经济调查活动的起点，起点的正确设定是一项调查任务顺利开展并进行的重要依据。选择调查主题就是解决“调查什么、研究什么”的问题，这一问题解决不好，什么调查都只能是盲目的，其调查对象、范围就难以确定，就会造成调查难以进行或半途而废。因而，调查主题的选择是社会调查的第一步，也是非常关键的一步。选题是否得当，直接关系到社会调查的成败和意义。农村经济发展调查的主题和目标应根据当前和未来所要解决的农村经济发展问题来确定，合理正确地选择调查主题，对于进行农村经济发展调研工作具有重要意义。调查主题的重要性在于它能够决定调查方向、调查水平、调查过程、调查质量四个方面。(图2-6)

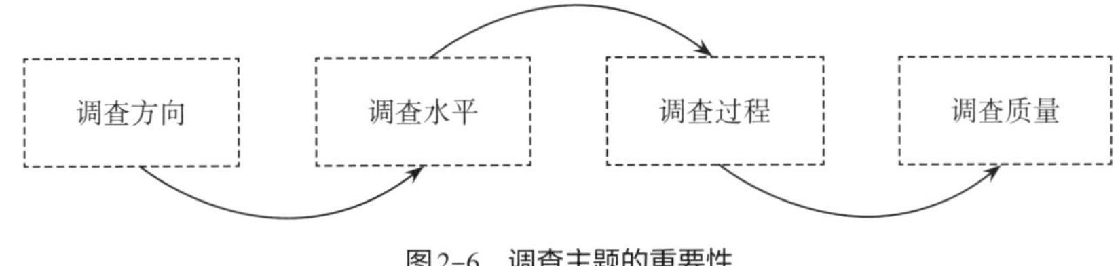

图2-6　调查主题的重要性

1.调查主题决定调查的方向

调查研究是人们认识社会经济现象的一种自觉活动，开展这种活动是为认识或回答特定的问题，服从于一定的研究目的。一项调查研究最终要达到什么目的，实现什么任务，以什么作为研究对象，都与研究主题密切相关。科学的调查研究与日常生活中人们对社会经济的了解有着本质的区别。日常生活中人们对社会经济的了解是感性的、零碎的和不系统的，往往止于对社会现象的感触和感悟，是随着生活的展现进行的。而科学的调查研究，则是要通过对社会经济现象的考察，揭示社会经济运行的规律，指出社会经济问题的症结，并提出改变社会经济发展的方案。

任何一项调查研究，都开始于问题的提出。认为调查研究始于收集材料，只要深入实际，勤看勤问，就必有收获，这是对调查研究的一种片面认识。其实，任何资料的收集工作，都是在一定的理论指导之下的具体的实践活动，都必须服从于一定的目的，围绕着特定的问题来展开。调查作为人们了解社会经济现象、探索社会经济规律的一种认识活动，既不是笼统的和无所不包的，也不是盲目的和漫无边际的，而是针对具体的社会经济现象，回答具体的社会经济问题。因此，调查主题是开展调查工作的基本方向，其确定是调研任务具体化、明确化、有针对性的表现。

2.调查主题体现调查的水平

调查主题的选择是否得当，一定程度上反映了研究者的科研素养、指导思想、操作水平、社会阅历、理论想象力和专业学识水平。因此，主题的选择能从总体上体现调查者(包括研究者)的水平。调查主题的选择，既需要研究者掌握一定的专业理论知识、调查研究方法知识和各种操作技术，又需要研究者具有发现现实问题的洞察力、总结分析问题的逻辑能力以及解决现实问题的操作能力，除此之外，还需要研究者具有一定的社会阅历。同时，选题的水平既体现了研究者本身的素质和认识水平，某种程度上也反映了人们在一定社会历史条件下的认识进程。因而，从广义上说，调查主题的选择与确定，实际上是体现了人们在当时的社会历史条件下，对社会经济现象与社会经济问题的认识水平和调查研究水平。一项具体调查课题从开始选择到最终确立，正是上述几方面因素共同作用的结果，而研究者在任何一个方面的欠缺或不足，都会直接影响到所选主题的水平和质量。

如果缺乏专业理论知识，所选择的调研主题在内涵上就可能不够深入，选题的立意也可能缺少理论依据；如果缺乏发现现实问题的洞察力，常常会对社会经济生活中的许多现象视而不见，放过许多既值得研究，又能够研究的主题；如果缺乏总结分析问题的逻辑能力，无法由现实现象提炼出现实的科学问题，那么所选的主题只会浮于现实表面，无法深入挖掘其中蕴含的深刻含义；如果缺乏解决现实问题的操作能力，那么在选择调查主题时，会受到自身能力的限制，无法选择高质量、高价值、高要求的研究主题，所选调研主题只是在很低的层次上对已有研究的简单重复。一个好的农村经济发展调查选题能抓住农村经济发展的脉搏，能反映现实生活中的重大理论问题或实际问题，具有时代意义和现实意义，这样才能发挥调查主题的最大价值和效用。

3.调查主题决定调查和研究全过程

调研主题一经提出和最后确定，便决定着社会经济调查的方案设计，制约着社会经济调查和研究的整个过程。主题不同，调查的内容、方法、对象和范围就不相同，调查人员的选择、调查队伍的组织、调查工作的安排也不相同，调查主题决定了调查目标的确定，决定了调查方向的选定。提出与确定主题，是设计调查方案，安排调查工作进程的基础和前提，它制约着调查研究的全过程。

例如，农村妇女生育率情况调查与城镇居民生活质量现状和影响因素调查，就分别是两个不同的调查主题，设计的调查方案就会完全不同，调查方法和过程也会有极大的差别。前者以农村育龄妇女为调查对象，主要调查育龄妇女年平均人数和孩子年出生人数等指标，宜于选派妇女作为调查人员，适合于采用访谈法、文献法，调查时间以年初调查前一年为宜。后者，则是要求在全国城镇层面上进行抽样，抽样程序比较复杂，样本规模也必须相当大。又由于生活质量所涉及的内容比较多，调查问卷的设计也相对复杂。资料收集的方法可能既包括自填问卷，也包括结构式访谈，是一项“大规模、多内容、高投入”的调查主题。这说明，调查主题的确定决定了调查和研究的整个过程。

4.调查主题决定调查的质量

造成社会经济调查质量较差的原因是多方面的，其中除了调查主题本身的层次比较低，调查人员的素质、技能比较差，或者调查工作进行得比较粗糙等原因外，研究者所选择的调查主题不恰当、不可行往往也是一个重要的原因。不合适、不可行的调查主题，从一开始就包含着调查成果质量不高的内在因素，包含着研究者难以克服的一些困难和障碍，而一些质量比较高的社会经济调查成功的一个重要原因，就是调查主题对于研究者来说比较恰当、比较合适。这是因为，调查主题的确定，从客观上规定了选题所应该具备的各种条件，如果这些条件不能满足，调查主题的进行必然会遇到较大的障碍，调查成果的质量自然难以保证。

提出和制定的调查研究主题是否得当，关系着调查研究的质量与成败。一个合适且可行的主题，固然不能保证调查质量一定高，但它却是提高调查质量的条件之一。一个不恰当的主题，不管其研究方案设计得如何周密，调查工作进行得如何认真，都不可避免地导致调查质量的下降。要考虑到调查人员的自身能力与条件限制、调查团队的人员配置以及调研经费等多方面因素，才能够选择最为合适和可行的主题，切实提高调查研究实效。

二、农村经济发展调查主题的类型

(一)按照主题的属性划分

按照主题的属性可划分为理论型主题(Theoretical Topic)与应用型主题(Applied Topic)。理论型调研主题是指为检验和发展某些理论或假设而从事的调查研究。对于农村经济发展调查而言，这种调查研究的成果也许将来会被实际应用，但主要目的不是解决当时的农村社会经济问题，而是揭示某种农村经济现象的本质及其发展规律，即通过对实际问题的调查来检验、丰富和发展理论。应用型调研主题是为了认识与解决当前的农村社会问题，满足农村实际应用的需要而提出的调查研究。在现实生活中，某种新事物、新现象的出现，需要通过研究厘清其背后所包含的各类原因，这类调查研究的主题就属于应用型调查研究主题的范围。应用型调查研究的范围很广，其主题可以涉及社会经济生活的各个领域，诸如农村经济发展问题、农村社会保障问题、农村人口非农就业问题、农村养老问题、农村犯罪问题等。理论型调研主题与应用型调研主题的调查研究尽管在性质上有所不同，但是在实际调研工作中又是相互渗透和相互关联的。

无论是理论型还是应用型调查研究，有关的研究结果都往往既有助于社会经济实际问题的解决，又可以在理论上作出贡献。

（二）按照主题的来源划分

按照主题的来源可划分为自选型主题（Self-selecting Topic）与委派型主题（Delegation Topic）。自选型主题一般就是研究者自己选择的研究主题。研究者可以根据自己所从事的科研、教学或实际工作的需要，或是根据自己的专业领域、研究方向或研究兴趣，并结合社会的某种需要选定主题，例如农业经济管理方向的研究者，就可以以农村居民生活质量以及经济收入情况为出发点进行研究。这类主题的确定，主要取决于研究者本人，因而研究者具有很大的主动性和决定权。一般来说，自选型主题的来源主要有三个方面：一是在社会经济现实中总结社会经济现象，时刻关注自己所研究领域发生的新问题和出现的新现象，时刻保持高度的专业敏感性。二是研读文献时总结研究领域内的新热点。三是依据个人经历，每个人的经历不同，看问题的角度也就有所不同，对社会问题关注的重点也会有所差异。委派型主题指的是那种由有关的机构、部门、单位或个人根据某种要求所确定的，并委托或指派给研究者进行调查研究的主题。对研究者来说，这类主题的确定不存在选择的问题，研究者只需要按照这些机构、部门、单位或个人的要求去完成即可。

三、农村经济发展调查主题的选择标准

为了选好农村经济发展调查的主题，必须明确进行选题时应该依据的选择标准。一般来说，确定调查研究主题时可按照图2-7所示的选题路线和逻辑图展开。

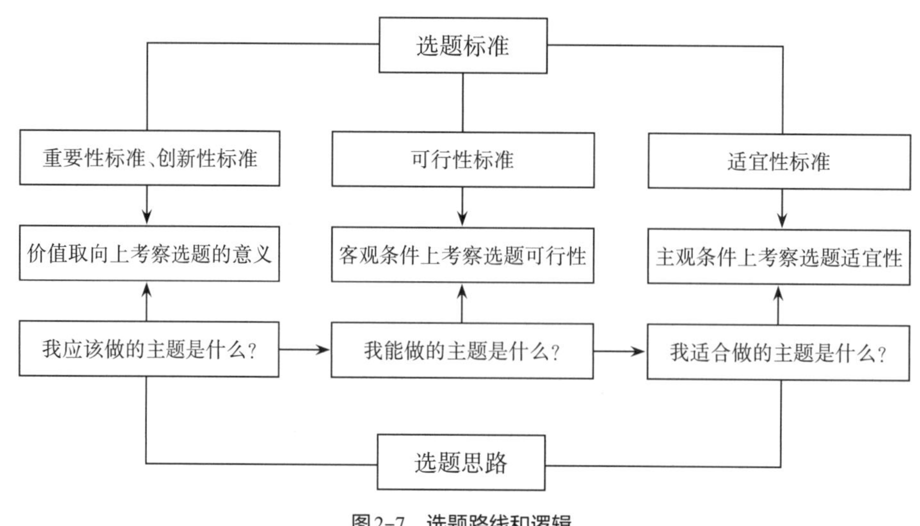

图2-7　选题路线和逻辑

1. 重要性

农村经济发展调查的目的是服务农村社会经济发展。因此，任何一项调查研究都应该对农村经济社会有重要价值。调查研究的价值主要包括：第一，需要性，即根据社会经济发展的客观需要选择调查主题，如农民负担问题、农村基层组织的发展问题、农村的社会保障和社会服务体系的改革问题、农村的教育问题等；第二，必要性，即调查主题必须依据社会经济实际需要来进行选择，应对社会经济具有实践意义和理论意义，如农村养老保障政策与农村养老模式研究等。

2. 创新性

所选择的调查主题应具有创新性、独创性和先进性，而不是重复别人的工作。选题的创新性是指要尽可能选择别人没有提出，或虽然提出了但没有得到解决或没有完全解决的调查主题。对于别人已经做了的主题，也可以从不同的视角、不同的方法、不同的框架等方面来进行调查研究，要与前人的调查研究有所区分。所谓的创新性并不是要求完全创新，更多的是在调研研究的对象、方法、视角、内容等方面有所突破。发现新问题，提出新见解有较大的难度，但正是这种新探索，往往具有更大的科学价值。

3. 可行性

在选择调查主题时，还要考虑到完成调查研究的能力和客观条件。在许多情况下，越是具有调研价值的主题所受到的主客观约束限制也会更多，其可行性也会大幅下降。美国科学家默顿（Robert Merton）曾指出："选题不能草率，如果根本没有实现的可能，选题就等于零。"主观因素限制主要是指调查者本人的知识结构、能力等因素的限制。客观限制主要是指调查所需的人力、物力、财力、时间等因素的限制。调查人员不足，特别是人员素质达不到要求，对调查主题的选择会有很大的制约作用。同时，调查所必需的物质条件、调研经费等现实问题也会大大制约调查主题的选择。

4. 适宜性

调查主题的适宜性是指所选择的调查主题要适合研究者的个人特色。适宜性主要体现在研究者的个人兴趣（兴趣可以调动研究者心理活动的积极性）、对相关主题的熟悉程度、研究者所具有的各种资源以及研究者的投入精力与时间能否满足调查主题的需要等方面。

以上是选择农村经济发展调查主题的标准，其中重要性是最基本的标准；创新性是在其基础上的进一步要求；可行性是调查主题选择中的决定性标准；适宜性又是在前三条标准基础上提出的新的标准。从这四方面标准不断深入，有助于选择出一个最有价值且适宜的调查主题。

四、农村经济发展调查选题的步骤

农村经济发展调查选题是一项严肃的工作，也充满灵活性，没有什么固定的套路，但一般来说，调研活动主题的选择分为三个步骤。

1.基于文献调研，进行科学分析

文献调研是“为了进行某项科学研究而进行的信息检索和信息利用活动”。通过文献调研，掌握农村经济发展方向的国内外研究现状和最新进展，了解不同学者的思路特点及研究倾向，摸清前人所做的工作及达到的水平，从中发现问题、提出问题和萌发个人见解，为进一步创新奠定基础。值得注意的是，在利用文献调研挖掘调查主题时要时刻保持清醒的头脑，不应过分依赖或盲目相信文献资料，而是有分析地去看待和学习他人的工作。以“农村产业发展”的调研主题为例，在选题确定之前，通过文献调研分析一下调研主题的基本情况很有必要。随后，根据具体的调研主题做深入的检索。此阶段应该更注重“质量”，务必阅读经典文献和前沿研究成果。

2.基于提出的选题，进行初步论证

在文献调研的基础上，运用科学概念和名词术语，对事物和现象进行正确表述、总结概括并提出所要进行调研的主题。除此之外，还需要对提出的调研选题的必要性和创新性进行阐述，主要有调研背景、实际应用价值、调研目标等。调研背景主要是阐述为什么要对主题进行调研，可从现实需要和现存不足两方面解释；实际应用价值就是要指出调查该主题有哪些实际作用、能够解决什么样的“三农”问题，可以从理论和实践两个方面去阐述；调研目标就是要明确指出该调研活动要做成什么事情、解决什么问题、达到什么水准，可以从虚实两方面去论证。最后，还要对选题进行可行性分析，确保调研活动的顺利展开。

3.基于选题陈述，进行评议确定

在初步论证基础上写出选题调研报告，然后经过评议，选出最佳主题。选择有价值的调研主题并进行初步论证是调研团队得到资助和取得成果的重要环节。在对调研选题进行详细具体陈述时，要注意介绍调研主题的选择依据(国内外相关调研的学术史梳理及研究动态，本调研主题相对已有研究的独到学术价值和应用价值等)、调研内容(调研对象、总体框架、重点难点、调研目标等)以及调研方法(问卷调查、网络调查、实地调研、抽样调查等)。随后，专家评委在对提交的选题进行充分了解的基础上，从各自的角度，对调研选题的意义以及选题的实施发表各自看法，并提出建设性意见。经过专家评委们的一致认可后，选定最终的调研主题。

思政内容提要

正确选择符合社会主义核心价值观的调查主题，增强社会责任感，回应社会热切关注的“三农”话题。培养深厚的懂农业、爱农村、爱农民的“三农”情怀，激活“乡村振兴和农业强国建设”的责任意识与使命担当，强化热爱农业、研究农业、服务农业的意识，形成内化于心、外化于行的价值取向和行为示范。

确定调查选题时树立问题导向，实施项目牵引，聚焦社会实践。通过对中国农村经济发展现状的了解，思考“三农”问题背后的现实原因，坚持“读万卷书”与“行万里路”的结合，培养勇于探索的创新精神，在实践中增长智慧才干，勇挑时代重任，在实践中学习知识、锤炼品质。

查阅中国农村经济发展等一系列资料，大力弘扬中华民族伟大精神，增强“四个意识”、坚定“四个自信”、做到“两个维护”，立足中国农村真实经济发展格局，讲好中国“三农”故事，研究中国“三农”问题，提出中国农村改革方案，展现中国气派。

本章小结

根据农村经济发展调查主题提炼科学问题和研究假说至关重要。科学问题是科学研究中的关键元素，内涵是指科学的本质，研究起点以及问题的实质。科学作为一种可质疑证伪的系统性知识体系，其特征在于持续的推翻和发展。研究的起点强调问题而非简单的观察。科学问题的来源广泛，主要涵盖科技实践和社会生产实践。提出研究假说是在确定研究现象和科学问题后的下一步，其主要是对问题的猜测性答案。

农村经济发展调查主题的选择决定了整个调查的方向、水平和过程。科学的农村经济发展调查目的是揭示农村社会经济现象的规律和解答特定问题，因此调查主题的明确性至关重要。选择合适的调查主题需要综合考虑研究者的专业知识水平、洞察力、逻辑能力和操作技能，这些一定程度上反映了调查的水平和质量。调查主题的确定不仅影响调查方案设计，还决定了调查全过程的内容、方法、对象和范围。

理论型和应用型主题应该相辅相成，自选型和委派型主题可以根据调查研究者的角色和任务需求灵活选择。调查主题的选择应当综合考虑多个因素，以确保调查的全面性、深度和实际效果。进行调查研究是一项复杂的思维活动，需要正确的思维方法来指导。

关键术语

科学问题 Scientific Problem

研究假说 Research Hypothesis

归纳法 Inductive Method

演绎法 Deductive Method

思维方法 Thinking Method

逻辑思维 Logical Thinking

形象思维 Image Thinking

灵感思维 Inspirational Thinking

调查主题 Survey Topic

理论型主题 Theoretical Topic

应用型主题 Applied Topic

自选型主题 Self-selecting Topic

委派型主题 Delegation Topic

思考练习

1.如何根据农村经济发展调研主题提出科学问题?

2.如何根据调研主题提出研究假说?

3.调研主题选择的基本原则有哪些?

4.农村经济发展调查主题选择包括哪些步骤?

5.农村经济发展调查中的研究思维方法有哪些?

实践练习

请结合当前“三农”热点问题以及自己的研究兴趣,以小组为单位确定农村经济发展调查选题。

第三章

农村经济发展调查方案设计

最好不举行调查则已，举行调查必有一定清楚的目的。[①]

——李景汉[②]

我们还有很多要学，但只要我们了解调查目标是什么，我们就能赢。[③]

——阿比吉特·班纳吉[④]

问题导读

“凡事预则立，不预则废”，做任何领域的调查研究，事先都需要做一个调查研究设计。开展农村经济发展调查也不例外，我们在开始调查之前，要依据对该项研究进展的了解、以往的研究经验及目前所具备的研究条件对如何开展课题调查研究从总体上进行方案设计，从而回答这些问题：为什么要做这项调查？要做什么样的调查？调查对象是什么？调查内容有哪些？如何进行这项调查？调查研究期间可能出现什么问题？采取哪些措施来应对可能出现的困难？预期的调查研究结果是什么？本章将结合具体案例介绍农村经济发展调查方案的设计方法和过程，并提供评价调查方案是否可行和质量高低的方法。

① 李景汉.实地社会调查方法[M].北京：星云堂书店，1933：(自序)5.

② 李景汉，中国著名社会学家、社会调查专家，近代中国社会调查的杰出实践者，主要从事社会实地的调查与研究，主要著作有《定县社会概况调查》《实地社会调查方法》等。

③ 阿比吉特·班纳吉，埃斯特·迪弗洛.好的经济学：破解全球发展难题的行动方案[M].张缘，蒋宗强，译.北京：中信出版社，2020：397.

④ 阿比吉特·班纳吉(Abhijit Banerjee)，美国经济学家，2019年诺贝尔经济学奖获得者，专注于研究贫困、社会不平等、发展经济学等领域，主要著作有《贫穷的本质：我们为什么摆脱不了贫穷》《好的经济学：破解全球发展难题的行动方案》等。

学习目标

★知识学习：

(1)了解农村经济发展调查方案设计的内涵和意义。

(2)掌握农村经济发展调查方案设计的内容要点。

(3)掌握农村经济发展调查方案设计的评价方法。

★能力提升：

(1)增强农村经济发展调查方案设计的能力。

(2)提高系统评估调查方案设计的可行性及质量的能力。

★价值形成：

(1)懂得系统性和科学性的调查准备对调查工作的重要性。

(2)通过提前预习和主动学习，增强主动作为意识。

(3)深刻领会求真务实精神在农村调查研究中的关键作用。

知识结构

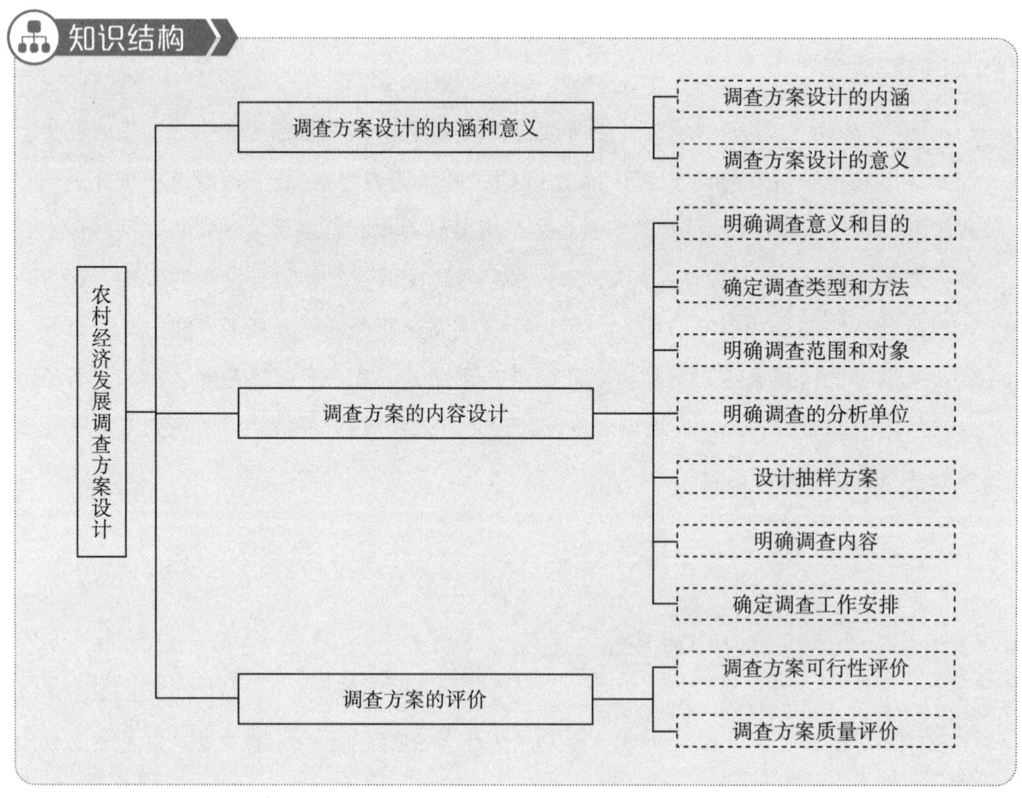

第一节　调查方案设计的内涵和意义

调查方案是指在实际调查之前，根据调查的目标和内容而制定的调查实施计划和调查工作流程。简单地说，调查方案就是对调查研究的内容和方式的详细说明。

一、调查方案设计的内涵

调查方案设计（Survey Plan Design），就是根据调查研究的目的和调查对象的性质，在进行实际调查之前，对调查工作总目标的各个方面和全部过程进行的通盘考虑和安排，以提出相应的调查实施方案，制定合理的工作程序。

农村经济发展调查的范围可大可小，但无论是大范围的调查，还是小范围的调查，都会涉及相互联系的各个方面和各个阶段。所谓的各个方面，是指要考虑到调查所要涉及的各个组成项目。例如，对某县的草莓产业竞争力进行调查，就应将该县所有草莓的品种、质量、口感、价格、品牌、销售渠道等各方面作为一个整体，对各种相互区别又密切联系的调查项目进行整体思考，避免在调查内容上出现重复和遗漏。所谓的各个阶段，是指调查工作所需经历的各个环节，如调查资料的收集、整理和分析等。只有事先作出统一考虑和安排，才能保证调查工作有秩序、有步骤地顺利进行，减少调查误差，提高调查质量。

二、调查方案设计的意义

“凡事预则立，不预则废。”调查方案的设计是整个调查过程的开始，十分重要。农村经济发展调查活动是复杂和系统的调查研究活动，实施前必须有一个科学、周密、可行的调查方案，而调查方案正是指导调查活动的大纲，是对调查过程的详细规定。出色的调查方案能确保调查工作取得预期的结果，这就需要对调查方案进行精心设计。

农村经济发展调查是一项复杂的、严肃的、技术性较强的工作，为了在调查过程中统一认识、统一内容、统一方法、统一步调，圆满完成调查任务，就必须事先制定出一个科学、严密、可行的工作计划和确定组织措施，以使所有参加调查工作的人员有章可循。具体来讲，农村经济发展调查方案设计的意义有以下三点。

1.保证调查目标和问题的明确性

农村经济发展调查方案设计的首要任务是明确农村经济发展调查的目的和问题。在调查方案中，需要详细阐述调查的背景、意义和预期目标。明确调查目标有助于了解某一农村经济发展现象、解决某一农村经济发展问题，有助于提供农村经济发展的决策依据。同时，需要制定具体的农村经济发展调查问题，包括列举问题、假设和预期答案。通过明确调查目标和问题，使调查活动具有针对性和可操作性。

2.保证调查步骤和程序的有序性

农村经济发展调查方案设计要明确调查的方法和步骤，为农村经济发展调查活动提供具体的操作指南。根据调查问题和调查对象的特点，选择合适的调查方法，如问卷调查、访谈调查、随机对照试验等。同时，要设计调查工具，包括问卷、访谈提纲等，确保调查工具能够全面、准确地收集所需信息。此外，还需要制定调查计划，包括调查的时间、地点、人员和组织方式等。通过指导调查方法和步骤，保证调查活动的顺利进行。

3.提高调查结果的可靠性和有效性

农村经济发展调查方案设计有助于提高农村经济发展调查结果的可靠性和有效性。首先，通过明确调查目的、问题和方法，使调查活动具有科学性和系统性，从而提高调查结果的可靠性。其次，调查方案设计要考虑调查对象的代表性、可靠性和可访问性，确保调查结果具有普遍性和可信度。此外，调查方案设计还要注意调查过程中的质量控制和数据整理，以保证调查结果的准确性。最后，通过撰写调查报告，将调查结果反馈给相关利益方，为实际应用提供建议和参考。

总之，农村经济发展调查方案设计是进行农村经济发展调查活动的基础和关键环节，通过科学的调查方案设计，可以使调查活动更加规范、有序，从而提高调查结果的质量，为调查研究提供有力支持。

第二节 调查方案的内容设计

一、明确调查意义和目的

在调查方案设计中首先要说明调查的意义和目的。说明调查的意义，就是要确定调查的价值，要深入阐述调查研究的背景、目标、理论意义和实践价值等。具体来说，需要明确以下几个方面的内容：

一是详细描述调查的背景，包括当前社会、经济、科技等方面的发展状况，以及存在的问题和挑战。这有助于说明为什么选择这个调查主题进行研究,以及这项调查活动在当前环境下的紧迫性和重要性。

二是明确调查的具体目标,包括了解问题的现状、分析问题的成因、提出解决方案,并预期解决到什么程度。例如,调查结果是否能够揭示某种现象的规律、提供政策建议,或是为实践提供指导。

三是阐述调查对于理论发展的贡献,包括对现有理论的验证、拓展或挑战,以及调查可能构建的新理论框架。

四是解释调查对于解决实际问题的作用,具体说明调查结果如何指导实践,如是否能够为政策制定、产业发展、社会管理等提供具体的操作建议或改进措施。总之,调查的意义应避免空泛和笼统的表述,应当具体、明确,具有针对性和实操性,通过这样的阐述,可以更好地展示调查的价值,吸引利益相关者的关注和支持,确保调查工作的有效性和影响力。

确定调查的目的,就是回答调查中需要解决哪些矛盾,通过调查获得什么样的数据资料,取得的这些资料的用途是什么等问题。在确定调查目的的基础上,才能确定调查内容,这样可以避免列入一些无关紧要的调查项目,或是漏掉比较重要的调查内容而无法实现调查目的。例如,某旅游网红村准备开展一次游客调查,调查的目的是要制定有效的服务策略,提升游客满意度。为此,需要了解的信息包括游客的基本情况、主要游玩心理行为、对各项游玩项目的评价和建议等。调查结果的用途为找到该网红村的不足之处,研究提升游客满意度的有效措施。

确定调查目的要做好事先的充分准备。调查者首先要明确调查项目最需要解决的问题和要了解的信息,然后要了解分析与决策问题有关的背景资料,如上例所述的网红村的旅游项目、游客流量、服务现状、同行竞争情况等。在此基础上明确本次调查需要重点收集的资料,最后写出调查目标的说明。为加强调查的目的性,调查者可根据对问题的了解和理解事先提出某种假设,即先给出调查的观点,然后通过调查进行验证说明。例如,上例中要探寻造成该网红村游客量下滑的主要原因是什么,就可使用假设的方法,根据现有资料的分析,认为不是竞争对手的原因,而主要原因是目标游客对村里的旅游项目种类、价格、服务不满意,可以就这些方面进行重点调查。

为保证调查目标的正确性,可以事先组织一次预调查,即依据现有资料和所作假设进行探索性调查。依据预调查的结果对调查目标进行修正,并进一步明确调查问题的性质和特征。总之,调查目的是调查的方向,确定调查目的是十分重要的,也应该谨慎,调查目的应该是明确的,能抓住问题的重点和关键。

第三次全国农业普查的意义

农业普查是全面了解“三农”发展变化情况的重大国情国力调查。组织开展第三次全国农业普查，查清我国农业、农村、农民基本情况，掌握农村土地流转、农业生产、新型农业经营主体、农业规模化和产业化等新情况，反映农村发展新面貌和农民生活新变化，对科学制定“三农”政策、促进我国实现农业现代化、全面建成小康社会，具有十分重要的意义。

资料来源：国家统计局 国务院第三次全国农业普查领导小组办公室关于印发《第三次全国农业普查方案》的通知，http://www.stats.gov.cn，2016-08-01。

二、确定调查类型和方法

如何选择最有效的方法，是调查方案设计的重要内容。沃里克(Warwick)和利宁格(Lininger)指出：“每一种资料收集的方法，包括调查在内，都只能接近知识。每种方法提供对于现实不同的一瞥，单独使用时各自都有它们的极限。在着手调查之前，如果能够先想想看这是不是处理这个问题最适当、最有效果的方法，研究者将会做得更好。”调查类型和方法根据不同的标准可以分为理论性调查、应用性调查，描述性调查、解释性调查、预测性调查，横向调查、纵向调查，一次性调查、追踪性调查，文献调查、问卷调查、访谈调查、实地观察、随机对照试验等。具体内容详见第四章。

在调查时，采用何种调查方法不是固定和统一的，而是取决于调查对象和调查任务。农村经济发展问题相对复杂，尤其应注意多种调查方法的结合运用。例如，浙江大学组织的中国家庭调查，结合运用了追踪调查法、抽样调查法、问卷调查法、访谈调查法等多种调查方法。

调查方法的确定关系到具体实施该项调查的途径和手段，包括怎样收集所需要的资料和怎样分析这些资料两方面的途径和手段。例如，产业融合问题是当前农村经济发展的热点问题之一，如果目的是想要了解产业融合的状况，可采用应用性调查和描述性调查；如果还要考察产业融合的新业态、新模式以便作出对比分析，那么调查类型中还要包含文献调查；在时间维度上，如果仅对当年产业融合程度进行调查，可采用横向调查法、抽样调查法、非结构性访谈调查法，也可以采用个案调查法。抽样调查获取的调查资料可使用定量分析法进行数据分析，非结构性访谈或者个案调查获取的调查资料，则更适合选择定性方法进行分析。

三、明确调查范围和对象

明确调查范围和对象是农村经济发展调查方案设计的重点工作。

（一）明确调查范围

调查范围（Survey Scope）是指调查对象所取自的总体。例如，对中国农村老年人养老状况的调查，调查范围就是中国每一个具有农村户口的60岁以上的老年人；又如，对西南地区农村留守儿童关爱服务的需求调查，调查范围就是西南地区农村的全部留守儿童；再如，对重庆市家庭农场管理水平的调查，调查范围就是重庆市登记注册的每一个家庭农场。

（二）明确调查对象

调查对象（Respondents）是指调查时直接询问的对象。例如，对中国农村老年人养老状况的调查，随机抽样后确定500个老年人作为调查样本，调查对象就是这500个调查样本；又如，对西南地区农村留守儿童关爱服务的需求调查，分层抽样后确定两省四县八村160个留守儿童为抽样样本，调查对象就是这160个留守儿童；再如，对重庆市家庭农场管理水平的调查，拟采用案调查法，选中的个案就是调查对象。

第三次全国农业普查的范围和对象

◎普查行业范围

第三次全国农业普查的行业范围包括农作物种植业、林业、畜牧业、渔业和农林牧渔服务业。

◎普查对象

第三次全国农业普查的登记对象是中华人民共和国境内的农业经营户、农业经营单位、居住在农村且有确权（承包）土地的住户；填报对象是列入农业普查范围的村（居）民委员会、乡镇（街道）；遥感测量对象以农作物种植地块为主，并包括其他与之相关的土地覆盖要素。

资料来源：国家统计局 国务院第三次全国农业普查领导小组办公室关于印发《第三次全国农业普查方案》的通知，http://www.stats.gov.cn，2016-08-01。

四、明确调查的分析单位

分析单位（Unit of Analysis）是调查中所分析和描述的对象，用来考察和总结同类特征、解释其中差异的单位。

（一）分析单位的类型

在农村经济发展调查中，至少存在5个层次的分析单位，即个人、群体、组织、社区、社会产物。

1.个人作为分析单位

个人是最常用的分析单位。例如农民、老年人、儿童等。以个人为分析单位的描述性研究一般旨在描述由那些个人所组成的总体。例如，对进城务工人员留城意愿的调查，分析单位是进城务工人员，通过问卷调查或者访谈调查，了解进城务工人员个人工资水平及对留城的态度与行为，目的是考察不同收入的进城务工人员群体在留城意愿上的差异。又如，对中国农村老年人养老状况的调查，分析单位是中国每一个具有农村户口的60岁以上的老年人，通过访谈问卷调查，了解其年龄、养老方式以及对各种养老方式的态度与建议，目的是考察农村老年人养老方式的现实状况。

2.群体作为分析单位

群体也是常见的分析单位，群体的特征不同于群体内个人特征的集合。但有时也可以用群体内的个人特征来替代，例如，以农户家庭作为调查研究的分析单位时，可以根据农户家庭的收入、是否拥有小汽车等来描述每个家庭，对家庭的平均收入和小汽车拥有量进行归类，然后确定家庭收入与小汽车拥有量的关系。在某些情况下，群体的特征也可以从其成员的特征中抽象出来。例如，用父母的年龄、受教育程度等来描述家庭的特征。

3.组织作为分析单位

组织作为分析单位时，要根据组织特征，对其构成要素或对它所属的更大群体进行描述刻画。各种正式的社会组织，比如卫生院、村委、农业企业、农民专业合作社、家庭农场等，同样可以成为农村经济发展调查中的分析单位。假设，对全国的农民专业合作社进行一项调查，那么，每一个农民专业合作社都可以用“成员数”“出资额”“经营收入”“净利润”“产品类型”等特征来进行描述，并且各农民专业合作社之间可以进行比较。我们也许会发现，成员出资额比较大的农民专业合作社每年的净利润比成员出资额比较小的农民专业合作社要多。同样，我们也能在以组织为分析单位的调查中，通过对组织的各种特征进行分析来解释和说明某些社会现象。

4.社区作为分析单位

社区是按照地理区域划分的社会单位，例如村庄、乡镇、街道、城市等。例如，《积分制何以重塑农村集体经济——基于湖南省油溪桥村的案例研究》[①]一文中，以村（社区）

① 谭海波，王中正.积分制何以重塑农村集体经济——基于湖南省油溪桥村的案例研究[J].中国农村经济，2023(8)：84-101.

为分析单位，从内生发展理论视角出发，结合湖南省娄底市油溪桥村积分制的实践案例，归纳出资源稀缺型农村运用积分制发展集体经济的经验做法。

5.社会产物作为分析单位

社会产物是指人类行为或者人类行为的产物，包括各种类型的社会活动、社会关系、社会制度和社会产品。例如，《流域尺度下季节性休耕生态补偿标准的空间优化研究——以海河流域为例》[①]一文中，以作为中国粮食主产区和地下水超采最为严重的海河流域为例，基于生态补偿理论框架，构建海河流域三级子流域尺度下的生态经济模型，并运用模型测算不同政策情景下各子流域空间优化的休耕生态补偿标准，模拟作物种植结构的变化和地下水压采效果。

（二）选择分析单位的注意事项

1.明确分析单位的概念

分析单位与调查对象、抽样单位是不同的概念。一般情况下，调查对象和分析单位是一致的，但有时候两者并不一样，两者不可混为一谈。例如，“淘宝村发展情况调查”，分析单位是村，调查对象则有村民委员会主任、其他村委会工作人员、村民等；研究“生源地为农村的大一和大四学生的就业观念的差异”，调查对象是大学生个人，分析单位是大学生群体。此外，分析单位与抽样单位也是不同的，例如，了解“某地农村老年人的养老意愿”，抽样单位和分析单位都是老年人个体。但了解“农村家长对未成年子女教育的态度”，分析单位是“家长”，抽样单位是“农户”。

2.一项调查可以有多种分析单位

对于复杂的农村经济发展现象，只有从多角度、多层次上选择分析单位，才有可能得到更加充分的资料。例如，“现代农业产业化联合体发展情况调查”，就需要选择农业龙头企业、农民专业合作社、家庭农场、专业大户等分析单位。但值得注意的是，分析单位不宜选得过多，否则调查工作量较大，甚至调查工作难以完成。通常是选择一个分析单位，当发现所收集的资料不能满足研究需要时，再增加分析单位或者改变分析单位。

3.防止出现层次谬误

层次谬误（Ecological Fallacy）指调研人员用一种较高层次的分析单位做研究分析，却用一种较低层次的分析单位得出结论的错误现象。例如，调研人员在两个规模相当的村庄做调查，发现甲村高收入家庭的比例超过50%，大大高于乙村的比例，同时还发现甲村中家庭拥有小汽车的比例也大大高于乙村的比例。如果由此得出结论“收入高

① 王夏林，王转林，王金霞，等.流域尺度下季节性休耕生态补偿标准的空间优化研究——以海河流域为例[J].中国农村经济，2024(3)：142-165.

的家庭更可能拥有小汽车”,就是层次谬误。因为收集和分析资料的单位是村庄,只能对村庄层面的情况加以描述和解释,并得出结论。如果要分析农户家庭的收入和小汽车拥有情况的关系,就要以农户家庭为分析单位去收集和分析资料。

4.避免出现简化论的错误

简化论(Reductionism)有两种理解方式。第一种理解方式是调研人员用个体层次资料来解释宏观层次的现象。例如,一个调研人员认为,人的个性是社会发展的因素,如果一个国家中的个人具有看重成就的个性,那么这个国家就会发展。于是,他到世界各地去研究少数人的个性。最后,他宣称发现了第三世界国家贫穷的原因。第二种理解方式是用过于有限的概念或变量来解释各种复杂的社会行为或社会现象。例如,对美国革命的原因,社会学家偏重研究人们共同的价值观;经济学家可能以殖民地为分析单位研究其经济组织和革命条件;心理学家则可能选择单个领导人,研究他们的个性对事件进程的影响。事实上,任何一种单一的分析都无法做到全面的解析。

要避免层次谬误和简化论,关键的一点是要保证做结论时所使用的分析单位,就是运用证据时所使用的分析单位。

五、设计抽样方案

抽样方案(Sampling Plan)是指为了对一个大的总体进行推断或评价,而从该总体中选取一部分样本进行调查的计划或步骤。一个良好的抽样方案应该能够确保样本的代表性,即样本能够合理地反映总体的特征。除了普查和个案调查,其他调查都需要面对抽样的问题,即如何选择调查对象。不同的调查类型对抽样方案的要求不尽相同,在调查方案中,要明确抽样思路:首先,确定调查总体,即调查对象所属的总体。其次,选择恰当的抽样方法,即采用概率抽样还是非概率抽样。在概率抽样中,需明确抽样框并根据调查的精度和置信度要求确定调查样本的数量。在非概率抽样中,应确定样本结构。例如,上文中提到的网红旅游村游客满意度调查中,可进行抽样调查;调查对象可以根据游客年龄分类,即按照老、中、青、少等层次比例进行分层抽样。抽样方案、样本规模直接关系到调查所选取的对象对总体的代表性的高低,关系到调查结果能否正确地推断到总体。因此,一个科学合理的抽样方案对于确保调查结果的准确性和有效性至关重要。

六、明确调查内容

系统地针对某类事物进行观察及测量,其目的是希望通过简单且标准的程序,对整体结构有初步的了解。当我们对一件事情无法由表面看出整体的时候，通常就会通过调查来进行了解。例如：猪肉价格为什么波动？农村居民可支配收入是多少？全国耕地面积是多少？小至生活琐事，大至国家问题都需要做调查。

调查内容(Survey Content)是一项调查所要了解的调查项目和调查指标。明确调查内容就是需要搞清楚需要收集调查对象哪些方面的资料。其通常包括三个方面：一是调查对象的特征，例如农民个人的性别、年龄、学历、职业、收入、婚姻状况等人口统计方面的内容，农业企业的注册时间、注册资金、产值、利润等。二是调查对象的社会行为，即调查对象“做了什么”以及“怎么做”等方面的资料，例如农民是否加入了合作社。三是调查对象的意见和态度，即调查对象“想些什么”“如何想”，或者“有什么看法”“有什么建议”“持什么态度”等方面的资料，例如“您是否愿意生三孩?”或“您对放开三孩政策有何看法”等问题的设置就是为了获得调查对象的意见和态度。

七、确定调查工作安排

调查工作安排是为确保调查的顺利实施而拟定的，包括人员安排、时间安排、地点安排、经费预算等。

(一)人员安排

完成一项调查，特别是大规模的农村经济发展调查，往往需要许多人的协同合作，甚至是多组织的协同合作。因此，在调查设计阶段，要对调查人员的组成、选择(图3-1)、培训、任务分工等进行通盘考虑，制定相应的组织管理办法。

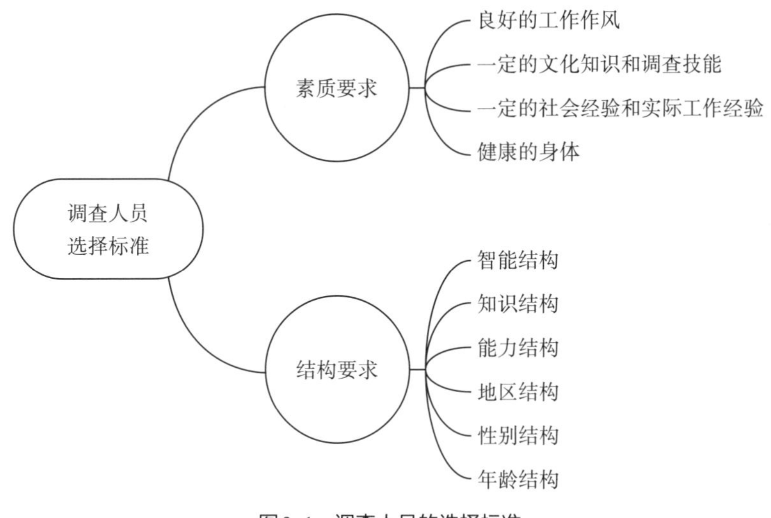

图3-1　调查人员的选择标准

(二)时间安排

时间安排包括对调查时间和调查期限的安排。调查时间是指调查资料所属的时间。如果所要调查的是时期现象,就要明确规定资料反映的是调查对象从何时起到何时止的信息;如果所要调查的是时点现象,就要明确规定统一的标准调查时点。调查期限是指规定调查工作的开始时间和结束时间,包括从调查方案设计到提交调查报告的整个工作时间,也包括各个阶段的起始时间。其确定目的是使调查工作能及时开展,按时完成。为了提高信息资料的时效性,在可能的情况下,调查期限应适当缩短。通常,一个调查项目的时间进度安排大致如下(图3-2):①总体调查方案论证和设计;②抽样方案设计;③问卷设计、测试、修改和定稿;④调查员的挑选与培训;⑤调查实施;⑥数据录入和整理分析;⑦调查报告撰写;⑧有关鉴定、发布会和出版。

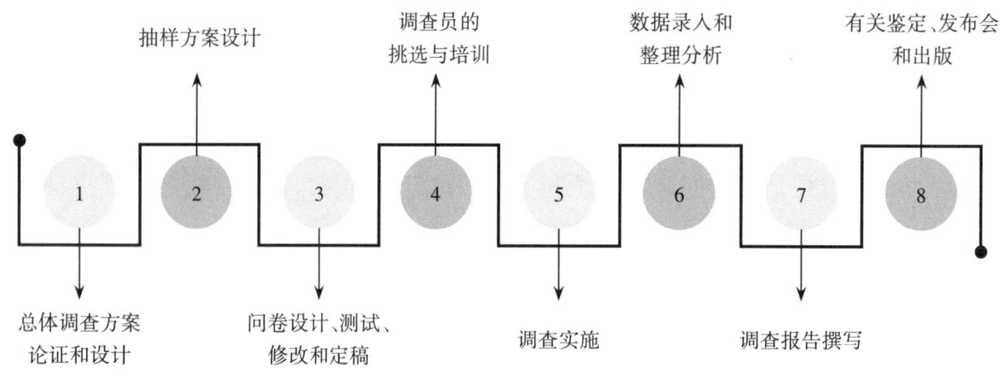

图3-2　调查工作的时间进度安排

(三)地点安排

调查地点要根据调查项目的需求确定,尽可能让被调查者选择他们认为合适的地点和场所接受调查。例如,对中国农村老年人养老状况的调查,调查地点尽量安排在老年人的居住场所、老年活动中心、村委会等地方;又如,对农村留守儿童关爱服务的需求调查,调查地点可以是留守儿童就读的学校;再如,对家庭农场管理水平的调查,调查地点可以是家庭农场的办公场所或者生产场所。

(四)经费预算

农村经济发展调查费用的多少通常视调查范围和难易程度而定。不管何种调查,费用问题总是十分重要和难以回避的,故对费用的估算也是调查方案的内容之一。在进行经费预算时,一般需要考虑以下几个方面:①调查方案策划费与设计费;②抽样设计费;③调查问卷设计费;④纸质调查问卷印刷、装订费或电子问卷和网络问卷等软件费;⑤调查实施费(包括试调查费、培训费、交通费、调查员和督导员劳务费、礼品费和其他费用等)；⑥数据录入费；⑦数据整理和分析费；⑧调查报告撰写费；⑨资料费、复印费等；⑩管理费、税金等。

第三节 调查方案的评价

由于每个调研人员对调查问题的理解、思路以及拟采用的调查方式存在差异，因此即使面对同一调查任务，他们对调查方案的具体设计都可能存在差异。这种差异主要体现在：对调查目标和内容的理解存在差异；调查方法的选用也存在差异，面对同一问题，有人采取实验法，有人采取二手资料分析法。尽管调查方案的设计存在多样性，但是否达到调查目的是检验调查方案设计水平的主要标准。

一、调查方案可行性评价

在对复杂的农村社会经济现象进行调查时，所设计的调查方案通常不是唯一的，需要从多个调查方案中选取最优方案。同时，调查方案的设计也不是一次完成的，需要经过必要的可行性研究，对方案进行试用和修改。可行性研究是科学决策的必经阶段，也是科学设计调查方案的重要步骤。

对调查方案进行可行性研究的方法有很多，现主要介绍逻辑分析法、经验分析法和实验调查法三种。

(一)逻辑分析法

逻辑分析法(Logical Analysis Method)是检查所设计的调查方案的部分内容是否符合逻辑和情理。例如，要调查某区域农村的消费结构，而设计的调查指标却是城市居民消费结构或乡镇企业职工消费结构，按此设计所调查出的结果就无法满足调查的要求，因为居民包括城市居民和农村居民等。显然，农村居民、城市居民和乡镇企业职工三者在内涵和外延上都存在一定的差别。又如，对学龄前儿童调查其文化程度，对没有通电的山区进行电视广告调查等，都是有悖情理的，也是缺乏实际意义的。但需要注意的是，逻辑分析法可对调查方案中的调查项目设计进行可行性研究，但无法对其他方面的设计进行判断。

（二）经验分析法

经验分析法（Experience Analysis Method）即组织一些具有丰富调查经验的人士，对设计出的调查方案加以初步研究和判断，以说明方案的可行性。例如，对农村劳动力流转问题进行调查，就不宜用普查方式，而适合采用抽样调查；对茶叶、柠檬、核桃等集中产区的农作物的生长情况进行调查，就宜采用重点调查；等等。

经验分析法能够节省人力和时间，在比较短的时间内作出结论。但是，这种方法也有一定的局限性，这主要是因为人的认识是有限的，有差异的，事物在不断发生变化，各种主客观因素都会对人们判断的准确性产生影响。

（三）实验调查法

实验调查法（Experimental Investigation Method）是指根据设计好的调查方案进行小规模的实验性调查，来测试调查方案的可行性，评估调查方法和技术是否能够在实际条件下有效运作。实验调查是整个调查方案可行性研究中的一个十分重要的步骤，对于大规模农村经济发展调查来讲尤为重要。实验调查的目的是使调查方案更加科学和完善，而不仅是收集资料。从认识的全过程来说，实验调查是从认识到实践，再从实践到再认识，兼备了认识过程的两个阶段。因此，实验调查具有两个明显的特点：一是它的实践性，二是它的创新性，两者互相联系，相辅相成。实验调查正是通过实践把客观现象反馈到认识主体，以便起到修改、补充、丰富、完善主体认识的作用。同时，通过实验调查，还可以为正式调查取得实践经验，并把人们对客观事物的了解推进到一个更高的阶段。

实验调查的任务主要有两个：一是对调查方案进行实地检验。调查方案的设计是否切合实际，还要通过试点进行实地检验，检查目标制定得是否恰当，调查指标设计是否正确，哪些需要增加，哪些需要减少，哪些说明和规定要修改和补充。实验调查完成后，要分门别类地提出具体意见和建议，使调查方案的制定既科学合理，又解决实际问题。二是作为实战前的演习，可以了解调查工作安排是否合理，哪些是薄弱环节。

实验调查应该注意以下几个问题：

（1）建立一支精干有力的调查队伍。队伍成员应该包括调查项目相关负责人、调查方案设计者和调查骨干，这是搞好实验调查工作的组织保证。

（2）选择恰当的调查对象。要选择规模较小、代表性较强的实验调查样本，必要时可用少数样本先进行实验调查，再扩大实验调查范围，全面铺开调查。

（3）采取灵活的调查方式和方法。调查方式和方法可以多用几种，经过对比后，从中选择适合的方式和方法。

（4）做好实验调查的总结工作。要认真分析实验调查的结果，找出影响调查成败的主客观原因。不仅要善于发现问题，还要善于结合实际探求解决问题的方法，充实和完善原调查方案，使之更加科学和易于操作。

二、调查方案质量评价

对于一个农村经济发展调查方案的优劣，可以从不同角度加以评价。

（一）调查设计的科学性

农村经济发展调查方案是否具有科学性，是调查方案设计最基本的考虑。评价调查方案的科学性主要看其是否基于明确的研究目标，是否采用了合理的抽样方法，确保样本的代表性和随机性；调查工具是否设计得当，问题是否具有针对性、中立性和无歧义性；数据收集方法是否适合调查目的和对象；是否有明确的数据分析和解释计划；是否进行了预调查或测试以评估调查工具的有效性；以及是否考虑了时间和资源的合理安排。假设我们有一个调查方案，旨在了解某地区农村居民的生活水平和满意度，以下是一些评价该调查方案科学性的关键点：

（1）目标明确性：调查方案是否清晰地定义了调查目的和研究问题，例如是否明确指出要调查的是农村居民的生活水平、收入状况、教育水平等。

（2）抽样方法：调查方案是否采用了合理的抽样方法，例如是否使用了随机抽样、分层抽样或多阶段抽样，以确保样本的代表性。

（3）调查工具设计：调查问卷是否设计得当，问题是否具有针对性、中立性和无歧义性。例如，是否避免了引导性问题，问题是否能够准确测量所需的信息。

（4）数据收集方法：调查方案是否选择了适当的数据收集方法，例如面对面访谈、电话调查或在线问卷，以适应目标群体的特点。

（5）数据分析和解释计划：调查方案是否明确了数据分析和解释的方法，例如是否计划使用描述性统计、推断性统计或回归分析等。

（6）预调查或测试：调查方案是否包括了预调查或测试的步骤，以评估调查工具的有效性和可靠性。

（7）时间和资源安排：调查方案是否合理安排了时间表和资源，以确保调查的顺利进行。

通过以上方面的评价，我们可以判断调查方案的科学性，并对其进行必要的调整和改进，以确保调查结果的有效性和可靠性。

（二）数据收集的准确性

数据收集的准确性是评价调查方案质量的重要方面，因为准确的数据是调查结果可靠性和有效性的基石。如果数据收集存在偏差或错误，那么调查结果可能会误导决策者，导致基于错误信息的决策，从而对政策制定、问题解决和资源分配产生负面影响。如果一项关于农村经济发展的调查数据收集不准确，可能会导致政府对农村经济的现状和趋势做出错误的判断，进而制定出不适合实际情况的政策措施。因此，确保数据收集的准确性是调查方案设计的关键，需要采用科学的抽样方法、标准化的调查工具、严格的质量控制措施以及对调查员的专业培训等措施，以确保收集到的数据真实、准确、完整和可靠。

（三）调查结果的应用性

调查结果的应用性也是评价调查方案质量的关键指标，因为一项调查是否具有价值往往在于其能否解决现实问题并为相关决策提供依据。如果调查结果无法应用于实际问题的解决，那么即使调查过程严谨，也无法达到预期的目的。例如，一项关于某地区农业发展的调查，如果调查结果无法为政策制定者提供有效的政策建议，或者无法为农业生产者提供有价值的指导，那么这项调查就失去了其实际意义。因此，调查方案在设计时应充分考虑调查结果的应用性，确保其能够为相关领域提供有价值的参考和指导。

思政内容提要

通过农村经济发展调查方案设计，培养学生以小见大、见微知著，站在战略全局的高度观察、思考和处理问题的能力，提高学生战略思维能力，以及高瞻远瞩、统揽全局，把握事物发展的总体趋势和方向的能力。

通过农村经济发展调查方案设计，系统了解农村经济发展调查各个环节的知识和技巧，树立严谨务实的科学态度，培养细致求真的科学精神。把马克思主义哲学作为看家本领，坚持辩证唯物主义和历史唯物主义，不断把对中国特色社会主义规律的认识提高到新的水平。掌握唯物辩证法的根本方法，不断增强辩证思维能力，提高驾驭复杂局面、处理复杂问题的本领；掌握认识和实践辩证关系的原理，坚持实践第一的观点，不断推进实践基础上的理论创新。

通过典型的中国农村经济发展调查案例的学习和剖析，学会学以致用，运用科学方法研究中国现实农村经济问题，揭示中国农村经济发展的独特规律，评估各种农村改革举措与农村经济政策，树立“道路自信”。

本章小结

调查方案设计是调查前的全面规划和安排，旨在确保调查目的明确、过程顺利。农村经济发展调查是一项复杂的、严肃的、技术性较强的工作，科学程序是保证农村经济发展调查顺利完成的前提。农村经济发展调查会遇到很多复杂的矛盾和问题，其中许多问题是属于调查本身的问题，也有不少问题是与调查相关的问题。只有通过调查方案的设计，设置调查工作流程，才能分清主次，根据需要和可能性采用相应的调查方法，使调查工作有序地进行。

农村经济发展调查方案的内容包括但不局限于明确调查意义和目的，确定调查类型和方法，明确调查范围、对象和分析单位，设计抽样方案，明确调查内容，进行调查工作安排等，根据课题性质和实际情况还可以适当增减内容。

农村经济发展调查方案的评价方法包括可行性评价和质量评价。可以结合使用逻辑分析法、经验分析法和实验调查法等方法对农村经济发展调查方案可行性进行评价。而具体评价农村经济发展调查方案的质量时，调查组则需要结合项目的目的和要求多维度进行评价。

关键术语

调查方案设计　Survey Plan Design

调查范围　Survey Scope

调查对象　Respondents

分析单位　Unit of Analysis

层次谬误　Ecological Fallacy

简化论　Reductionism

抽样方案　Sampling Plan

调查内容　Survey Content

逻辑分析法　Logical Analysis Method

经验分析法　Experience Analysis Method

实验调查法　Experimental Investigation Method

思考练习

1. 农村经济发展调查为什么要设计调查方案？需要遵循什么原则？
2. 农村经济发展调查方案内容设计要点有哪些？
3. 如何评估农村经济发展调查方案的可行性？
4. 如何对农村经济发展调查方案进行质量评价？

实践练习

以小组为单位，针对已经确定的农村经济发展调查主题设计合适的调查方案。

第四章

农村经济发展调查方法

访问的基础是与被调查者搞好关系，使自己成为他们可以信赖的朋友。[①]

——费孝通[②]

盖无论何种方法，缺点和弊病，在所难免。[③]

——约翰·卜凯[④]

问题导读

农村经济发展调查是以科学方法实现农村社会改造、农村经济发展的基础，是推动乡村振兴和支撑农业强国建设的重要工具。中国共产党曾进行了一系列大型农村经济发展调查活动，体现了中国共产党人对中国农村和中国农村问题最直接、最有价值的认识和研究。这些生动的实践告诉我们：进行农村经济发展调查是深入农村、了解农村经济发展现状最基础性的工作。随着我国农村改革的深化，农村经济发展中的一些深层次问题不断涌现，要实现农业农村经济又好又快发展，就需要选择兼有合理性和合意性的调查方法来开展农村经济发展调查。常见的农村经济发展调查方法有哪些？文献调查法有什么作用？问卷调查法如何实施？访谈调查法有哪些技巧？随机对照试验法有哪些优势和局限？本章将对这些问题进行阐述，以期为农村经济发展调查的顺利进行提供技术保障。

---

① 费孝通.社会调查自白[M].北京：北京出版社，2017：20.

② 费孝通，当代著名社会学家、人类学家、民族学家、社会活动家，被誉为“中国农民的代言人”，其主要著作有《乡土中国》《江村经济》《社会调查自白》等。

③ 卜凯.中国农家经济（上）[M].张履鸾，译.太原：山西人民出版社，2015：1-2.

④ 约翰·卜凯（John Buck），美国农业经济学家，对中国近代农业经济研究、中国近代经济学科的建立都做出了杰出贡献，主要著作有《中国农家经济》等。

学习目标

★知识学习：

(1)了解常见的农村经济发展调查方法。

(2)掌握文献调查法的含义和实施要点。

(3)掌握问卷调查法的含义和实施要点。

★能力提升：

(1)具备用文献管理软件进行文献调查的能力。

(2)提升分析问题和解决问题的能力。

(3)增强用问卷进行访谈调查的能力。

★价值形成：

(1)通过对历史文献的梳理，牢记历史使命，坚定理想信念。

(2)通过掌握不同类型的调查方法，树立求真务实的科学精神。

(3)通过农村实地调查，了解农业农村发展现状，激发爱农爱国情怀。

知识结构

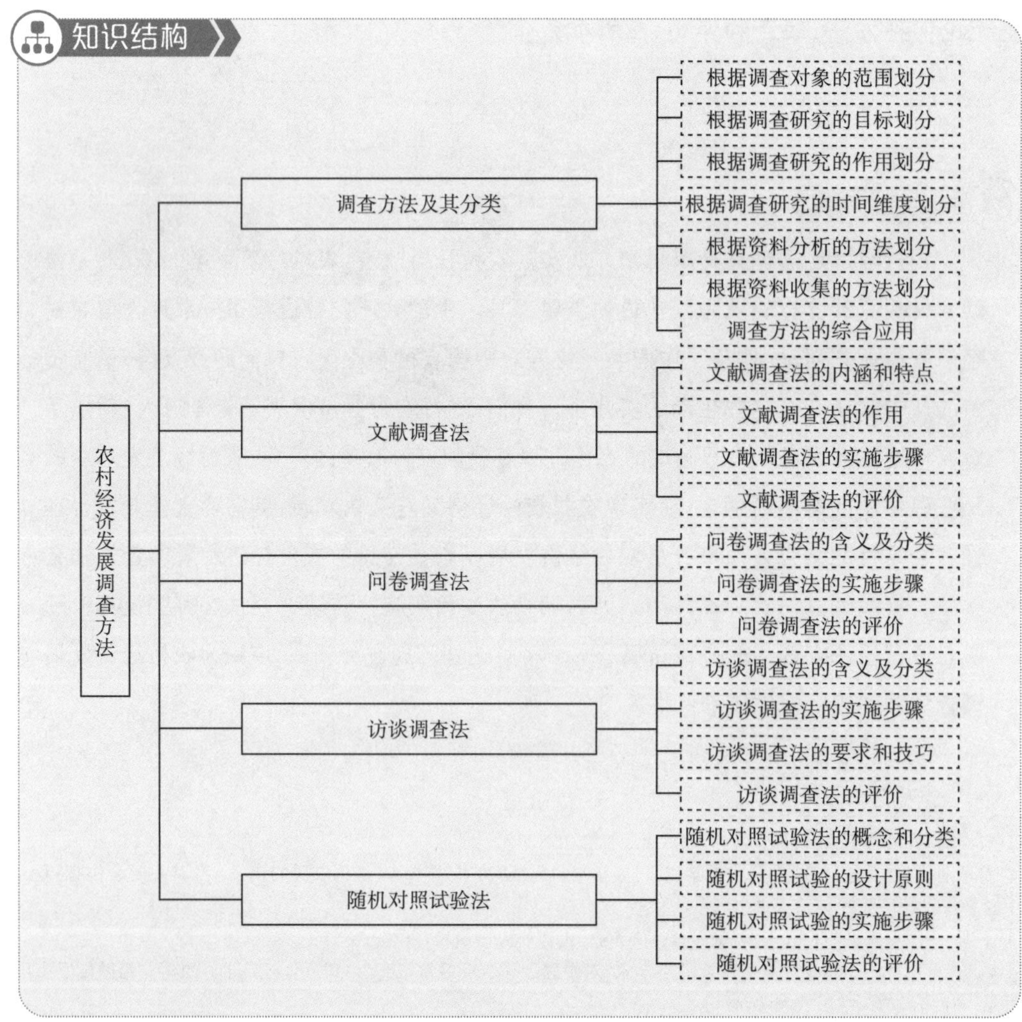

第一节　调查方法及其分类

调查研究是农村经济发展研究中最常用的方法，适合调查研究的课题非常多，与此相对应，调查研究的形式也是多种多样的。本节将从调查对象的范围、调查研究的目的、调查研究的作用、调查的时间维度、资料分析的方法、资料收集的方法等角度，来介绍农村经济发展调查方法的分类情况。

一、根据调查对象的范围划分

按调查对象的范围，可以将农村经济发展调查方法分为普遍调查、抽样调查、重点调查、典型调查和个案调查。

（一）普遍调查

普遍调查（General Survey），又称全面调查，简称为普查，是指对构成总体的所有个体无一例外地进行逐个调查。普查的特征有：（1）制度化。例如美国每10年进行一次人口普查、每5年进行一次农业普查；英国每5年进行一次商业普查；日本每2年进行一次工业普查；中国每10年分别进行一次人口、第三产业、工业和农业普查等。（2）普查项目逐渐增多。例如，1953年我国第一次人口普查仅涉及与户主的关系、姓名、性别、年龄和民族等几个项目。而现在多达几十甚至上百个项目。（3）与抽样调查相结合。如1986年，国务院在对今后全国人口普查工作安排意见的批复中指出，国务院原则同意今后每10年进行一次全国人口普查（即在年号末位逢零年份进行普查），两次普查中间进行一次1%的人口抽样调查。

常见的普查有人口普查、经济普查等，跟农村经济发展直接相关的普查是农业普查。农业普查是按照国家规定的统一方法、统一时间、统一表式和统一内容，主要采取普查人员直接到户、到单位访问登记的办法，对农村、农业和农民有关情况进行全面了解，为研究制定农村经济社会发展规划和政策提供依据，为农业生产经营者和社会公众提供统计信息服务，同时也为许多调研人员提供研究资料。世界大多数国家都以5年或10年为一个周期开展农业普查。我国分别于1997年、2007、2017年进行了3次全国农业普查。农业普查的工作量巨大，调查周期特别长，需要投入大量的人力、物力和财力，而且包含的农业资料也比较有限，因此，其应用范围受到一定的限制。

(二)抽样调查

抽样调查(Sampling Survey)即从所研究的总体中,按一定规则抽取部分元素进行调查,并根据调查结果,对总体情况进行推断。在兼顾成本控制的前提下,为了满足对数据资料的需求,农村经济发展调查研究在实际应用中,更多地采取了抽样调查的形式。由于抽样调查只询问目标群体中的一部分对象,因此,工作量要比普遍调查少得多,这也意味着较少的人力、物力和财力投入,调查周期也能缩短。例如,我国在两次人口普查之间,会在全国进行一次1%人口抽样调查,另外,还每年针对人口变动量进行一次抽样调查。国家统计系统在各地的农村调查队,也是利用抽样调查的方法来收集农民、农业、农村的有关数据。

抽样调查从研究范式上属于定量研究,有一套完备的操作流程:调查者建立假设并确定具有因果关系的各种变量,通过概率抽样或非概率抽样方式选择样本,使用标准化工具和程序收集数据,对数据进行分析,建立不同变量之间的关系。但值得注意的是,当为概率抽样时,可以通过样本对总体进行推断;当为非概率抽样时,不能通过样本的信息来对总体进行推断,只能对样本进行描述。具体的抽样方法在第五章中详细介绍。总之,抽样调查是一种非全面性调查,因其准确性、方便性、节约性、时效性等特点,在农村经济发展调查中得到广泛应用。

(三)重点调查

重点调查(Major Survey)是在被研究总体的全部单位中选择一部分重点单位进行调查的方法,其目的是了解总体的基本情况。它是一种非全面性调查,既可以组织一次性的专门调查,也可以通过向重点单位发送定期统计报表来进行追踪调查或周期性调查。其特点是所选择的调查对象的标志值在所要研究的标志总量中或占很大比重或有较高代表性,能反映总体的基本状况。例如,要想了解农业贷款的增长原因,只要选择变化较大的有代表性的重点农业龙头企业进行调查就可以分析清楚。

重点调查的关键在于确定重点单位。根据调查目的任务的不同,重点调查的单位可以是一些企业、行业,也可以是一些地区、城市。例如,为了掌握“三废”排放情况,就可选择冶金、电力、石油、轻工和纺织等重点行业进行调查;又如,为了掌握大豆产量情况,就可以选择东北三省及内蒙古自治区等核心产区进行调查。重点调查的优点是花费较少,而能及时提供必要的资料,便于各级管理部门掌握基本情况,采取措施。一般来讲,在调查任务只要求掌握基本情况,而部分单位又能比较集中地反映研究项目和指标时,就可以采用重点调查。由于重点单位在全体调查对象中只占一小部分,调查的标志量在总体中却占较大的比重,因而对这部分重点单位进行调查所取得的统计数据能够反映农村社会经济现象发展变化的基本趋势。和抽样调查不同的是，重点调查取得的数据只能反映总体的基本发展趋势，不能用以推断总体，因而也只是一种补充性的调查方法。

（四）典型调查

典型调查（Typical Survey）是根据调查目的和要求，在对调查对象进行初步分析的基础上，有意识地选取少数具有代表性的典型单位进行深入细致的调查研究，借以认识同类事物的发展变化规律及本质的一种非全面性调查。典型调查即毛泽东所说的“解剖麻雀”法，因为“麻雀虽小，肝胆俱全”，“麻雀虽然很多，不需要分析每个麻雀，解剖一两个就够了”。“调查一两个农村，心中有数了，就可以帮助同志们去了解农村，弄清农村的具体情况。”典型调查的特征主要有：（1）典型调查主要是定性调查，通过对调查对象的直接剖析，透过事物的现象发现事物的本质和发展规律。（2）典型调查是根据调查者的主观判断，选择少数具有代表性的单位进行调查。（3）典型调查的方式多是面对面的直接调查，通过这种方式对现象的内部机制和变化过程能了解得比较清楚，所获得的资料比较全面、系统。（4）典型调查的调查对象少，时间短，反映情况快，调查系统周密，了解问题深，使用调查工具少，灵活方便，可以节省时间、人力和经费。

使用典型调查时应注意三个问题：一是要根据调查目的正确选择典型代表。如果是为了探索一般规律或了解一般情况——选择中间典型；如果是为了总结经验——选择先进典型；如果是为了找教训——选择后进典型。二是要注意点和面的结合，作结论时要注意哪些属于特殊情况，哪些可以代表一般情况。费孝通先生指出：社会调查中，资料分析的“方法虽多，但它们都是围绕着‘点与面’‘质与量’‘因与果’这三个关系展开的”。“点与面的关系就是事物的特殊性与普遍性、共性与个性的关系。”要慎重对待调查结论，对于其适用范围要作出说明，特别是对于要推广的典型经验，要分析推广是否具备条件，条件是否成熟，切忌“一刀切”。三是必须将定性分析与定量分析结合起来。进行典型调查时，不仅要通过定性分析，找出事物的本质和发展规律，而且要借助定量分析，从量上对调查对象的各个方面进行分析，以提高分析的科学性和准确性。

（五）个案调查

个案调查（Case Survey）是指对某一特定个体、群体、组织、现象或某一类问题所进行的深入全面的调查。个案调查时要广泛收集有关资料，详细了解、整理和分析研究对象产生与发展的过程、内在与外在因素及其相互关系，以对有关问题形成深入全面的认识和结论。在农村经济发展调查中，个案调查主要采取参与观察法和访谈调查法进行，辅之以文字资料的利用和研究。个案调查常被看成是自然主义的、描述性的、质化的研究，与实证主义的、验证性的、量化的研究相对应。事实上个案调查不是以质化与量化研究来划分的，而是以研究对象的单一性来界定的。

个案调查是所有研究方法中最生动、最有趣的，具有以下特征：

1.研究对象的单一性与典型性

个案调查法，顾名思义，调查对象通常是单一个体或单一群体，即使研究中有多个被试，通常也把其作为一个单位看待。作为个案调查的调查对象，应该具有与众不同的典型特征。

2.研究方法的多样性和综合性

个案调查法收集个案资料的方法是多样、综合的。研究中常常要综合运用测验法、访谈法、观察法、实验法、文献法等多种方法，从多角度把握研究对象的发展变化。只有这样才能比较全面、系统地考察研究对象的特点及其发展变化的过程和规律，从而得出比较科学的结论。

3.研究内容的深入性

个案调查法的研究周期一般比较长，对个案可以做静态的分析诊断也可以做动态的调查或跟踪；既可以研究个案的现在，也可以研究个案的过去，还可以追踪个案的未来发展，一般需要对个案进行连续的跟踪研究。由于个案调查的对象单一，所以研究时就需要有较为充裕的时间，便于对个案进行深入细致、全面系统的分析和研究。

4.研究结果的应用性

个案调查法是以一个具体对象作为调查对象，调查其具体状态和发生、发展过程，并以此了解和分析相关或相对的事物或对象，这样有利于根据诊断原因提出改进和根治方法，便于对症下药和解决问题，其结果应具有应用性和可行性。

二、根据调查研究的目标划分

根据调查研究的目标，可以将农村经济发展调查分为理论性调查和应用性调查。

（一）理论性调查

为揭示事件发展、演变的规律的调查，称为理论性调查（Theoretical Survey），适用于理论性调查研究，即从历史的和现实的大量信息中找寻事物发展、变化的内在规律，并把它们上升到理论的高度。理论性调查研究最终形成的理论可以分为两种，一是基础理论，二是应用理论。一般来说，基础理论追求事物的真相，确定调研对象最基本的概念、特征、性质及基本规律，阐述其地位和作用。应用理论则是依据基础理论研究所阐述的原理，探求调研对象形成的过程，分析影响其发展的各种因素，寻找并确定解决问题的办法、步骤和措施。例如，张露和罗必良（2020）在《农业减量化：农户经营的规模逻辑及其证据》[①]一文中，基于湖北省1 752份农户问卷，对农户类型、规模形式、减量化行为进行分析，阐明了农业减量化的规模逻辑，就是基础理论性调查。又如，韩文龙和刘璐（2020）在《权属意识、资源禀赋与宅基地退出意愿》[②]一文中，基于四川省和重庆市的920份农户问卷，从权属意识和资源禀赋等对农户宅基地退出意愿进行了研究，就是应用理论性调查。

（二）应用性调查

应用性调查（Applied Survey）是为了解决某个社会问题、了解某种社会状况、提供制定政策的依据等而进行的调查，涉及的面较广。例如，进城务工人员生活满意度调查、互联网在农村地区的使用及影响的调查、进城务工人员留守子女现状调查及各类农产品生产销售调查等。

三、根据调查研究的作用划分

根据调查研究的作用，可以将农村经济发展调查分为描述性调查、解释性调查和探索性调查。

（一）描述性调查

描述性调查（Descriptive Survey）就是对总体特征的分布情况进行详细的描述，是为了探明并客观地、准确地描述社会已发生的现象所做的调查，所要研究的对象是农村经济社会现象的状况和特征，即回答所发生的农村经济社会现象“是什么”的问题。对农村经济发展中的社会现象全面地、准确地描述是解释社会现象的前提，描述不仅提供有关资料，而且通过对现象属性及各类相关事物相互关系的分析，可以发现一些新的现象和问题。因此，描述性调查应用的范围比较广泛，不仅适用于应用性的研究课题，也可以应用于理论性的研究课题。

（二）解释性调查

解释性调查（Explanatory Survey）是为了进一步对农村社会经济现象出现的原因、机制和过程作出解释或说明而进行的调查，所要研究的是“为什么”的问题。解释性调查通常是与描述性调查结合进行的，一项大规模的农村调查，先是进行总的描述，然后再

① 张露，罗必良．农业减量化：农户经营的规模逻辑及其证据[J]．中国农村经济，2020（2）：81-99．

② 韩文龙，刘璐．权属意识、资源禀赋与宅基地退出意愿[J]．农业经济问题，2020（3）：31-39．

针对某些具体问题进行解释。因此，不仅需要通过问卷调查对数据进行量的分析，建立因果模型，而且要通过运用定性研究方法，探索引起事物变化的内因和外因。解释性调查在农村经济发展中得到比较广泛的应用，例如进行一项中国农民消费行为调查，发布中国农民各个年度的消费水平与消费结构报告，就是描述性调查，而深入分析习惯形成和农民收入对中国农民消费行为变迁的影响则是解释性调查。

（三）探索性调查

探索性调查（Exploratory Survey）是为了进一步推测农村社会经济现象的发展趋势而做的调查，它所要回答的问题是“将会怎样”，具有预测的性质。但同时，探索性调查有时也用在调查的最初阶段，如对于抽样调查，为了设计一份高质量的调查问卷，经常会在问卷设计过程中进行探索性调查，即预调查。

四、根据调查研究的时间维度划分

根据调查研究的时间维度，农村经济发展调查可以分为横向调查和纵向调查。

（一）横向调查

横向调查（Cross-Sectional Survey）是在某一特定时间进行一次性抽样，然后对样本进行调查访问，从而得到截面数据，这种调查特别适用于描述性调查。全国农业普查是较典型的横向调查，其目的就是收集某个时点上的农业发展相关信息。

通过横向调查得到的资料，也可被用来进行解释性调查。由于解释性调查大多需要进行时间顺序上的因果分析，单一时点的资料无法满足这一要求。因此，调研人员通常会再设计一些回溯性问题，用回忆的方法，获取被访者以往的信息，从而得到面板数据。这种变通方法的缺陷是资料不够准确，因为被访者很可能无法准确回忆当时的情况。

（二）纵向调查

纵向调查（Longitudinal Survey）是至少在两个时点进行抽样，然后对样本在不同时点所展现的特性进行调查，从而得到面板数据。由于在不同时点获取资料，纵向调查比较适合用于因果分析，尤其适合探讨农村经济社会发展变迁问题。但与横向调查相比较，进行大规模的纵向调查是比较困难的，特别是跨时段的抽样，技术上不太容易操作。按抽样的对象和目的，纵向调查具体可以分为追踪调查、趋势调查、组群调查等。

1.追踪调查

追踪调查(Tracing Survey)是指调研人员在不同时点,调查完全相同的一群人、一个团体或一个组织。这种调查操作起来相当困难,不难设想长期追踪一群人绝非容易的事,有些人可能已经死亡或搬走。但是,一个精心设计的追踪调查,即使是很短期的,获得的连续调查资料也是非常有价值的——可以清楚地显示出那些特殊生活事件的影响力。追踪调查也将趋势变化作为调查内容,所以使用的问卷也应该保持内在的一致性。

2.趋势调查

趋势调查(Trend Survey)是指调研人员通过收集总体在不同时期同一类型的资料,来比较分析总体特性在一个较长时间段内的变化趋势。趋势调查与追踪调查的不同之处在于在不同时点上的调查对象可能是不一致的。

3.组群调查

组群调查(Cohort Survey)是指针对某一特殊人群,不使用同一样本所进行的调查。常见的同期群包括所有于同一年出生的人、所有在同一时间雇佣的人或所有在某年毕业的人等。组群调查并不关心某个特殊的个人,关注的是具有某种时间标志的一类人,把他们视为目标总体。每个时点被抽中的被访者只要具有共同的生活经验即可,并不一定需要完全相同。

比较三种纵向调查方法,追踪调查需要样本前后一致,关注特定样本人群特征随时间的变化;趋势调查关注不同时期的整体特征比较;组群调查关注的是两组或更多组处于不同时期的具有共同特征的人群的比较。以民意调查为例,追踪调查关注某个特定样本人群选举意愿随时间的变化,趋势调查关注选民意愿随时间的变化,组群调查关注某一代人选举意愿随时间的变化。

五、根据资料分析的方法划分

根据资料分析的方法,农村经济发展调查方法主要有两种类型:一种是为定性研究所进行的定性调查,另一种是为定量研究所进行的定量调查。

(一)定性调查

定性调查(Qualitative Survey)是指从定性的角度,对所研究的对象进行科学抽象、理论分析、概念认识等,而不对研究对象进行量的测定的一种调查方法。常见的定性调查方法有小组座谈会、深度访问法和投射技术法等。根据调查的具体方式可将原始资料的调查方法大致分为访谈法、观察法和实验法三大类。

（二）定量调查

定量调查（Quantitative Survey）是对一定数量的有代表性的样本进行封闭式（结构性的）问卷访问，然后对调查的数据进行计算机录入、整理和分析，并撰写报告的一种调查方法。根据调查人员与被调查者接触方式的不同，又可将定量调查法分为人员访问法、电话访问法、邮寄调查法、留置调查法、固定样本调查法和网络调查法等。

六、根据资料收集的方法划分

根据资料收集的方法，农村经济发展调查方法可以划分为文献调查法、问卷调查法、访谈调查法和随机对照试验法等，相关方法将在后面详细介绍。

七、调查方法的综合应用

根据不同的划分标准，调查方法有很多的分类，在具体使用过程中，经常是几种结合使用，有时又称之为混合调查法。例如，横向调查法与纵向调查法结合的混合调查法、定性调查与定量调查结合的混合调查法。我们以定性调查与定量调查结合的混合调查法为例，说明混合调查法的使用情况。

一是定性调查可以为定量调查做准备。一般来说，在设计问卷之前需要进行定性的调查（包括使用二手资料）。

二是定量调查的结果可以定性资料来补充。例如，一些调查报告在列举出某项统计数字之后，接着列出一段定性调查的访谈记录资料。这是对前者的一种补充，以进一步说明这个数字所反映的情况或者意义、原因等。另外，还有些农村经济发展调查的研究报告直接使用定性资料或者一个故事来说明整个统计分析的结果。

三是定性调查中可加入定量调查。在一些定性访谈中，虽然没有使用问卷，但调查者会有意识地对一些足以量化的问题进行询问，如人数、次数、钱数、天数等，然后把这些信息抽取出来加以标准化再进行统计。

四是定性资料可以量化。量化定性资料的基本过程是：首先确定能代表资料相关内容的一些关键词，然后用它们检索全文，得出这些关键词的出现频次，进行各类统计，再根据统计结果所提供的认知，返回去检索全文，找出相应的文字内容进行总结与表述。

第二节　文献调查法

本节说明文献调查法的含义特点和作用，详细介绍文献调查方法的实施过程及技巧，并且对文献调查法作出简要的评价。

一、文献调查法的内涵和特点

（一）文献调查法的含义

文献（Literature）最早是指历史典籍，后来又泛指社会中记载信息的一切书面文字材料。在现代信息技术飞速发展的今天，文献被赋予了更广泛的含义和内容，人们把利用各类物质载体所记录并用以交流传播的一切文字、图表、数字、符号、音频、视频等知识信息资料统称为文献。

文献调查法（Literature Survey），也称文献法、文献研究法、历史文献法，就是收集和分析研究各种相关文献资料，从中选取信息，以达到某种调查研究目的的方法。它所要解决的是如何在浩如烟海的文献群中选取适用于调查研究主题的资料，并对这些资料作出恰当分析和进行使用的问题。

（二）文献调查法的特点

在农村经济发展调查研究中，文献调查法具有特殊的地位。

首先，它是最基础和用途最广泛的收集资料的方法。任何农村经济发展调查研究前期的调查主题选择、确定和探索性研究以及方案设计，都必须先从文献调查入手，以使调查更有意义和目的更为明确，使调查内容更为系统、全面和新颖。即使进入了具体调查阶段，也往往仍然需要进行文献调查。利用它可以收集到其他方法难以收集到或者没必要用其他方法收集的资料。在采用其他方法进行调查的过程中，以及在调查后期对收集的资料做整理、分析和撰写调查报告时，也常常需要利用文献提供必要的佐证和补充。另外，有些调查研究由于人、财、物或某些客观条件所限，只能以文献调查法作为基本的资料收集手段。总之，文献调查对于所有的农村经济发展调查研究来说，都是必不可少的。

其次，文献调查法并不仅仅是一种重要的收集资料的方法，它还是一种独特的和专门的研究方法。这是它与其他调查方法之间最显著的区别。诸如问卷调查法、访谈调查法、观察法、实验法等，主要功能就是收集资料，对它们收集到的资料的整理、分析和研究则是用一些通用的专门方法来完成的。文献调查法却不然，它可以独立完成某些调查研究主题从收集资料到分析研究的全过程。那些旨在再现或分析历史现象的调查研究主题，如分析民国时期农村居民各阶层的生活状况等，或者是研究不可能重演的现实社会的某些事件，如战争、犯罪等，以及时间跨度大的纵贯性调查研究主题，如中华人民共和国成立以来农村基层组织的变迁等，就是也只能是主要依靠文献调查法来完成的。

文献调查法长期以来一直是以手工操作为主。20世纪50年代以后，人们开始采用计算机软件等现代技术与设备来处理、贮存和利用文献，从而极大地提高了文献调查的效率。

二、文献调查法的作用

利用文献调查法，可以勾勒出一幅纵贯所选研究领域的全景图、澄清研究贡献、指出以往研究的问题和不足，并且可以利用理论框架建构，提出和论证研究假设与研究框架，明确研究价值和意义(图4-1)。

1.描绘研究领域的全景图

使用文献调查法，可以归纳总结的问题包括：该研究领域是怎样发展演变至今的？该研究领域是否存在某种发展趋势？该研究领域是否存在某种争议，又是否达成过某种共识？在该领域的研究历程中，哪些文献被誉为经典，哪些文献具有里程碑意义？

2.澄清研究可能存在的贡献

利用文献调查法，可以澄清研究贡献，厘清当下研究和以往研究之间的关系，回答以下问题：该领域的研究是否存在明显的研究空白？该领域是否有尚待修正的错误？该领域的某些方面是否还需要进一步的研究工作？

3.寻找以往研究的问题和不足

通过对已有文献的调查，能够寻找问题，指出以往研究所选取的内容和方向以避免重复。可以分析该领域有无论证缺陷、证据是否充分、证据解读是否存在问题、有无新证据出现、是否有遗漏的环节、是否有需要改进的环节以及研究深入和拓展的方向。

4.提出研究假设和研究框架

基于已有文献，可以形成具体的研究框架、研究假设、研究方案，并确定哪些研究可以作为基础去建立研究框架，使调查方案设计、调查方法、假设论证保持一致性。

5.明确研究价值与意义

通过对已有文献与拟开展的研究进行比较分析，自然生成调研主题的研究价值与意义。

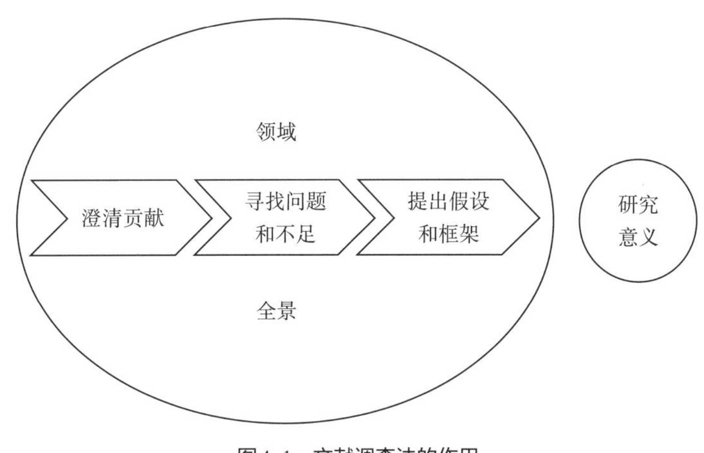

图4-1　文献调查法的作用

三、文献调查法的实施步骤

文献调查法的基本步骤包括收集文献、管理文献、阅读文献、分析文献和撰写文献综述五个环节。在文献调查法独立或主要担纲的调查研究中，这些环节缺一不可；而在其他调查方法为主的调查研究中，文献调查法一般特指前三个环节，文献资料的整理、分析是和其他调查后资料的整理、分析一并进行的。

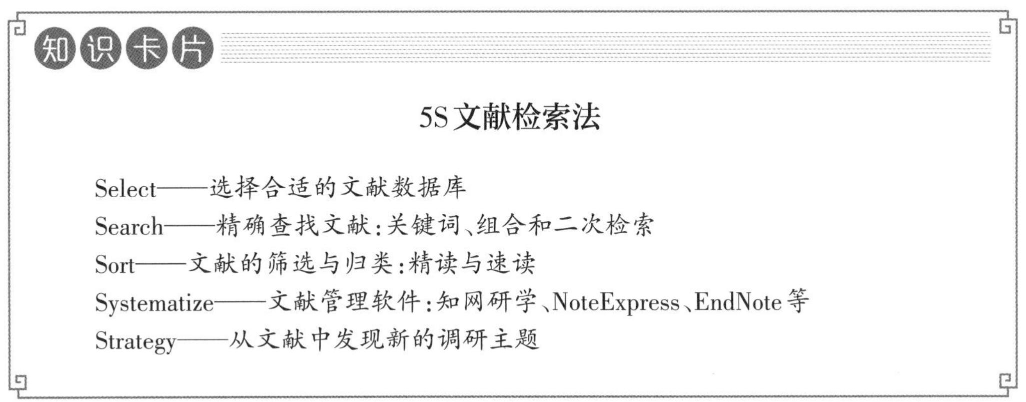

知识卡片

5S文献检索法

Select——选择合适的文献数据库
Search——精确查找文献：关键词、组合和二次检索
Sort——文献的筛选与归类：精读与速读
Systematize——文献管理软件：知网研学、NoteExpress、EndNote等
Strategy——从文献中发现新的调研主题

（一）收集文献

收集文献决定文献调查将要包含的信息，主要任务是检索文献选择信息，找出能支持论题的最有力的资料证据。检索文献就是根据调查和研究的需要获取文献的过程（基本流程如图4-2所示），我们需要考虑如何有效查找所需文献，如何查全、查精所需文献。常用的收集文献方法有直接法、追溯法、工具法和综合法。

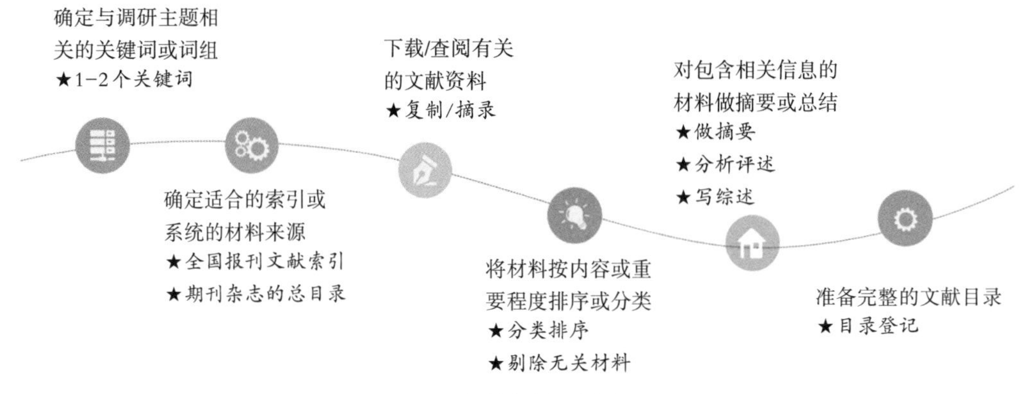

图4-2　文献检索的基本流程

1.直接法

利用工具直接检索文献信息，具体可以分为顺查法、逆查法和抽查法三种。顺查法：由远到近按序查，适用于范围较广、内容复杂、所需文献较系统全面的调研主题。逆查法：由近到远地查找，适用于新文献的收集、新调研主题的研究。抽查法，选择有关项目的文献信息最可能出现或最多出现的时间段进行重点检索，适用于课题研究较集中的年代、文献较多的时期进行抽样。用直接法检索中国知网界面如图4-3所示。

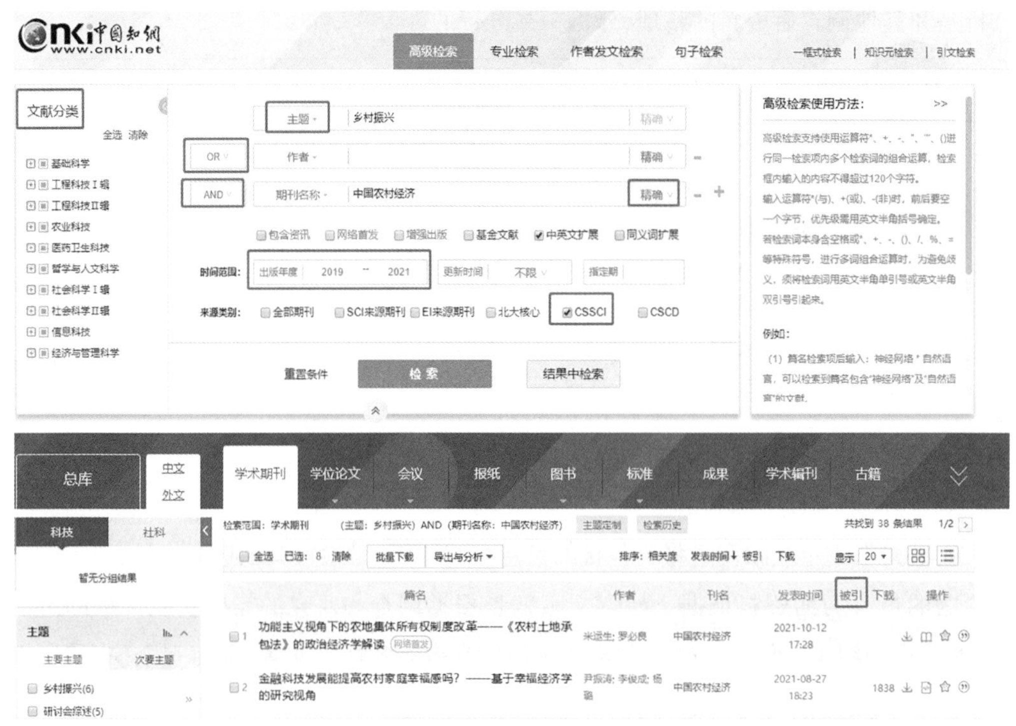

图4-3　中国知网检索界面

2.追溯法

利用掌握的文献末尾所列的参考文献,进行逐一追溯查找“引文”。采用追溯法,往往能找到重要的参考材料。但有时由于新文献不多,原著者提供的参考文献数量有限,或价值并不很大,所以不应完全依靠追溯法来检索文献。

3.工具法

利用文摘和索引等检索工具检索具有快速、方便的优点。通过文献检索可了解其研究主题和内容要点,明确是否需要进一步寻求原文献。另外,文献浩繁,通过索引和文献摘要等,可以节省大量的检索时间和精力。检索最近最新的文献信息,应选择最快捷的检索工具。

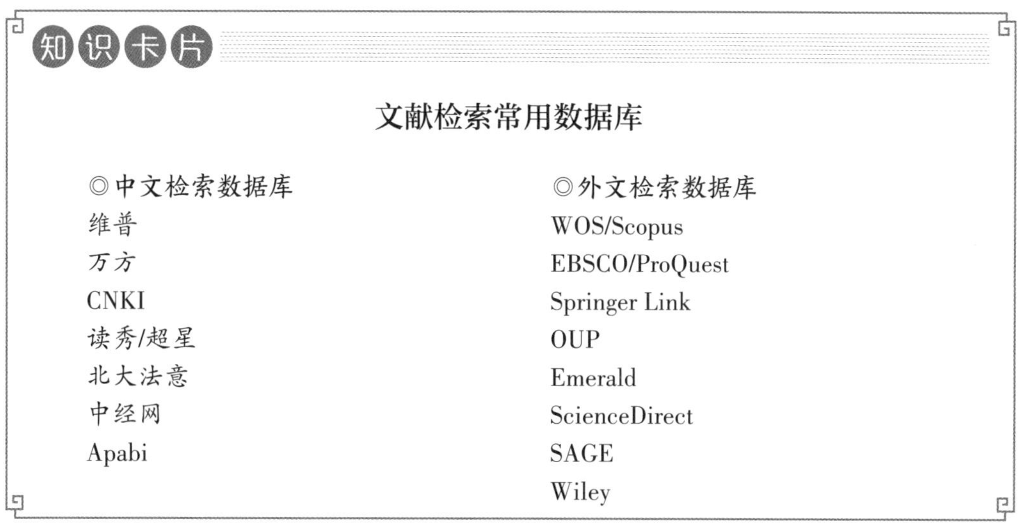

知识卡片

文献检索常用数据库

◎中文检索数据库	◎外文检索数据库
维普	WOS/Scopus
万方	EBSCO/ProQuest
CNKI	Springer Link
读秀/超星	OUP
北大法意	Emerald
中经网	ScienceDirect
Apabi	SAGE
	Wiley

4.综合法

可以既利用检索工具进行常规检索,又利用文献后所附参考文献进行追溯检索,以期取长补短、相互配合,获得更好的检索结果。

检索到的文献只有30%左右是必要的,因此检索的同时就要鉴别文献的真实性、先进性和适用性,并进行初步筛选。初步筛选可在检索文献时通过设置相关参数进行。以中国知网为例,可以在高级检索界面,通过主题词、关键词、作者、期刊名称等进行检索,并通过设置文献分类、时间范围、来源类别来进一步缩小检索范围,结果还可以根据发表时间、被引量、下载量等进行排序。一系列操作后,可根据自己课题需要选择高质量的文献进行下载和阅读。

(二)管理文献

在进行调查准备阶段,应阅读或反复阅读大量文献,这时则需要对已有文献进行

“二次检索”，要是不同来源、类型、格式的文献杂乱无章地存在电脑里，想找一篇符合条件的文献就如“大海捞针”。在调查报告撰写阶段，需要参考相关文献，而不同载体对“参考文献”的引用方式和文献格式的要求不同，整理起来非常困难。因此，我们需要使用管理效率较高的文献管理工具。

文献管理历经卡片式管理、非专业化工具管理、专业化工具管理、网络化工具管理阶段。卡片式管理是指阅读纸质文献，手抄、复印或制作简报，效率低。非专业化工具管理是指简单用资源管理器或Excel表对文献进行管理，效率较低。专业化工具管理是指利用专业文献管理工具对文献进行管理，效率较高。目前常用的专业文献管理工具有：NoteExpress和EndNote。二者功能比较接近，都可通过三种途径（手动导入、联机检索导入、检索结果生成文件导入）来导入参考文献；都可对本地文献库进行检索、查重、编辑；都支持在Word中插入工具条方便论文写作，都可以设置输出参考文献的具体格式。NoteExpress（图4-4）是目前国内最专业的文献检索与管理系统，完全支持中文，可以通过各种途径，下载、管理文献资料，多数高校购买了集团版，在校内可以免费下载使用[①]，并可随时在软件官网查看软件教程及使用帮助。网络化工具管理是指利用网络化文献管理工具，对文献进行检索、管理、阅读以及知识创作等，例如知网协同研学平台（ECSP），能为使用者提供动态、交互、图谱化的阅读模式，服务个人探究式移动学习，构建个人知识结构，实现知识创新。

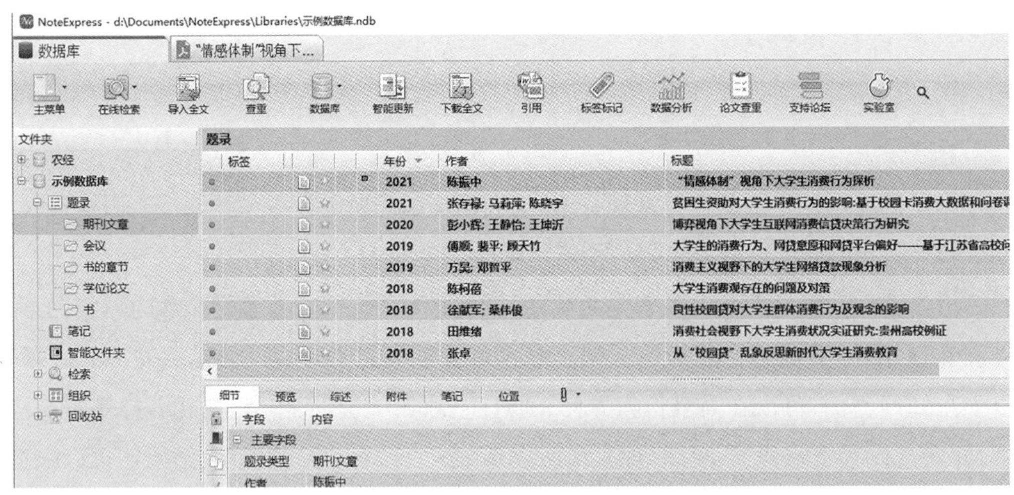

图4-4 NoteExpress软件界面

① NoteExpress下载网址：http://www.inoteexpress.com/aegean/.

（三）阅读文献

阅读文献可以具体分为泛读、精读、选择性阅读等方式，它们在时间上是递进的，时间安排上，有先后之分。泛读（概览）—精读（基础）—泛读（速读）—选择性阅读（聚焦）。下面主要讲解泛读和精读的区别。

1.泛读

泛读可以通过对文献的题目、摘要、结论的阅读，快速了解选题的基本情况。泛读需要了解这个选题所在的领域大概是怎么回事，都有哪些人在做，大概做了些什么工作、用的什么方法、得出什么结论。泛读时需要记录已阅读的文献列表，或在文献管理软件中做好标记。

2.精读

精读是区别于泛读而言的概念，指深入细致地研读。对重要的文章和书籍，要认真读反复读，要逐字逐句地深入钻研，对重要的语句和章节所表达的思想内容还要做到透彻理解，这就是精读。精读和泛读是两种不同的阅读方法。它们各有特定的目的，然而总是相辅相成、相互补充的。泛读为精读准备条件，精读则巩固和发展泛读的成果。

阅读也需要借助一定的工具，目前文献管理软件具有直接阅读文献功能，并具备保存笔记、标注等功能，在之后文献综述或调查报告写作过程中，都可以直接插入这些笔记和标注。

（四）分析文献

分析文献是在主要依靠文献资料说明问题的农村经济发展调查研究中的一项至关重要的工作，需要按照种类和主题将资料分类，发现论点，然后分析资料，了解与主题相关的研究已取得了哪些成果。

根据文献观点、领域、作者、时间、流派等建立分类标准，结合文献管理工具，通过观点分类、作者图谱（图4-5、图4-6）、文献研究矩阵等对文献进行分析整理。将有关主题的已有知识进行综合并提出自己的创新点或者调研报告的生长点。进一步审查在文献检索与分析中所获得的关键信息，按照自己的调研主题，构造出初步的逻辑结构和叙述结构。

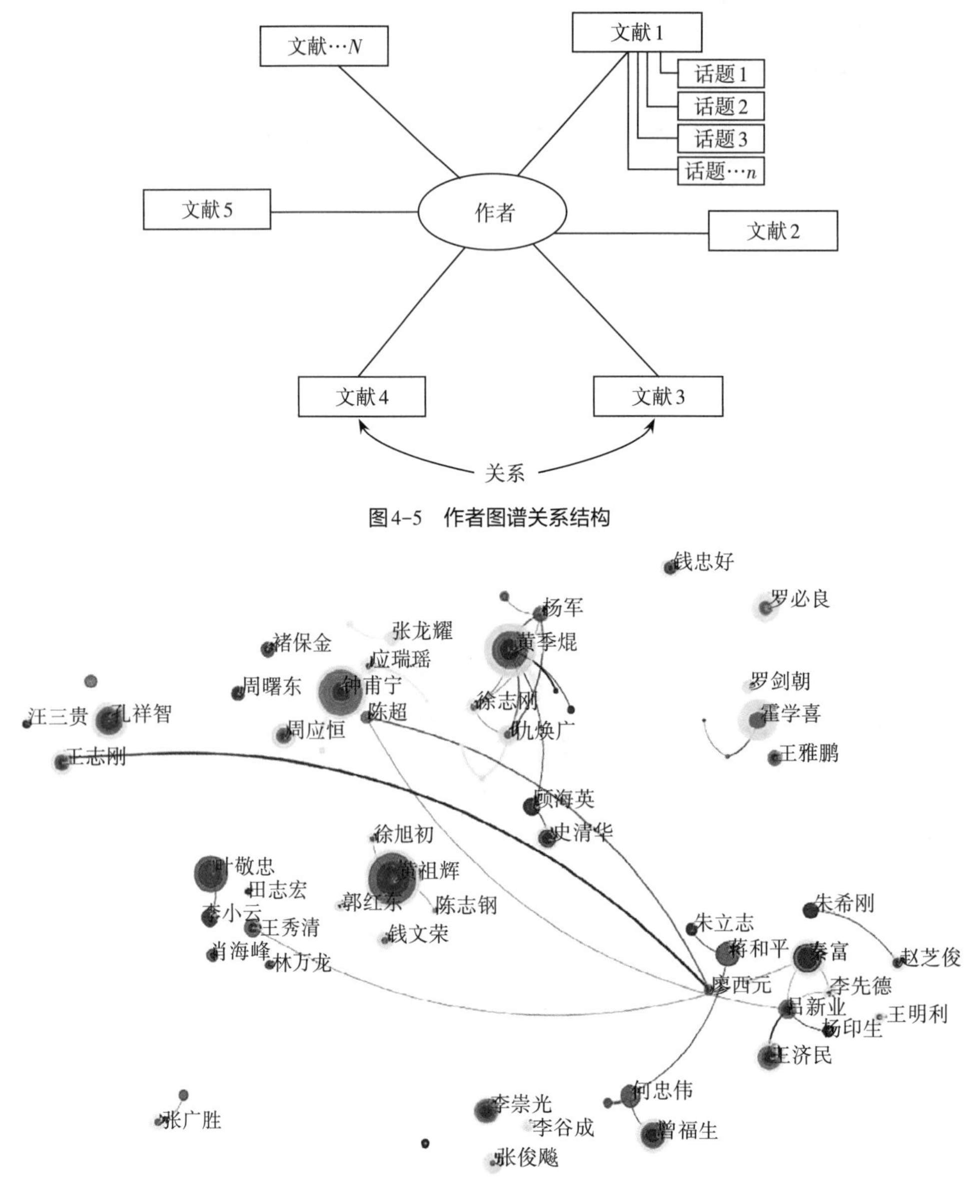

图4-5　作者图谱关系结构

图4-6　2002—2019年农林经济管理研究作者图谱

资料来源:耿献辉,陈蓉蓉,严斌剑,等.中国农林经济管理研究70年变迁——基于文献计量学的可视化分析[J].农业经济问题,2020(2):44.

(五)撰写文献综述

文献调查法的成果主要表现形式就是文献综述。文献综述是在调研人员提前阅读过某一主题的文献后,经过理解、整理、融会贯通,综合分析和评价而形成的一种文体。它要求作者既要对所查阅资料的主要观点进行综合整理、陈述,还要根据自己的理解和认识,对综合整理后的文献进行比较专门的、全面的、深入的、系统的论述和相应的评价，而不应是相关领域学术研究的“堆砌”。可以使用CiteSpace软件从关键词聚类（图4-7）、时间线图谱、凸现关键词等方面对文献进行可视化分析，具体可参见唐华仓和马恒运（2022）《基于文献计量视角的国际农业经济研究综述》①、朱晓哲等（2021）《中国农村土地制度的历史演变、动因及效果：一个文献综述视角》②等综述性论文。

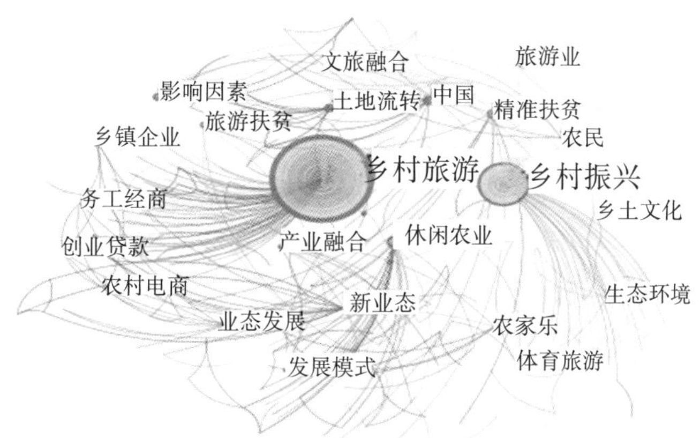

图4-7　乡村旅游研究关键词共现知识图谱

资料来源：王亚峰《中国乡村旅游政策的研究现状及趋势——基于CiteSpace的文献计量分析》

四、文献调查法的评价

文献调查法也需要建立严密的调查计划，并对将要利用的文献进行真实性、先进性和适用性的检查，这样才能保证调查的系统性和可靠性。但作为一种独立的调查方法，其又有自身固有的优点和缺点。

（一）文献调查法的优点

1.不受时空限制

文献调查突破了时间、空间限制，通过对古今中外文献进行调查可以研究极其广泛的农村经济发展情况。这一优点是其他调查方法不可能具有的。

2.可获得稳定信息

从载体形式来看，文献不管是书面信息资料还是电子信息资料，都是以“白纸黑字”的形式被记录下来的，故而形成了较为客观、稳定、可靠的信息。而且文献资料可以长期保存，必要时可供调研人员核对。比如，当调研人员收集一手资料开展一项调查或进行实验时，可能会由于设计不周全或准备不充分而导致结果不理想，这种过失一般是很

① 唐华仓，马恒运．基于文献计量视角的国际农业经济研究综述［J］．农业经济问题，2022（1）：128-144.

② 朱晓哲，刘瑞峰，马恒运．中国农村土地制度的历史演变、动因及效果：一个文献综述视角［J］．农业经济问题，2021（8）：90-103.

难弥补的，即使能够重新调查或实验，调查研究也要付出巨大的代价。但在文献调查中，弥补过失会相对容易一些，调研人员可以在短时间内对资料进行补充收集、重新整理和再次分析。此外，如前所述，文献调查法具有非介入性，即调研人员只对各种文献进行调查和研究，而不与调查对象直接接触，不介入调查对象的任何活动，不会引起被调查者的任何反应，避免了实地调查中经常发生的调查者与调查对象互动时可能产生的种种反应性误差。无论从调研人员角度看还是从被调查者角度看，文献调查法都具有抗干扰性。调研人员虽然有可能受到文献作者主观态度与倾向的影响，但在调查研究过程中不会与研究对象发生联系，因此也谈不上调查内容会因调研人员和调查对象的相互影响而改变。换句话说，收集文献资料的过程与方法本身不会使收集的资料发生性质方面的变化，因而调研人员可以获得相对稳定的社会信息。

3. 实施效率较高

文献调查法实施起来不仅省时、省钱，而且效率高。文献调查的费用主要取决于文献类型、文献获得的难易程度及获取文献的距离远近等。一般来说，相对于规模较大的问卷调查、时间较长的实地观察或比较规范的实验研究而言，文献调查法无须耗费大量的人力和物力，费用要省得多。目前，调研人员可以比较容易地利用图书馆、资料室、档案馆、情报中心的电子数据库等渠道更加便捷地查找文献，可以说，文献调查法是一种经济实用的调查研究方法。同时，文献调查法还易于为调研人员把握，实施相对容易，所费时间较短。利用文献调查法，调研人员可以通过多个渠道在很短的时间内查找到大量信息资料。而实地调查及实验研究由于需要经过严格的设计、准备和实施，因而花费的人力、物力和时间一般较多，有些大规模的实地调查往往需要耗时数月甚至数年。显然，与其他调查研究方法相比，文献调查法的效率相对较高。

（二）文献调查法的缺点

1. 文献资料挖掘难度较大

随着信息技术和网络技术的不断发展和完善，信息知识呈爆炸式增长趋势，作为储存知识内容的载体，文献的数量也在迅速增多。2022年，中国出版各类报纸266亿份，各类期刊20亿册，图书114亿册（张），人均图书拥有量8.09册（张）[①]；2023年9月20日，中国科学技术信息研究所发布的《2023中国科技论文统计报告》显示，2022年，中国在各学科最具影响力期刊上发表的论文数为16 349篇，占世界总量的30.3%，首次超过美国

① 参见国家统计局《中华人民共和国2022年国民经济和社会发展统计公报》，https://www.gov.cn/xinwen/2023-02/28/content_5743623.htm.

排名世界第一[①]。文献数量的激增，加上信息来源渠道的丰富多样，虽然给调研人员提供了更多的选择，弥补了以往信息资料不足的缺陷，但同时也产生了信息污染、信息泛滥、信息膨胀、信息过载等问题。这就意味着在信息的海洋中，过于庞大的信息总量、过于繁杂的信息内容将给调研人员查找、选择、利用文献造成巨大的障碍，会增加调研人员搜寻有效信息的难度。而且，有些个人日记、私人信件等包含个人隐私，某些政府文件、会议记录属于内部机密，都不可能随意获得。因此，要在浩如烟海的文献之中寻找到系统的、高质量的资料其实是十分困难的。

2. 文献信息质量难以保证

文献调查法所获得的文献信息是一种"历史性"的信息，由于时间和空间的隔离及事件的不可逆性，调研人员无法对文献信息的真实性进行考证和分析，难以辨别真伪。有的文献信息并非完全的中立与客观，通常都会带有某些主观色彩。另外各种文献信息表述方式不一，有的支离破碎，有的晦涩难懂，这些都会影响文献信息的质量。比如，在信件、日记等私人文献中，有些信息内容规范性极差，甚至有的还用隐喻、黑话表达相关内容，这对于文献作者及当时的相关人员而言，当然是能被理解的，但对于今天的调研人员来说，如果没有掌握丰富的知识和背景材料，就容易误读、误解。

3. 调研人员对文献信息缺乏体验

文献信息具有明显的历史局限性。就文献本身来说，在由事实变为文字记载的过程中，除了作者的主观因素影响外，历史因素、时代特征及各种利益集团的影响都可能导致文献信息无法真实反映现实社会状况。因政治、技术手段等原因而导致文献信息失实的情况在历史上很多。此外，文献调查法所获得的信息主要是回溯信息，收集到的只是调查对象的历史状况而不是当前状况，因而有可能与现实农村社会经济状况脱节。同时，文献资料只是对过去农村经济社会现象的记录，难以再现真实、生动的社会场景，也不能反映新的情况，更无法全面反映研究对象的丰富性与多样性，使得调研人员对文献所反映的事物缺乏直接体验和亲身感受，从而会造成对有关信息的认知缺乏深度。因此，对于调研人员而言，文献调查法并不适用于许多对农村复杂的经济社会发展情况所做的调查研究。

4. 对调研人员能力要求较高

人们通过阅读理解才能获取文献信息，文献调查法要求调研人员有较高的文化水平，因而不适合一般文化程度的人采用。具体地说，调研人员要准确理解文献的内容，就需要了解相关的社会历史背景；要判断文献内容的真实性，便需要具有深厚的文化基础与经验积累；要从文献中提取有用的信息，则需要有着扎实的专业功底；要对文献信

① 参见中国科学技术信息研究所.《2023年中国科技论文统计报告发布》，https://www.istic.ac.cn/html/1/284/338/1506840141409544642.html。

息进行有效的处理，还要求掌握信息处理的基本知识和技能。这些都不是一般文化程度的人轻易能做到的。此外，随着现代文献类型的多样化发展，一些文献所反映的内容越来越趋向于个性化，这样一来，要准确理解文献的内容更是不易。显然，文献调查法并不像表面那样看似简单，调研人员要从海量的文献中找到所需的文献，要从有关的文献中挑选出有价值的信息，要从对信息的分析中重构社会事实的真相，并对远离现实的历史过程作出客观的解释和评价，没有较高的素养水平是不行的。

第三节 问卷调查法

本节将说明农村经济发展调查中常用的问卷调查法的含义和分类，详细介绍问卷调查法的实施过程、基本要求和技巧，并且对问卷调查法作出简要的评价。本节侧重介绍使用问卷进行调查的方法，在第六章将详细介绍调查问卷的设计程序和方法技巧。

一、问卷调查法的含义及分类

（一）问卷调查法的含义

问卷调查法（Questionnaire Survey），也称问卷法，是调查者以事先设计好的问卷为工具，向被调查者了解情况、征询意见的一种调查方法。问卷调查法是农村经济发展调查中最常用的资料收集方法。

问卷调查法一般具有以下特征：(1)问卷调查是标准化调查，即按照统一设计的有一定结构的问卷所进行的调查。(2)问卷调查可以采用直接调查方式，也可以采用间接调查方式。自填式问卷调查一般是间接调查，即调查者通常不是当面向被调查者提问并记录答案，而是由被调查者自己填答问卷。代填式问卷调查一般是直接调查。当调查对象较为特殊，比如老年人和儿童，不一定能看懂问卷内容时，或者问卷较长，需要填写的时间较长时，需要访问员对被访者直接进行访问，并代替被访者填写问卷。(3)问卷调查一般是书面调查，即调查者借助问卷来提出问题，被调查者通过填写问卷来回答问题。当然，计算机辅助调查也可以实现电子化，也可以由调查者代填。(4)问卷调查一般是定量调查，调查的主要目的是通过样本统计量来推断调查总体。(5)问卷调查可以用于抽样调查，也可以用于普查、典型调查等。

（二）问卷调查法的分类

1. 按照问卷传递方式划分

根据问卷传递方式的不同，可以将问卷调查划分为网络问卷法、访谈问卷法、送发问卷法等。

（1）网络问卷调查。

网络问卷调查法（Online Survey）也称线上问卷法、网上问卷法，是指通过网络平台发放并回收问卷的方式（目前常见的平台有问卷星、问卷网、朋友圈、电子邮件等），是互联网普及时代使用较为普遍的一种调查方法。但是，针对农村经济发展情况的调查，常因网络覆盖、被调查者文化水平、调查主题的特殊性等原因，并不一定适用网络问卷调查法。例如，对农村老年人或者留守儿童的调查，就不能采用网络问卷调查法，因为调查对象可能接触不到问卷。

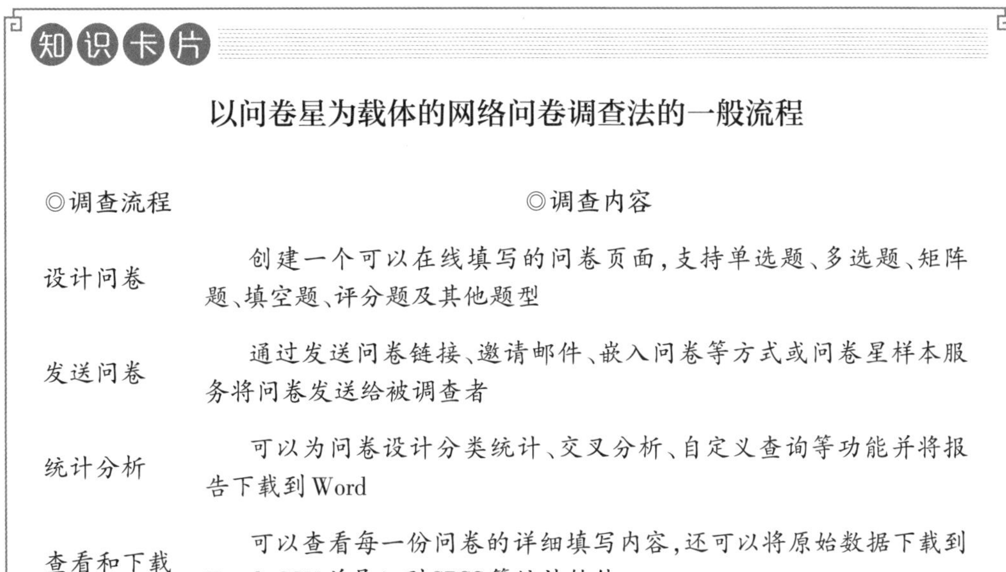
知识卡片

以问卷星为载体的网络问卷调查法的一般流程

◎调查流程	◎调查内容
设计问卷	创建一个可以在线填写的问卷页面，支持单选题、多选题、矩阵题、填空题、评分题及其他题型
发送问卷	通过发送问卷链接、邀请邮件、嵌入问卷等方式或问卷星样本服务将问卷发送给被调查者
统计分析	可以为问卷设计分类统计、交叉分析、自定义查询等功能并将报告下载到Word
查看和下载	可以查看每一份问卷的详细填写内容，还可以将原始数据下载到Excel、CSV并导入到SPSS等统计软件

（2）访谈问卷调查。

访谈问卷法指调查者设计好调查问卷，再通过面对面访谈、电话访谈等形式对被调查者进行调查，并回收问卷的调查方法。目前，规模较大的访谈问卷调查，一般都使用智能手机或平板电脑安装计算机个人辅助面访（Computer Assisted Personal Interviewing, CAPI）系统直接进行数据录入、检验等工作。面对面访谈问卷的应答率高、可回收性强，调查人员可以设法确保被调查者独立回答问题，并能控制按问卷问题的设计顺序回答，从而保证回答的完整性。同时调查人员还可以观察被调查者的态度及其回答问题的环境，有利于进一步分析判断相关问题。但此法也存在不足，一般费用高，容易受调查人员的影响，匿名性也差；当被调查者对调查人员的某些举止有偏见或不理解时，就会导致差错或有意说谎，调查者有时对被调查者的意思没有正确理解或正确记录就可能出错。电话访谈调查就是通过手机、座机等媒介，以语音、视频等方式进行问卷调查的方法。手机的普及，以及微信等软件的流行，使电话访谈成为调查中收集资料的一个重要途径。电话问卷调查不受时空限制，费用较低，回答率高且具有效率，可以减少调查员影响被调查者作答的情况，调查员的安全受到保障，但只适用于简单的表面性问题，不能得到详细资料或补充资料，电话可能会被轻易挂掉。电话访谈在农村经济发展调查中经常作为一种辅助性调查方法，例如，在中国家庭调查（CHPS）中，追踪调查的样本户因为在外地等原因确实不方便接受面访，则可以考虑使用电话访谈完成调查问卷。

（3）送发问卷调查。

送发问卷法是指由调查者将调查问卷发送给选定好的目标群体，待回答完问题后再进行统一收回。根据填答问卷的环境，又可分为个别送发和集体填答两种方式。个别送发是调查者将制作好的问卷直接或间接交给调查对象，由调查对象填写后当场收回或约定时间收回。集体填答，也称之为团体调查，是先通过某种方式，将调查对象集中在一起，发给每个人一份问卷，在集中讲解调查目的和填答要求后，调查对象当场填答问卷，然后调查者集中收回问卷。这种方式比较适合在学校、村委会等进行。

2.按照问卷填答方式划分

根据问卷填答方式不同，可以将问卷调查法划分为自填问卷调查法和代填问卷调查法。

（1）自填问卷调查。

自填问卷调查即由调查者发送或邮寄问卷给被调查者，由被调查者自己填写的一种调查方法，包括网络问卷调查、送发问卷调查、报刊问卷调查、邮寄问卷调查、计算机辅助问卷调查等。

自填问卷调查具有的优点：一是节省时间、经费和人力。自填问卷法可以在很短的时间内同时调查很多人的情况，不用逐一进行访问和交谈，十分省时省力；若采用邮寄的方式，还不受地域范围的限制。因此，采用这种方法收集资料具有很高的效率。二是具有很好的匿名性。对于某些农村社会经济现象或者有关农民个人隐私、社会禁忌等敏感性问题，被调查者往往难以同陌生人交谈。由于自填问卷法一般不要求署名，填写地点又可在被调查者家中，并且调查人员可以不在场，由被调查者独自进行填答，不受他人干扰和影响，故可大大减轻回答者的心理压力，有利于他们如实填答问卷，进而方便调查者收集到客观真实的资料。三是可避免某些人为误差。由于自填问卷法采用的是统一设计和印制的问卷，因而无论是在问题的表达、答案的类型方面，还是在问题的前后次序、填答方式方面，每一个被调查者看到的问卷都是完全相同的。因此，自填问卷调查在很大程度上排除了不同调查人员所带来的影响，这样就可以尽可能地避免某些人为压力所造成的偏误。

自填问卷调查具有的缺点：一是问卷的回收率有时难以保证。由于自填问卷法十分依赖被调查者的合作，因此，当被调查者对该项调查的兴趣不大、态度不积极、责任心不强，或者被调查者由于受时间、精力、能力等方面的限制而无法完成问卷填答工作时，问卷的有效回收率常常受到影响。二是自填问卷法对被调查者的文化水平有一定要求。被调查者起码要能看得懂问卷，能够理解问题及答案的含义，能够理解填答问卷的正确方式，才能按要求填答问卷。但农村经济发展调查中并不是所有的人都具有这种能力、都能达到这种程度的，特别是对于一些文化程度较低的群体，就不宜使用自填问卷的方法。这样一来，自填问卷法的适用范围就常常受到限制。三是调查资料的质量常常得不到保证。这主要是因为采取自填问卷法时，被调查者往往是在没有调查人员在场的情况下进行问卷的填答工作的，这也就是说，他们填答问卷的环境是调查人员无法控制的。对于理解不清的问题，他们无法及时向调查人员询问，各种错答、误答、缺答、乱答的情况时有发生，导致问卷调查资料的质量比较差，可信度不高。这正是当前自填问卷法面临的主要问题。

(2)代填问卷调查。

代填问卷调查是指由调查者按照问卷内容，向被调查者提问，并根据被调查者的回答填写问卷的一种调查方法，包括访谈问卷调查和电话问卷调查等。代填问卷调查与自填问卷调查之间具有互补的关系。代填问卷调查相对而言就比较费钱费时、被调查者答题时可能会受到调查者的影响，但代填问卷调查回收率比较有保证，并且对调查对象的文化水平要求不高。例如，对农村老年人或者留守儿童的调查，一般都采取代填问卷调查。

3.按照问卷问题形式划分

(1)封闭型问卷调查。

用由封闭式问题组成的问卷进行调查即为封闭型问卷调查，也称之为有结构型问卷调查。问卷上在提出问题的同时还给出若干答案，要求回答者根据实际情况进行选择。封闭型问卷调查对问题答案作限定，便于数量化统计，但往往由于追求精确而损失一些重要的信息和资料。

(2)开放型问卷调查。

使用由开放式问题组成的问卷进行调查即为开放型问卷调查,也称之为无结构型问卷调查。问卷上只提出问题,但不为回答者提供具体答案,由回答者根据自己的情况自由填答。开放型问卷调查有利于了解一些有关动机、思想、观念、价值等方面的问题,给被调查者以充分发表自己观点的空间,但难以统计结果。

(3)混合型问卷调查。

封闭式问题和开放式问题各有优缺点,两者可以互相补充,使用既有开放式问题又有封闭式问题的综合型问卷的调查即为混合型问卷调查。一般常见的形式为问卷中调查对象的特征、行为等事实性问题是封闭式问题,建议、看法等态度性问题设置为开放式问题。

(三)调查问卷的类型

根据调查问卷的内容划分,可将调查问卷分为结构式问卷、半结构式问卷和非结构式问卷。具体在第六章中详细介绍。

1.结构式问卷

结构式问卷(Structured Questionnaire)也称标准化问卷,通常由结构式问题构成,在第六章有详细介绍。结构式问卷的设计具有结构性的特征,问题的提问方式、问题顺序和组合都遵循一定的逻辑性,调查者在调查过程中不能随意变动问卷中的问题和顺序。因此,结构式问卷通常比较容易控制调查的信度和效度,但同时这也要求问卷设计者能设计出高质量的问卷。在结构式问卷中,所有问题都有备选选项,每一个被调查对象都不需要构思问题的答案,而是要在现成的答案选项中进行选择。例如,2022年北京大学中国家庭追踪调查(China Family Panel Studies, CFPS)问卷中大多数问题都配备选项以便被调查对象选择。问卷中通过设置"问题:您/你是否从事农业方面的工作但是目前处于农闲季节?农业工作包括种地、管理果树、采集农林产品、养鱼、打渔(鱼)、养牲畜以及去市场销售农产品等。答案:1.是 2.否"来了解被调查者从事农业工作情况。

结构式问卷的形式比较简单,填答起来比较省时省力,在数据分析时也比较容易。但是,它也存在着一定的局限性。首先,它对问题备选答案的要求比较高,这些答案选项一定要不重不漏,并且要覆盖比较重要的选项。如果调研人员对问题的答案不太熟悉,容易遗漏比较重要的备选答案,则不适合用结构式问卷。其次,结构式问卷所能提供的选项比较简单,不利于进行深层的原因分析。此外,利用结构式问卷进行调查的被调查对象,受到调研人员的干扰比较大,调研人员提供的答案选项对被调查对象有一定的影响和诱导作用。

2.非结构式问卷

非结构式问卷(Non-structured Questionnaire)只提出问题,不提供任何参考的答案和选择项,均由被调查对象自由回答,与结构式问卷相比具有一定的自由性。非结构式问卷通常被用于探索性的研究中,目的是得到一些启发性的问题和线索,因此不适合被设计成结构式的问卷。一般情况下,非结构式问卷的被调查对象人数比较少,将调查资料进行量化的目的性不强,所以问卷所包含问题的结构比较松散,题目的用语、回答格式均较为自由。但非结构式问卷并非完全没有结构,所提的问题依然是紧紧围绕调查目的展开的,只是可以根据实际情况适当变化问题的顺序或者形式,目的是便于调查者掌控调查内容和方向。

例如,问卷调查中设置以下几个问题来了解新生代农民工享有社会保障的情况及影响。

问题1.在城市工作,您感受到的与拥有本地城市户口的居民的区别在哪些方面?

问题2.影响您参加社会保险的因素有哪些?

问题3.社会保险对您的工作选择有哪些影响?

问题4.参加社会保险给您的生活带来哪些影响?

问题5.您如何界定自己的身份,请简要谈谈您的想法。

非结构式问卷为被调查对象提供了自由的回答空间,把他们受到的调研人员的影响降到了最低限度,比较有利于回答行为或现象背后的原因等深层次的问题。但采用非结构式问卷,被调查对象填答时非常费时费力,在问卷处理阶段也有一定难度。

3.半结构式问卷

半结构式问卷(Semi-structured Questionnaire)是结构式和非结构式问卷的综合,所包含的问题中既有备选答案已经确定的,也有需要被调查对象自由回答的。

现在大多数的调查问卷,都采用半封闭式的结构,因为有些题目适合用封闭式问题,有些题目适合用开放式问题。这两类问题都有各自的优势和劣势,调研人员可以根据自身的研究目的进行选择,并且往往需要将这两类题目结合起来。

二、问卷调查法的实施步骤

(一)确定调查类型

问卷调查法的核心是问卷。不一样的问卷类型在调查中会得到不一样的结果。为此在调查时我们要充分考虑到调查主题，选择调查类型。例如，对中国农村老年人养老状况的调查，调查对象是农村60岁以上的老年人，考虑到文化水平、视力等因素，可能需要采用面访式的问卷调查法。又如，对新生代进城务工人员留城意愿的调查，调查对象是1980年后出生的进城务工人员，较为擅长使用智能手机，则可以通过网络问卷调查法进行调查。

（二）设计调查问卷

调查问卷设计大致可分为三个步骤：初步设计、试用、修订，具体在第六章详细介绍。

初步设计是问卷设计的中心环节。问卷的初步设计首先要根据调查的任务和目的，对调查课题中的变量下操作性的定义，以明确应调查的具体项目和所要收集的资料。其次，根据具体的项目编写问题和答案，并按照问题表述的要求和问题排列的一般原则，对问题逐个进行分析，以初步确定问题及其编排顺序。再次，根据问卷的基本结构要求，编写前言、指导语和结束语。

试用是指在问卷初步设计完成后，选择少部分调查对象进行预调查，并对预调查结果进行分析。检查初步设计的问卷能否收集到所要收集的资料，以及问卷还存在哪些方面的不足，以便修改和补充。

修订是在试用的基础上，对问卷内容进行修改和补充。对问卷内容的修改包括修改指导语，使指导语更明确，更容易理解和掌握；对问题及其表述语句进行修改或补充。

（三）发放及回收问卷

问卷完善后，进行正式调查，要根据调查对象的特征，选择合适的时机发放调查问卷并及时回收调查问卷。根据问卷传递方式的不同，还要确定是否需要招募调查员。如果是采用邮寄、报刊、网络或者集中填答等形式传递，对现场调查员的数量要求可能不高；但如果采用的是个别送发、面访或者电访等形式，则可能需要招募调查员。招募调查员，要充分考虑其思想素质、业务能力、工作经验和身体状况，以及调查所需的其他方面。更为重要的是，为尽量减少各个环节引起的差错，调查员还必须经过严格的现场调查知识和调查技巧的培训。培训一般包括调查方案和调查问卷的讲解，讨论、提问、答疑，以及调查实习等。通过培训，使调查员能正确理解调查的各项要求和填表说明，正确掌握调查方法、填表方法、询问技巧和调查结果的记录方法，保证每个调查项目达到统一，不得按个人理解自行处置，从而减少调查误差。

不管调查过程中选择何种问卷传递方式，都要尽可能快速地回收问卷，并尽可能保证有较高的问卷回收率。例如,发送问卷的回收率应不低于70%,邮寄问卷的回收率应不低于50%。否则,是不能作为研究结论的依据的。一般来说,如果问卷的回收率仅30%左右,所收集的资料只能作为参考;如果问卷的回收率在50%左右,所收集的资料可作采纳建议的依据;如果问卷的回收率在70%左右,方可作出研究结论。

(四)整理调查数据

整理调查数据是一个系统性、科学性的工作过程,其目的是从收集到的原始数据中提取有价值的信息,并按照一定的方式和标准进行分类、清洗、分析,最终形成直观、准确、可用的数据集或统计结果。首先,设计和编制统计资料的整理方案,包括问卷审核标准、分类和编码方法、录入方法等。其次,根据编制的统计资料整理方案,对回收的问卷进行审核,挑出不合乎要求的问卷,包括事实资料与态度资料填写不全、理解错误等问卷。再次,根据调查问卷的分组标志、组距、编码的方法和录入方法等,对问卷进行编码和数据录入,在数据录入阶段,应确定选用的分析软件,建立数据库。整理数据过程中,要对数据进行复审核和数据插补。目前大规模问卷调查,多采用计算机辅助调查系统,对数据的整理较纸质版问卷更为简单,但仍要进行数据清理。具体在第八章详细介绍。

(五)分析调查数据

调查数据库建立后,调研人员可根据调研主题需要,将数据库中的数据用一些统计图表显示出来,以便直观地看出调查问卷所展现的农村经济发展问题和趋势。当然,也可以采用专业的分析软件进行调查问卷的结果分析,比如SPSS、STATA软件,这些也是目前使用较为广泛的调查问卷分析工具。简单来说,用统计软件分析主要包括数据录入、选择调用分析方法、保存分析结果这三个步骤。结合统计软件进行分析,可以大大提高数据分析的速度和效率。数据分析要注意的是尊重农村经济发展客观实际,只有这样才能得到更加准确的分析结果。基于分析结果,可以进一步撰写农村经济发展调查报告、研究论文或咨询报告等。关于调查数据的整理和分析,具体将在第八章详细介绍。

三、问卷调查法的评价

(一)问卷调查法的优点

1.标准化程度较高

问卷调查通过预先设计好的问题对所有被调查者进行提问,每个被调查者都回答相同的问题,减少了调查结果的主观性和提高了数据的可重复性,收集的数据通常具有统一格式,使收集的数据一致性和可比性更高,也便于进行统计分析和处理。

2. 匿名性较强

除追踪调查等,问卷调查一般不要求被调查者署名,特别是自填问卷、网络问卷,这能够消除被调查者在回答对他的利益或发展具有威胁性、敏感性的问题时的疑虑,从而客观真实地回答问题。

3. 效率较高

在问卷调查的实施过程中,调查者能够同时对大量的调查对象进行调查,在短时间内能够收集到大量的信息和资料。问卷调查法省时、省力,所需经费较少,能获得大量的资料。假设我们想要了解全国范围内新农人对相关创业支持政策的看法。使用问卷调查法,我们可以设计一份在线或纸质的问卷,并通过多种渠道(如社交媒体、邮件、电话等)向全国各地的新农人分发。这种方式能够高效地收集大量不同地区、不同背景新农人的意见,覆盖范围广泛,成本较低。

(二)问卷调查法的缺点

问卷调查法也存在一些缺点或局限性,其缺点或局限性是由调查工具、调查过程等方面固有的属性决定的。

1. 缺乏深度

问卷调查通常只能获取到被访者的表面意见和普遍看法,很难深入了解背后的原因和动机。对于需要深入挖掘的复杂社会现象,问卷可能无法提供足够的信息。问卷调查的问题通常是封闭式或半封闭式的,受访者回答的是预设好的选项,这限制了他们对问题的深入表达和思考。例如,对于“你对这个农产品的价格满意度如何?”的问题,问卷可能只提供了“非常满意”“满意”“一般”“不满意”“非常不满意”等选项,而没有提供让被调查者详细说明满意或不满意原因的空间。

2. 存在社会文化偏差

问卷调查可能无法完全避免社会和文化偏差。被调查者的回答可能受到社会期望、文化背景和个人心理的影响,导致数据偏离真实情况。例如,某些文化背景下,人们可能不愿意表达负面的意见或评价。

3. 灵活性不够

问卷调查的设计一旦完成,就不能在调查过程中根据被调查者的回答进行调整。缺乏灵活性可能使得重要的问题得不到深入的探讨,或者发现的问题无法进一步追问,调查者也难以发挥主动性。

尽管问卷调查法有一些局限性，但它仍不失为一种基本的调查研究方法，对进行农村经济发展调查研究具有重要的作用。

第四节　访谈调查法

本节将说明农村经济发展调查中常用的访谈调查法的含义和分类，详细介绍访谈调查法的实施过程、基本要求和技巧，并且对访谈调查法作出简要的评价。

一、访谈调查法的含义及分类

（一）访谈调查法的含义

访谈调查法（Interview Survey）是指调查者通过口头交谈的方式，从调查对象那里收集有关农村经济发展情况的第一手资料的调查方法。它是通过口头交谈的方式获取资料，是调查者与被调查者双向互动，并需要一定的访谈技巧的有控制的调查。例如，为完成《江村经济》一书，作者费孝通对村民们进行了大量访谈调查，从而获得了关于农民经济活动、社会关系和个人生活的数据。

（二）访谈调查法的分类

1.按访谈内容要求划分

按访谈的内容要求不同，可把访谈调查方法分为标准化访谈和非标准化访谈两种类型。

所谓标准化访谈也称有结构访谈，它是按照事先设计好的、有一定结构的访谈问卷进行访谈，整个访谈过程是在高度控制下进行的。标准化访谈的标准化表现在：选择访谈对象的方法、访谈中提问的内容、提问的方式和顺序、记录方式等都是统一的。在标准化访谈中，访谈问卷是调查的主要工具，访谈过程按问卷中设计的内容进行，访谈结果也记录在问卷中。标准化访谈的突出优点是便于资料的整理、汇总和分析，有利于用统计分析方法研究现象总体的表现；其局限性则表现为缺少灵活性，不能充分发挥调查双方的主观能动性，在整个调查过程中不能更改内容。

所谓非标准化访谈也称为无结构访谈。与标准化访谈不同，它事先不制定统一的访谈问卷，只根据访谈的目的列出粗线条的访谈提纲，由调查者和被调查者根据提纲自由交谈。这种访谈对调查双方都不存在严格的约束,有利于发挥双方的积极性和主动性。非标准化访谈对于深入了解某些农村经济发展问题,对农村经济发展现象做细致的分析是很有利的。在农村经济发展调查实践中,调查者往往可以用此方法了解一些事先无法作出全部结果设想的农村经济发展的实际情况。非标准访谈也有明显的不足,就是对调查结果的整理、分析工作量大。

2.按访谈方式划分

按访谈方式不同,可把访谈调查方法分为直接访谈和间接访谈两种类型。

直接访谈就是调查者和被调查者进行面对面的交谈。这种调查方式具体又有“走出去”和“请进来”两种。前者是调查者到被调查者中去进行访谈,例如拦截访谈、入户访谈;后者是请被调查者到调查者安排的地方进行访谈,如请被调查者到村委会的办公室进行访谈。

间接访谈是调查者通过电话或书面问卷工具对被调查者进行访谈。这种访谈方式,由于调查者与被调查者不直接见面,所以称为间接访谈。

3.按访谈对象数量划分

按访谈对象数量不同,可把访谈调查方法分为个别访谈与集体访谈两种类型。

个别访谈,指调查员单独与被调查对象进行的访谈活动,具有保密性强,访谈形式灵活,调查结果准确,访谈表回收率高等优点。可以是标准化访谈,也可以是非标准化访谈;可以是直接访谈,也可以是间接访谈,自由方便,不受时间限制、不受他人干扰和牵制,有利于更深刻地了解有关问题,但一个明显的缺点是费时间。

集体访谈法,是类似于群众座谈会的一种集中收集信息的方法。一般由组织的一名或几名调查员与被调查者进行座谈,以了解他们的意见和看法。集体访谈法是一种了解情况快、工作效率高、经费投入少的调查方法,但对调查员组织会议的能力要求很高。另外,它不适宜用来调查某些涉及保密、隐私、敏感性的问题。集体访谈法种类丰富。(1)按照访谈的主要目的不同,集体访谈可分为两类:一类是以了解情况为主的集体访谈,一类是以研究问题为主的集体访谈。(2)按照访谈的内容不同,集体访谈也可分为两类:一类是综合性集体访谈,它的内容比较全面、广泛,但往往不够深入;一类是专题性集体访谈,它的内容比较集中、专一,往往能较深入地了解情况和探讨问题。(3)按照访谈的形式不同,集体访谈亦可分为两类:一类是讨论式的集体访谈,即与会者互相研讨,互相争论,既可互相补充,又可互相辩驳;一类是各抒己见式的集体访谈,即与会者可以充分发表自己的意见,但不允许批评别人的意见。(4)按照访谈的方式不同,集体访谈也可分为两类:一类是口头访谈方式,就是开集体访谈会,它是面对面的直接调查;一类是书面咨询方式，就是背靠背的间接调查。在农业经济发展指标体系构建过程中常用的专家调查法(又称“德尔菲法”)，就属于后一种类型。

二、访谈调查法的实施步骤

(一)访谈准备

1.筛选并培训访谈调查员

根据访谈调查工作的要求，选调有关人员作为访谈调查员，具体完成访谈调查工作。相关要求见前文。

2.选定访谈对象

尽可能提前了解被调查者。对于入户访谈，首先要决定到哪些农户或单位去访谈。如果抽样方案中已经具体给出了待访谈农户的具体地址或名单，那么访谈调查员就严格执行，不得随意更换被调查对象。但是在许多情况下，抽样方案无法给出具体的待访农户的名单，而只是给出若干个抽样点(村委会或自然村等)和如何抽取待访农户的具体规定。比如，规定在每个抽样点按等距抽样法抽取5户农户，规定起始点的确定方法以及行走路线的方向等。同时在抽样方案中还应给出抽中农户家中无人或抽中的家庭拒绝接受访谈时的处置办法。例如，通常可规定，农户家中无人时应再访，三次均不成功才能放弃；对于拒访的农户经过耐心的说服后仍无效者可以放弃，改访最邻近的农户。经过培训的访谈调查员严格按照访谈的问卷和辅助的卡片、表格、产品的样本等对抽中的对象进行面对面提问，准确记录下每个问题的答案，对开放式的问题要进行充分的追问。概率抽样方法详见第五章。

3.确定访谈时间和场合

访谈最好是在被调查者不太繁忙，心情舒畅的时候；地点选择遵循有利于被调查者真实回答问题和畅所欲言的原则；访谈场合应适宜单独与被调查者个别交谈。

4.准备访谈用品

每一项调查都需要一定的物质手段，在进入正式调查阶段，我们需要提前准备好调查过程中所需要的物资，以确保调查工作的顺利进行。一般包括：调查工作证，用于调查员身份证明；纸质问卷和文具或平板电脑(使用计算机辅助系统问卷时需使用APP问卷调查系统)，入户调查的全部信息采集都可以实时完成；高存储量的移动硬盘和手提电脑，用于数据保存；录音笔，用于音频数据采集；小礼品，用于感谢被调查者；药品和生活用品，用于保证调查期间身体健康，顺利开展工作。

（二）正式访谈

进入正式访谈，有七个重要环节：接近被调查者—提出问题—听取问题—引导—追问—访谈结束—再次访问。

1.接近被调查者

被调查者由于对调查员并不熟悉，所以存有疑惑、担心等，容易出现不配合的问题。这时，我们需要获取被调查者的信任。接近被调查者，我们首先面临的问题就是如何称呼对方。称呼要入乡随俗，亲切自然；要符合双方的亲密程度和心理距离；既要尊重恭敬，又要恰如其分，同时还要注意称呼习俗的发展和变化。例如，对年纪较大的农村居民，在东北农村进行访问调查时，可以使用“大娘”“大爷”“老伯”“老婶”等词语来称呼；在海南农村进行访问调查时，可以使用“阿婆”“阿公”“老妈妈”“老爸爸”等词语来称呼；在川渝农村进行访问调查时，可以使用“老辈子”“老师傅”“老阿姨”“嬢嬢”等词语来称呼。

2.提出问题

访谈过程中，要根据问题性质选择恰当的方法提出问题。访谈问题一般可以分为实质性问题和功能性问题。

实质性问题是指为了掌握访谈调查所要了解的实际内容而提出的问题，它又可分为四类：一是事实方面的问题，如姓名、年龄、耕作面积、农作物产量、家庭收入等；二是行为方面的问题，如“您是否施用有机肥?”；三是观念方面的问题，如“您如何看待秸秆禁烧问题?”；四是感情和态度问题，如“您对目前农村垃圾处理方式满意吗?”。

功能性问题是指在访谈过程中为了对被调查者施加影响而提的问题，它也可分为四类：一是接触性问题，如“您近来身体好吗?”“养鸡很忙吧?”“今年肉鸡的行情怎么样?”，提出这些问题的目的，不是了解这些问题本身而是为了接触被调查者。二是试探性问题，如“您今天有紧急的事情吗?”“今天鸡场有人在忙活吗?”“今天鸡已经喂过了吧?”，提出这些问题是为了确定访谈对象和时间的选择是否恰当，以便决定访谈是否进行和如何进行。三是过渡性问题，当访谈从生产问题转向销售问题，可先提出一个这样的问题“您家肉鸡养殖得很好，销售是否也很顺利呢?”；如从工作问题转向家庭生活问题，则可问“在养殖场您非常繁忙，回到家里大概可以轻松一下吧?”。四是检验性问题，先问“您对现在的肉鸡养殖收入感到满意吗?”，经过一段谈话后，再问“您是否愿意尝试养殖其他牲畜或外出务工呢?”。提后一个问题的目的是检验前一个问题的回答是否真实、可靠。

3. 听取问题

访谈调查法中提出问题和听取问题是相辅相成的环节，听取问题时要对听到的信息进行记忆和作出反应，不要带有偏见性障碍、判断性障碍、心理障碍、生理性障碍、习惯性障碍、理解性障碍，要认真听、虚心听、有感情地听，对被调查者的回答作出恰当的反应。例如，当农民讲述他们的故事时，调查员应该保持适当的眼神接触，点头表示理解和关注，保持开放的肢体姿态，避免交叉双臂或双腿，这些非语言信号可以传达出调查员对访谈内容的兴趣和尊重。即使调查员可能已经知道农民要说什么，或者有自己的想法，也应该让农民完成他们的句子和想法。这样可以表明调查员尊重他们的意见，并愿意听取他们完整的想法。当农民分享他们的困难时，调查员可以说："听起来您的情况确实很不容易，我能想象到您面临的挑战。"这样的同情可以建立信任，并鼓励农民分享更多的信息。

4. 引导

引导是提问的延伸或补充，是访谈过程中不可缺少的手段或环节。如果出现以下情况须引导：被调查者对所提问题答非所问；有思想顾虑；一时想不起来；太健谈，没有边际；被中途中断。例如，如果被调查者回答问题时偏离了主题，调查员可以温和地引导访谈回到正题，"您提到了养鸡的问题，我非常有兴趣。不过，我们的初衷是想了解关于农业灌溉系统的改进意见。您能在这方面给我们一些建议吗？"如果被调查者有思想顾虑，调查员可以强调访谈的匿名性和保密性，如："请您放心，我们保证您的回答将仅用于研究目的，不会泄露给无关人员。"这样可以减轻被调查者的顾虑，鼓励他们更开放地分享信息。

5. 追问

追问是更深入的提问，是更具体、更完整的引导。在访谈过程中，追问往往也是必要的环节和手段。如果出现以下情况要追问：发现被调查者问答前后矛盾，或回答含糊不清、模棱两可，或回答过于笼统，不够准确、具体；发现了新的线索；对一些关键性问题没有听清楚。例如：当被调查者回答不明确，初始回答为"我们村子里的人都挺好的，大家互相帮助"时，可以追问："能具体举一个例子吗？比如，最近有没有发生什么让您感到特别温暖的事情？"当被调查者回答含糊其辞，初始回答为"我们这里的农业收入不太好"时，可以追问："您能详细说明一下吗？是农作物价格低还是产量问题，或者有其他原因？"当被调查者回答过于简单，初始回答为"村里的基础设施还可以"时，可以追问："您能具体指出哪些方面让您觉得满意，或者有哪些需要改进的地方吗？"当被调查者提到一个话题，初始回答为"孩子们的上学条件越来越好"时，可以追问："您能分享一下具体的变化吗？比如，学校设施、师资力量等方面。”当被调查者表现出情感，初始回答为“最近几年的气候变化对我们影响很大”时，可以追问，“能详细描述一下这种影响吗？比如，它对您的农业生产和生活有什么具体的影响？”在进行追问时，要注意语气和态度，保持友好和尊重，让被调查者感到追问是为了更好地理解他们的情况和观点。同时，要观察被调查者的反应，如果他们显得不舒服或不愿意继续讨论，应该适时停止追问，转换话题。

6. 访谈结束

检查问卷或者访谈提纲，确定没有遗漏问题后，进入此次访谈的最后一个环节——做好结束工作。访谈结束工作应该注意两个问题：一是适可而止，时间不能太长；二是善始善终，向被调查者表示感谢，甚至可以建立友谊，为以后的调查打下基础，尤其是追踪调查、固定观测点调查，更应如此。如果被调查者对调查研究有兴趣或有进一步的反馈，调查员可以提供联系方式，以便后续交流。例如：“如果您将来有任何想法或问题，欢迎随时与我们联系。”

7. 再次访问

访谈调查应尽可能通过一次访谈完成调查任务，但具体能否做到这一点取决于三个因素：一是调查内容和类型，例如追踪调查，就需要进行追踪性的再次访问；二是调查者的素质和工作质量，如果调查者调查质量不过关，可能需要进行补充性的再次访问；三是被调查者的合作态度和具体情况，如果被调查者对相关调查主体有比较深刻的看法并且合作态度不错，可以进行深入性的再次访问。

（三）访谈总结与资料整理

不同选题、不同地区、不同调查对象会导致访谈调查情况千差万别，访问调查员在开展访谈调查时会遇到各种各样的情况，如访谈问卷或访谈提纲提问效果不好，被调查者回答超出预设答案范围，被调查者隐瞒相关情况，当地风俗特殊等等。每天的调查结束，调查组应汇总访谈中出现的各种情况，调查员之间相互总结第二天开展访谈调查的注意事项，不断提高访谈能力和技巧，保证调查质量。调查全部结束后，调查组应对所有的访谈资料进行汇总，查漏补缺，整理归档，以便后续的分析应用。

三、访谈调查法的要求和技巧

（一）做好访前准备

1. 确保安全

访谈环境的安全与否关系重大。访谈过程中不要携带贵重物品或大量现金，要保管好访谈所需材料，用完后要随时收好，出发前和访谈后要检查是否有遗漏。

2.选定调查路线

在获得待访样本名单后，尽可能了解待访样本所在位置，判断是否需要交通工具并对调查路线做大致规划。

3.熟悉访谈材料

访谈之前要熟悉访谈材料，包括以下内容：

一是称呼要入乡随俗、亲切自然。要做到这一点，就必须随时注意了解当地的风俗习惯。例如，北方人往往把自己的妻子叫媳妇，一些南方人所说的媳妇却是指儿子的妻子。北京人的“您”是对人的尊称，但在北方很多地方却远没有“老大爷”或者“老大娘”亲切自然。

二是做好开场白。告诉被调查者自己的身份；告诉被调查者自己为何而来，包括调查目的、内容、重要性，从而引起对方的兴趣；说明被调查者是如何被选中的；根据《中华人民共和国统计法》，应向被调查者保证对他的回答保密；通过找共同的话题建立共同的信用基础。

还要知道接触时常见问题的答案、提前递送给受访户的材料内容以及做好调查的前期宣传工作。

（二）融洽人际关系

1.真诚的微笑

给对方留下好的第一印象：保持微笑，灵活回答问题。中国有句俗语，叫作：伸手不打笑脸人。“微笑”是入户调查最常用的“武器”。当我们接近被调查者时，要真诚地微笑，表情放松，就像见到久别的朋友，很高兴有机会见面聊天。

2.主动的关心

访谈调查过程中，我们会遇到各种各样的被调查者。我们要认真倾听，记下对方关注的问题和感兴趣的话题，主动关心他们，花时间了解情况，还可以帮助他们了解相关政策，把他们的诉求真正放在心上。

3.耐心的引导

一些被调查者对调查工作不理解，拒绝调查，或者在调查过程中胡搅蛮缠。我们要正确对待，要及时引导，耐心地做好解释工作，礼貌告辞，让待访对象感受到调查员的真诚。切忌与被调查者争论和争吵。

（三）重视访谈技巧

1.保持客观中立的态度进行提问

访谈过程中不要提带有倾向性的问题，调查者不应通过面部表情或声音提示被调查者回答问题正确与否，也不能对被调查者的答案表示赞同或反对。调查要察言观色，注意被调查者的情绪。

2.用通俗易于理解的语言提问

具体提问时还要考虑问题的性质和特点，考虑被调查者的性格和特点、调查者与被调查者的关系等，选择开门见山、直来直去、顺水推舟、逐波前进，“竹笋剥皮”、层层深入，或因势利导、借题发挥等提问方式。提问的语言应努力做到“一短三化”：提问话语应简短，提问语言应通俗化、口语化和尽可能地方化，要尽量避免使用学术专业术语、书面语言和种种“官话”。

3.控制访谈时间以提高效率

避免被调查者的回答偏离主题。在被调查者回答问题的过程中，出现借题发挥或离题闲聊的情况时，访问员要设法委婉地将其引回问卷的主题。

4.保证与被调查者的接触不被中断

为了保证整个访谈过程不被中断，调查员可酌情运用以下方式：讨论被调查者关注的问题；提示对方阅读送递的材料；恰当、适时地提示对方将获得误工费或纪念品等；提示访谈大概有多长时间等。

5.掌握避免被拒绝的提问方式

要尽量使用那些无法拒绝的句式，但要注意礼貌，避免攻击性。比如，错误示范——调查者：“您去年的农业生产经营收入还能想起具体的金额吗？”被调查者：“想不起了。”正确示范——调查者：“请您再仔细想想（去年的农业生产经营收入），给一个具体的金额。”

（四）关注非语言信息

非语言信息是指用来表情达意的各种声音现象和有形现象。在非语言信息交流中，人的外部形象、行为、面部表情、目光以及周围环境等非语言因素具有特殊的重要意义。

衣着、服饰等外部形象，是一个人的职业、教养、文化品位等内在素质的反映。一方面，调查者要注意使自己的衣着、服饰尽可能与被调查者类似，以便给对方易于交往的信息；另一方面，调查者也要注意从对方的衣着、打扮来获取信息。

动作、姿态等行为是受思想、感情支配的。调查者既可以通过自己的行为来表达一定的思想和感情,又可通过观察被调查者的某些动作和姿态来捕捉对方的思想、感情。

面部表情是内心感受的外部表现,是思想、感情信息的一种传达方式。调查者既要善于控制自己的面部表情,又要善于观察被调查者的面部表情,并恰当运用面部表情来传达信息,调节和控制访谈过程。

眼睛是"心灵的窗口",是最富于表情的器官。在人际交往中,人们往往通过目光来表达各种思想和感情。在访谈过程中,调查者既不可死死盯着对方,又不可处处躲着对方的目光,而应使自己的目光在对方的头发、嘴唇和脸颊两侧这个范围内活动,并不时与对方的目光做短暂接触。

人们周围的环境,以及某些活动、状态,也蕴藏着许多信息,调查者也要注意捕捉和把握。

值得注意的是,非语言信息具有多样性、整体性、暗示性、不确定性和语境制约含义等特征,同样的非语言信息,在不同对象、不同情景下往往具有不同的含义,需要靠访问员根据经验进行主观判断。

(五)做好访谈记录

访谈时一般需要当场记录,必要时也要事后追记。

对于标准化访问,可以按照规定的记录方式,把被调查者的回答记录在事先设计好的表格、问卷、卡片上。对于非标准化访问,可以两人一起访问,一人访问,一人记录;也可以在征得被调查者同意的情况下用录音设备进行录音记录。

记录的方法包括速记、详记和简记。速记,即用速记法把对方的回答全部记下来,然后再翻译和整理。详记,即用文字当场做详细记录,这样不需翻译,任何人都可看懂记录。简记,即用一些符号或缩写来做记录。随着语言处理技术的发展,可以使用讯飞等软件把录音转换为文字信息,提高记录效率。

记录的内容包括访谈获得的数据、易忘点、访问员的感受、怀疑点等。

(六)对无回答的处理

1.未遇到访谈对象

未遇到访谈对象可能的原因包括选择的访谈对象出差、请假或不在家。通常可以采用如下方式处理:

(1)了解选择的访谈对象何时回家,然后去做补充调查,直到找到他们为止;

(2)在条件许可的情况下,到选择的访谈对象所去地方做访问;

(3)可找某些熟悉选择的访谈对象情况的人,代为回答某些事实、行为方面的问题,但需要注意的是,不能代为回答观念、情感、意见等方面的问题。

2. 访谈对象不合作

选择的访谈对象不合作，拒绝回答问题时，通常可以采用如下方式处理：

(1)针对认识问题的处理：帮助访谈对象认识问题，增强访谈对象的信心；

(2)针对利害问题的处理：宣传有关法律法规，并说明原则，消除访谈对象的疑虑；

(3)针对时间或情绪问题的处理：体谅访谈对象，再重新商定访谈时间；

(4)针对信任问题的处理：调查者着重改进自身工作，用实际行动证明自己值得信任，并且及时改正自身错误；

(5)针对社会态度问题的处理：对访谈对象进行教育、等待，不抛弃不放弃；

(6)针对罪错行为问题的处理：对访谈对象做思想工作，从侧面了解情况，请相关部门人员协助调查。

四、访谈调查法的评价

(一)访谈调查法的优点

1. 可以双向沟通信息

访谈调查通常是调查者与被调查者面对面的交谈过程，在这个过程中，调查者可以就研究的问题向被调查者进行提问并获得回复，并且在被调查者回答不完全时进行追问，被调查者也可以就不理解的问题提出询问以获得解释，从而避免因对问题理解错误而出现的误差，从而实现信息的双向沟通。例如，当某个被调查的农业企业负责人提到对当地农业产业发展支持政策不满意时，调研人员可以通过追问来了解具体的不满意点，从而帮助支持政策的优化。

2. 可以深度了解被调查者的观点

访谈调查法可以让调研人员直接与被调查者进行沟通，能够探讨复杂的问题，从而深入了解他们的观点、态度和经历。访谈可以持续较长时间，调研人员可以获取到更为详细和深入的信息，发现受访者的需求和问题。例如，调研人员想要了解农村老年人对医疗服务的满意度。通过访谈，调研人员能够直接听到老年人的医疗体验和需求，了解到他们对于医疗服务哪些方面感到满意，哪些方面需要改进，这种深入的信息可以帮助服务提供者更好地满足老年人的医疗需求。

3. 适合探索性研究

访谈调查法适合于初步探索研究问题，帮助研究者生成假设和理解研究领域的动态。通过访谈，研究者可以发现新的研究方向和问题，为后续研究奠定基础。它提供了一种深入了解研究对象的方式，有助于发现新的研究方向和问题。访谈调查法可以让研究者发现一些隐性的、未被广泛关注的问题。通过与受访者的深入交流，研究者可以揭示这些问题的本质，为政策制定和社会改进提供有益参考。

访谈调查适用于一切有正常思维能力和口头表达能力的被调查者，包括文盲、半文盲和盲人等，在农村经济发展调查中用得非常多。

（二）访谈调查法的缺点

1.成本较高

与网络问卷调查相比，访谈调查通常需要更多人力、物力和时间。尤其是面对面访谈，需要安排访谈时间、地点，还要培训调查员。这使得访谈调查法的成本相对较高，而且访谈的数据整理和分析工作也相对更为复杂和耗时。

2.访问质量控制较难

由于调查员的分散作业，难以对他们的工作进行监督检查，有的访问人员在登门受挫、不能完成调查的情况下，有可能会自己在问卷或访谈记录上弄虚作假。

3.结果主观性较强

调查者的提问方式、态度和行为都可能在一定程度上影响被调查者的回答和访谈结果，被调查者的合作态度和回答能力也会影响访谈调查结果和质量。

4.数据收集和处理难度大

使用访谈提纲进行访谈调查获取的数据通常是非结构的、非标准化的，调研人员需要花费较多的时间和精力来整理和分析访谈数据。

在农村经济发展调查中，访谈调查法是常用的调查方法之一。访问工具的改进也可以一定程度上克服访谈调查法的一些缺点，例如，西南财经大学的中国家庭金融调查使用计算机辅助面访系统（Computer Assisted Personal Interviewing，CAPI），前台访问员进行实地访谈，质控部在后台可以监控访问员的数据录入情况，主要通过严格的换样审核、电话核查、录音核查、图片核查、数据核查、重点核查等对数据质量进行保障。

第五节　随机对照试验法

随机对照试验（Randomized Controlled Trial，RCT）是一种较为前沿的调查方法，可以通过实验获取调查数据。目前，随机对照试验法在欧美经济学界已经得到迅速发展，不少学者系统运用这一方法开展研究，帮助欠发达地区摆脱贫困等困境，并取得了令人信服的成效。埃丝特·迪弗洛(Esther Duflo)因为将随机对照试验方法引入发展经济学而被授予2010年的克拉克奖。我国农村经济发展面临大量的社会经济困境难题，其中很多通过传统的社会学、经济学方法难以获取答案，因此学习和掌握随机对照试验方法就显得尤为重要。

一、随机对照试验法的概念和分类

(一)随机对照试验法的概念

随机对照试验法是指通过用随机化的方式来控制误差变异，同时通过对实验条件的控制，以及对实验前后不同组别实验对象变化差异的对照，从而确定实验条件与实验现象之间因果关系的一种研究方法。

随机对照试验的基本方法是将研究对象随机分组，对不同组实施不同的干预，然后对比效果，常用于医学、药学、护理学研究中，在司法、教育、社会科学等领域也有所应用，目前逐渐成为经济学研究领域的重要研究工具，尤其在因果识别方面应用广泛。随机对照试验法遵循随机、对照和重复等原则，利用统计学知识，通过设定一系列的研究程序和管理措施，消除调查者对实验内容的主观影响，进而对实验内容作出相对客观的评价。

(二)随机对照试验法的分类

随机对照试验法根据实验场所不同，可以划分为实验室实验和实地实验(田野实验)两大类，二者互相补充，相互促进，各有优劣。实验室实验在操作上相对简便容易，但在满足外部有效性方面有所欠缺；而实地实验则在满足外部有效性方面具有明显的优势，但实施环节更为复杂。随机对照试验可以是实验室实验，也可以是实地实验，农村经济发展调查所用的随机对照试验往往是在农村进行的实地实验。

实地实验主要包括虚拟实地实验、框架实地实验、自然实地实验等。

1.虚拟实地实验

虚拟实地实验(Artifactual Field Experiment)，也被称为实地实验室实验(Lab in the Field)，是在现实社会中完成实验室实验设计，其中的实验情景是完全人为设计出来的，而并非自然生成。和实验室实验的最大区别是，实验室实验通常招募在校学生作为被实验人群，而虚拟实地实验招募现实中的人群作为被实验对象，如农民、农场主或者农业企业管理者。因为被实验群体具有更真实的社会经历和特征，虚拟实地实验对于研究这些特定人群的行为反应而言更加具有真实性。

2.框架实地实验

框架实地实验(Frame Field Experiment)指在现实的环境中针对实地的参与者探讨现实的行为、信息、影响效果等的实验。对比虚拟实地实验,框架实地实验不仅是在现实的人群中开展实验,而且进行的活动也不再是抽象的实验游戏,而是这些现实人群在实际生活中的活动,如研究农民种庄稼、农场的生产加工、农业企业管理者的决策,参与者对实验开展是知晓的,这是其与自然实地实验的区别。例如,米格尔(Miguel)和克雷默(Kremer)(2004)在关于肯尼亚学生健康除虫的研究中,因为学生家长必须签署同意书,所以实验群体有可能知道他们处在被实验状态。

3.自然实地实验

自然实地实验(Natural Field Experiment),是指一切都是真实的,在实验人群看来就像没有发生实验一样,但其实有实验的事实发生。自然实地实验在框架实地实验的基础上更加贴近现实,参与者不知道实验的开展。

二、随机对照试验的设计原则

随机对照试验的设计要遵循随机、对照、重复、盲法和伦理等五个基本原则(图4-8)。

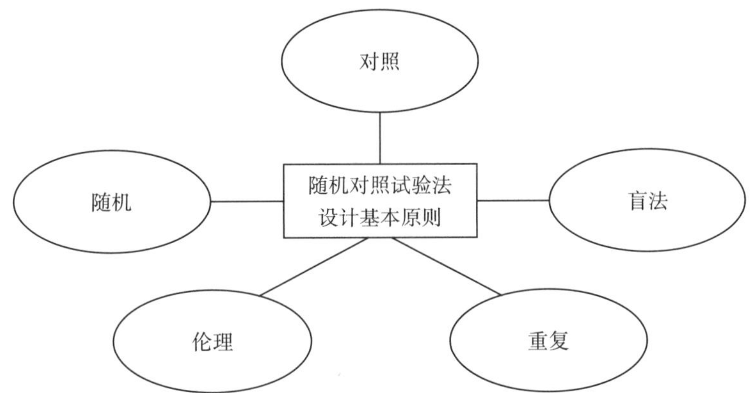

图4-8　随机对照试验的设计原则

(一)随机原则

随机原则是指研究总体中的每一个观察单位都有同等的机会被选入实验组和对照组,分组不受调查者和被调查者主观影响,保证了非处理因素在各组间均衡一致。通常采用随机抽样和随机分组方法,保证随机。随机抽样:指的是被研究的对象从被研究的目标人群中被随机抽取出来的过程,是借助于随机抽样的方法,使目标人群中的每一个个体,都有同样的机会被选择作为研究对象。系统随机抽样法是将总体中各单位按一定顺序排列,根据样本容量要求确定抽选间隔,然后随机确定起点,每隔一定的间隔抽取一个单位的一种抽样方式(图4–9)。介绍详见第五章。将总体人群分成一定规模的抽样单位,抽出几个单位后再从中进行第二次抽样,称为两级抽样法或从属抽样法。如果从第二次抽样的单位中再行抽样,即为三级抽样法。如此反复抽样的方法叫作多级抽样法(图4–9)。随机分组是将研究对象(连续的非随机抽样的样本)应用随机的方法进行分组,使其都有同等的机会进入“实验组”(Experimental Group)或“对照组”(Control Group)接受相应的干预措施(图4–9)。农村经济发展调查中有时为平衡在经济发展中重要的预后因素,例如,基础设施、教育资源、政策环境等,可以同时区组和分层随机化,具体方法为:根据预后因素分成各个独立的层,每一层内又进行区组化。在每一层内,受试者的处理因素是平衡的,各预后因素也是平衡的。

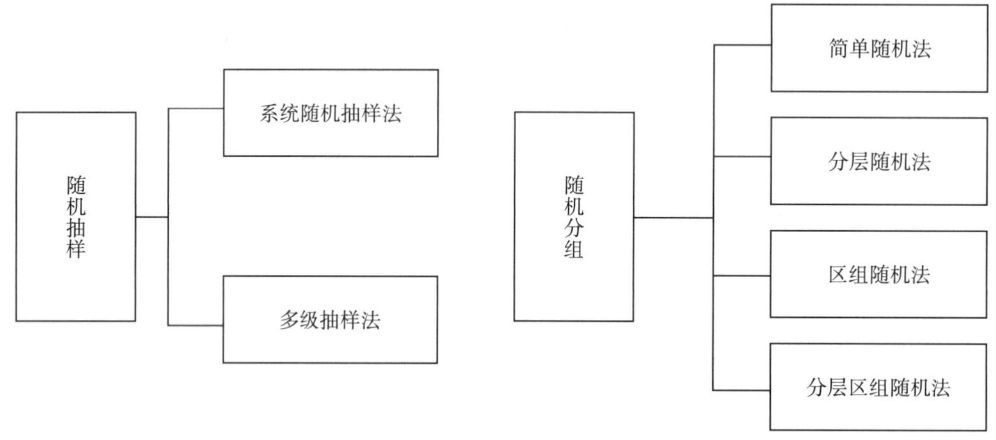

图4–9　随机抽样和随机分组的方法

(二)对照原则

对照原则是指设立条件相同的一组对象,接受某种与实验组不一样的实验措施,目的是和实验组的结果进行对照性的比较,以证明两组(或多组)间结果的差异及其程度。具体又可以分为空白对照、同期随机对照、自身对照、配对对照、历史性对照、安慰剂对照等。

(三)重复原则

重复原则是指在相同实验条件下进行多次实验、确保调查结果的重现性。同一研究对象的重复观察可保证观察结果的准确度和可靠度。多个研究对象的重复观察,可避免把个别情况误认为普遍情况,把偶然或巧合的现象当作必然的规律。通过一定样本量的重复,可使结果具有稳定性,使假设检验达到预期的目的。

（四）盲法原则

盲法原则是指参加实验的调查者或被调查者，都不知道实验对象被分配的所在组别，接受的是研究措施还是对照措施，具体可分为单盲法、双盲法、三盲法。单盲法（Single Blinding）是指参与者不知道自己是否接受了实验处理，但调研人员知道哪组接受了哪种干预。这样可以防止调研人员的行为或期望影响实验结果，减少实验结果的偏倚。双盲法（Double Blinding）是指参与者不知道自己是否接受了实验处理，同时调研人员也不知道哪组接受了哪种干预。这种设计可以进一步减少实验结果的偏倚，因为连调研人员也不知道干预的分配情况，从而减少了他们可能在无意中传达给参与者的信息。三盲法（Triple Blinding）是双盲法的扩展，除了参与者和调研人员不知道干预的分配外，数据分析人员也不知道哪组接受了哪种干预。这种设计有助于确保实验结果的客观性，因为连数据分析人员也不知道实验的具体情况，从而减少了数据分析过程中的偏见。总的来说，盲法的目的是减少实验中由于参与者、调研人员或数据分析人员的预期和偏见而导致的误差。然而，实现完全的盲法在某些情况下可能很困难或不可能，这可能会影响实验结果的可靠性。

（五）伦理原则

伦理原则是指在设计实验时要遵守一定的伦理准则，需要注意以下问题：

（1）参与者应自愿选择是否参与研究，并且有权随时退出。

（2）实验者必须向参与者提供足够的信息，使其能够做出知情决策，包括研究的目的、方法、潜在的风险和好处、参与者的权利和责任等。

（3）实验过程中应保护参与者的隐私和个人信息，不得泄露任何可能识别参与者身份的信息。

（4）应确保实验对象在研究中可能获得的利益至少与可能遭受的风险相匹配。

（5）实验设计应科学合理，确保研究结果的有效性和可靠性。

遵循伦理原则对保护参与者权益、确保实验质量和可靠性以及保持调研人员的社会责任感至关重要。

三、随机对照试验的实施步骤

下面以随机对照试验中的随机实地实验为例进行阐述，其基本过程一般包括确定实验人群，进行随机分组，开展实验干预，收集实验数据，分析数据得出结论等五个步骤。

(一)确定实验人群

以探讨信息化对农民生活质量影响的实验为例[①],因为涉及农民信息化条件,首先要确定进行实验的农民是一个村的还是若干个村的,若干个村是集中在一个县城还是分布在不同的县城,或者是在不同的省份。以免费配置电脑、接入宽带互联网和提供信息化培训为实验条件,旨在探究不同信息化投入对农民生活质量的影响差异。

(二)进行随机分组

随机分组是随机实地实验的关键环节。实验者需要将实验对象分成一个控制组,以及一个或多个干预组。随机分组的目的是,通过消除实验前不同组别之间的系统性差异实现不同组别之间的可比性。在探讨信息化对农民生活质量影响的实验中,将参与实验的农民分为控制组、实验组A、实验组B,就是要求如果没有免费配置电脑、接入宽带互联网和提供信息化培训等实验干预的话,不同组之间的农民生活质量是可比的,这样就可以把干预后不同组之间的行为差异解释成干预的效果。

(三)开展实验干预

基于媒介或者内容的不同可以形成不同的干预措施,干预措施可以是现实中已有的政策或方法,也可以由调研人员创新设计。以探讨信息化对农民生活质量影响的实验为例,控制组的农民像往常一样生活,而干预组的农民会受到免费配置电脑、接入宽带互联网和提供信息化培训等明确界定的干预措施影响。

(四)收集实验数据

可以通过问卷、实地检测或游戏等多种手段实现实验数据的收集。在探讨信息化对农民生活质量影响的实验中,调研人员在实验开始和实验结束后,分别通过问卷法获得农民的个人基本情况、其使用信息化产品与服务的状况、其对信息的需求状况,信息化对农民生活状态、生活质量的影响等信息,也能获得农民信息素质量表、生活满意度评定量表等量表信息。

(五)分析数据得出结论

获得实验数据后,可选择合适的方法对数据进行处理和分析并得出结论。在探讨信息化对农民生活质量影响的实验中,调研人员采用统计软件对所得数据进行处理、分析,被试组内比较可采用独立样本t检验,组间比较可采用单因素方差分析,发现实验组A和实验组B的被试中通过上网来获取所需信息的人越来越多,说明他们已经开始慢慢改变他们的信息获取习惯,他们运用新技术、获取新信息的习惯正在慢慢形成。

① 龚振炜.信息化对农民生活质量影响的随机对照实验研究[D].北京:北京邮电大学,2015.

四、随机对照试验法的评价

随机对照试验的优点包括适合在自然条件下观察和研究人们的态度和行为，研究的效度较高，方法比较灵活，弹性较大，适合研究现象发展变化的过程及其特征等。缺点包括对调研人员的能力要求较高，对研究对象有一定的影响，研究所需时间较长等。

（一）随机对照试验法的优点

1.适合在自然条件下观察和研究人们的态度和行为

随机对照试验调研人员所寻求的是一种更具有情感性的和人文主义类型的资料，他们与研究对象之间的关系是一种人与人之间的关系。这种方式特别适合那些不便于或者不可能进行简单的问卷调查的农村社会经济现象和问题。正如许多调研人员所认为的，对于人们的情感通常不宜将其归纳成可以输入计算机的数字，而是要通过人对人的观察，作出主观的评价，并以文字方式详细记录。

2.研究的效度较高

相对于问卷调查中最大的问题——表面化、简单化，随机对照试验的深入观察，设身处地地感受、理解，具有很高的效度——调研人员测量的概念或现象的确是他所希望测量的。而与问卷调查研究中常见的简单定义相对应的是，随机对照试验中调研人员常常列举出生动、详细的实例来说明某一个概念的含义。

3.研究方法比较灵活

相对于实验室研究和调查研究，随机对照试验的操作程序不是那样严格，只需要较少的准备工作。在研究进行的过程中，可以随时修正研究的目标和设计。对于不同的研究背景或不同的研究对象，随机对照试验的具体操作也不失灵活。

4.适合研究现象发展变化的过程及其特征

随机对照试验中的随机实地实验，调研人员不仅要深入实地，而且要在实地生活相当一段时间，因此，对于研究农村经济中的社会经济现象的发展变化过程来说，是一种较好的方式。尤其是在对个人或小群体的研究中，这种优点更为明显。

（二）随机对照试验法的缺点

1.对调研人员的能力要求较高

随机对照试验所获得的资料多且杂，需要调研人员具有较强的分类概括能力，能系统地对资料进行编码和分类，进而才能有效地综合资料，以假设与验证相关的结论。

2.对研究对象有一定的影响

随机实地实验调研人员的观察并非像照相机或显微镜那样处于所观察对象之外，实际上，观察者是他正在观察的对象的一部分。一位深入实地研究印第安人的美国人类学家说“我与我妻子不是在研究印第安人而是一群印第安人围绕着两个美国人类学家”。他的这句话十分巧妙地揭示出随机实地研究方式本身所具有的这种与研究对象密不可分的关系。无论是参与观察还是实地访谈，调研人员的参与对其所研究的对象都会造成影响。

3.研究所需时间较长

由于参与生活的需要，随机对照试验的周期一般都比较长，通常少则几个月，长则好几年。在实验的执行过程中，随机实地实验也会经常遇到一些阻碍，例如研究对象的不合作，或者在实施实验之前，要花费很多时间和研究对象接触和沟通等，使得一项实验往往需要较长的时间才能完成。

思政内容提要

通过本章不同农村经济发展调查方法的学习，让学生了解农村经济发展调查方法不同标准下的不同类别划分，培养学生的科学精神和严谨务实的态度，并通过具体的调查案例培养学生爱国、敬业、勤奋、踏实、奉献的精神，树立正确的世界观、人生观、价值观，增强社会责任感和使命感。

通过对不同调查方法的学习，让学生深刻理解马克思主义认识论的基本原理与基本观点：规律是客观存在的，是可以被认识的；实践是认识的源泉与基础；理论联系实际，从感性认识提升到理性认识，才能达到客观世界与主观世界相统一；去粗取精，去伪存真，由表及里，由此及彼，透过现象看本质；用全面的、辩证的、系统的、联系的、变化的观点看问题；实践是检验真理的唯一标准；人类认识世界的目的不仅是解释世界，更重要的是改造世界；等等。

本章小结

选择具有合理性和合意性的调查方法来开展农村经济发展调查十分重要。农村经济发展调查常见的方法类型多样。按调查对象的范围划分，可以将调查方法分为普遍调查、抽样调查、重点调查、典型调查和个案调查；根据调查研究的目标，可以将调查方法分为理论性调查和应用性调查；根据调查研究的作用划分，可以将调查方法分为描述性调查、解释性调查和探索性调查；根据调查研究的时间维度，可以将调查方法分为横向调查和纵向调查；根据资料分析的方法，可以将调查方法分为定性调查和定量调查;根据资料收集的方法划分,可以将农村经济发展调查方法分为文献调查法、问卷调查法、访谈调查法和随机对照试验法等。

文献调查法是收集和分析研究各种相关文献资料,从中选取信息,以达到某种调查研究目的的方法。文献调查法是最基础和用途最广泛的收集资料的方法,利用文献调查法,可以勾勒出一幅纵贯所选研究领域的全景图、澄清研究贡献、指出以往研究的问题和不足,并且可以利用理论框架建构,提出和论证研究假设与研究框架,明确研究价值和意义。

问卷调查法是调查者以事先设计好的问卷为工具,向被调查者了解情况、征询意见的一种调查方法。问卷调查法是开展农村经济发展调查的基本调查方法,具有标准化程度高、效率高、匿名性强等优点,对进行农村经济发展调查具有重要的作用。

访谈调查法是指调查者通过口头交谈的方式,从调查对象那里收集有关农村经济发展情况的第一手资料的调查方法。访谈调查法也是农村经济发展调查中一种基础性的调查方法,经常结合问卷调查法等其他方法混合使用。此外,访问工具的改进一定程度上克服了访谈调查法的一些缺点,增加了其在农村经济发展调查中的使用场景。

随机对照试验法是指通过用随机化的方式来控制误差变异,同时通过对实验条件的控制,以及对实验前后不同组别实验对象变化差异的对照,从而确定实验条件与实验现象之间因果关系的一种研究方法。随机对照试验法是农村经济发展调查中正在崛起的一种方法,可以成为调研人员检验农村经济发展理论、获得新知识、创造新思想的重要来源,适合在自然条件下观察和研究人们的态度和行为,也适合研究农村经济发展中相关现象变化的过程及其特征。

关键术语

普遍调查　General Survey

抽样调查　Sampling Survey

重点调查　Major Survey

典型调查　Typical Survey

个案调查　Case Survey

理论性调查　Theoretical Survey

应用性调查　Applied Survey

描述性调查　Descriptive Survey

解释性调查　Explanatory Survey

探索性调查　Exploratory Survey

横向调查　Cross-Sectional Survey

纵向调查　Longitudinal Survey

定性调查　Qualitative Survey

定量调查　Quantitative Survey

文献调查　Literature Survey

问卷调查　Questionnaire Survey

访谈调查　Interview Survey

随机对照试验　Randomized Controlled Trial, RCT

虚拟实地实验　Artifactual Field Experiment

框架实地实验　Frame Field Experiment

自然实地实验　Natural Field Experiment

思考练习

1. 常见的农村经济发展调查方法类型有哪些?

2. 文献调查法为何重要？如何开展农村经济发展的文献调查?

3. 问卷调查法有何优点？农村经济发展调查该如何实施问卷调查法?

4. 访谈调查法实施的关键环节是什么？有何注意事项?

5. 随机实地实验适合什么调查研究？其实施过程有哪些?

实践练习

以小组为单位,针对已经确定的农村经济发展调查主题,运用文献调查法收集相关资料,并撰写文献综述。

具体要求:

(1)收集文献应选择合适的主题词,并考虑文献质量、发表时间、作者代表性、引用数量等因素。

(2)文献可以使用知网研学、NoteExpress 等文献管理软件进行科学、有效的管理。

(3)文献阅读应有泛读、精读之分,并做好阅读笔记。

(4)文献可以利用 CiteSpace 等可视化文献分析软件,进行深入、生动的分析。

(5)提炼文献信息撰写文献综述。

第五章

抽样设计

调查中如能正确使用抽样调查，将会收到事半功倍、多快好省的效果。①

——许宝騄②

至于统计，如果没有坚强的组织……如果没有总的领导，这项工作是无法完成的。③

——卡·马克思

问题导读

1895年，挪威统计学家凯尔(A.N.Kiaer)在国际统计学会(International Statistical Institute, ISI)第五届大会上提出"用代表性样本方法来代替全面调查"的建议，成为抽样调查历史的开端。现代农村经济发展调查方法优于传统方法的表现在于，它是在现代统计学和概率论基础上发展起来的抽样理论与方法，更能适应现代农村高异质性、高流动性、高变动性的现实。如何制定一份科学合理的农村经济发展调查的抽样设计方案呢？概率抽样方法具体有哪些形式？非概率抽样方法如何操作？两者有何区别？如何控制抽样误差？在本章中，我们将对抽样的内涵与作用、抽样的原则与程序、概率抽样方法、非概率抽样方法、样本规模与抽样误差进行介绍。

① 许宝騄.抽样论[M].北京:北京大学出版社,1982:出版说明.

② 许宝騄，数学家，中国科学院学部委员，北京大学数学系教授，主要从事数理统计和概率论研究，主要著作有《抽样论》。

③ 卡·马克思，弗·恩格斯.所谓国际内部的分裂(国际工人协会总委员会内部通告)//马克思恩格斯全集:第十八卷[M].北京:人民出版社,1964:44.

学习目标

★知识学习:

(1)了解抽样的内涵与作用。

(2)掌握抽样设计的基本原则和程序。

(3)掌握概率抽样和非概率抽样组织方式。

★能力提升:

(1)增强进行科学抽样设计的能力。

(2)掌握常用的概率抽样和非概率抽样的方法。

(3)掌握控制抽样误差的方法。

★价值形成:

(1)在抽样设计中把握统计规律领悟统计思想。

(2)形成实事求是的“三农”研究态度。

(3)树立严谨的科学研究精神。

知识结构

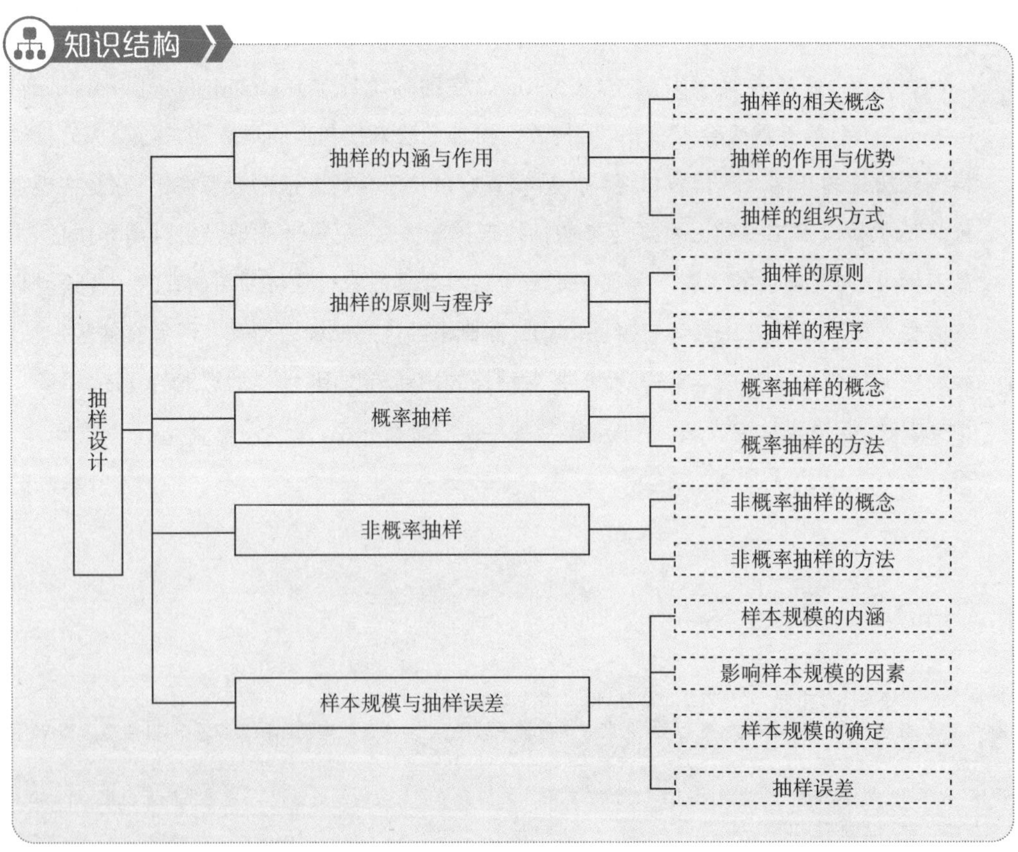

第一节 抽样的内涵与作用

抽样调查是调查研究中使用频率较高的一种调查方式，它是按照一定程序从所研究对象的总体中抽取一部分样本进行调查或观察，并运用数理统计的原理和方法，对总体进行估计。抽样的意义在于人们可以通过抽样从部分认识整体。因此，一项具体的农村经济发展调查研究，首先应选择能够代表调查总体的调查对象。

一、抽样的相关概念

（一）总体和个体

总体（Population）通常与构成它的元素（Element）或个体（Individual）共同定义。总体是构成它的所有元素或个体的集合，而元素或个体则是构成总体的最基本单位。根据总体包含的个体是否有限，可将总体分为有限总体（Finite Population）和无限总体（Infinite Population）。有限总体是指总体中包含的个体数量有限，例如人口总数、企业总数、商店总数等；无限总体是指总体中包含的个体数量无限，如大量连续生产的小件产品。在抽样调查中，总体是由社会中的个体组成的，这些个体便是构成总体的元素。例如，当我们做一项关于某省农户的受教育情况的调查时，该省的每一个农户便是构成总体的元素，而该省所有农户的集合就是调查的总体。一个总体中所包含的元素数目常用大写字母N表示。

（二）样本和样本容量

样本（Sample）是按照一定方式从总体中抽取的部分元素的集合。例如，从某地区总数为12.8万个农户的总体中，按照一定方式抽取出1 000个农户进行调查，这1 000个农户则为该总体的一个样本（从一个总体中也可以抽取出若干个不同的样本）。在抽样调查中，资料的收集或者调查的实施均是在样本中完成的。样本中的元素数目被称为样本容量（Sample Size），通常用小写字母n表示。

（三）抽样和抽样框

抽样（Sampling）是指从总体所有元素的集合中，按照一定的方式选择或抽取一部分元素（总体的一个子集）的过程。或者说，抽样是按照一定方式从总体中选择或抽取样本的过程。例如，从由3 000个农户构成的总体中按一定方式抽取200个农户的过程就是抽样。抽样框(Sampling Frame)又称作抽样范围,是指一次直接抽样时总体中所有元素的名单。例如,从一个村庄的全体农户中直接抽取200个农户作为调查样本,则该村庄全体农户的名单就是本次抽样的抽样框;若从该村庄的所有生产队中抽取部分生产队的全体农户作为调查样本,则此时的抽样框为整个村庄所有生产队的名单。因为,此时的抽样单位已不再是单个农户,而是单个生产队。

二、抽样的作用与优势

(一)抽样的作用

抽样涉及的是总体与部分之间的关系问题,是人们通过部分认识整体的重要方法,其基本作用是向人们提供一种实现“由部分认识总体”的途径和手段。在抽样调查中,抽样主要是解决被调查者的选取问题,即如何从总体中选出可以代表总体的一部分对象。若能对总体中的全部个体(即采取普查的方式)进行调查,所得到的资料显然最为全面、最为理想。但是,这种做法往往并不可行。广大调查研究人员常常面临时间、经费、人力等方面的难题,甚至陷入困境,从而不得不在庞大的总体与有限的时间、人力、经费之间寻求新的途径。以现代统计学和概率论为基础的现代抽样理论和不断发展、不断完善的抽样方法,正好适应了现代农村抽样调查发展和应用的需要。因此,抽样是一座架在研究者有限的时间、经费、人力与庞杂、广泛、纷繁多变的农村经济现象之间的桥梁。

(二)抽样的优势

与整体调查(普查)相比,抽样调查具有以下优势。

1.调查费用较低

当总体包含的研究对象数目较大时,普查所需费用巨大。例如我国第三次人口普查,动用普查工作人员710多万人,正式普查期间则动员了1 000多万名干部群众参加,花费人民币约4亿元。而抽样调查仅需调查总体中的一部分研究对象,因此所需费用较少,特别是当研究对象的数目相当大时,只从中抽取小部分研究对象就可保证足够的精确度,节省的经费相当可观。

2.调查速度快

调查全部研究对象显然要比调查部分研究对象需要花费更多时间。但在某些农村经济现象需要及时了解,随时掌握的情况下,及时性尤其重要。因此在提供有关信息和掌握农村经济现象变动的方面,抽样调查有很明显的优势。

3.应用范围广

由于上述两个特点，抽样调查可广泛应用于各个领域、各种课题，而不像普查那样只限于统计部门或政府部门。此外，在某些种类的调查中，必须使用受过专业训练的人员或专用设备，在这类人员和设备有限、难以进行普查的情况下，只能通过抽样调查来获取信息。因此，就取得信息的种类来说，抽样调查可以发挥作用的范围更广，且更加灵活。

4.获取资料丰富

为了节约费用，减少工作量，以及贴合各地区的情况，普查通常只能够了解少量项目，而且以行政基本资料为主，很少有关于态度、意见等方面的内容，因此无法进行深入分析。以人口普查为例，我国1953年的第一次人口普查，仅调查了姓名、与户主的关系、性别、年龄、民族、住址等6个项目；1982年的第三次人口普查，虽然调查项目有所增加，但也仅涉及19个项目。而抽样调查则只需调查部分的研究对象，因此可以设置较多数量和较为复杂的调查项目，并且能够集中时间和精力作详细的分析。以中国家庭追踪调查（CFPS）为例，2010年基线调查仅采访14 960户家庭、42 590人，其样本覆盖25个省份，以较低的成本获得了比较全面的、高质量的、高使用价值的数据。

5.准确度高

普查需要大批调查员，但现实情况是这些调查员往往缺乏调查经验和专业训练，这会导致调查质量不高。抽样调查则可以使用少量素质较高的工作人员，并对他们进行充分的训练，还可以在实地调查中给予更仔细的检查监督，采用这种方法，调查资料的处理通常能较好地完成。因此与普查相比，抽样调查的资料往往更准确、更可靠。

总体而言，抽样的作用可以归纳为以下几点：第一，对于不可能或不必要进行全面调查的研究，可利用抽样调查方式进行。第二，在经费、人力、物力和时间有限的情况下，采用抽样调查方式，可节省开支、争取时效，用比较少的经费、人力、物力和时间，达到满意的调查效果。第三，抽样调查可对同一现象在不同时间进行连续不断的调查，随时了解现象的发展变化状况。第四，可以运用抽样调查对全面调查进行验证。全面调查涉及面广、工作量大，花费时间和经费多，组织困难，但调查质量如何，需要检查验证。为了节省时间和经费等，常用抽样调查进行检查和修正。

三、抽样的组织方式

根据抽样过程是否严格遵循随机原则，可以把抽样分为不同的组织方式，如图5-1所示。抽样的组织方式主要包括概率抽样与非概率抽样两大类。概率抽样是依据概率论的基本原理，按照等概率原则进行的抽样，因而它能够避免抽样过程中的人为误差，保证样本的代表性，能够可靠地估计总体；而非概率抽样则主要是依据研究者的主观意愿、判断或是否方便等因素来抽取对象，它不考虑抽样中的等概率原则，因而往往产生较大的误差，难以保证样本的代表性，但其结果可以作为探索性研究资料，比如问卷试访（或预调研）。概率抽样是目前运用最多、最有效的组织方式。具体内容将在第三节和第四节详细介绍。

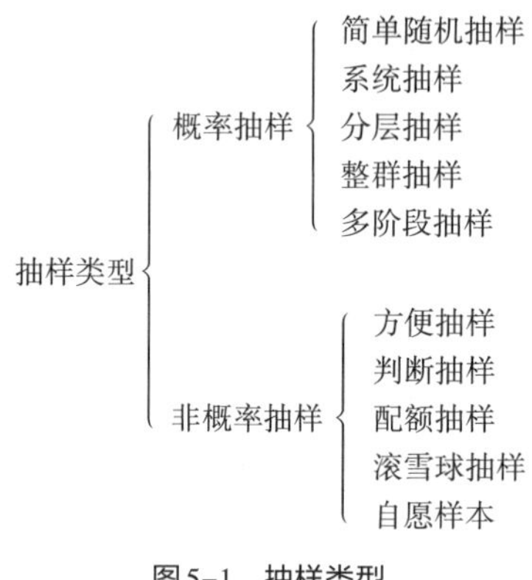

图5-1　抽样类型

第二节　抽样的原则与程序

一、抽样的原则

在进行抽样设计时，应遵循一定的原则。美国著名的抽样专家莱斯利·基什（Leslie Kish，1965）教授在《抽样调查》中提出，一个优秀的抽样设计应该遵循目的性原则、可测性原则、可行性原则和经济性原则。

（一）目的性原则

目的性原则是指在进行抽样方案设计时，要以研究的总体方案和研究目标为依据，以研究问题为出发点，从最有利于研究资料的获取以及最符合研究目的等角度来考虑抽样方案和抽样方法的设计。

（二）可测性原则

可测性原则指的是抽样设计能够从样本自身计算出有效的估计值或者抽样变动的近似值。在研究中通常用标准差来表示。这是统计推断必需的基础，是样本结果与未知的总体值之间客观、科学的桥梁。一般只有概率样本可以计算出有效的估计值或抽样变动的近似值。

(三)可行性原则

可行性原则是指研究者所设计的抽样方案必须在实践上切实可行。它意味着研究者所设计的方案能够预料实际抽样过程中可能出现的各种问题,并制定处理这些问题的措施。由于在理论上设计抽样方案和在实际中执行方案存在差异,因而可行性是抽样设计的一条重要标准。

(四)经济性原则

经济性原则主要指的是抽样方案的设计要与研究的可得资源相适应。这种资源主要包括研究的经费、时间、人力等。

由于这四个原则之间存在着制约关系,因而在实际设计中,研究者很难设计出一个同时满足上述四个原则的抽样方案。在多数情况下,实际的抽样设计是研究者在这四个原则中进行取舍和保持平衡的过程。例如,如果要加强抽样方案的可测性,研究者则应该尽可能加大样本容量。然而在这一过程中,增加了抽样所需的资源,减弱了抽样设计的经济性原则。相对而言,目的性原则和可行性原则是首要原则。抽样设计要服务于研究目标,这是设计的出发点和基本目的。而可行性则是设计方案得以实现的前提和保证。研究者应该在优先考虑这两条标准的基础上,进一步增加方案的可测性以及经济性。

二、抽样的程序

虽然不同的抽样方法有着不同的要求,但是总的来说它们的抽样程序却类似,如图5-2所示,具体包括如下十个步骤。

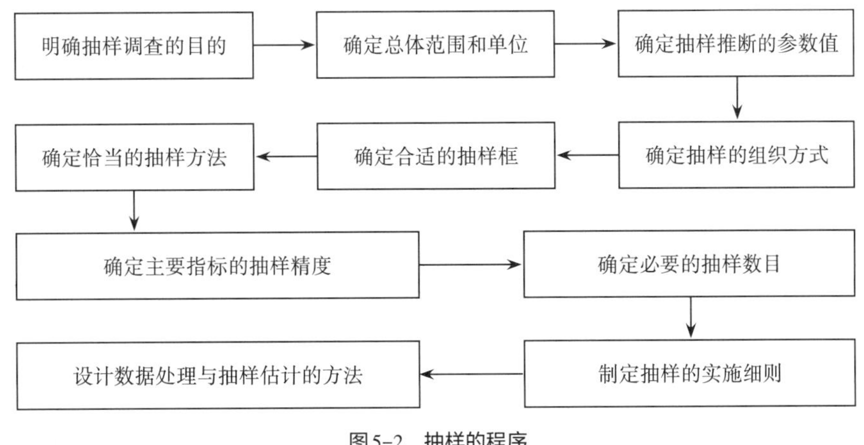

图5-2　抽样的程序

（一）明确抽样调查的目的

在设计抽样调查之前，首先要明确调查的目的，在实施过程中可以根据此目的对相应的程序根据实际需要进行修改和变动。抽样调查是为了服务于某一个特定的目的，而不是抽样方法本身。从方法论讲，抽样调查的目的是通过部分个体描述来认识总体的状况与特征。以中国家庭追踪调查（CFPS）为例，该调查旨在通过跟踪收集个体、家庭、社区三个层次的数据，反映中国社会、经济、人口、教育和健康的变迁，为学术研究和公共政策分析提供数据基础。

（二）确定总体范围和单位

确定总体范围就是在具体抽样前，首先明确抽取样本的总体范围与界限。这一方面是由抽样调查的目的所决定的，因为抽样调查虽然只对总体中的一部分个体实施调查，但其目的却是描述和认识总体的状况与特征，所以必须事先明确总体的范围；另一方面，确定总体范围也是达到良好抽样效果的前提条件。如果不明确界定总体的范围与界限，那么，即使采用严格的抽样方法，也可能导致抽出的样本严重缺乏代表性。以CFPS为例，该调查的对象为中国25个省份的满足项目访问条件的家户和样本家户中满足项目访问条件的家庭成员，这25个省份的人口约占总人口的95%，因此，CFPS的样本可以视为一个全国代表性样本。

（三）确定抽样推断的参数值

抽样推断是在根据随机原则从总体中抽取部分样本的基础上，运用数理统计方法，对总体某一现象的数量性（参数值）做出可靠的估计判断。

抽样推断是在抽样调查的基础上进行统计的方法，主要由参数估计和假设检验这两部分组成，它的特点有：第一，按随机原则抽取样本；第二，在数量上，以样本推断总体；第三，抽样推断的误差可以事先计算和控制。

（四）确定抽样的组织方式

抽样组织方式是指在不违反抽样的随机性原则的前提下，考虑客观条件和保证样本代表性的具体抽样方案。在进行抽样调查工作时，必须根据所研究总体本身的特点和抽样调查的目的要求，对抽取样本的操作程序和工作方式，进行周密的设计和安排。由于抽样调查的目的、调查对象和特点不同，抽样调查的组织方式也不同。在实际工作中，常用的概率抽样调查组织方式有概率抽样和非概率抽样两类。

（五）确定合适的抽样框

确定合适的抽样框（Sampling Frame）是指对可以选择作为样本的总体单位列出名册

或排序编号，以确定总体的抽样范围和结构。具体而言，就是依据已经明确界定的总体范围，收集总体中全部抽样单位的名单，并通过对名单进行统一编号，建立抽样使用的抽样框。如果我们要在某农村地区进行一项关于农村经济发展的抽样调查，首先要确定总体范围。例如，某次调查的总体是某农村地区所有的农户。制定抽样框，即收集该地区所有农户的花名册，该花名册内容可以包括户主姓名、农户家庭住址等，并按一定的顺序将全部花名册上的名单统一编号，形成一份完整的、既无重复又无遗漏的总体成员名单，为下一步抽取样本打下基础。需要注意的是，当抽样分几个阶段、在不同的抽样层次上进行时，则需要分别建立不同的抽样框。例如，为了调查某农村地区小学生的学习情况，需要从整个地区50所小学中抽取10所小学，再从抽中的每所小学中抽取3个班级，最后从抽中的每个班级中抽取10名小学生。那么，就要分别收集并排列全市50所小学的名单、抽中的每所小学中所有班级的名单，以及抽中的每个班级中所有学生的名单，形成3个不同层次的抽样框。

（六）确定恰当的抽样方法

对于具有不同研究目的、不同调查范围、不同调查对象和不同客观条件的抽样调查而言，所适用的抽样方法也不一样。因此，我们在具体实施抽样之前，要依据研究的目的和要求，根据各种抽样方法的特点和其他相关因素来决定具体采用的抽样方法。具体地，概率抽样调查组织方式包括简单随机抽样方法、系统抽样方法、分层抽样方法、整群抽样方法、多阶段抽样方法等；非概率抽样调查组织方式有方便抽样方法、判断抽样方法、配额抽样方法、滚雪球抽样方法和自愿样本方法等。

（七）确定主要指标的抽样精度

在抽样方案设计中，为了控制抽样误差，确定必要的样本量，必须预先提出和明确主要指标的抽样精度。要根据实际情况确定合适的精准度，调查所需要的准确，不是也不可能是百分之百的准确，只要准确性能满足决策要求就可以了，不必追求过分的精确，避免花费过多。进行抽样方案设计时，应该花一定的时间去了解这项调查所要求的准确程度，并以此作为设计整个调查方案的依据，这样做既能满足决策的要求，又能提高调查的效率。如我国农村家计调查一般要求当置信度为95%时，相对误差不超过2%—3%即可。

（八）确定必要的抽样数目

按照大数定理，在抽样调查中，样本数量越多，抽样误差就越小；而样本数量越少，抽样误差越大。但抽取的样本数量越多，其抽样的成本就越高，并且还会影响到抽样调查的时效性等。因此，在保证抽样调查要求的同时，确定必要的抽样数目就显得特别重要。

必要样本数目的确定主要受两个方面因素的影响。首先是抽样估计量精度的要求。总体单位调查标志的变异程度、总体的大小、所使用的估计量、回答率等都是影响样本量的因素。其次是实际调查运作的限制。调查的经费、允许的调查时间、调查人员数量等都是影响样本量的因素。确定必要的样本数目要在一定的概率保证下,使抽样误差不超过某一给定的范围。对于重复抽样,必要抽样数目为:

$$n=\frac{t^2\widehat{\sigma}^2}{\Delta^2} \tag{5-2-1}$$

对于不重复抽样,必要样本数目为:

$$n=\frac{Nt^2\widehat{\sigma}^2}{N\Delta^2+t^2\widehat{\sigma}^2} \tag{5-2-2}$$

其中,N为总体容量,n为必要样本数目,t为概率度,$\widehat{\sigma}$为标准误(也即标准误差),Δ为极限误差。

(九)制定抽样的实施细则

抽样实施就是按照既定的抽样设计方案,获取样本的过程。从简单抽样到复杂抽样,从一次抽样到多次抽样,实施是实现设计目标的实践环节,没有实施,抽样设计只能纸上谈兵。同时,实施也是抽样误差控制的重要环节。实施细则主要包括:第一,理解抽样设计方案,并制定每一环节的实施方案;第二,根据工作量组织资源,如人力、关系、设备、后勤等;第三,逐步实施方案,从制作抽样框到选出样本;第四,进行质量检验和误差估计。

(十)设计数据处理与抽样估计的方法

在抽样方案设计中,需对抽样调查数据的质量控制、审核、汇总处理等作出明确的规定,特别是应根据抽样的组织方式和抽样推断的要求,对统计量(样本指标)的选择与计算方法、抽样标准误差的测定、参数估计或假设检验的方法作出具体的规定。

第三节 概率抽样

一、概率抽样的概念

概率抽样(Probability Sampling)是按照概率原理进行的随机抽样,也被称为随机抽样(Random Sampling),总体中的每一个元素都有一定的概率被抽中。它具有以下几个特点:首先,抽样时是按一定的概率以随机原则抽取样本。所谓随机原则就是在抽取样本时排除主观上有意识地抽取调查单位,使每个单位都有一定的机会被抽中。需要注意的是,随机不等于"随便",随机有严格的科学含义,可以用概率来描述,而"随便"则带有人为的主观的因素。例如,要在一栋楼内抽取10位居民作为样本,若采用随机原则,就需要事先将居住在该楼的居民按某种顺序编号,通过一定的随机化程序,如使用随机数表,抽取出样本,这样可以保证居住在该楼的每位居民都有一定的机会被选中。而如果调查人员站在楼前,将最先走出楼的10位居民选为样本,这就是随便而不是随机,这种方法不能使居住在该楼内的所有居民都有一定的机会被选中,已经在楼外的人不可能被选中,在调查时段不外出的人也没有机会被选中。随机与随便的本质区别就在于,是否按照给定的入样概率,通过一定的随机化程序抽取样本单元。其次,每个单位被抽中的概率是已知的,或是可以计算出来的。最后,当用样本对总体目标量进行估计时,要考虑到每个样本单位被抽中的概率。这就是说,估计量不仅与样本单位的观测值有关,也与其入样概率有关。

需要提及的是,概率抽样与等概率抽样是两个不同的概念。当我们谈到概率抽样时,是指总体中的每个单位都有一定的非零概率被抽中,单位之间被抽中的概率可以相等,也可以不等。若被抽中的概率相等,称为等概率抽样;若被抽中的概率不相等,则称为不等概率抽样。

二、概率抽样的方法

概率抽样是按照概率原理进行的,它要求样本的抽取具有随机性。每一种具体的方法各有不同的特点,研究过程中,研究者可根据研究问题的性质、抽样框的获得、研究经费的多少以及抽样精确性的要求等因素,选择不同的抽样方式。

(一)简单随机抽样方法

简单随机抽样(Simple Random Sampling)又称纯随机抽样,即从一个包含N个单位的总体中抽取n个单位作为样本($N>n$),如图5-3所示。如果抽样是不放回的,也就是说同一个单位不能在样本中重复出现,则被称为不放回抽样(Sampling without Replacement);如果每次抽中的单位仍放回总体,样本中的单位可能不止一次被抽中,则被称为放回抽样(Sampling with Replacement)。

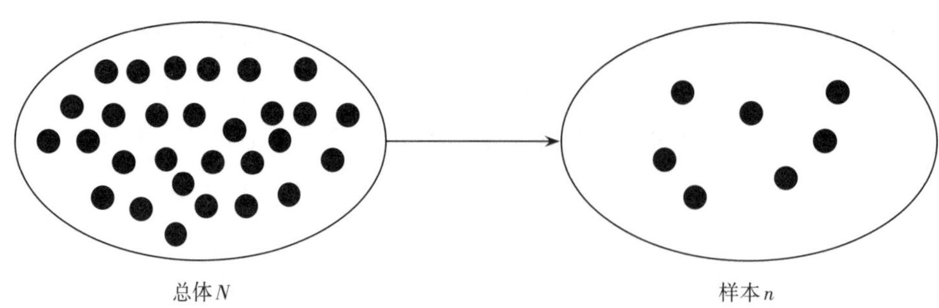

图5-3　简单随机抽样

简单随机抽样主要包括抽签和随机数表等方法。

1.抽签法

抽签法是首先将总体中每个单位编号做成号签。其次，将号签混合，从中抽取所需单位数。最后，按照抽中的号码，查对调查单位，加以登记。

2.随机数表法

随机数表（Random Number Table）是利用0—9十个数字，通过完全随机顺序排列编制而得。随机数表各有不同，下面举一例进行说明（表5-1）：

表5-1　随机数表

2	8	4	6	5	3	3	5	7	4	9	2	1	3	4	5
2	0	6	7	4	2	1	5	2	0	5	7	8	0	9	0
0	4	3	6	2	8	1	9	2	6	6	4	3	7	1	5
5	5	0	1	2	6	6	4	9	8	5	6	7	1	4	9
7	2	5	8	4	3	5	7	8	9	6	4	2	7	5	4

从表5-1的排列看，两个号码为一个小组，平行相邻的两个小组为一大组，但使用时不受限制，可组成两位数或四位数的号码，也可组成三位数或五位数的号码。例如，某村庄有620户居民，拟抽取15户调查其家庭收入状况，可将居民根据其门牌号码编号为1—620，抽取时可从任何一行、任何一列、任何一个数开始，并将随机数表数字三位数组成一组。例如，从随机数表的第二行第五列的数组起，自上而下、自左而右抽取，则顺序取得的样本号为：421，281，266，435，574，520，（926），498，（789），（921），578，（643），567，（642），345，090，（715），149，（754），284，206，043。由于926，789，921，643，642，715和754大于620，所以舍弃不用，顺序往下取，直到抽取15个样本单位为止。

简单随机抽样的优点在于方法简单、直观。当总体名单完整时，可直接从中随机抽取样本。抽取概率相同，将便于计算抽样误差及对总体指标加以推断。尽管简单随机抽样在理论上最符合随机原则，但在实际应用中具有一定的局限，主要表现在：第一，采用简单随机抽样，一般需对总体各单位加以编号。而实际中调查总体庞大，单位多，难以逐一编号。第二，某些事物不适用于简单随机抽样。例如，在对连续不断生产的产品进行质量检验时，无法对全部产品进行编号抽样。第三，当总体的标志变异程度较大时，简单随机抽样的代表性将低于经过分组后再抽样的代表性。第四，由于抽出样本单位较为分散，所以调查人力、物力、财力消耗较大。因此，这种方式适用于总体单位数少以及总体分布比较均匀的情况。

（二）系统抽样方法

系统抽样（Systematic Sampling）又称等距抽样，是首先将总体各单位按一定顺序进行排列，然后按照一定间隔抽取样本单位的抽样方法。如图5-4中的系统抽样，则是从每个总体单位中依次抽取位于第二位置的样本。

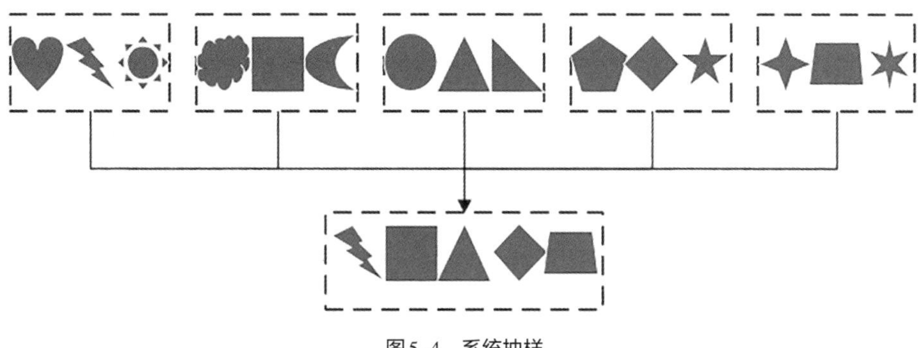

图5-4　系统抽样

单位顺序的排列方式分为两种：一种是排列顺序与调查项目无关。例如，在开展住户调查时，首先，按照住户所在街区的门牌号码进行排列，然后每隔若干个号码，抽选一户住户进行调查。另一种排列顺序与调查项目有关。例如，在开展住户调查时，可按住户平均月收入进行排列，再进行抽选。在排列的基础上，计算抽样间距（Sampling Interval）：

抽样间距=N/n

确定抽样间距后，可以采用简单随机抽样方法，从第一段距离中抽取第一个单位，为简化工作并防止出现系统性偏差，也可以从第一段距的中间位置抽取第一个单位，并按抽选距离继续抽选余下单位，直到抽够为止，被选择元素的数量与总体元素的数量之比就是抽样比率（Sampling Rate）。

例如，从600个农户中抽选50个农户进行调查，即抽样比率为1/12，可以利用农户名册按顺序编号排队，即从第001号编至第600号。抽样间距=N/n=600/50=12（人）。若从第一组12人中用简单随机抽样方式，抽取第一个样本单位，结果抽到的是8号，则依次抽出的是20号、32号、44号等。

系统抽样与简单随机抽样相比，可使选中单位较为均匀地分布在总体中。尤其是在被研究现象的标志变异程度较大，实际工作中无法抽选更多的样本单位情况下，系统抽样将更为有效。因此，系统抽样是抽样调查中应用最广泛的抽样方式。

但系统抽样存在一定的局限性，主要表现在：第一，运用系统抽样的前提是具备总体中每个单位的相关材料。特别是在按有关标志排列时，需要资料更为详细、具体。第二，当抽选间隔和被调查者本身的节奏性（或循环周期）重合时，将影响调查的精度。例如，对某农村地区每月的农户消费情况进行抽样调查，若抽取的第一个样本是2月份，抽样间隔为12月，则将导致抽取的样本单位均为2月份。因2月份大概对应我们的春节，农户消费支出较大，由此使得各样本标志值偏向一边，即发生系统性偏差，影响系统抽样的代表性。第三，系统抽样的抽样误差计算较为复杂。

（三）分层抽样方法

分层抽样（Stratified Sampling）又称分类抽样或分组抽样，如图5-5所示。分层抽样是首先将总体中所有单位按某一重要标志进行分层，其次在各层中采用简单随机抽样或系统抽样方式抽取样本单位的一种抽样方式。例如，在对某农业企业职工收入状况进行调查时，可将职工按职业分为生产人员、商业人员、服务性工作人员等，再从各类中抽取所需样本。

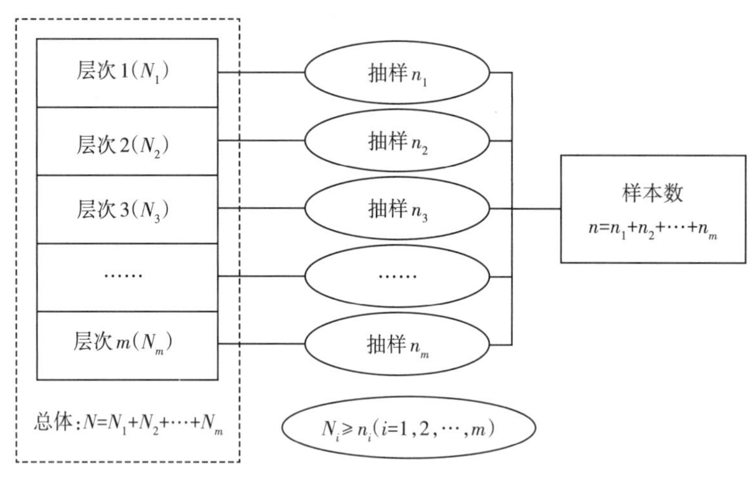

图5-5　分层抽样

分层抽样分为等比例分层抽样（Proportionate Stratified Sampling）与非等比例分层抽样（Disproportionate Stratified Sampling）。等比例分层抽样要求各类样本单位数的分配比例与总体单位的分配比例一致，即$\frac{n_i}{n}=\frac{N_i}{N}$，$n_i$为从各层中抽出的子样本数，$n$为样本量，$N_i$为各层的总体单位数，$N$为总体单位总量。等比例分层抽样简便、易行，分配合理，在实际工作中应用广泛。非等比例分层抽样不受上述条件限制，即存在多抽与少抽样本单位的情况。非等比例分层抽样主要适用于各层的单位数相差悬殊或各层的方差相差较大的情形，即在总体单位数少或方差较大的层中可适当增加样本数量。

最优分配（Optimum Allocation）为根据各层基本单位标准差的大小确定各层样本数目的抽样方法。使用最优分配的统计理论计算每个层级（例如，小型、中型和大型组织）的抽样分数，以提供最佳样本，使得在给定成本下的抽样误差最小，或者使得在给定标准差情况下的总成本最小。因此在最优分配中，不仅要考虑调查的精度，还要把成本纳入考虑范围之内，这在实际中是相当重要的。

分层抽样比简单随机抽样更为精确，能够通过对较少的抽样单位的调查，得到比较准确的推断结果。特别是当总体较大、内部结构复杂时，分层抽样常能取得令人满意的效果。同时，分层抽样不仅能推断总体，而且可以推断每层的特征。

在实际运用分层抽样方法时，研究者需考虑以下两个方面的问题：一是分层的标准问题，二是分层的比例问题。

关于分层的标准问题。同一个总体可以按照不同的标准进行分层，即根据不同的标准可以将一个总体分成不同的类别或层次。在实际抽样中通常按如下原则进行分层：第一，将调查分析和研究的主要变量或相关的变量作为分层的标准。例如，调查研究农民的消费状况和消费趋向，可以农民家庭人均收入作为分层标准。第二，将保证各层内部同质性强和各层之间异质性强，突出总体内在结构的变量作为分层变量。例如，在进行农户调查时，以兼业情况作为分层标准，将全村农户分为纯农户、一兼农户、二兼农户等几类。第三，将已有明显层次区分的变量作为分层变量。例如，在农村经济发展调查中，性别、年龄层次、文化程度、职业等，经常被用作分层的标准。

关于分层的比例问题。在总体中有的类型或层次的单位数目过少的情况下，若以等比例分层的方法抽样，则有的层次在样本中的个案太少，不便于了解各个层次的情况。此时，应采取非等比例抽样的方法。例如，某农业企业有工人600人，其中男工500人，女工100人，需抽取60人的样本，采用非等比例抽样的方法，在500名男工中抽30人，在100名女工中抽30人。此时，样本能较好地反映出男、女两类工人的一般状况，有利于客观地进行比较和分析。需要注意的是，非等比例分层抽样主要是便于对不同层次的子总体进行专门研究或进行相互比较。但若要用样本资料推断总体，则需要先对各层的数据资料进行加权处理，即通过调整样本中各层的比例，使数据资料与总体中各层实际的比例结构相符合。例如，上例中，若要用30个男工、30个女工的收入资料推断全厂工人的平均收入，就需要将男工的收入乘以5/3，而将女工的收入乘以1/3，再加总平均，否则就会导致推断的偏差。

(四)整群抽样方法

整群抽样(Cluster Sampling)又称集体抽样(Collective Sampling),是从总体中随机抽取若干个小的群体,然后由这些小群体内的所有元素构成调查样本的方法,如图5-6所示。整群抽样与前几种抽样的最大差别在于,它的抽样单位不是单个的元素,而是成群的元素。这种小的群体可以是农户,也可以是村庄等。整群抽样适用于构成总体的小群体的规模相同或者相差较少的情况。整群抽样中对小群体的抽取可采用简单随机抽样方法、系统抽样方法或分层抽样方法。

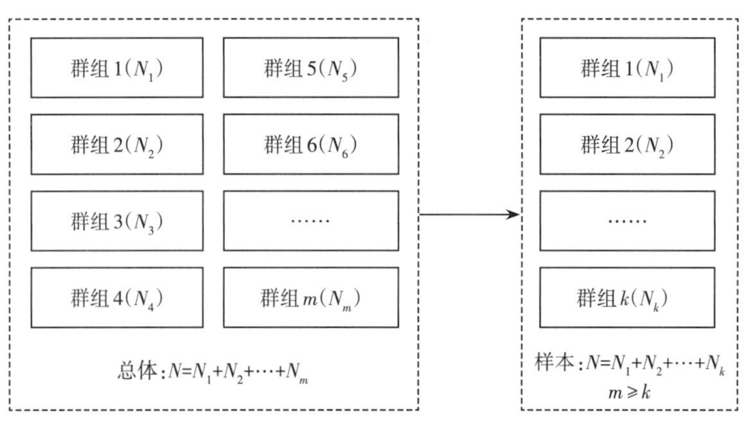

图5-6　整群抽样

例如,某地区共有100个村庄,每个村庄200个农户,则总共有20 000个农户。现要抽2 000个农户作为样本进行调查。采用整群抽样方法是从100个村庄中,采取简单随机抽样方法(或是系统抽样、分层抽样方法)抽取10个村庄,然后由这10个村庄的全部农户构成调查的样本。

整群抽样不仅可以简化抽样的过程,而且可以降低调查中收集资料的费用,扩大抽样的应用范围。在简单随机抽样和系统抽样中,要求有一份总体中所有成员的名单,即抽样框。但在实际调查过程中,这样的名单往往难以获得。即使可以获得,也难以真正运用。因此,上述两种抽样方法的应用范围受到一定限制。例如,在一个有10万个农户的乡镇中抽取10 000个农户进行参与农业保险意愿的调查,利用简单随机抽样和系统抽样方法,则需要得到该乡镇10万个农户的名单。但在实际中,该名单难以得到,因此,应利用整群抽样方法进行抽样。例如,首先,按村委会编制抽样框,假设整个地区共有50个村委会,每个村委会有2 000名的农户,那么我们只需得到一份50个村委会的名单,再按照简单随机抽样或者系统抽样方法,从中抽取5个村委会,然后将这5个被抽中的村委会中的所有农户作为调查样本。

虽然整群抽样具有简便易行、节省费用的优点，但通过整群抽样抽取的个体相对集中，涉及面缩小，故在许多情况下会导致样本的代表性不足，使得调查结果的偏差较大。例如上例，50个村委会中任意5个村委会所包含的10 000户家庭，受村委会领导能力以及地理环境的限制，往往难以体现出整个乡镇不同地段的农户参与农业保险的真实意愿。因此，整群抽样的样本代表性低于简单随机抽样、系统抽样和分层抽样。

（五）多阶段抽样方法

多阶段抽样（Multistage Sampling）是指将抽样过程分阶段进行，每个阶段使用的抽样方法往往不同，可将各种抽样方法结合使用。在许多情况下，特别是在复杂的、大规模的抽样调查中，抽取调查单位一般采用两阶段或多阶段抽取的方法，即先抽大的调查单元，然后在大单元中抽小单元，最后在小单元中抽更小的单元，这种抽样组织方式称为多阶段抽样，如图5-7所示。多阶段抽样在抽取样本及组织调查时较为便捷，但在设计抽样调查方案、计算抽样误差和推断总体上较为复杂。多阶段抽样有以下两个特点：第一，对抽样单位的抽选至少要分两步；第二，组织调查比较方便，特别是对于那些基本单位数多且分散的总体，由于编制抽样框较为困难或难以直接抽取所需样本，可以利用地理区域或行政系统进行多阶段抽样。

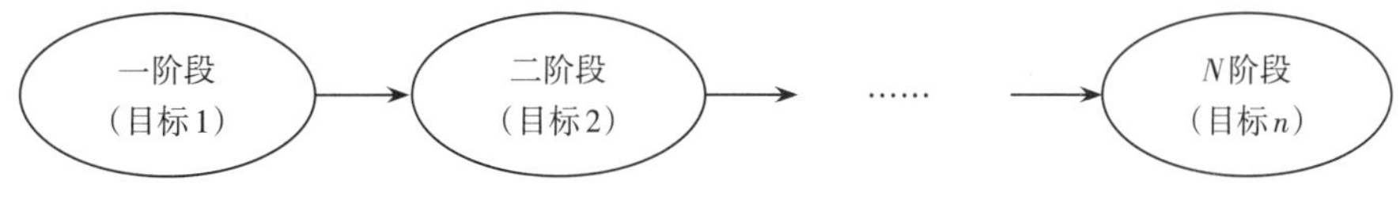

图5-7　多阶段抽样

在运用多阶段抽样方法时，应注意在类别和个体之间保持平衡，或者保持合适的比例。例如，抽1 000个农户作调查样本时，我们既可以抽20个村庄，每个村庄抽50个农户；也可以只抽5个村庄，每个村庄抽200个农户。确定每一级抽样的单位数目，主要考虑的因素有三个方面：一是各个抽样阶段中的子总体同质性程度，二是各层子总体的人数，三是研究者所拥有的人力和经费。一般来说，保持尽可能多的抽取类别，并在每一类别中抽取较少的个体的抽样效果较好，但是此时的抽样成本相对较高。多阶段抽样适用于范围大、总体对象多的抽样调查。它不需要总体的全部名单，而且各阶段的抽样单位数一般较少，因此抽样比较容易进行。但由于每级抽样时都会产生误差，故将产生较大误差，这也是多阶段抽样的主要不足，为减少抽样误差，可以相对增加开头阶段的样本数而适当减少最后阶段的样本数。

第四节 非概率抽样

农村经济发展调查中，利用各种概率抽样的方法，可以避免研究者的主观因素影响，可以抽出较具有代表性的样本，从而由样本推断总体。但研究者在面临一些情况时，如严格的概率抽样无法进行、调查目的仅是对问题的初步探索或提出假设、调查对象不确定或者无法确定，研究者会按照其实际需要与主观意愿抽取样本，即采取非概率抽样。

一、非概率抽样的概念

非概率抽样(Non-probability Sampling)是指抽样时不遵循随机原则，而是按照调查人员的主观判断或方便原则抽选样本。因此，非概率抽样的样本的代表性较差，误差较大，而且这种误差无法估计，这种组织方式较少运用于正式的抽样调查。在抽样调查中，采用非概率抽样通常是出于下述几个原因：第一，受客观条件限制，无法进行严格的随机抽样。第二，为了快速获得调查结果。第三，调查对象不确定，或无法确定。例如，对某一突发(或偶然)事件进行现场调查等。第四，总体各单位间离散程度较小，且调查员具有丰富的调查经验。非概率抽样主要包括方便抽样方法、判断抽样方法、配额抽样方法、滚雪球抽样方法和自愿样本方法。

二、非概率抽样的方法

(一)方便抽样方法

方便抽样(Convenience Sampling)又称偶遇抽样或自然抽样，是指研究者根据现实情况，以自己方便的形式抽取偶然遇到的人(或其他)作为调查对象，或者仅仅选择离得最近的、最容易找到的人(或其他)作为调查对象。例如，为了调查某农村地区的交通情况，研究者到离他们最近的公共汽车站，把当时正在等车的人选作调查对象。

方便抽样与随机抽样存在较大的相似性，两者均排除了主观因素的影响，纯粹依靠客观机遇抽取研究对象。但两者的根本差别在于方便抽样没有确保总体中的每一个成员具有同等概率被抽中。那些最先被碰到的、最容易见到的、最方便找到的对象比其他对象被抽中的概率更高。因此，我们不能依据方便抽样得到的样本推断总体。

（二）判断抽样方法

判断抽样（Judgmental Sampling）又称为立意抽样或目的抽样，它是调查者根据研究目标和主观分析来选择与确定调查对象的方法。在进行典型的调查时，首先应确定抽样标准。由于标准的确定带有较大的主观性，所以，研究者的理论修养、实际经验以及对调查对象的熟悉程度等将对抽样情况产生较大影响。

判断抽样的主要优点是可以充分发挥研究人员的主观能动性，特别是当研究者对研究的总体情况比较熟悉、研究者的分析判断能力较强、研究者对研究方法与技术十分熟练以及研究的经验比较丰富时，采用这种方法往往十分便捷。但是由于它仍然属于一种非概率抽样，所以，其所得样本的代表性往往难以判断。在实际调查中，这种抽样多用于总体规模小、调查所涉及的范围较窄或调查时间、人力等条件有限而难以进行大规模抽样的情况。

（三）配额抽样方法

配额抽样（Quota Sampling）又称为定额抽样。在进行配额抽样时，研究者首先尽可能地依据有可能影响研究变量的所有因素对总体进行分类，并算出具有不同特征的成员在总体中所占的比例；然后，依据分类以及各类成员的比例，采用方便抽样或判断抽样方法去选择调查对象，使样本中的成员在上述因素和特征方面的构成和在样本中的比例尽量接近总体。如果把各种因素或各种特征看作变数，配额抽样实际上就是依据这些变数的组合进行抽样。下面，我们以性别、年龄和从业年限3个因素来解释这种变数的组合及其配额抽样的实施办法。

假设某乡镇共有2 000家个体经营户，其中男性户主占60%，女性户主占40%；40岁以下和40岁及以上的各占50%；将从业年限分为4个层级，第一级为从业年限不超过1年，第二级为从业年限超过1年（含）但不超过3年，第三级为从业年限超过3年（含）但不超过5年，第四级为从业年限超过5年（含），第一至第四级个体经营户分别占40%、30%、20%和10%。现要用配额抽样方法从上述3个变数中抽取一个规模为100户的样本。依据总体的构成和样本规模，我们可得到定额样本分布表，如表5-2所示：

表5-2　100户的定额样本分布表

男性（60户）									女性（40户）							
40岁以下（30户）					40岁及以上（30户）				40岁以下（20户）				40岁及以上（20户）			
层级	一	二	三	四	一	二	三	四	一	二	三	四	一	二	三	四
户数	12	9	6	3	12	9	6	3	8	6	4	2	8	6	4	2

表5-2的最下面一行是抽取的个体经营户的数目。该数目依据总体中的结构进行划分,使得样本在这几个方面与总体保持一致。如果所依据的类似特征(即变数)越多,样本中成员的分类也将越细,与总体的结构也越接近。同时,每增加一个分类特征,这种分布的复杂性就会增加一层,抽样的步骤就会增加一步。

配额抽样简单易行,可以保证所抽样本中包含总体的各个类别,故与其他非随机抽样方法相比,样本具有较高的代表性。但是配额抽样存在两个主要的不足:第一,研究者只能对少数几个方便控制的特征进行分类和配额,由此将导致配额抽样所得到的样本有可能严重地偏离总体;第二,调查员可以在保证各种类型定额的情况下自由地选取自己方便获得的调查对象,由此极易造成样本与总体之间存在较大偏差。按照定额的要求不同,配额抽样可分为"独立控制"和"交叉控制"两种。

1.独立控制配额抽样

独立控制配额抽样(Independently Controlled Quota Sampling)是根据调查总体的不同特性,对具有某个特性的调查样本分别规定单独分配数额,而不规定必须同时具有两种或两种以上特性的样本数额。因此,调查者有较大的自由去选择总体中的样本。例如,某农村地区进行空调消费需求调查,确定样本量200名,选择消费者月收入、年龄、性别三个标准分类。独立控制定额抽样,其各个标准样本配额比例及配额数如表5-3所示:

表5-3　独立控制配额抽样分配表

分类标准		人数
月收入	1 500元以下	20
	1 500—3 000元(不含)	50
	3 000—4 500元(不含)	70
	4 500元及以上	60
	合计	200
年龄	30岁以下	40
	30—40岁(不含)	60
	40—50岁(不含)	70
	50岁及以上	30
	合计	200
性别	男	100
	女	100
	合计	200

从表5-3中可以看出，对月收入、年龄、性别三个分类标准，分别规定了样本数额，而没有规定三者之间的关系。因此，在调查人员具体抽样时，抽选不同收入段消费者，并不需要顾及年龄和性别标准。同样，在抽选不同年龄或性别的消费者时，也不必顾及其他两个分类标准。这种方法的优点是简单、易行，调查人员选择余地较大；缺点是在选择样本时可能存在过于偏向某一组别的问题，影响样本的代表性。

2. 交叉控制配额抽样

交叉控制配额抽样（Cross Control Quota Sampling）是对调查对象的各个特性的样本数额交叉分配，上例如果采用交叉控制配额抽样，就必须对月收入、年龄、性别这三项特性同时规定样本分配数，如表5-4所示：

表5-4　交叉控制配额抽样分配表

年龄	人数								合计
	1 500元以下		1500—3 000元（不含）		3 000—4 500元（不含）		4 500元及以上		
	男	女	男	女	男	女	男	女	
30岁以下	2	2	5	5	7	7	6	6	40
30—40岁（不含）	3	3	20	10	10	16	1	1	64
40—50岁（不含）	10	1	3	3	12	7	3	30	69
50岁及以上	5	2	2	2	8	3	3	2	27
合计	20	8	30	20	37	33	13	39	200

从表5-4中可以看出，交叉控制配额抽样对每一个控制特性所需分配的样本数都做了具体规定，调查者必须按规定在总体中抽取调查单位，由于调查面较广，从而克服了独立控制配额抽样的缺点，提高了样本的代表性。

（四）滚雪球抽样方法

滚雪球抽样（Snowball Sampling）是以“滚雪球”的方式抽取样本。即通过少量样本单位获取更多样本单位的信息。这种方法的运用前提是总体样本单位之间具有一定的联系，可以在不太了解总体情况下对总体或总体部分单位的情况进行把握。

滚雪球抽样的基本步骤是：找出少数的样本单位，通过其了解更多样本单位的情况，在此基础上，进一步扩充样本单位，了解更广泛样本单位的情况，以此类推，如同滚雪球，使调查结果逐步接近总体。例如，某研究部门在调查某市劳务市场中的进城务工人员问题时，先访问了7名进城务工人员，然后请他们再提供其他进城务工人员名单，逐步扩大到近百人。通过对这些进城务工人员的调查,研究者可以对进城务工人员的来源地、从事工作的性质、经济收入等情况有较全面的掌握。

滚雪球抽样的优点是便于有针对性地找到被调查者,其局限性在于要求样本单位之间必须有一定的联系,并且愿意保持和提供这种关系,否则,将会影响这种调查方法的进行,进而影响调查效果。

(五)自愿样本方法

自愿样本(Voluntary Sample)指被调查者自愿参加,成为样本中的一分子,向调查人员提供有关信息。例如,参与有机农产品消费调查,美团外卖的自愿评价等,都属于自愿样本。自愿样本与抽样的随机性无关,样本的组成往往集中于某类特定的人群,尤其集中于对该调查活动感兴趣的人群,因此,这种样本是有偏的。我们不能依据样本的信息对总体的状况进行估计,但自愿样本可以给研究人员提供许多有价值的信息,能够反映某类群体的一般看法。

第五节 样本规模与抽样误差

一、样本规模的内涵

样本规模又称样本容量,是指样本中所含个案的数量。确定样本规模是每一项具体的抽样调查必须解决的问题之一。在开始组织抽样调查之前,确定样本规模是一项很重要的任务,样本过少会使调查结果出现较大的误差,与预期目标相差甚远;而样本过多将造成人力、物力、财力和时间的浪费。统计学中通常以30为界,把样本分为大样本(30个及以上)和小样本(30个以下)。以此标准进行划分的原因是当样本规模数大于等于30时,平均数的抽样分布始终将接近于正态分布,符合众多统计学公式的运用原则,可以通过样本推断总体。但是,统计学中的大样本与抽样调查中的大样本是不同的。

根据抽样调查专家的看法,抽样调查中的样本规模不能少于100个。这是因为,在抽样调查中,研究者不仅仅需要以样本整体为单位计算平均数、标准差、相关系数等统计量。同时,他们也需要将样本中的个案按不同的指标划分为不同的类别,进而分析不同类别之间的差别，分析不同变量之间的关系。因此，要保证所划分出的每个子类别中都有一定数量的个案，就必须扩大整个样本的规模。例如，计算某乡镇企业职工的平均收入，不少于30个样本就可以满足要求；但是，如果要进一步计算不同年龄层次的职工群体（青年工人、中年工人、老年工人）或不同岗位职工（干部、技术人员、工人、后勤人员等）的平均收入，30个样本显然不能满足统计的需要。如果将样本按性别和年龄层次进一步划分为“青年男性、中年男性、老年男性和青年女性、中年女性、老年女性”六类，或者男女干部、男女技术人员、男女工人、男女后勤人员等八类，再分别计算每一类人群中的平均数、标准差，则需要更大规模的样本。

二、影响样本规模的因素

一般情况下，抽样调查中样本规模的确定主要受到以下四个方面因素的影响，即总体规模，总体的异质性程度，推断的可靠性与精确性要求，研究者所拥有的人力、物力、财力和时间等资源。表5-5给出了95%和99%置信度条件下不同抽样误差所要求的样本规模。

表5-5 95%、99%置信度条件下不同抽样误差所要求的样本规模

允许的抽样误差/%	95%置信度下样本规模数	99%置信度下样本规模数
1.0	9 604	16 589
2.0	2 401	4 147
3.0	1 067	1 849
4.0	600	1 037
5.0	384	663
6.0	267	461
7.0	196	339

资料来源：袁方.社会研究方法教程[M].北京：北京大学出版社，1997：225.

（一）总体规模

样本规模与总体规模有关，一般而言，总体规模越大，则样本规模也应越大，如此才能保证一定的精确度。但是，当总体规模大到一定程度时，样本规模的增加并不与总体规模保持同等的增长速度。在其他因素不变时，样本规模的增加速度远远低于总体规模的增加速度。即当总体规模达到一定程度时，样本规模的改变量很小，以总体规模为横轴、以样本规模为纵轴，其曲线类似于$y=C+\sqrt{x}$，如图5-8所示。

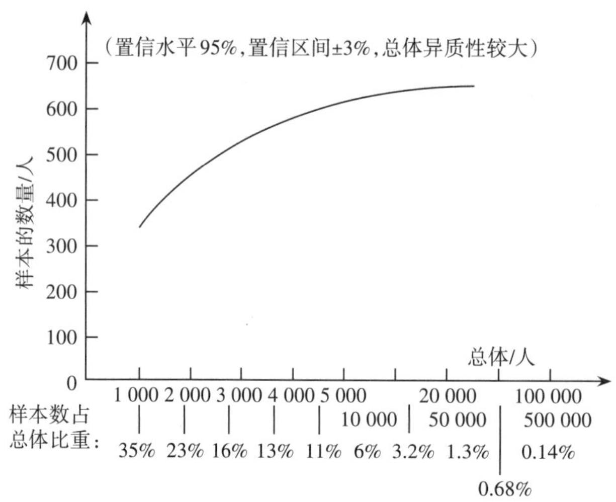

（95%的置信度，置信区间±3%，整体差异大）

图5-8　不同的总体规模所需的样本量

资料来源：袁方.社会研究方法教程[M].北京：北京大学出版社，1997：226.

（二）总体的异质性程度

总体的异质性程度对所需样本规模的影响也十分明显。一般而言，要达到同样的精确性，在同质程度高的总体中抽样时，仅需要较小规模的样本；而在异质程度高的总体中抽样时，则需要较大规模的样本。其原因在于：总体的同质性越高，表明总体在各种变量上的分布越集中，波动性越小，同样规模的样本对总体的反映就越准确。而总体的异质性程度越高，表明总体在各种变量上的分布越分散，波动性越大，同样规模的样本对总体的反映就会越差 。例如，当总体中的大部分成员对某个问题的回答或选择与小部分成员的回答或选择不同时，例如70%的成员选择甲，30%的成员选择乙，则需要大规模的样本；而当两种不同回答的成员比例相差无几时，例如选择甲、乙的比例均为50%左右时，则仅需要较小规模的样本。

（三）推断的可靠性与精确性要求

推断的可靠性与精确性也影响所需样本的规模。抽样的目的是从样本推断总体，样本规模与推断的可靠性和精确性密切相关。在抽样调查中，我们用置信水平与置信区间这两个概念来说明样本规模与抽样的可靠性及精确性之间的关系。一般而言，在其他条件一定的情况下，置信水平越高，推断的可靠性越高，则所要求的样本规模越大。例如，在同样的条件下，99%的置信水平所要求的样本规模大于95%的置信水平所要求的样本规模。另外，在其他条件一定的情况下，置信区间越小，推断的精确性越高，即样本统计值与总体参数值之间的误差范围越小，要求的样本规模越大。

(四)研究者的资源

除了上述几种因素外,研究者所拥有的人力、物力、财力和时间等资源,也将影响样本规模的大小。从样本的代表性、抽样的精确性考虑,样本规模越大越好。但样本规模越大,意味着调查所需要投入的人力、物力、财力和时间越多,受到的限制和障碍也越多。因此,从调查的可行性、简便性考虑,样本规模则应适中。调查者在进行样本规模选择时应考虑到所拥有的人力、物力、财力和时间条件等因素。例如,教材《现代社会调查方法》将现实中各种调查的样本规模进行归类,提出下列常见样本规模的类别。从事各种不同的抽样调查项目的读者也可以参考这一标准来确定自己的样本规模:

小型调查类,样本规模在100—300(不含)之间;

中型调查类,样本规模在300—1 000(不含)之间;

大型调查类,样本规模在1 000—3 000之间。

小型调查通常用于非正式的或要求不高的、总体规模较小的情况。例如,大学生上调查方法课需要做调查实践时,硕士研究生采用调查方法收集论文资料时,或者在某所中学作调查时均可以采用小型调查的样本规模。正式的调查研究一般要求达到中型调查类的样本规模。这也是目前实践中采用最多的一类样本规模。一般情况下,它兼顾了样本的误差大小、研究者的人力、人力、财力和时间,以及调查的组织和实施等多方面因素。而全国性的调查项目主要采用大型调查样本规模。

三、样本规模的确定

清楚影响样本规模的因素之后,就可以确定样本规模,组织科学的抽样调查。简单随机抽样中推断总体平均数的样本规模计算公式为:

$$n=\frac{t^2\times\sigma^2}{e^2} \tag{5-5-1}$$

其中,t为置信水平所对应的临界值;σ为总体标准差;e为允许的抽样误差。而推断总体百分比的样本规模计算公式为:

$$n=\frac{t^2\times p(1-p)}{e^2} \tag{5-5-2}$$

其中,p为总体的百分比,其他符号含义同上。

在上述计算公式中,由于置信水平是事先确定的,所以其临界值t可从标准正态分布表中查出,e也是研究者根据需要事先确定的,但是总体的标准差、百分比却难以得到。因此,在实际抽样过程中,研究者无法直接运用上述公式计算所需的样本规模,而只能采取某些变通的办法。比如,利用前人所作的关于同一总体的普查或抽样调查资料，计算或估计总体方差，由此得出推断总体均值的样本规模。在计算推断总体百分比的样本规模时，$p(1-p)$在$p=\frac{1}{2}$时达到最大值。因此，即使我们对p一无所知，也可以采取比较保险的办法，取$p=0.5$，则上式变为：

$$n=\frac{t^2}{4e^2} \tag{5-5-3}$$

四、抽样误差

抽样误差（Sampling Error）是样本的统计值与总体的参数值之间的误差。它是指一个样本的测定值与该变量真值之间的差异。

抽样误差无特定偏向，其误差大小主要受四个因素影响：第一，被研究总体各单位标志值的变异程度。总体的方差越大，抽样误差越大，反之，则抽样误差越小。如果总体各单位标志值之间没有差异，那么抽样误差不存在。第二，抽取的样本量。抽样误差的大小可通过调整样本量进行控制。在其他条件不变的情况下，抽样单位数越多，抽样误差越小，反之，抽样误差越大。第三，抽样调查的组织方式。抽样的组织方式包括概率抽样和非概率抽样，采用不同的抽样组织方式，会有不同的抽样误差。第四，抽样方法。概率抽样组织方式包括简单随机抽样方法、系统抽样方法、分层抽样方法、整群抽样方法和多阶段抽样方法等。非概率抽样组织方式主要有方便抽样方法、判断抽样方法、配额抽样方法、滚雪球抽样方法和自愿样本方法等。在简单随机抽样方法中，人们以扩大样本规模的方式来减少抽样误差。而分层抽样方法则是着眼于将总体划分为不同的类别或层次，缩小总体的异质性程度或分布的方差。因抽样随机性引起的误差，无论采取什么样的抽样方法都无法避免。但是，抽样误差的大小可以在样本设计中事先限定。

有关抽样规模与抽样误差之间的关系问题，需要注意两个方面：一是小规模样本即使在样本规模上增加很少，也将引起精确度的明显提高。但大规模样本增加同样的规模，却收效甚微。因此，许多调查公司通常将其样本规模限制在2 000之内，因为当样本规模超过了2 000时，所需增加的投入，相比于提升的精确度而言，得不偿失。二是扩大样本规模虽然可以减少抽样误差，但同时也会增加非抽样误差。因此，并非样本越大调查结果就越精确。

思政内容提要

通过掌握抽样设计内涵，把握统计规律和领悟统计思想。抽样设计需运用大量统计学知识，通过开展抽样设计能够让学生在真实数据处理过程中掌握统计规律，在解决实际问题的过程中领悟统计思想，有利于培养学生从生活和学习中发现问题、思考并解决问题的能力，提高学生的观察能力和思维能力。

通过学习抽样设计的程序养成实事求是的“三农”研究态度。马克思主义的唯物论认为，开展调查研究需要一切从实际出发，实事求是。尊重事实、尊重自然界的客观规律是从事科学研究的基本要求。针对“三农”问题开展抽样设计，需要利用具体问题具体分析的思维方式科学设计抽样方案，利用辩证的观点分析各种抽样方法的适用条件和优劣势，并严格遵守抽样设计的原则和程序，这样才能在农村经济发展调查实践中寻找真理。

通过规范掌握抽样设计的方法树立严谨的科学研究精神。对于科学研究，任何一个细微的变化都能反映问题，影响结果。为了保证抽样调查数据的准确性和可靠性，需要认真学习抽样设计中抽样调查误差的来源以及控制误差的方法，建立责任意识，确保整个调查过程中每一个环节都符合规范，培养严谨细致、求真务实的科学研究精神。

本章小结

抽样是指从总体所有元素的集合中，按照一定的方式选择或抽取一部分元素（总体的一个子集）的过程。抽样是运用数理统计原理和方法，按照一定程序从总体中抽取样本，目的是对总体进行估计的一种方法。通过抽样，能够以较低的成本实现“由部分认识整体”的目标，以较少的人力、物力、财力和时间，获得丰富的信息，从而能够集中时间和精力对重要项目做详细的分析。

按照抽样过程是否遵循随机原则，可将抽样分为概率抽样和非概率抽样两大类，前者遵循概率原理和随机性原则，后者是调查者主观判断抽取样本的方法。

在进行抽样设计时，要在目的性原则、可测性原则、可行性原则和经济性原则中进行取舍并保持平衡，基本目的是服务于研究目标；同时也要遵循一定的步骤，如明确抽样调查的目的、确定总体范围和单位、确定抽样推断的参数值、确定抽样的组织方式、确定合适的抽样框、确定恰当的抽样方法、确定主要指标的抽样精准度、确定必要的抽样数目、制定抽样的实施细则、设计数据处理与抽样估计的方法。这不但要求抽样的设计者有扎实的理论功底，也要求抽样设计者有丰富的实战经验。对于初学者来说，首要任务是学好理论知识，只有学好理论基础，才能在实际操作中获得更加丰富的经验。

概率抽样是按照概率原理进行的随机抽样，总体中的每一个元素都有一定的概率被抽中。概率抽样组织方式包括简单随机抽样方法、系统抽样方法、分层抽样方法、整群抽样方法和多阶段抽样方法等。概率抽样具有健全的统计理论基础，可用概率理论加以解释，能够用样本推断总体，是一种客观而科学的抽样组织方式。

非概率抽样不遵循随机原则，是按照调查人员的主观判断或方便原则抽选样本。因此，非概率抽样的样本的代表性较差，误差较大，而且这种误差无法估计，不能用样本推断总体，较少运用于正式的抽样调查中。非概率抽样组织方式主要有方便抽样方法、判断抽样方法、配额抽样方法、滚雪球抽样方法和自愿样本方法等。非概率抽样操作方便、省时、省力、省钱，统计上也远较于概率抽样简单，常常被用于探索性研究中。

样本规模又称样本容量，是指样本中所含个体的数量。确定样本规模是一项很重要的任务，主要受到以下因素的影响：总体规模、总体的异质性程度、推断的可靠性与精确性要求、研究者所拥有的各种资源。抽样误差是指样本的统计值与总体的参数值之间的误差，其误差大小主要受到以下因素影响：被研究总体各单位标志值的变异程度、抽取的样本量、抽样调查的组织方式和抽样方法。

本章基于抽样设计最基本的理论框架展开，讲述抽样调查中所要运用的抽样技术的内容，没有涉及太多关于抽样设计中的数理内容。

关键术语

总体　Population

个体　Individual

样本　Sample

样本容量　Sample Size

抽样　Sampling

抽样框　Sampling Frame

概率抽样　Probability Sampling

简单随机抽样　Simple Random Sampling

系统抽样　Systematic Sampling

分层抽样　Stratified Sampling

整群抽样　Cluster Sampling

多阶段抽样　Multistage Sampling

非概率抽样　Non-probability Sampling

方便抽样　Convenience Sampling

判断抽样　Judgmental Sampling

配额抽样　Quota Sampling

滚雪球抽样　Snowball Sampling

自愿样本　Voluntary Sample

抽样误差　Sampling Error

思考练习

1.抽样的意义和作用是什么?

2.抽样的原则有哪些?

3.简述概率抽样与非概率抽样的优缺点。

4.系统抽样与分层抽样方法有何异同?应该分别在什么情况下使用?

5.什么是抽样误差?影响抽样误差的因素有哪些?

6.有人认为抽样调查的样本规模越大,调查结果对总体的代表性就越大。你怎么看待这种观点?

实践练习

以小组为单位,针对已经确定的农村经济发展调查主题和调查方案,设计具体的抽样方案。

第六章

调查问卷和访谈提纲

大概所谓有好办法的人，并不是有好办法，而是于问题有明彻的了解而已。[①]

——梁漱溟[②]

至结果的可靠与否，须视调查表的性质，调查员的能力，与农人的自身，三者同其重要。不过事实上，前二者尤居首要。[③]

——约翰·卜凯

问题导读

问卷调查法和访谈调查法是农村经济发展调查研究中运用最普遍的两种调查方法。问卷调查法往往基于抽样调查，针对大样本进行数据收集，常用于计量模型分析。访谈调查法往往基于典型调查，收集的数据常用于案例分析。设计调查问卷的目的在于得到量化数据，即对研究总体的某些方面定量或数字的描述。收集信息的主要方法是对被调查者提问题，被调查者给出的答案构成了分析材料。如果问卷设计得不好，那么后续的工作都会受到影响，甚至变得毫无意义。访谈提纲亦是如此，设计访谈提纲不仅有利于指引访问者顺利完成访谈工作，而且也有利于受访者回答问题。我们应该如何设计调查问卷与访谈提纲？怎么样才能在短时间里获得最想了解的信息？进一步地，我们应该如何通过问卷设计收集到能够加工处理的数据，进而从中发现农村经济发展的普遍性规律？本章将结合具体案例介绍调查问卷和访谈提纲的概念和结构、调查问卷和访谈提纲设计的程序和方法等内容。

① 梁漱溟．乡村建设理论[M]．上海：上海人民出版社，2006：8．

② 梁漱溟，中国哲学家、教育家、社会活动家，现代新儒家的早期代表人物之一，有“最后的儒家”之称，主要著作有《乡村建设理论》等。

③ 卜凯．中国农家经济（上）[M]．张履鸾，译．太原：山西人民出版社，2015：2．

学习目标

★知识学习：

(1)理解调查问卷和访谈提纲的概念和结构。

(2)掌握调查问卷和访谈提纲设计的程序。

(3)掌握调查问卷中的问题与答案的设计方法。

★能力提升：

(1)具备设计高质量调查问卷的能力。

(2)提高设计高质量访谈提纲的能力。

★价值形成：

(1)塑造农村经济发展调查科学严谨和客观公正的品质。

(2)形成科学的农村经济发展调查思维方式。

(3)发扬调研中的吃苦耐劳和团队协作精神。

知识结构

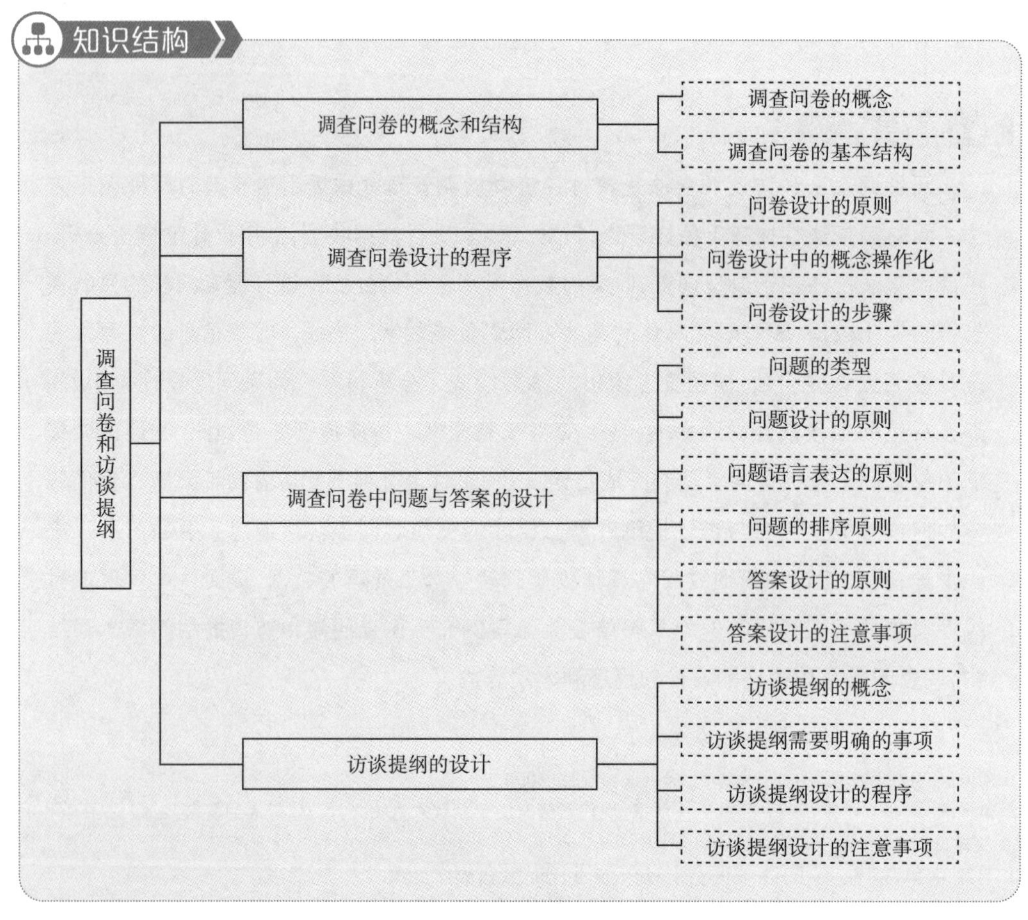

第一节 调查问卷的概念和结构

一、调查问卷的概念

调查问卷(Questionnaire)是由一系列与研究目标相关的问题组成的书面询问表。它是现代社会通用的一种测量工具,其目的是测量被调查者的行为、态度和特征等。调查问卷通常是标准化的纸质印刷品,但随着信息化技术发展,电子问卷也逐渐普及。目前问卷调查已经成为社会科学研究中最为常用的工具之一,被广泛地应用在农村经济发展调查中。比如,农村人口调查、农村土地调查和农村扶贫减贫调查都采用了问卷调查的形式。

二、调查问卷的基本结构

一份完整的调查问卷通常由标题、封面信、指导语、甄别问卷、问卷主体、编码以及其他材料七个部分构成。

(一)标题

问卷的标题(Title)是对研究主题的高度概括,一般需指明研究对象与研究内容。一个好的标题应力求简明扼要、一目了然,从而使被调查者能够迅速地了解研究主题并且被吸引而积极配合,以顺利完成问卷的调查工作,例如,农村家庭教育情况调查问卷、农村土地流转情况调查问卷、农村劳动力外出务工调查问卷等。切不可简单采用“调查问卷”作为标题,使人摸不着头脑,从而不愿参与或产生不必要的怀疑。

(二)封面信

封面信(Cover Letter)(图6-1)又称说明词,放置在调查问卷的开头,即以信函的形式向被调查者说明本次调查的相关事项。封面信的作用是打消被调查者的顾虑,赢得被调查者的信任,以使被调查者认真完成调查问卷。封面信首先应当说明调查者与调查单位的基本信息,其次说明本次调查的目标,然后说明本调查的作用和意义,最后说明问卷回收的时间、方式以及对被调查者的隐私保护。在结尾处,应表达对被调查者积极参与问卷调查的衷心感谢。封面信的语言应避免使用深奥的专业术语,篇幅也不宜过长,一般两三百字即可,力求简练、通俗、诚恳、平和、谦虚,从而给被调查者留下良好的印象,争取其合作和支持,助力调查活动顺利开展。

先生/女士:您好!

我叫________,是中国社会科学院的社会调查员。我们正在进行一项社会调查,目的是了解民众的就业、工作和生活情况,以及对当前一些社会问题的看法。经过严格的科学抽样,我们选中了您作为调查对象。您的合作对我们了解有关信息和制定社会政策,有十分重要的意义。

问卷中问题的回答,没有对错之分,您只要根据平时的想法和做法回答就行。访问大约要一个小时。对于您的回答,我们将按照《统计法》的规定,严格保密,并且只用于统计分析,请您不要有任何顾虑。希望您协助我们完成这次访问,谢谢您的合作。

图6-1　封面信模板

(三)指导语

指导语(Guiding Words)是对被调查者如何正确填写问卷,或是对填表要求、方法、注意事项等问题的说明。一般性质的指导语可放在封面信中,若是指定问题的具体要求或是注意事项,指导语则可放在具体问题和答案的前后。常见的指导语包括对问题答案的限定,例如,“请在以下选项中选出两项您认为最合适的答案”;对问题填答方式的说明,例如,“请在下方表格内用‘√’的形式进行选择”;对问题填答的要求,例如,“请独立完成此项问题,不要与他人商量”。指导语的语言力求简单明了、易于理解,不能过于复杂,否则会造成问题的二次理解困难。为了提高指导语的效用,方便被调查者理解,一般可通过举例说明,如图6-2所示。

填写说明:1.请用**红色圆珠笔**圈选答案;

2.所有题号前带星号“*”的题目都是**不能代答**的,必须由被访者自己回答;

3.如果是被访者以外的人代答的题目,除了圈选答案以外,访问员还需要在该题目的右上方的代答方框内用**红笔打钩“√”**。

图6-2　指导语模板

(四)甄别问卷

甄别问卷(Screening Questionnaire)是指在对被访者做一份正式的完整的问卷调查之前,首先对被访者是否符合自己的问卷调查要求作出一个筛选。它是一次成功的问卷调查十分重要的一步。如果没有经过甄别而直接开始问卷调查的话,很有可能得出的结果是毫无意义的。例如,2018年全国综合社会调查问卷中在入户登记与受访者抽样部分,首先在地址院落确认部分,排除地址不存在的样本;然后在最后一次尝试与受访者联系时排除了地址无法接触、无人在家、无人居住、住户拒访等其他导致无法与受访农户取得联系的样本(图6-3)。

地址院落确认

S1.请确认是否找到该地址：

住户清单列表序号:【CAPI】住户清单列表序号

建筑物编号:【CAPI】建筑物编号

所在楼层:【CAPI】所在楼层

楼层住宅数量:【CAPI】楼层住宅数量

住户编号:【CAPI】住户编号

住宅地址:【CAPI】住宅地址

户主姓名:【CAPI】户主姓名

找到上述地址…………………………………………………………………… 1

未找到上述地址，并已确认该地址不存在…………………………………… 2 **→问卷结束**

S24.请记录联系受访家户的情况：

该地址住户愿意接受访问………………………………………………………… 1 **→跳问S27**

该地址无法接触…………………………………………………………………… 2 **→问卷结束**

该地址无人在家…………………………………………………………………… 3 **→问卷结束**

该地址无人居住…………………………………………………………………… 4 **→问卷结束**

该住址住户拒访…………………………………………………………………… 5

其他无法继续访问的情况(请注明:________________)…………………… 6 **→问卷结束**

图6-3　甄别问卷模板

(五)问卷主体

问卷主体(Question Section)由问题和选项组成。调查问题是调查问卷的核心内容，是调查问卷中最重要的组成部分。调查问题的好坏直接决定整个调查问卷的质量，也关系着调查者的工作能否取得成功。调查问卷的问题从形式上分为封闭式问题、开放式问题和半开放式问题。封闭式问题是指调查者在提出问题后，给出一系列答案，被调查者从调查者给出的答案中选择自己符合的情况，以回答此问题。开放式问题是指在问卷上只提出问题，不呈现答案，不限定答案的范围，被调查者结合自身实际情况作答。半开放式问题通常列出部分答案。封闭式问题填答方便、易于统计，但局限于固定的选项中，不能发挥被调查者的主观能动性，如果问卷问题设计得不科学，将会直接影响调查的质量。相反，开放式问题的答案更加灵活，适应性强，被调查者可充分展示自己的意见，调查者能够收集到不同的答案，也可为设计封闭式问题奠定基础。但通常此类问题的统计难度较大，资料难以编码，且费时费力，有时会出现拒答现象。半开放式问题是开放式问题和封闭式问题的结合体，在保证便于填写的同时，给予被调查者展示自己意见的机会。

(六)编码

编码(Coding)是调查问卷中的一个组成部分，适用于大规模问卷调查。编码是指对每份问卷以及问卷中的问题和答案用数字形式或其他形式表示的代码。在大规模问卷调查中，由于问题形式复杂，问卷整理工作十分繁重，调查者需要借助编码将问题逐项录入到计算机中，以便进行统计分析。调查问卷中的编码应完整、有序，便于后续问卷的整理和计算机处理分析。问卷编码既可在问卷调查开展之前预先设定，又可在调查资料收集后设定，前者称为预编码，后者称为后编码。在实际操作过程中，一般采用预编码。

下面就是问卷编码的一个例子：

A1您的性别：1.男；2.女

A2您的婚姻情况：1.未婚（不含离婚情况）；2.已婚（不含丧偶情况）；3.离婚；4.丧偶

A3您的文化程度：1.小学及以下；2.初中；3.高中或中专；4.大专及以上

A4您每月的收入是多少？ ____________元

问题中的A1，A2，A3，A4分别代表问题的编码，而每个问题的答案也都被赋予了一个数字作为代号。比如，A1中，男性被赋予了数字1，女性被赋予了数字2。在填空式问题中，答案没有给出编码，这时可用填写的数字作为代码值。

（七）其他材料

其他材料一般放置在调查问卷的最后，需要附注调查员的姓名、访问时间，以便对问卷审核和跟踪。除此之外，还包括对被调查者的感谢语，例如，“我们衷心地感谢您参与本次调查问卷的填写。谢谢！”或提出1—2个问题，询问被调查者参与本次问卷调查的感受以及对问卷的意见与满意程度。

例如，其他材料部分可以留下被调查对象的联系方式（图6-4）：

H部分：联系方式

谢谢您参与我们的调查。我们诚挚地希望能与您保持联系，希望您能告诉我们您的联系方式，以便将来可以把我们的研究成果报告给您，并且在年节时给您寄上一份贺卡或小礼物。我们会严格遵守科学研究的伦理及中国有关法律的规定，为您提供的所有信息保密。除了本研究目的之外，不向任何单位和个人泄露，并愿意为此承担法律责任。谢谢您的理解和配合。

H1.您的姓名是：______________

H2.您的手机号码是：[_|_|_|_|_|_|_|_|_|_|_]

H3.您家的固定电话号码是：[_|_|_|_|_|_|_|_]

区号是：[_|_|_|_]

H4.您的邮寄地址是：_______省/自治区/直辖市_______市_______区/县_______乡/镇/街道

____________________居委会/村委会____________________村组/门牌号

邮政编码是：[_|_|_|_|_|_]

图6-4　其他材料模板

第二节　调查问卷设计的程序

调查问卷设计需要遵循一定的程序。在设计问卷之前，首先要了解问卷设计的原则。问卷设计的原则是问卷设计的纲领性要求，只有灵活运用问卷设计的原则，才能设计出高效的、完善的问卷。然后，需要了解概念操作化，它是问卷设计环节最为复杂、最为关键的一步。最后，在前两步的基础上，才能执行问卷设计的具体步骤。

一、问卷设计的原则

（一）目的性原则

目的性原则即必须围绕调查目的和研究主题设计问题。调查问卷的研究目的是调查活动的根本，调查问卷的设计须围绕其研究目的以及调查主题开展。问卷的形式和内容取决于调查目的，所以设计调查问卷首先要遵循目的性原则。在问卷设计之初，需明确问卷的调查目的，研究被调查者的特征，从研究目的出发，并站在被调查者角度思考问卷设计的结构、内容与形式。在设计问题时应牢记调查的主题，对问题的设计与安排应紧密围绕主题，既不遗漏掉任何与研究目的相关的问题，也不包含不必要的问题。

（二）逻辑性原则

逻辑性原则即问卷问题的设计要有整体的观念，应符合被调查者的思维方式，问题的排列以及问题与问题之间逻辑清楚，即使独立的问题也不能出现逻辑上的错误。问卷设置遵循逻辑性原则能够提高调查问卷的信度和效度（详见第七章），使被调查者集中精力填写问卷。相反，若问卷设计不严谨，毫无章法，则给被调查者随意的感觉，他们对待问卷也会敷衍了事。问卷的逻辑性、条理性和程序性是不可分割的。在综合性问卷中，调查者一般将问卷分为几个模块，将相似的问题放在一个模块中，以确保每一模块内的问题与模块的主题密切相关。

（三）客观性原则

客观性原则即问卷设计的问题必须符合调查内容的客观情况。被调查者的背景构成往往比较复杂，如果问卷设计不能全面考虑被调查者的实际情况，在实际调查过程中可能将出现难以预料的困难。另外，表述问题的态度要客观，不使用带有诱导性和倾向性的语言，不引导被调查者回答问题。

(四)通俗性原则

通俗性原则即问卷内容要浅显易懂,使得被调查者能够顺利作答,不宜涉及过于复杂的计算或逻辑思维问题。调查问卷最终面向的是被调查者,问卷调查的顺利开展首先应保证问题能够被被调查者理解,并且其乐于回答、能够正确回答。在问卷设计时不仅需要从研究目的出发,还应站在被调查者的角度理解问题,并使用简洁的语言,让问卷设计更加通俗易懂。对于被调查者不熟悉的领域,问卷设计者应适当减少提问,且提问措辞更应贴合大众。

(五)方便性原则

方便性原则即所设计的问卷应方便被调查者填写,能够方便调查者整理数据,数据易于处理和加工,满足统计分析的测量要求、数据要求以及达到分析目标的要求。问卷调查是一种方法、手段,是调查者以书面询问表的形式收集与研究目的相关的数据。最终,调查者在统计分析问卷数据的基础上,得出与研究目的有关的结论。因此,成功的调查问卷设计不仅要与研究目的紧密联系,还要遵循方便性原则。这就要求调查指标的设置要便于计算,能够通过数据了解调查问题。如果忽视数据的可处理性,即使得到调查问卷的全部资料也难以进行分析,无法实现调查目标。

(六)适宜性原则

适宜性原则即问卷长度合适性原则,这要求问卷设计的篇幅应合适。一份高质量的问卷要求问卷所设置的问题都是精练的,没有冗杂和遗漏的问题。如果问卷篇幅过长,将消磨被调查者的耐心,导致其难以配合完成此项调查工作;若问卷篇幅过短小,则不能详细说明研究主题。一般调查问卷在20分钟内完成较为适宜,超过20分钟,被调查者往往会失去耐心,敷衍回答问题,以求迅速结束问卷填写,这样就会大大降低调查结果的可靠性。当然,一些大型综合调查问卷可能需数小时才能完成,通常会以现金或物质奖励的方式来保证调查顺利实施。

二、问卷设计中的概念操作化

正式设计问卷前,需要进行概念操作化工作,这是由于问卷设计不是简单的问题堆砌,而是包含若干步骤的,有逻辑的创作过程。概念操作化是把调研主题转化为具体的调研问卷的重要工作。从理论到概念,从概念到测量维度再到测量指标,从指标到具体的问题设置,这个过程需要对研究问题反复斟酌、仔细考量。当我们通过调查问卷对被调查者的态度、行为、特征等进行测量时(详见第七章),会涉及许多变量。有些变量比较容易确定,例如年龄、性别、受教育程度等,都可由被调查者直接填写。但有些变量却难以测量,例如健康、责任感、生活方式等,对这些概念往往给出的是一个抽象的定义,并没有解决调查研究过程中如何进行实际操作的问题,也就是说无法直接测量,使之量化。因此,研究者在提出研究问题后,需要对抽象的研究问题进行概念操作化。

(一)概念操作化的内涵

概念操作化(Operationalization of Concepts)就是将抽象概念的特征具体化,给出用什么样的尺去测量及怎样测量的规定或方法,将理论抽象的东西变成可以测量的东西,即寻找代理变量。例如,"社会阶级"这一概念本身是抽象的,通过概念操作化,可将其转变为可以测量的变量,如文化程度、收入等指标。概念操作化有的是通过计算给出,有的通过可观察、可操作的描述性语言给出。通常我们将能够代表一个概念或变量含义的可观察到的特征,称作这一概念或变量的指标。例如,社会经济地位(SES)被界定为"结合经济学和社会学,基于收入、教育和职业等因素,关于个体或家庭相对于其他人或家庭的经济和社会地位的总体衡量",它可以具体化为三个维度,即收入、教育和职业,在某些情况下还会包含财富等,每一个维度都需要被进一步界定。

(二)概念操作化的方法

1.从文献中综述概念定义相关信息

首先需要研读文献,从中收集整理概念的各种定义及相关信息。同一个概念,不同的学者基于不同的学术传统、依据不同的理论、从不同的视角进行解读就会有不同的理解,给出不同的解释。当我们要对某个概念作操作化处理时,就要了解其他研究者对这个概念是怎么定义的,目前有哪些提法,有什么共同点和不同点。

2.根据研究目的确定概念抽象定义

在对文献进行综述的基础上,依据研究目的,确定采用哪种理论给概念下定义。一般有两种方式对概念进行界定。第一种是采用"拿来主义",直接采用研究者多次使用、比较符合调查研究要求且比较确切的定义;第二种是在分析比较各种定义的基础上提出自己的定义。比如,对学习策略的概念,我们可以采用第二种方式进行界定:在大学生活中学生对学习的态度和在学习过程中运用的各种方法策略、对所从事的学习活动的各个方面进行自我调节和控制的策略,以及处理与学习有关的其他因素的策略,以保证学习活动的顺利进行。

(三)概念操作化的步骤

对抽象概念作出操作化处理需要通过相应步骤才能完成:首先要研读文献,把握概念的抽象定义和范围。在此基础上将概念分解为若干个维度，一层层地进行剖析，每一层又分解为若干个子维度，最后提出用一个或一组可观察、可度量的特征作为指标来测量这个概念。

1.明确概念的抽象定义

虽然有些概念人们在平日里都在使用，例如“伟大”这个概念。但人们往往明白它的意思却说不出它的含义。尽管有时因对概念的理解不同而产生分歧，但往往不影响大局。但是，在进行社会科学研究时，把握概念的抽象定义是作出操作定义的前提条件，如果我们对概念的含义尚模糊就草率地确定操作定义，往往将导致研究方向错误抑或使研究归于失败。因此，首先要明确概念，然后设计测量指标层层分解抽象概念。

2.设计测量指标

有些概念比较简单，只有一个维度，此时概念、维度、指标三者是一样的。有些概念较为复杂，在给出概念的抽象定义后，就需要弄清楚概念所具有的不同维度，一层层地将概念分解为树形结构，再用多个指标进行测量，如图6-5所示。

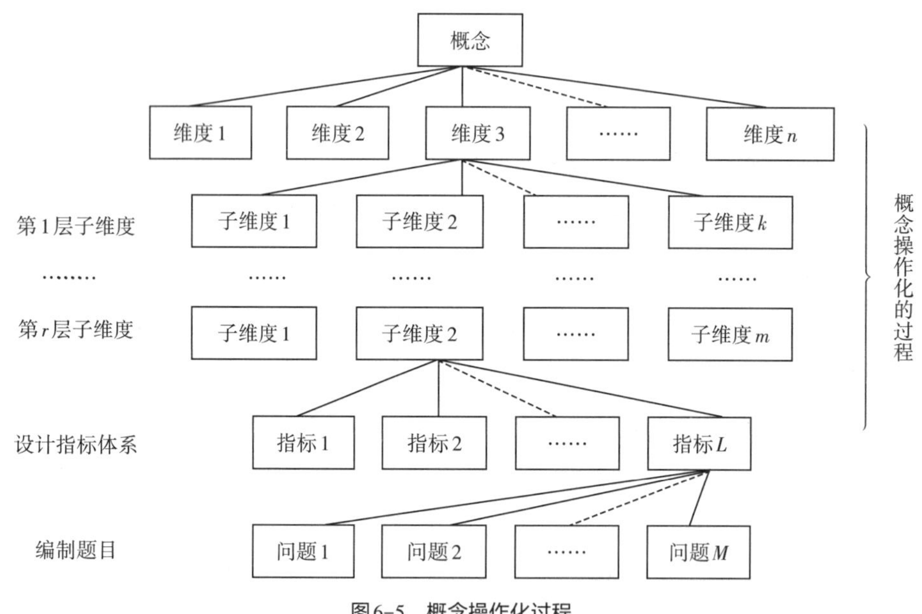

图6-5 概念操作化过程

概念操作化定义可从三个视角给出：是什么引起了这个概念（第一视角）；这个概念会引起人的什么行为（第二视角）；这个概念是什么样子的（第三视角）。例如“饥饿”的概念操作化定义可以是“24小时以上没有进食引起的结果”（第一视角）；“饥饿的人”是“为能够得到食物花多少钱都愿意的人”（第二视角）；也可以是“肚子咕咕叫、不管食物的口味见到就要吃、没精打采的人”（第三视角）。本书第七章将详细阐述问卷的测量指标设计，即概念操作化的具体实现过程。

三、问卷设计的步骤

形成一份问卷主要通过以下几个步骤：准备工作、探索性工作、概念操作化定义、设计调查问卷初稿、专家咨询和反馈、问卷修改和试访以及问卷定稿，如图6-6所示：

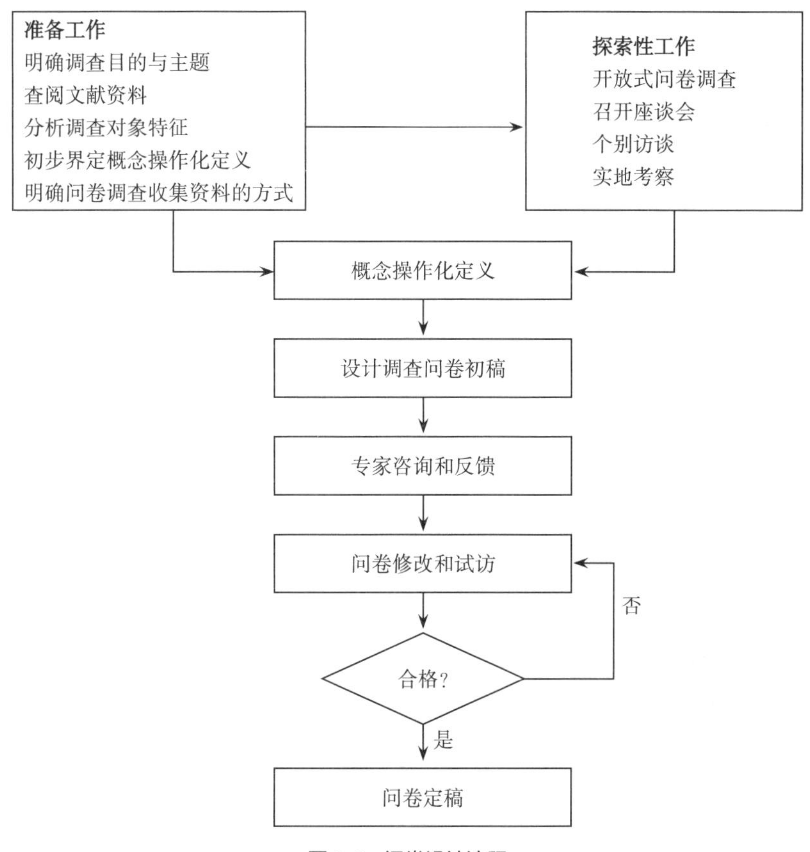

图6-6　问卷设计流程

（一）准备工作

问卷设计的准备工作包括：明确调查目的与主题、查阅文献资料、分析调查对象特征、初步界定概念操作化定义、明确问卷调查收集资料的方式（采用自填式还是访谈式）。

问卷设计要量体裁衣。为此，必须在设计问卷之前对被调查者有一个基本的了解，特别是当对被调查者不十分了解时，需要提前对调查总体的年龄结构、性别结构、文化程度分布、职业结构，甚至包括生活方式、社会心理等社会特征有一个大概的了解。这将对我们设计问卷时确定问题的形式、提问的方式、所使用的语言以及编写指导语等有重大帮助。了解的途径可以是请委托单位介绍、查阅相关资料，甚至与被调查者深入交谈。

（二）探索性工作

在进行概念操作化定义后，并不能立刻编制问卷，必须先进行探索性工作。探索性工作主要包括进行开放式问卷调查、召开座谈会、个别访谈及实地考察等。通过这些工作，我们就能对操作过程中涉及的指标进行修改和完善，并为开放式问卷转化为封闭式问卷奠定基础。首先，这些工作能帮助我们弄清楚针对某个指标可以提出哪些问题，某个问题可能会有多少种回答，经过归纳便可以设计出这个问题的选择项；其次，这些工作还能使我们对各种问题的提法，不同类型的回答者所使用的语言；对不同问题的关注程度等获得第一手资料，有利于我们将问题编写得更加清晰，有利于使选项更加客观具体，使被调查者能够作出比较真实、准确的回答。

（三）概念操作化定义

根据前述概念操作化定义方法以及步骤，明确概念的抽象定义，设计测量指标和具体问题，实现概念操作化定义。

（四）设计调查问卷初稿

在完成探索性工作和概念操作化定义之后，我们需要结合调查主题设计调查问卷初稿。调查问卷初稿的核心内容是问题，所以本阶段工作应关注问卷的结构以及具体的问题。常见的设计问卷初稿的方式为卡片式和框架式。

卡片式设计方法是从具体的问题着手，再将设计工作扩展到问卷部分，最后扩展到问卷的整体。具体来说：第一步，根据研究假设和所测量变量的逻辑结构，列出问卷各个模块的内容，并初步安排它们的顺序；第二步，逐个将探索性工作中得到的问题与答案写在卡片上；第三步，确定卡片之间的结构并依据问题的关联性调整顺序，并按总的结构将各部分的卡片首尾相连；第四步，根据卡片的问题与逻辑调整顺序；第五步，敲定最终问卷的问题，并加上封面信、指导语、编码等其他材料。

框架式设计方法则是从问卷整体出发，然后到问卷部分，最后落实到具体的问题。具体来说：第一步，根据探索性工作，确定问卷的研究主题、整体架构；第二步，从提高问卷效率出发，依据问卷内容相关性，将问卷整体内容分解为不同的部分，确定每个部分的主题；第三步，对每个部分的主题提出具体的问题。现实生活中，我们通常将卡片式与框架式结合设计问卷初稿，以实现问卷每个部分的衔接流畅，问题的设计与研究主题高度相关。

（五）专家咨询和反馈

将设计好的问卷初稿（一般5—10份）寄送给相关领域的专家或研究人员，委托其对问卷的各个方面及整个问卷的设计工作进行评审，例如问卷整体结构是否合适，问卷的内容效度如何，问卷问题的排序是否恰当等。然后专家根据自身的经验认识对问卷进行评论，指出不妥之处，提出修改意见。

（六）问卷修改和试访

根据专家意见进行修改后形成试访问卷，然后以此进行试访。试访（或预调查）是正式调查开始前的一次小规模实验性调查，是问卷设计过程中必不可少的一个步骤，研究者可以从中发现问题，并及时纠正。通过试访，研究者不仅可以直接在问卷调查过程中发现问题，还可以在处理问卷数据的过程中发现问题。

试访一般基于可获得性，采用非随机抽样的方式，从正式被调查者中选择小部分的样本，用问卷初稿对他们进行调查，在调查过程中记录遇到的问题，同时认真分析在试访中获得的信息，从而发现问题和漏洞，并进行修改。检查分析的内容包括回收率、有效回收率、填答错误和填答不完全。

1.回收率

回收率是指问卷发放下去，填写完毕后又回收到调查者手中的比例。回收率在一定程度上是对问卷调查的总体评价，也是对问卷设计的总体评价。回收率如果太低就要认真考虑问卷设计中是否存在较大问题，问卷是否需要进行较大程度的修改。如果问卷存在的问题较大，就要考虑重新设计。

2.有效回收率

有效回收率是指所有回收上来的问卷中能够进行统计分析的合格问卷的比例，也就是说扣除各种无效问卷后的回收率。它比回收率更能反映问卷初稿的质量和问卷设计本身的质量。因为收回的无效问卷越多，说明回答者填答正确、完整的就越少，这也就意味着问卷初稿中出现的问题可能较多。

3.填答错误

对填答错误的分析有助于问卷设计的改进。填答错误有两类。一类是填答内容的错误，即答非所问。这是由于被调查者对问题含义不理解或误解造成的。对于这种情况，一定要仔细检查问题的用语是否准确、清晰，含义是否正确、具体。另一类是填答方式的错误。这主要是由于问卷的问题形式过于复杂、指导语不明确等导致的。

4.填答不完全

填答不完全的情形也主要分为两类：一是问卷中某几个问题普遍未回答；二是从某个问题开始，后面的问题都未回答。对于前一种情况，需要仔细检查这几个问题，分析大部分被调查者未回答的原因，然后改进；对于后一种情况，则要仔细检查中断部分的问题，分析被调查者“卡壳”的原因。

(七)问卷定稿

根据上述方法找出问卷初稿存在的问题后,逐一对问卷初稿中存在的问题进行认真分析和修改,最后才能定稿。在问卷打印过程中,同样要小心谨慎。无论是排版的不妥还是文字、符号的错误,都将直接影响最终的调查结果。

第三节 调查问卷中问题与答案的设计

一、问题的类型

(一)按照问题形式划分

从形式上,问题可分为开放式问题、封闭式问题和半开放式问题(图6-7)。

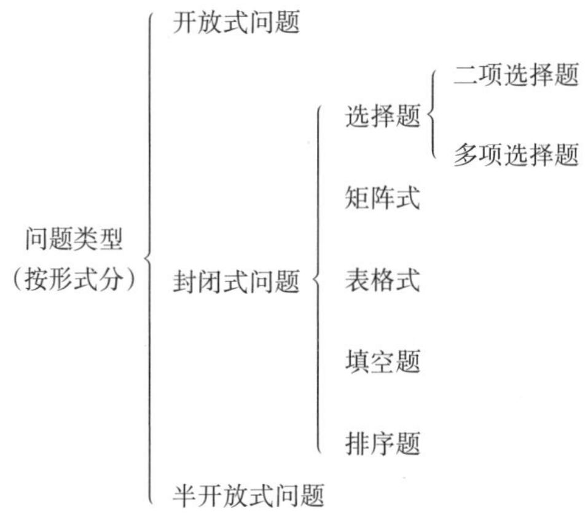

图6-7 问卷问题形式分类

1.开放式问题

开放式问题是调查者没有提供固定的答案,由被调查者完全自由答题的问题。开放式问题能自然充分地反映被调查者的观点和态度,有利于发挥被调查者的主观能动性,因而所获得的材料比较丰富、生动。但因其标准化程度低,统计和处理所获得的信息的难度较大,在问卷中不宜出现过多且安排在问卷的最后一部分最为合适。例如2008年中国家庭动态调查成人问卷第4.13.1题:您离开上一份工作的主要原因是什么?

2.封闭式问题

封闭式问题是调查者在每道问题的后面设置固定的答案,由被调查者根据实际情况作答的问题。封闭式问题简单、明确,能够快速地收集信息,便于计算机统计和分析,但提供选择答案本身限制了问题回答的范围和方式。封闭式问题根据形式又可分为填空题、选择题、排序题、矩阵式问题和表格式问题,选择题又可分为多项选择题和二项选择题。

(1)填空题。

填空式问题多是询问被调查者能够快速回答又方便填写的问题,一般以数字填写为主,不宜填写过多文字,因为这将降低答题效率和统计正确率。

例如2020年中国土地调查村庄问卷中第A1-11和A1-12题①:

(1)村委会到最近高速公路入口距离________公里?

(2)村委会到最近长途汽车站距离________公里?

(2)选择题。

①多项选择题。

即要求被调查者在多个选项中至少选择两个满足自身实际情况的答案。其最大的缺点是不能作交互分类,无法看出所选答案的顺序和程度差别。

例如2008年全国社会状况调查问卷中第B9题:

目前您家从事下面哪些农林牧渔业生产经营活动?(可多选)

1.粮食作物种植;2.经济作物种植;3.林果药材种植;4.渔业、水产养殖;5.饲养业或畜牧业;6.其他;7.不清楚

②二项选择题。

二项选择题即被调查者只在两个选项中进行选择,此类问题一般用于询问被调查者的态度,具有简单明确的特点,便于统计分析,但信息量少,类别过于简单。

例如2020年中国土地调查村庄问卷中第A1-09和A1-10题:

(1)本村是否位于城市郊区?(　　)

1.是　　　　　2.否

(2)村里是否有与邻近的任一国省道或县乡道等路线便捷相衔接的硬化路?(　　)

1.是　　　　　2.否

---

① 对个别题的内容做了一定调整,后同——编辑注。

(3)排序题。

排序题即被调查者在诸多选择性下的偏好问题,调查者将列出多个选项,由被调查者对多个选项的重要程度进行排序。在设置排序题时,排序选项不宜过多,以3—10个为主。

例如2018年中国劳动力动态调查家庭问卷F6.12.w16题:导致您家庭贫困的主要原因是什么?(按照重要性排序,最多选3项)

1.农业收入低且没有其他收入来源;2.家庭成员患重病或残疾;3.子女上学负担重;4.居住地自然条件很差;5.赡养老人负担重;6.抚养子女负担重;7.劳动力缺乏;8.自然灾害或突发事件;9.交通条件落后;10.缺乏致富的信息;11.其他(请注明)。

(4)矩阵式问题。

设置矩阵式问题即将同一类型的若干个问题放在一起,构成一个问题的表达矩阵。设计矩阵式问题不仅可以节省问卷的篇幅,还可以节省被调查者阅读问题和填答的时间。在设计此类问题时,需要给出指示语或填写说明,指导被调查者作答。

例如2015年中国社会状况综合调查问卷中第B10题(案例略有改动,后同):

您家共有承包的耕地/林地/水面多少亩?目前实际经营多少亩?闲置多少亩?转入多少亩?转出多少亩?(请将具体数字填入括号内)

类型	承包面积/亩	实际经营面积/亩	闲置面积/亩	转入面积/亩	转出面积/亩
耕地	( )	( )	( )	( )	( )
林地	( )	( )	( )	( )	( )
水面	( )	( )	( )	( )	( )

(5)表格式问题。

表格式问题实际上就是矩阵式问题,可将同类的几个问题和答案列成一个表格,由被调查者回答。

例如2018年中国综合社会调查居民问卷中第A28题:

过去一年,您对以下媒体的使用情况:

媒体	从不	很少	有时	经常	非常频繁	不知道	拒绝回答
报纸	1	2	3	4	5	98	99
杂志	1	2	3	4	5	98	99

续表

媒体	从不	很少	有时	经常	非常频繁	不知道	拒绝回答
广播	1	2	3	4	5	98	99
电视	1	2	3	4	5	98	99
互联网(包括手机上网)	1	2	3	4	5	98	99
手机定制消息	1	2	3	4	5	98	99

3.半开放式问题

半开放式问题将未列出的答案或用其他一栏表示,或留以空格,由被调查者自行填写。

例如2018年中国综合社会调查居民问卷中第A60a题:

下列各种情形,哪一种更符合您最近那份非农工作的状况?

自己是老板(或者是合伙人)………………………………………… 1

个体工商户 ………………………………………………………… 2

受雇于他人(有固定雇主)………………………………………… 3

劳务工/劳务派遣人员 …………………………………………… 4

零工、散工(无固定雇主的受雇者)……………………………… 5

在自己家的生意/企业中工作/帮忙,领工资 …………………… 6

在自己家的生意/企业中工作/帮忙,不领工资 ………………… 7

自由职业者 ………………………………………………………… 8

其他(请注明:____________)………………………………… 9

不知道 ……………………………………………………………… 98

拒绝回答 …………………………………………………………… 99

4.开放式问题与封闭式问题比较

开放式问题与封闭式问题看似只有列出答案与否的区别,但这只是表面的差异,事实上两者本质不同。表6-1详细介绍了两者的特征,从中可以发现开放式问题具有灵活性,能深入探索发现意外结果等,但同时也容易被被调查者拒绝作答或胡乱作答。而且,开放式问题资料处理环节较为烦琐复杂。封闭式问题具有方便作答,可量化,易于统计等特点,农村经济发展调查中主要采用半开放式和封闭式问题。

表6-1　开放式问题与封闭式问题比较

开放式问题	封闭式问题
可探索意外结果	受限制,无新发现
深入、丰富	标准化、表面化
难以量化,不利于资料分析	可量化,易于统计分析
填答麻烦,容易被拒	易回答,回收率高
填答者有较大自由空间	填答者无自由空间
回答笼统,较多无关信息	回答具体,可信度高

(二)按照问题内容划分

从内容上,问题可分为事实性问题、意见性问题、断定性问题、假设性问题、敏感性问题等类型,如图6-8所示。

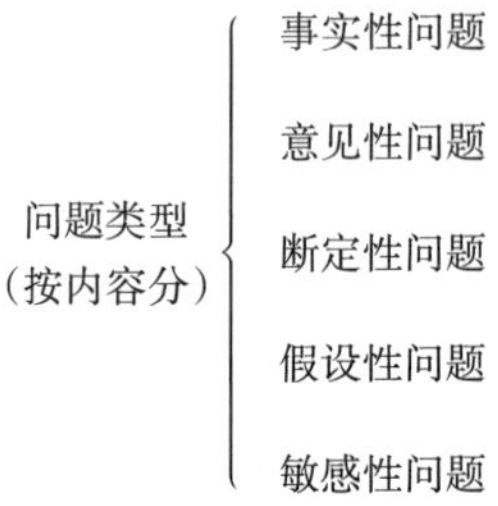

问题类型(按内容分)
- 事实性问题
- 意见性问题
- 断定性问题
- 假设性问题
- 敏感性问题

图6-8　问卷问题内容分类

(1)事实性问题。

事实性问题即描述客观事实的问题,设置此类问题在于求取事实资料,需要被调查者根据实际情况回答。

> 例如2020年中国土地调查农户问卷中第A1-05题:
> 是否建档立卡低收入户?
> 1.是　　　　　　　　2.否

(2)意见性问题。

意见性问题即询问被调查者的态度或看法的问题,态度强度一般有差别,通常在答案选项中设置不同的态度强度。

> 例如2020年中国土地调查村庄问卷中第H1-08题:
> 您认为进一步加快建设宽带通信网、移动互联网、数字电视网及下一代互联网等乡村信息基础设施有必要吗?
> 1.完全没必要;2.比较没必要;3.无所谓;4.比较有必要;5.很有必要

(3)断定性问题。

断定性问题即先假定被调查者已有该种行为或者态度，再继续提问，否则断定性的存在就没有意义。例如，“您每天抽多少支香烟?”，该问题为断定性问题，即直接假定被调查对象抽烟。但事实上，该调查者可能不抽烟。在提出断定性问题前可首先提出过滤性问题，

例如2020年家庭追踪调查问卷中第Q201题“您/你是否吸烟?”，如果回答“是”，可继续提问，否则终止提后续问题。

(4)假设性问题。

假设性问题即在某一前提假定情形下，询问被调查者的态度和行为。

例如调查居民对能源消费的支付意愿，2018年中国综合社会调查居民问卷中第E77a题：

如果政府打算在您家附近建一个燃煤电站，并同意让您享受五年的电费打折，您希望最低打几折?

该问题先假设政府在居民住宅附近新建燃煤电站，再对居民进行提问。

(5)敏感性问题。

敏感性问题即涉及被调查者个人隐私或有碍被调查者声誉其不愿意回答的问题。此类问题不宜过多编排在一起，否则会引起被调查者的排斥、厌恶心理，导致其胡乱作答，甚至拒绝回答。

例如2020年中国家庭追踪调查问卷中第T8题和第CE5题未编排在一起，问卷设计合理。

T8：您家借钱金额较大时(例如用于买房、经营周转等)，有没有被拒绝的经历?

1. 有；5. 没有；79. 不适用(没借过大笔钱)

CE5：如果您需要邻居帮助，您觉得会有人帮忙吗? 是：

1. 一定有；2. 可能有；3. 说不准；4. 可能没有；5. 一定没有。

当然，如果调查时间和经费允许，也可利用概率统计方法，专门对敏感性问题进行精心设计，从而推断敏感性问题的回答情况。

二、问题设计的原则

（一）目的性原则

目的性原则是指问卷问题要与研究目的直接相关。在农村经济发展调查中，问卷是为实现研究目的而采用的收集数据的一种工具。而调查问卷中的各个题目是收集信息的重要载体，也是研究者表达自己的研究内容和关注信息，并在此基础上与被调查者进行沟通的主要途径。所以，研究者要始终做到以研究目的为导向，面向广大被调查者来进行题目的设计。问卷中的题目必须能够真正反映出研究者所关心、所需要的信息，不能够偏离研究目的，既不能是无关的问题，也不能是间接相关的问题。也就是说，每个问题都应当是准确、合适的，并且能够直接体现研究目的。

例如，2020年中国土地调查农户问卷围绕农户的基本信息、收入明细、土地利用、地块信息等内容设计问题，遵从了目的性原则。

（二）效用性原则

效用性原则是指问卷中的问题能够真正反映调查研究者想要了解的信息，不能与调查主题无关。实际中，进行一项调查需要耗费大量人力、物力、财力。在资源有限的情况下，应当力求问卷中心问题与调查主题紧密结合，并且能够符合调查者的调查目的。再者，问题的设计应当能够测量调查主题的某一方面，调查者能从问卷的问题中提炼出需要的信息。

例如，2020年中国土地调查村庄问卷为了解村庄人居环境及设施情况，所设问题不仅涉及地理位置、地形地貌等村庄自然环境信息，还包括住房和燃料、生活垃圾处理、污水处理、农村改厕、村容村貌、畜禽粪污处理等与村民生活息息相关的居住环境信息。

（三）理解性原则

即使问卷中的问题是有效用的，但如果受访者不能正确理解问题的内容，也将导致问卷调查工作无法有效完成。在设计问题时，问卷设计者要充分考虑到被调查者的受教育水平和理解能力，思考如何提问及如何设计调查问题才能使被调查者易于理解，也利于调查员顺利完成提问，达成问卷调查的目标。

例如2020年中国土地调查农户问卷中第F1-02题“有哪些类型的乡村产业？”，该问题中的“乡村产业”属于专业术语，在答案设计中将乡村产业分为了现代种养业（林下养鸡、稻田养鱼、稻鸭共生等）、乡村旅游业、农产品加工业、农村电商产业、乡村美食餐饮或其他，便于被调查对象理解“乡村产业”的含义。

三、问题语言表达的原则

(一)具体性原则

具体性是指问题的具体内容要避免抽象和笼统。例如“生活质量如何”“社会风气如何”“幸福与否”这些抽象、笼统的问题,人们的看法往往并不相同。在没有明确操作化定义的情况下,被调查者是无法回答的,即使勉强回答了,也无法进行科学分析。

例如,在了解被调查对象的抑郁情况时,如果贸然提问“您认为您是否抑郁?”,被调查对象可能因对抑郁概念界定不清而随意作答,应如2020年中国土地调查农户问卷中K部分的第二题进行设置:

编码	指出在过去一周内各种感受或行为的发生频率	选项	填写
K2-01	我感到情绪低落	1=几乎没有(不到一天) 2=有些时候(1—2天) 3=经常有(3—4天) 4=多数时候有(5—7天或更久)	
K2-02	我觉得做任何事都很费劲		
K2-03	我的睡眠不好		
K2-04	我感到愉快		
K2-05	我感到孤独		
K2-06	我生活快乐		
K2-07	我感到悲伤难过		
K2-08	我觉得生活无法继续		

(二)单一性原则

单一性是指问题的内容要单一,既不要把两个或两个以上的问题合在一起提问,也不要出现多个主体。

例如:“您父母支持您到基层工作吗?”“你们单位的职工经常读报吗?”“您认为有必要基于‘互联网+’的形式来推进惠民服务和基于‘互联网+’来推进乡村治理吗?”

对于这类问题,是无法准确回答的。因为,对子女自愿到基层工作,其父母的态度可能不一样(第一个问题);一个单位的职工,有的经常读报,有的偶尔读报,有的从不读报(第二个问题);如果被调查者选择赞成,究竟是赞成推进惠民服务还是推进乡村治理?(第三个问题)。这样,对上述问题的任何回答,都可以说是对的,也可以说是错的。

因此,在问卷调查时应避免出现此类问题或者将之拆解为两个单一性问题,否则调查问卷会失去原有的效度。

（三）通俗性原则

通俗性是指问题的表述要通俗，尽量使用大众化语言，不要使用被调查者陌生的语言、概念，更不要使用专业术语。

例如，2020年中国家庭追踪调查问卷中第A3题"您家最主要用哪种水做饭?"，通俗易懂。

（四）准确性原则

准确性是指表述问题的语言要准确，不要使用模棱两可、含混不清或容易产生歧义的语言或概念。应该避免使用"也许""好像""可能"这些模棱两可的词语。对"经常""有时""偶尔"这些含混不清的词语应做具体说明，如"经常"指每周一次或更多，"有时"指每月一至二次，"偶尔"指每季一次或更少，等等。对于"先进企业""落后单位""收入"这些容易产生歧义的概念，都应该给出明确的操作化定义。

例如，2008年中国家庭动态调查村/居问卷中第3.5.5题（略有改动）"这些医疗人员中有多少（百分比）的人接受过专门教育（受过中专或以上的正规教育）?"，其中，对"专门教育"进行了清晰的界定，即受过中专或以上的正规教育。

（五）简明性原则

简明性是指表述问题的语言应该尽可能简短、明确，而不要冗长、啰嗦。实践证明，简短、明确的问题，回答率和有效率一般都较高；冗长、啰嗦的问题，被调查者很难抓住要点，不仅回答率、有效率大幅下降，而且往往出现答非所问的情况。

例如，2020年中国土地调查农户问卷K1-01—K1-05题（略有改动），问题简短明了。

编码	您对以下乡村振兴方面的满意度	选项	填写
K1-01	对本村产业兴旺（产业布局、产业发展活力、带动农村居民就业等）程度的满意度	1=非常不满意 2=较不满意 3=一般 4=较满意 5=非常满意	
K1-02	对本村生态宜居（村容村貌、生活便利、污水与垃圾治理、空气质量等）程度的满意度		
K1-03	对本村乡风文明（乡村思想道德建设、义务教育质量、村综合文化服务中心服务质量等）程度的满意度		
K1-04	对本村治理效果（村领导能力、村内治安管理、村务公开等）的满意度		
K1-05	对自己家庭生活富裕（住房面积、可支配收入等）程度的满意度		

(六)客观性原则

客观性是指表述问题的态度要客观,不要用诱导性或倾向性语言。

例如,“您喜欢教师这一受人尊敬的职业吗?”“多数青年人认为‘没有爱情的婚姻双方应该离婚’,您同意吗?”。这种表述方式,包含了明显的倾向性或诱导性,被调查者往往在趋同心理支配下作出肯定回答,但这些回答却不一定是自己的真实看法。应该将上述问题改为:“您是否喜欢教师这一职业?”和“您认为没有爱情的婚姻双方应该离婚吗?”。

另外,在问题的表述中要避免出现那些有权威的、享有盛誉的人或机构的名称,更不要直接引用他们的原话。

例如:“孔子说‘己所不欲,勿施于人’,您认为对吗?”和“党中央号召‘创建节约型社会’,您赞成吗?”对于这类问题,被调查者一般很难作出否定的回答。在表述问题时,可以将权威人士或机构隐去直接提问。

(七)肯定性原则

肯定性是指要避免使用否定形式或双重否定形式表述问题。由于人们一般都习惯于用肯定形式提出问题和回答问题,因而用否定形式表述问题往往会造成一些理解误解而产生测量偏差。

例如:“您是否赞成在公共场合不抽烟?”回答“是”的人,很可能是不反对在公共场合抽烟的人;回答“否”的人,则可能是反对在公共场合抽烟的人。如果改为“您是否赞成在公共场所禁烟?”大概就不会产生上述误解了。

(八)委婉性原则

委婉性是指对于涉及个人隐私、个人利害关系、社会禁忌等敏感性强的问题,在表述方式上要做些减轻敏感程度的特殊处理,以便被调查者易于面对这些问题。

例如,当询问家庭积蓄情况时,可以进行假设提问,“如果从现在开始您家庭将没有任何收入,以您家庭的生活积蓄和现有的生活水平,大概可以维持几个月?”。通过假设法将一个敏感的问题转化为不敏感的容易回答的小问题,以了解被调查对象的情况。

四、问题的排序原则

问卷中问题的排序不仅会影响被调查者对问题的回答,还会影响问卷整理工作的顺利进行。在问题排序时,同一类的问题或具有相似特征的问题应当放在一起,方便被调查者思考、回忆。此外,问题的排序还应遵循以下原则。

（一）先容易后复杂

为了让被调查者乐于配合完成问卷，应将容易的题目设计在问卷的前面部分，复杂的问题放在问卷的后面部分。这样，可以给被调查者一种轻松的感觉。若第一道问题较难，被调查者难以应答，容易产生畏难情绪，不愿继续作答，同时也不利于调查员向被调查者提问。一般地，将公开性问题以及现状性问题放在问卷前面部分，将记忆性问题以及思维性问题放在问卷后面部分，有利于提高被调查者回答问题的准确性。

例如，2008年中国家庭动态调查村/居问卷将被调查者基本信息填写放在首要位置，然后是与调查主题相关的问题，最后是需要思考的基准测试。

（二）先一般后敏感

调查员与被调查者短时间地相处，难以建立信任。若此刻调查员提及敏感问题，触及伦理、道德、政治态度、个人隐私等方面，被调查者可能会对此次调查产生疑问，以致产生反感，难以如实回答问题甚至不愿作答。因此，应将一般性的问题放在前面，敏感性问题安排在问卷后面，有助于打消被调查者的疑虑。

例如，2008年中国家庭动态调查村/居问卷将健康问题安排在后面，把与教育、职业相关的问题安排在前面。对于一般被调查者来说，涉及教育与职业的多数问题为常规性问题，而个人健康问题可能属于个人隐私的一部分，他们不愿也不会轻易告诉陌生人。

（三）先封闭后开放

在问题编排上，应把封闭式问题放在前面，把开放式问题放在后面，同时应尽量减少开放式问题的个数。

例如：2018年中国综合社会调查调查问卷在调查居民对能源支付的意愿时，将封闭式问题安排在开放式问题前面。这是因为回答开放式问题比回答封闭式问题需要更多的思考和书写，如果把开放式问题放在开头，被调查者会产生畏难情绪，不愿继续完成问卷。封闭式问题的答案较为固定，一般不需要经过太多的思考便可以作答，绝大多数被调查者都能快速回答。一般地，被调查者在前期已经配合完成封闭式问题后，都会尽力完成问卷结尾处的开放式问题。

（四）逻辑优先

问卷中问题的编排应遵循逻辑要求，将有逻辑联系的问题编排在一起，方便被调查者作答。同时，将较为复杂的问题按照逻辑分散在问卷的不同部分，问题之间跳转不宜过于频繁。在综合性问卷中，一般通过过渡性问题实现模块与模块之间的连接或直接给每一模块拟定小标题从而保证问卷问题的连贯性、层次性与逻辑性。

例如，2008年中国家庭动态调查家庭问卷分为五个模块，每个模块均含有标题，如“基本信息”“日常生活”“家庭住房”“家庭经济”“农业生产”等。

五、答案设计的原则

问卷中问题答案的设计是一个科学编码的过程，答案设计直接关系到被调查者的作答，进而影响问卷调查工作的开展。故问卷设计者在设计答案时应保持谨慎，需要遵循以下原则。

（一）简洁性原则

为了便于被调查者理解和作答，提高问卷的回答率，答案内容需简洁明晰，避免使用冗长和纠缠不清的语句，让被调查者过多思考而耗费精力。此外，答案选项也不宜过多。答案选项设置过多，容易造成被调查者疲于记忆答案，失去作答耐心。如果问题答案选项过多，可设计主要的答案，然后再设计一个概括性答案“其他（请说明）”。

例如，2020年中国土地调查农户问卷中第G3-04题在询问农户家庭饮用水的获取方式时，罗列了4个答案备选项，但仍不能涵盖所有答案，因此，在备选答案中设计了“其他”选项以备调查者对象选择。

您家的饮用水是通过什么方式得到的？

1.室内自来水；2.院内自来水；3.院内井水；4.矿泉水；5.其他，请说明

（二）相关性原则

相关性原则即设计的答案和问题需要一一对应，且与问题相关，不能答非所问。若设计的答案南辕北辙，则被调查者会质疑问卷的可靠度，可能造成被调查者放弃作答或随意作答，从而降低问卷的质量。

例如，2013年中国社会状况综合调查问卷询问有工作的被调查对象的工作状况时，设计的答案包括：(1)目前只从事非农工作；(2)目前以从事非农工作为主，但同时也务农；(3)目前以务农为主，但同时也从事非农工作；(4)目前只务农。设计的答案紧扣问题，符合相关性原则。

(三)穷举性原则

穷举性原则即设计的答案选项必须穷尽所有的可能,使被调查者有答案可选。若出现列举不全的情况,可能会造成被调查者难以回答而放弃作答。一般地,为防止出现遗漏答案,在设计答案选项时会设计"其他"选项以便被调查者补充答案,但若作答"其他"选项的被调查者人数过多,则要进一步思考答案设计的合理性。

例如,2020年中国家庭追踪调查问卷中第GD2A题,在设计关于工作获取方式问题选项时,在列举了一系列方式后,仍不能穷尽所有方式,所以在答案中设计了"其他"选项以便被调查者选择。

为获得这份工作尝试过哪些求职渠道?【可多选】您是通过何种途径获得这份工作的?

1. 自己直接与用人单位联系;2. 职业介绍机构、招聘广告、自己登求职广告,或参加人才交流会/招聘会;3. 国家分配/组织调动;4. 亲戚、朋友或熟人介绍;5. 学校就业指导机构,或学校推荐;6. 其他(请注明)。

(四)互斥性原则

互斥性原则即设计的答案选项必须是互斥的、独立的,即答案选项之间不能出现相互包含或交叉重叠的情况,不能出现有相同层次意义的答案选项。对每个被调查者来说,只有一个答案选项符合他的意愿。若出现在意义层面上的相同选项,会使被调查者在选择时无所适从。

例如,2018年中国综合社会调查居民问卷中第E3题询问"该住房的建筑年代是?"设计的答案包括"<1950、1950—1959、1960—1969、1970—1979、1980—1989、1990—1999、2000—2009、2010及以后",如果被调查对象不知道具体年份,还设置了"无法回答"的选项。所设置的答案之间符合互斥性要求。

(五)准确性原则

准确性原则是指设计的答案是准确的,有时还必须有统一的计算方法。做经济调查应根据不同的实际需求,对准确性提出不同要求。以"生产总值"为例,对户、村一般可以"百元""千元"为单位,对乡镇、县市可以"万元"为单位,对省、市则可以"亿元"为单位。一旦确定了具体要求,就应力争做得准确一些。

例如,2020年中国土地调查农村住户个人问卷中收入是以"元"为单位。

六、答案设计的注意事项

（一）简单明了

答案选项不宜太多，答案内容不宜复杂。由于被调查者记忆答案的能力有限，应科学安排选项个数。一般答案选项不超过9个，如果设置过多选项会使被调查者产生厌烦情绪，影响作答。多项选择题中的中选答案数要少于备选答案数，一般以5选2或7选3的比例安排答。再者，答案的内容不能出现含糊的词语。

例如2020年中国土地调查村庄问卷中第H2-26题：本村对村民随意排放生活污水采取了哪些监督措施？（可多选）

1=罚款；2=村干部或村委会委托人监督；3=有村规民约监督惩罚；4=没有监督措施；5=其他，请注明

该题设置4个常见备选项，选项个数安排合理。同时为了保证穷举性原则又不过多罗列选项，还设置了“其他”选项以便被调查者作答。

（二）设置中立选项

设计客观题答案时，为避免“非黑即白”的情况，在答案中应设置中立的选项，避免不愿表态的被调查者被动作出不符合心意的选择。可将答案设计成有梯度的选项，同时注意从强到弱或从弱到强依次排列梯度答案并且这些答案要具有对称性。

例如2018年中国综合社会调查居民问卷社会态度模块第A36题：

总的来说，您觉得您的生活是否幸福？

1.非常不幸福　2.比较不幸福　3.说不上幸福或不幸福

4.比较幸福　5.非常幸福　6.不知道　7.拒绝回答

（三）合理划分层次

定距问题反映的是答案间的程度差异。因此，在设计定距问题时各档之间的数字应能够恰好衔接，无重叠和中断的情况。尽量使各档的间距一样，划分的档次不宜过多，每一档的范围不宜过宽，在大多数的区间内合理分档，对于两端较为极端的则设计成开放式。

例如2018年中国综合社会调查居民问卷中第A32题：

在过去一年中，您有多少个晚上是因为出去度假或者探亲访友而没有在家过夜？

1.从未；2.1—5个晚上；3.6—10个晚上；4.11—20个晚上；5.21—30个晚上；6.超过30个晚上；7.不知道；8.拒绝回答

（四）排列方式科学

答案选项的排列顺序往往会影响被调查者的选择。对于同一个维度的题目，正向题目（答案递增排列）与逆向题目（答案递减排列）都要有。对于叙述性的题目，可以有意将各个选项随机打乱，使被调查者在阅读题目时能更多地思考。

第四节 访谈提纲的设计

一、访谈提纲的概念

访谈提纲（Interview Outline）是收集案例资料时访问员向被访者提问的大纲。优秀合理的访谈提纲往往是访谈成功的重要保证。访谈时如果有细致、周密的访谈提纲，访谈就有据可依，当被访者讲述杂乱无章时，访问者可以根据访问提纲及时给予适当的控制，以使访问活动顺利进行。无论是结构式访谈还是无结构式访谈，事先都需准备一个访谈提纲，其目的是提醒访谈者不要在访谈中遗漏了重要内容，也有利于被访者回答问题。

二、访谈提纲需要明确的事项

（一）访谈时间

访谈时间的选择因被访者而异。一般要求在被访者空闲时和心情舒畅时进行访谈。如果是去被访者家中访谈，不仅要避开被访者农务繁忙的时候和家庭生活不便打扰的时候，还需要考虑被访者何时在家，尽量选择被访者空闲时间进行访谈。如果访问农户,准备在农忙的时间段进行访谈,则需要考虑访谈是否会严重影响到被访者。在进行集体座谈时,时间的选择更有特殊意义,因为必须考虑到多个被访者的时间安排。访谈的时间长度应根据内容而定,有的学者提出每次在30—90分钟,也有学者提出应在一个小时以上,不过最好在两个小时内完成。

(二)访谈地点

访谈地点的选择要从方便被访者的角度考虑,尽量避免嘈杂的环境,以安静舒适的环境为最佳。但一般访谈地点的选择与被访者的职业、身份有关联。例如,访问农户,访谈地点通常选择在农户住宅内,访问乡村干部可在村委会。访谈地点的选择应能够使被访者感到放松,思路开阔,并且有利于访谈的进行。

(三)访谈目的

访谈与日常谈话有很大区别,访谈是有目的的谈话,是为了获取与研究主题有关的信息和资料进行的一项活动。访谈是一种最普遍的收集资料方式,常用于探索性研究,它具有很大的灵活性,既可以对问题进行深入的了解,又可以有效地控制交谈的过程。访谈需要紧紧围绕研究主题,如果访谈内容偏离了访谈目的,不仅耗费了人力、物力、财力,而且也不能获取研究所需的资料。因此,访谈目的应与调查者的研究目的一致,访谈过程也应围绕着研究目的展开,并引导被访者围绕访谈目的完成访谈内容。例如,针对农村养老机构专业人才队伍现状的访谈提纲应围绕农村养老机构专业人员数量、素质情况、人才招聘以及专业培训等方面进行设计。

(四)访谈方式

访谈方式按研究者对访谈结构的控制程度可分为结构式访谈、无结构式访谈和半结构式访谈。结构式访谈是指访问者根据事先设计好的有固定格式的提纲进行提问,被访者从问卷答案中选择。结构性访谈信息指向明确,谈话误差小,但其灵活性差,对问题研究不够深入。无结构式访谈是指事先不制定详细的访谈提纲,也不规定访谈的程序,由访谈员按一个粗线条的访谈提纲与被访者交流。这种方式能深入了解被访者的信息,被访者也可以自由地表达自己的见解,但访谈缺少完整的结构,容易遗漏调查内容。半结构式访谈介于结构式访谈与无结构式访谈之间,兼具两者的优点,既可以避免结构式访谈的呆板,也可避免无结构式访谈的缺陷。访谈方式的选择可按照调查研究的目的来确定。

一般地,探索性研究通常选择无结构式访谈,而要快速了解较多人的态度时通常选择结构式访谈。最常用的访谈模型是“心理动态”模型,其假设如下:参与者认为访谈者想听到什么或他们(指参与者)“应该”说什么支配了公开陈述的可能合理性。这种访谈方式鼓励参与者进行深入谈话并详细描述他们的体验、态度和意见,以及他们的想法和感受。如图6-9所示。

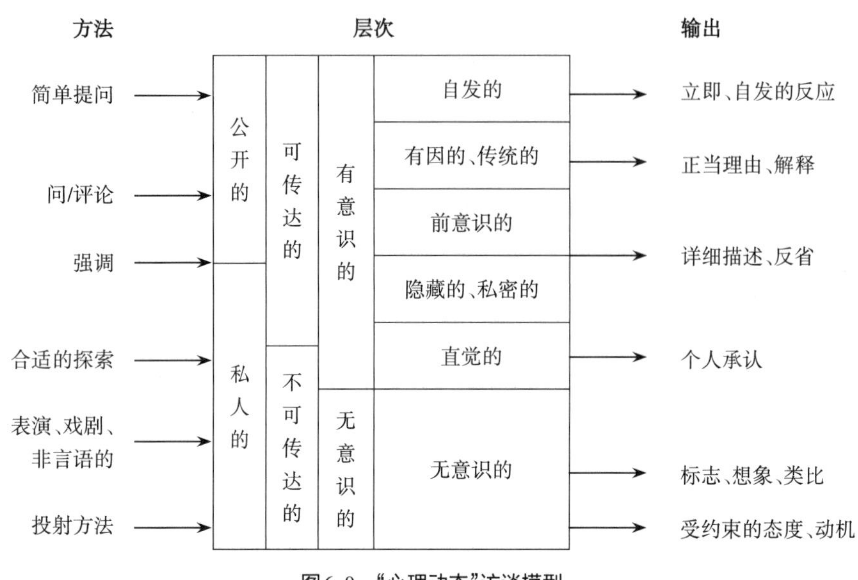

图6-9 “心理动态”访谈模型

资料来源:COOPER P, TOWER R. Inside the consumer mind: consumer attitudes to the arts[J]. Journal of the Market Research Society, 1992, 34(4): 299-311.

(五)访谈对象

选择访谈对象首先应考虑调查研究的目的,然后确定访谈调查的总体范围,再在总体范围内通过合理抽样,选择调查研究所需访谈的对象。选择访谈对象时,还要了解访谈对象的有关情况,如访谈对象对访谈内容的了解程度,访谈对象的性别、年龄、职业、经历,访谈对象是否重复参与访谈,同时也要考虑调查研究的人员、时间、经费等。

三、访谈提纲设计的程序

(一)确定访谈主题和对象

访谈是收集资料的一种方式,如果缺少访谈主题,访谈就会漫无目的,也无法收集到与研究目的相关的信息。因此,在访谈中,明确访谈主题是十分重要的。访谈者在访谈准备阶段应围绕着访谈主题进行相关背景的调查并收集有关的背景资料,这样才能在访谈中自然地与被访者交流,启发和引导被访者的回答向自己需要的方向发展。访谈主题的选择力求简明、集中。选择对象主要根据研究的目的,通常也会考虑访谈对象的认知能力和表达能力。一般地,无结构式访谈常常选择具有典型性的访谈对象。

(二)确定访谈问题的范围

在确定访谈问题范围时,要紧紧围绕访谈的主题展开,将访谈的主题细分为若干个具体的内容,再根据这些内容设计出相应的问题。可以将问题按照重要程度、使用频次从高到低、从简单到复杂进行排序,从简单具体可感知的地方入手,逐步深入,让被访者逐步进入状态。访谈通常从一个非常明确的问题开始,然后过渡到通用型问题。当然,问题的选取不仅需要围绕访谈主题展开,还应充分考虑到被访者自身的特征。

(三)设计具体的访谈提纲

在确定访谈主题、对象以及访谈问题的范围后,访谈者即可根据细分的访谈内容,设计出具体的访谈提纲。问题提纲要抓住核心问题,开门见山,切中要害,由浅入深,发掘未知的细节。此外,还考虑提纲中问题的排序是否合理,是否符合逻辑。一般,首先提出事实性问题,然后是情感、态度类的问题,最后才是敏感性问题。只有提纲中的问题安排合理,逻辑性严谨,环环相扣,才能深入挖掘事件的本质,更好地实现访谈目标。一份好的访谈提纲应与访谈主题密切相关,适用于被访者,具有可操作性。

四、访谈提纲设计的注意事项

(一)问题避免前提假设

访谈应从简短的中性问题开始,提纲中的问题应该比较开放,不要对被访者有既定的前提假设。如果我们对被访者做一些预设,即认为被访者具备某一特征或了解某些情况,在此基础上进行提问就难免在真实访谈中出现尴尬的情况,会造成被访者和访谈者无所适从,也会遗漏一些信息。例如,对大学新生的访谈,可以从“你对刚刚开始的大学学习生活感觉如何?”这个问题开始,而不是按照自己的想法,认为新生不适应大学生活,提出“你对大学的学习生活有什么不适应?”这类问题。

(二)问题需简明具体

在保证访问提纲能够涵盖研究主题的情况下,问题设计也应简洁明了,使被访者能够听懂,宜采用生活化语言进行提问。如“为成绩而学习社会化成了为薪水而工作吗?”问题,可转化为“你曾经因为获得好成绩而得到奖金吗?”以及“你认为金钱与成绩之间有关系吗?”等问题。另外,在提问时,尽量避免使用“为什么”“怎么回事”等带有审视压迫性的词语。

（三）问题应避免低效率和带有诱导性

对于访谈提纲所列出的问题，应确保被访者能够有效回答。对问题的提法及访谈过程中对被访者所谈的观点要保证客观中立的态度，以使被访者不受访谈者的影响，能够将他最深层次的想法、情感、行为等毫无顾忌地表达给访谈者。在访谈过程中，为了获得深入的信息，访谈组织者可以利用一些简短的提问引导被访者继续思考，给出更丰富的信息，如“这是什么原因造成的？”。

与调查问卷设计类似，访问提纲的设计工作并非一蹴而就，有条件的话可以进行小范围的预访（或试访），挑选与被访者相类似的群体进行预访，结合访问过程中被访者回答问题的状态和回答结果决定哪些问题需要调整，哪些问题需要舍弃，从而进一步完善访谈提纲。对同一个访谈者，可以根据前一次的访谈情况设计下一次的访谈提纲，或根据对前一位被访者的访谈情况修改下一个被访者的访谈提纲。

思政内容提要

通过让学生掌握调查问卷和访谈提纲的基本设计程序，并在预调研中不断完善调查问卷和访谈提纲，不断提高调查问卷和访谈提纲的质量，培养学生精益求精不懈追求的精神，提升学生的实践动手能力，使其养成求真务实、勇于探索、严谨治学的科研品质。

在调查过程中遵守统计调查的职业道德规范，即：忠诚统计，乐于奉献；实事求是，不出假数；依法统计，严守秘密；公正透明，服务社会。

在问卷设计与展开农村经济发展调查过程中，培养学生的团队协作、吃苦耐劳的优良品质，使其深刻领悟学问不贵空谈而贵实行、学问必须躬行方有益的精神内涵。

本章小结

调查问卷是调查者收集资料的一种书面询问表，该表由一组与研究目标相关的问题组成。一份调查问卷通常由标题、封面信、指导语、甄别问卷、问卷主体、编码以及其他材料七个部分构成。

调查问卷的设计应遵循目的性、逻辑性、客观性、通俗性、方便性以及适宜性原则。调查问卷设计是一个繁杂的过程，主要分为以下几个步骤，分别是准备工作、探索性工作、概念操作化定义、设计调查问卷初稿、专家咨询和反馈、问卷试访和修改以及问卷定稿。

在设计问卷问题时，要遵循目的性、效用性和理解性原则，问题的语言表达需要遵循具体性、单一性、通俗性、准确性、简明性、客观性、肯定性和委婉性原则。在设计问题的答案时，则要遵循简洁性、相关性、穷举性、互斥性和准确性原则。此外，还要对问卷的排版以及模块进行合适的安排。在问题的编排顺序上要注意先容易后复杂、先一般后敏感、先封闭后开放、逻辑优先的原则，以求达到逻辑上合理，卷面上整齐、美观。

通过问卷信度与效度两个指标，我们可以判别问卷测量的信息是否可信，是否测量出调查者想要测量的东西。此外，设计出一份高质量的问卷需要问卷设计者保持严谨的科学态度，精益求精，同时还要具备语言运用技巧以及社会研究基本常识，要在实践中学习设计问卷，也要在实践中检验问卷的质量。

访谈提纲是收集案例资料时向被访对象提问的大纲，它是访谈成功的保证。访谈提纲需要明确的事项包括访谈时间、访谈地点、访谈目的、访谈方式和访谈对象。设计访谈提纲是访谈调查前必做的准备工作，它是进行访问的依据。编制访谈提纲首先要确定访谈的主题和对象，然后确定访谈问题的范围，最后设计具体的访谈方案。在设计提纲时问题应简明具体，避免前提假设、低效率、有诱导性。

关键术语

调查问卷 Questionnaire

标题 Title

封面信 Cover Letter

指导语 Guiding Words

甄别问卷 Screening Questionnaire

编码 Coding

概念操作化 Operationalization of Concepts

访谈提纲 Interview Outline

思考练习

1. 什么是调查问卷？调查问卷由哪些部分组成？

2. 调查问卷设计的步骤包括哪些？

3. 调查问卷中的问题与答案设计的注意事项有哪些？

4. 如何提高调查问卷的质量？

5. 设计访谈提纲的注意事项有哪些？

实践练习

(1)以小组为单位,针对已经确定的农村经济发展调查主题,设计调查问卷,在进行预调查的基础上修改完善调查问卷,讨论如何提高调查问卷质量。

(2)以小组为单位,针对已经确定的农村经济发展调查主题,设计访谈提纲,在进行预调查的基础上修改完善访谈提纲,讨论如何提高访谈提纲质量。

第七章

调查中的测量及其指标设计

社会调查的目的在得到事实的真相。①

——晏阳初②

一个普遍化科学的精确之路就是量化，这是寻找与定理相联系的公式的一个必然步骤。③

——伊曼纽尔·沃勒斯坦④

问题导读

在问卷调查中，每一个题项的设计都承担着对各类农村社会经济发展问题或现象的属性、类别、数量进行测量的作用，从而达到对农村社会经济发展问题进行定性和定量的判断和分析的作用，使研究者对于问题或现象的认识更加准确。农村经济发展调查中的测量方法有哪些？如何提高测量的信度和效度？测量的指标和量表如何设计？对本章的学习有助于理解问卷调查中量表设计的内涵与原则，树立严谨科学的问卷调查的测量指标设计意识。

---

① 李景汉.定县社会概况调查[M].上海：上海人民出版社，2005：(晏序)2.

② 晏阳初，中国平民教育家和乡村建设家，致力于平民教育70余年，被誉为平民教育之父，与陶行知先生并称“南陶北晏”，主要著作有《平民教育概论》等。

③ 伊曼纽尔·沃勒斯坦.否思社会科学：19世纪范式的局限[M].刘琦岩，叶萌芽，译.北京：生活·读书·新知三联书店，2008：115.

④ 伊曼纽尔·沃勒斯坦(Immanuel Wallerstein)，美国著名历史学家、社会学家、国际政治经济学家，新马克思主义的重要代表人物，世界体系理论的主要创始人，主要著作有《否思社会科学：19世纪范式的局限》等。

学习目标

★知识学习:

(1)了解农村经济发展调查中的测量。

(2)掌握量表设计的基本类型和方法。

(3)掌握量表测量的信度和效度及其之间的关系。

★能力提升:

(1)增强农村经济发展调查量表设计的能力。

(2)具备提高测量信度和效度的能力。

(3)提升农村经济发展调查的测量指标设计的能力。

★价值形成:

(1)树立科学严谨的量表设计观念和意识。

(2)养成缘事析理的测量指标设计习惯。

(3)培养严谨细致和求真务实的科学精神。

知识结构

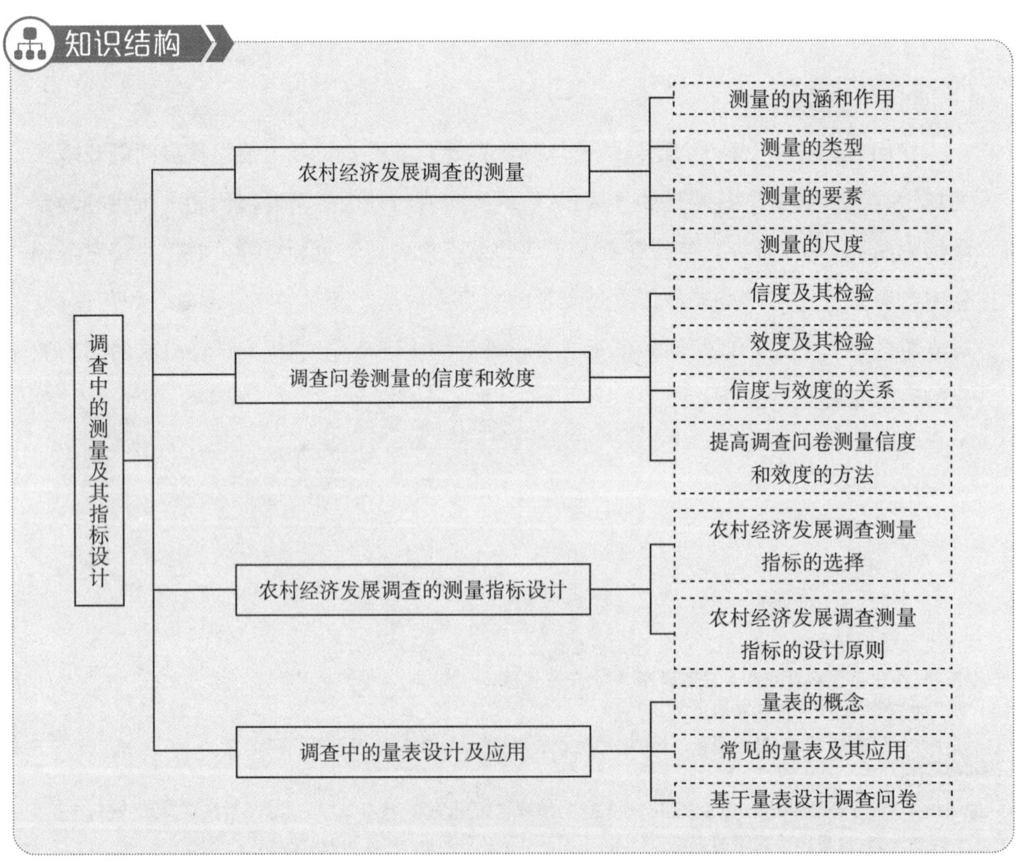

第一节 农村经济发展调查的测量

一、测量的内涵和作用

（一）测量的内涵

测量（Measurement）体现在生活中的方方面面。当我们走在马路上碰到一个水坑，试图跳过去的时候，我们会用眼睛目测水坑的宽度，以决定我们要用多大的力气跳过去，此为眼睛对距离的测量。当然，这种测量并不准确，于是人们发明了更为精确的测量距离的工具，例如尺子。在现实生活中，不仅有测量距离的工具，还有测量重量、体积等的多种工具，这些工具为准确地测量事物或现象提供了条件。

在农村经济发展调查中，测量也广泛存在。例如，利用数字工具来表述农村的人口数量、农产品产量、土地面积等。这些数字通常是很准确的，并具有实际的数学意义，比如50亩（1亩约等于667平方米）果园比30亩果园的面积更大，这种测量方式也被称为数值型测量。再如，利用数字代号也可以对某个事物或某种现象的某个方面进行测量。数字代号测量通常是按照一定的规则明确其规定的意义，来统一认识被测量的客体。如用"1"和"2"分别来测量人口性别，1表示男性，2表示女性，这时数字代号"1"和"2"仅仅是一个代号，而不具有数学意义，这种测量方式也被称为分类型测量。如用"1、2、3、4、5"分别测量农村老年人的幸福感，1表示非常不幸福、2表示比较不幸福，3表示一般，4表示比较幸福，5表示非常幸福，这种测量方式也被称为顺序型测量。总的来看，分类型测量和顺序型测量都属于定性测量，数值型测量属于定量型测量。

因此，测量可以被认为是"依据一定的规则，将某一社会经济问题或现象的属性或特征，用一定的数字或代号表示出来"的办法。在农村经济发展调查中，测量现象和问题的工具既可以是数字，也可以是代号；既可以用数字进行定量测量，也可以用代号进行定性测量。不论采用问卷调查方法还是案例访谈方法，都离不开测量。

（二）测量在农村经济发展调查中的作用

我们生活中使用的语言通常是含糊的，但是这并不会影响我们的交流。我们能理解这些话语："她是一个善良的人"，"他很值得信任"，"他文化程度很高"。但在社会科学的研究中"善良""信任""很高"都只是我们头脑中的印象和标签，具有不确定性，不同的学者对它的理解是不一样的，有些人的"信任"是信任对方的品行，有些人的"信任"还包括对能力、专业技能、彼此感情的考察。因此要研究某个问题，我们要把概念的含义明确下来，以确保所有人都能理解。

“善良”“同情心”这样的概念比较抽象，它没有颜色、形状和气味，我们看不见、摸不着、闻不到，要对抽象的概念进行测量，我们必须把它转化为可以观测的对象。经过从概念化到操作化的这样一个过程，抽象的概念就可以观察和测量了。因此，测量就是第六章第二节中概念操作化的实现路径。

二、测量的类型

测量有很多类型，根据不同的标准可以划分出不同的测量类型。农村经济发展调查中的测量活动可以做下列划分。

（一）根据测量的内容划分

根据测量的内容不同，测量可分为态度测量、行为测量、背景测量等几种不同类型。

1.态度测量

态度测量（Attitude Measurement）就是运用测量工具，对被调查者的态度进行测量。态度是指人们脑海中对某件事物或某个环境的认识、判断以及指导他们的反应、行动的某种状态。态度与个人的基本价值观和价值需要有联系，态度不同会造成自我卷入程度上的差异。态度不是直接观察到的，而是通过可见反应显示出来的。可见反应可区别为三类，即认知反应（同意或不同意）、情感反应（喜欢或不喜欢）和行为反应（支持或反对）。对态度进行测量，可以通过对上述任何一种反应或三种反应的组合的测量来实现。在农村经济发展调查中，对态度的测量是较为重要的内容。

2.行为测量

行为测量（Behavioral Measurement）就是运用测量工具，对被调查者在某些方面的行为习惯或行为特征进行客观的测量。农村经济发展调查中所指的行为是农户或组织的行为，这些行为往往取决于他们对待事物的认识与态度，也取决于他们内心深处的需求。例如，通过对行为的测量，可以分析行为的特征、影响行为的主要因素以及他们的态度。

3.背景测量

背景测量（Background Measurement）就是运用测量工具，对被调查者的有关背景信息进行测量。被调查者的个人背景主要包括自然背景和人文背景。自然背景是指被调查者的自然属性，被调查者的属性不同，其自然背景也会不同。如果被调查者是消费者，则其年龄、身高、性别等就属于自然背景信息；如果被调查者是企业，则其所属地区、企业规模等就属于自然背景信息。人文背景是指被调查者的一系列社会属性，例如对于消费者而言，其学历、职业、收入等就属于人文背景。

（二）根据测量的功能划分

根据测量的功能不同，测量可分为检验性测量与研究性测量两种类型。

1. 检验性测量

检验性测量（Detective Measurement）的测量结果用于对测量工具的信度与效度的检验。在农村经济发展调查中，往往会使用问卷进行测量，问卷中会设计各种测量工具，这些测量工具测量的结果是否具有稳定性和准确性，是需要检验的。这种检验一般要抽取一个小样本，对被调查者属性特征进行各种测量，再根据测量结果，运用统计方法检验测量工具的信度和效度。如果测量工具符合要求，则可在大规模正式调查中加以使用。

2. 研究性测量

研究性测量（Research Measurement）的测量结果用于对特定课题的分析与研究。研究性测量发生于正式调查之中，正式调查的结果将用于对特定课题中的各种问题进行分析，得出研究结论。研究性测量所使用的测量工具是经过检验符合要求的，对于达不到要求的测量工具，必须进行修改或重新设计。

（三）根据测量的标准化程度划分

根据测量的标准化程度不同，可分为标准化测量与非标准化测量。

1. 标准化测量

标准化测量（Standardized Measurement）就是对不同的测量单元采用统一测量工具，对其属性或特征进行测量。调查问卷中的封闭式问题就属于标准化测量。标准化测量所获得的结果具有确定性，数据格式相同，可便于统计处理与分析。

2. 非标准化测量

非标准化测量（Unstandardized Measurement）就是不采用统一的测量工具对不同测量单元的属性或特征进行测量。调查问卷中的开放式问题以及非结构式面访调查，都属于非标准化测量。非标准化测量的结果具有不确定性，往往数据格式不统一，不便于进行统计处理与分析。

三、测量的要素

农村经济发展调查测量是对具体的农村社会经济问题的属性或特征的反映。一般而言，在测量的时候要考虑四个要素，即测量的对象、测量的内容、测量的规则和测量的手段。

（一）测量的对象

明确测量的对象是谁、是什么，能够使测量具有针对性。在农村经济发展调查中，测量的对象一般可以分为几类。

1. 个人

例如，农民往往是农村经济发展调查中的主要测量对象之一。为此，我们经常要多角度、多层面地测量和反映农民的状况，从农民的衣食住行，到思想意识、行为特征等方面，都可以进行测量。

2. 组织

农村的组织包括农村基层组织、非政府组织、农业企业、社区组织、农户家庭等。非政府组织中的农民合作经济组织、环境保护组织等都可以成为测量的对象。虽然组织也是由个人组成的，但是针对组织的测量内容与具体个人的测量内容存在差异。

3. 事物

例如，关于农村土地、农村基础设施等的测量，就属于针对事物的测量。

（二）测量的内容

测量的内容是指调查所要反映的特定测量对象的属性或特征，也就是说，确定测量什么的问题。例如，针对农民的测量内容可以有很多方面，如农民的个人特征属性、农民的就业选择和行为特征属性、农民对待某一社会现象的态度和看法等价值特征属性等。

（三）测量的规则

测量规则是为了对测量对象的具体特征属性进行衡量而制定的，调查中普遍遵守的一致的规则。在农村经济发展调查中，这类规则是实现准确测量的基础。例如，测量农村住户的家庭总收入。在《中国农村住户调查年鉴》中，总收入的测量规则是：调查期内农村住户和住户成员从各种渠道得到的收入的综合。按收入的性质划分为工资性收入、家庭经营收入、财产性收入和转移性收入。测量规则实际上规定了如何进行某个特征属性测量的具体方法。只要依据统一规定的测量规则进行测量，无论调查人员是谁，调查所收集的资料将具有一致性、可比性、准确性。

因此在测量过程中，规定统一的测量规则是非常必要的。在问卷调查过程中，为了实现测量的一致性、可比性、准确性，问卷设计者必须对测量对象的测量规则进行界定，形成问卷调查中测量规则的指导手册，以方便调查员按照统一规则进行问卷调查。

(四)测量的手段

在农村经济发展调查中常用数字、文字、符号等表述测量结果。例如,我们可以用数字来表示农民的年龄和收入、家庭的人口数、耕地面积、农村社区距离最近批发市场的距离、被调查企业的财务状况等。虽然在进行量化处理的时候,研究人员经常会将文字表述的测量结果转化为数字形式,但是,这些转化只是为了统计分析需要,而不具有真正的加减乘除的算术意义。

四、测量的尺度

农村经济发展调查所涉及的对象、问题、现象及内容繁杂,其特征属性也各不相同。因此,为了更为准确地对社会经济问题进行测量,史蒂文斯在1951年创立的测量层次分类法得到了普遍的应用,这使调查研究人员可以对不同层次问题的测量进行分类把握,有利于调研人员有选择性地使用统计分析技术和方法。测量尺度(Measurement Scale)主要包括定类测量、定序测量、定比测量和定距测量四类,四者之间的关系如图7-1所示。

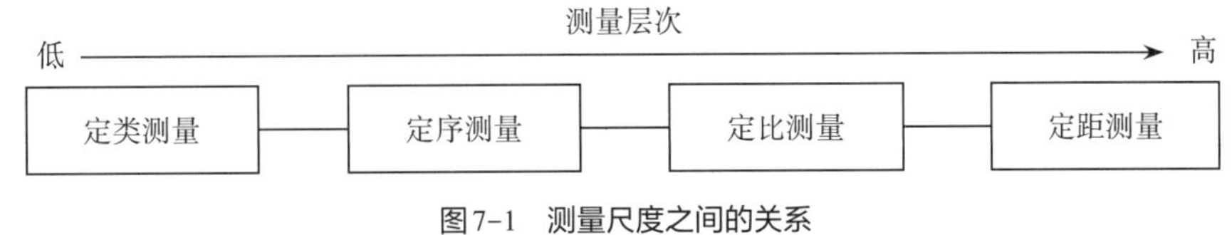

图7-1　测量尺度之间的关系

(一)定类测量

定类测量(Class Measurement)是指对测量对象某一特征属性划分类别,标以不同的名称或符号。定类测量的数学特性主要表现为“是”或“不是”,“属于”或“不属于”。在农村经济发展调查中,调查对象的性别、职业、婚姻状况、受教育程度、宗教信仰等特征的测量,都采用定类测量的方法。定类测量是测量分类中数学特性最低的一个分类,但是对于任何一个农村经济发展调查而言,划分类别都是最基础的工作,是其他测量分类的基础。

(二)定序测量

定序测量(Sequence Measurement)是指不仅可以对测量对象的某一属性特征划分类别,而且还可以将各个类别按照一定的标准进行排序。例如,测量农村人口的受教育程度,可以将“受教育”这一属性特征划分为文盲、半文盲、小学学历、初中学历、中专学历、高中学历、高职高专学历、大学本科学历、研究生学历等类别,并按照受教育程度由低到高的顺序进行排列。再如,测量农村家庭的收入水平,可以将“收入水平”这一属性特征划分为年收入在“1 000元以下、1 000—4 999元、5 000—9 999元、10 000—20 000元、20 000元以上”等类别。

定序测量，不仅可以反映测量对象所处的类型或阶段，而且还可以将他们所处社会经济地位、生产和生活水平、住房面积大小等进行等级排序。定序测量所体现的数学特性比定类测量要高，定序测量所获得的信息也比定类测量要多得多。为了进行定量分析，在处理定序测量分类的时候，研究人员习惯将每一个测量的类型按照顺序依次给予“1，2，3，4，5”等数字。这里需要注意的是这些数字仅仅代表各个分类的类型和顺序，而不具有实际的数学意义，不能进行加减乘除等数学运算。

（三）定比测量

定比测量（Ratio Measurement）是一种比例测量，其目标是进行数据的比例分析，是所有测量中数学特性最高的一类测量。所得到的数据可以进行数学运算。例如，农村人口的出生率、死亡率、离婚率、人口性别比例、收入增长率等。

（四）定距测量

定距测量（Distance Measurement）是指不仅可以对测量对象的某一属性特征划分类别、等级，而且还可以确定不同类别和等级之间的数量差异。例如，当调查收入特征的时候，A农户的年家庭总收入为5 000元，B农户的年家庭总收入为10 000元，这里可以清楚地确定两个农户之间的收入差距为“10 000-5 000=5 000（元）”。定距测量所体现的数学特性比定序测量又高一级，定距测量所获得的信息也更多一些，定距测量的数值往往具有真实的数字意思表示，可以进行数学运算。

以上四类测量的数学层次依次是由低到高、逐渐递升的。高层次的测量具有低层次测量的所有功能，在农村经济发展调查问题的研究中，要根据调查研究假设的需要，确定测量对象特征属性的数学特性，从而确定测量类型。

选择测量类型的基本规则是：在条件许可的情况下，要尽可能对调查对象进行高层次的测量。只要能够进行定比测量和定距测量，就一定要进行，而不用进行定序和定类测量，因为高层次的测量结果包含的信息多，可以转化成低层次的测量结果，而低层次的测量结果转化为高层次的测量结果的可能性就非常小。

第二节　调查问卷测量的信度和效度

一、信度及其检验

（一）信度的概念

信度（Reliability）是反映测量的稳定性与一致性的指标，即对同一个事物进行重复测量时，所得结果一致性的程度。一致性程度越高，说明测量结果越可靠，信度就越高；如果一致性很低，信度自然就低。例如，用一把尺子测量桌子的边长，第一次是120厘米，第二次测量是135厘米，两次测量的差别竟如此之大，我们一定认为这把尺子测出的长度很不可靠，或者说测量的信度不高。

问卷的信度是指问卷测量的可靠程度，如果一个问卷在测试的过程中不受调查对象情绪、态度的影响，也不受调查环境各种因素的影响，对同一组调查对象两次甚至多次测试的结果都一样，那么，该问卷的信度很高，反之则信度很低。问卷信度的高低，取决于我们对随机误差控制得如何，尽可能减少随机误差不仅是问卷设计时必须考虑的问题，也是整个调查过程中时时需要注意的问题。

对于信度的概念，应把握以下几点。

1.信度是指测量结果的可靠性

信度是指测量工具所测得的结果的可靠性，即前后两次测量的结果是否一致，而不是测量工具本身的可靠性。因此，我们不能说“该问卷是可信的”，而要说“该问卷测量得到的结果是可信的”。

2.信度是相对的

信度是相对的，问卷的信度高低受很多因素的影响。例如，一份问卷的项目越多，其信度也会越高，但是项目过多，会引起调查对象的厌烦，信度反而会降低。信度还与所选取的调查样本有关。不同的人对问题的答案的选择会有不同，信度也就会发生变化。例如，状态-特征焦虑量表（State Trait Anxiety Inventory，STAI）无论是对成人还是对儿童，在中国和在美国所测得的信度都是不同的。鉴于此，在我们进行某项调查研究时，即使采用的是前人编制或修订的量表，也不要完全相信所给出的信度说明，最好自己做测试，重新检验其信度。

3.信度和精度有差异

测量信度高与测量的精度高概念不同,可信程度高是说重复测量得到的数据的稳定性较高、随机误差小,精度高是讲测量的系统误差小,可信程度高不能确保其精度高。例如,一把钢尺每测量一米要比标准尺的一米短一厘米,那么,不论用钢尺测量多少次,测得的长度基本上是一样的,即这把钢尺的测量结果信度很高,但由于存在系统误差或称为偏差,钢尺测量的精度并不高。

(二)信度的检验

信度的检验通常用信度系数,一般地说,通常有5种信度系数,即再测信度系数、折半信度系数、克龙巴赫系数、复本信度系数和评分者信度系数。复本信度(Copy Reliability)系数和评分者信度(Scorer Reliability)系数并不完全适合用来考察调查问卷的信度。考察问卷的信度主要利用再测信度、折半信度和克龙巴赫 α 系数(Cronbach's α Coefficient)。复本信度也称为平行测验信度,是指在做一项调查时,设计两套问卷,其中一套为复本,这两套问卷在题数、形式、内容及难度、鉴别度等方面都必须一致,在此基础上考察一组被试在两套问卷得分的相关系数。评分者信度指的是多个评分者给同一批人的答卷进行评分的一致性程度。

1.再测信度

再测信度(Test-retest Reliability)是指用同样的问卷,对同一组被试进行重复测试,两次测试结果的相关程度。再测信度考察的是经过一段时间后问卷测量结果的稳定程度,再测信度越高,测量结果越一致,表明在调查环境中随机因素的影响越小。所以再测信度系数也称为稳定性系数,是一种外在信度。

再测信度可以通过两种途径进行考察:第一种途径是计算两次调查结果的相关系数,如果经过统计检验,相关关系显著,则问卷的信度高,否则,信度低。问卷的再测信度可以接受的标准是两次测试的相关系数在0.7以上。第二种途径是对两次重复调查结果进行两个相关样本差异的显著性检验,如果差异显著,则问卷的信度低,若不存在显著性差异,则问卷的信度高。

再测信度特别适合用于对事实进行调查的问卷,因为一些基本的客观事实或人的兴趣、习惯等都是相对稳定的,在短时间内不会有显著的改变。另外,如果我们要调查的是人们对某些问题(如国家新颁布的政策、近期发生的某些重大事件、某项改革的措施等)的看法,或是涉及人们的某些比较稳定的态度(如对家庭婚姻的态度、对独生子女教育的态度及学生的学习态度等),如果现实条件容许重复测量,而且没有相关的突发事件发生,对这类问卷采用再测信度也比较合适。

要注意的是，两次测试间隔的时间应该适中，时间过长容易受其他因素的影响，调查对象可能改变原来所选择的答案，导致问卷的信度降低；时间过短，调查对象可能对自己原来所选择的答案记忆犹新，导致出现两次测试分数高度相关的假象，造成信度假偏高。究竟时间间隔应多长为宜，要根据调查的目的和性质而定，一般最短不能少于2周，多数是在2—4周。

2.折半信度

折半信度（Split-half Reliability）是将调查问卷中每个维度的项目分成两半，如分为奇数题和偶数题，或者分为前后两部分，分别计算每个调查对象在这两部分上的得分之和，再计算它们的相关系数即折半系数。态度类问卷比较适合用折半信度，因为对这类问卷，我们往往采用利克特量表（Likert Scale），每个主题涉及多个正向及逆向题目，可以将每个维度中的题目按前后分或按奇数题和偶数题分为两部分。注意划分时在形式上和内容上两部分要尽可能对称，在题量上要尽可能相等。然后修改逆向题目的计分，便可计算两部分的折半信度。

3.克龙巴赫系数

克龙巴赫系数是由Cronbach提出的，它适用于多项选择题，而且对两部分分数的分布没有要求。克龙巴赫α系数是描述问卷内部一致性系数。它反映了问卷中各题项之间的相互关联程度。在社会科学的研究领域中，克龙巴赫系数是计算利克特量表信度系数最常用的方法。如果问卷或量表是由多个维度构成的，此时应分别计算各个维度的α系数。

二、效度及其检验

（一）效度的概念

效度（Validity）是指测量的有效性。问卷的有效性，即问卷是否测出了研究者想要测量的东西，所测得的结果是否能正确、有效地说明所要研究的现象。例如，要测量小学生的数学能力，却用英语出题，那么，当学生看不懂试题时就不可能给出解答，于是测验所得的分数难以评价小学生的数学能力，这样的试卷效度不会高。所以当我们查阅或设计一份问卷时，首先要考虑的是问卷的效度问题。

弗洛德·J.福勒（Floyd J.Fowler）曾说："调查所得的答案并非其本身使人感兴趣，答案的价值在于它能显示出一个可预计的令人感兴趣的客观事实之间的关系程度，好的问题能够使其答案与研究者试图测量的内容之间达到最大相关。"这里讲的就是效度问题。对于效度概念的理解，需要把握以下几点。

1.效度是相对的

效度是相对的,问卷的效度都与特定的情境有关,只有在具体情境下才能谈效度,而不能笼统地谈论某个问卷的效度。首先,问卷的效度是针对调查的具体目标而言的,同样一份问卷,用在不同的地方,就会有不同的效度。其次,将一份问卷用在不同的群体上,效度也会不同。所以,在评价问卷的效度时,必须考察问卷的内容与调查的目的是否符合,它的适用范围有多大,以此来判断调查结果能够在多大程度上实现调查的目的。

2.效度只能间接测量

问卷的效度不能直接测量,只能进行间接测量。效度包括两层含义,一是测量的是所要研究的概念而不是其他概念,二是该概念能够被准确地测量。如果我们需要测量的概念是农户对某商品价格的评价态度,而量表却是测量农户对某商品的喜欢程度,显然,对"商品价格评价态度"的测量不可能是准确的。如果问卷测量的概念的确是"对某商品价格的评价态度",且评价态度又被准确地测量出来,毫无疑问这个量表就有效。因此,运用具有较高效度的问卷所测量的结果在被调查者之间存在的差异,只反映了所测概念在属性与特征上的真正差异,而并不反映由于系统性因素与随机性因素导致的差异。

(二)效度的测量

从不同的视角考察问卷的有效性,就有不同种类的效度。根据美国心理学会1974年出版的《心理与教育测验的标准》,效度可分为内容效度、效标关联效度和结构效度三种。

1.内容效度

内容效度(Content Validity)是指测量问题在多大程度上代表了所要测量的全部内容,亦即测量目标界定内容范围内取样的代表性。调查问卷的内容效度是指调查内容的代表性,问卷的内容对所要调查的问题覆盖的程度。内容效度用于检验问卷的内容能否适当地测量出调查所要求测出的东西(包括态度和行为等),或者说问卷能否反映我们所研究的概念的基本内容。对于内容效度的评判,在社会科学领域内,往往是在施测之前由研究者或聘请相关的学者、专家依据一定的理论来进行判断。学者专家包括有实际工作经验者、有此相关研究经验者及有学术背景的学者等。因此,内容效度属于一种事前的逻辑分析或问卷合理性的判断。

在检查内容效度时,主要包括两个方面的问题:一是问卷本身所测量的是不是调查者所要测量的态度或行为,也就是说是否符合概念的操作化定义;二是这些问题是不是能够全面地反映操作化定义,即对操作化定义覆盖的面有多大。例如,要考察农业生产调查问卷中环境利用部分的内容效度,首先要看在环境利用部分的问题中,有没有与环境利用没有关系的项目,然后再考察环境利用部分的项目是不是包含了学生在学习过程中利用环境的方方面面(即取样的代表性)。

对于内容效度的检查,尽管在对某个问题进行研判时,往往是依据大多数研究者所接受的相关概念的定义,但由于每个人对所涉及概念的了解程度和理解的深度不一样,仍难免存在个人的主观判断误差。因此,应把内容效度视为保证问卷质量的一个必要条件,而不能把它视为充分条件,误以为内容效度高,问卷就一定很好。

2.效标关联效度

效标关联效度(Criterion-related Validity)指测量与外在效标间关联的程度,相关程度越高,测量的效标关联效度就越高。所谓外在效标,是检验效度的一个外在参照标准。例如,与调查问卷测试目的相同且具有良好信度与效度的其他量表、调查对象的实际表现等都可以作为外在的效标。于是可知,问卷的效标关联效度的视角与内容效度的视角完全不同,它是选择一个与调查问卷有直接关系的参照物作为独立标准,来考察所设计的调查问卷的效度。效标关联效度最常用的检验方法是计算两种测量工具得分的相关系数,即将目前所编制的问卷(或量表)测得的分数与外在效标测得的分数之间的相关系数作为效标关联效度,因此检查效标关联效度是一种属于事后统计分析的效度检验方法,故也称为实证效度(Empirical Validity)或统计效度(Statistical Validity)。

效标关联效度在很大程度上与所选取的外在效标及样本有关,因此有学者提出要从理论的观点来解释测量工具的效度,亦即对测量工具作出推断——它能够在多大程度上验证我们提出的理论构想,于是结构效度的概念应运而生。

3.结构效度

结构效度(Construct Validity)是指问卷或量表能够测量出其内在结构的程度,也称构想效度或建构效度。在测量中对结构效度通常给出的定义是:"测量在多大程度上正确地验证了编制测量的理论构想。"研究者在设计问卷或量表时,首先要根据文献资料和实际经验对问卷的结构提出某种理论上的构想,确定在测量某一社会现象时需要从哪些方面(即维度)考察,然后依据这一构想编制问卷或量表,并选取适当的调查对象进行测量,最后考察这份问卷或量表在多大程度上测出了所要测量的内容。例如,要编制一份考察农户生活满意度的问卷时,首先要考虑"生活""满意度"应包含哪些方面,即"生活""满意度"的内在结构是怎样的。

结构效度的着眼点是理论上的假设和对假设的检验,因此对结构效度的考察是一个过程。一方面,问卷或量表的设计必须以理论的逻辑分析为基础,另一方面,要根据实际所测得的数据通过逻辑或统计分析来检验理论的正确性,因而更加客观。

三、信度与效度的关系

信度和效度有关联也有区别。我们可以用打靶来比喻信度与效度,靶心是我们要测量的对象,信度就是弹着点在靶子上的密集程度,效度是弹着点在靶心周围的密集程度。下面介绍三种不同情况来描述二者之间的关系。

(一)有效度的测量一定是有信度的测量

如果靶子上的点比较集中,同时离靶心很近,就说明信度高且效度高,测量结果具有稳定性且测量正确,如图7-2(a)所示。

(二)有信度的测量不一定是有效度的测量

如果靶子上的点比较集中,但是偏离靶心,就说明信度高但效度低,测量结果具有稳定性但是测量不正确,如图7-2(b)所示。

(三)无信度的测量一定也是无效度的测量

如果靶子上的点比较分散,就说明信度较低,那么该测量方法不具稳定性和可靠性。同时,该测量的效度也比较低,如图7-2(c)所示。

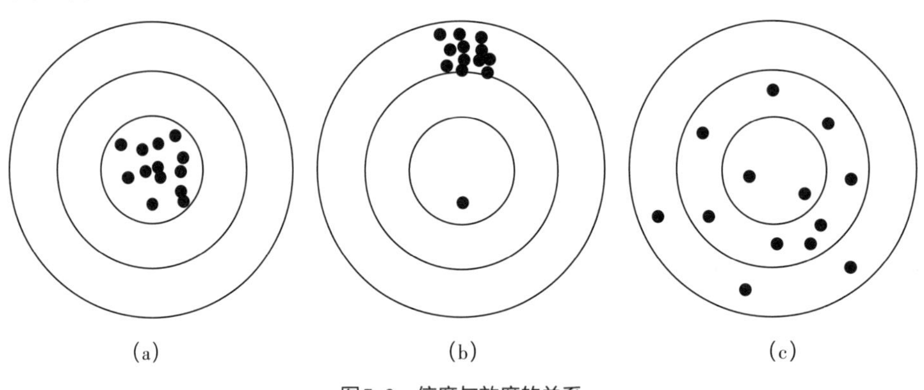

图7-2　信度与效度的关系

四、提高调查问卷测量信度和效度的方法

“工欲善其事,必先利其器”,要使调查研究取得预想的结果,首先要有高质量的调查问卷。下面,我们仅从总体设计思想上提出如何提高问卷的信度和效度的建议。

(一)围绕调查研究的目的和主题设计问卷

评价问卷的优劣,首先要看它的效度,即是否满足研究的目的和要求,看它所包含的问题与研究内容的关系是否密切。在问卷中,与研究目的和研究内容不相关的问题越多,调查结果中对研究有用的信息就越少,问卷的效度就越低。因此,调查目的和主题是问卷设计的灵魂,它决定了问卷的全部内容,设计问卷时必须围绕调查研究的目的和主题进行,问卷中的所有题目都与研究的问题直接相关,才能保证问卷的效度。例如,开展农业生产调查的目的是了解我国农业生产的现状,问卷设计的题目就要围绕农业生产的各个方面展开,包括农业生产的动机、目的、态度等,政策环境、市场环境、家庭生产条件及意愿等影响农业生产的各种主客观因素。

清楚地阐明研究假设,这是保证问卷有较高效度的基础。例如,我们希望通过调查来研究农村学生的学习策略与学习效果之间的关系,由于"学习策略水平越高,学习效果越差"的假设在现实中是不成立的,所以有以下两个研究假设:①学生的学习策略水平越高,学习效果越好;②学生的学习效果与学习策略水平没有关系。在设计问卷时,就要对"学习效果"与"学习策略"给出操作化的定义,编制相应的题目,设计好测量"学习效果"和"学习策略"的量表,同时必须考虑影响学习效果的其他因素,并将其作为控制变量加以测量。要做到围绕调查研究的目的和主题进行问卷设计,还必须对研究中所涉及的相关概念、理论有比较全面的了解,"理论在构建我们需要测量的问题的概念体系方面扮演着一个重要的角色,而且,任何科学领域所测量的东西都来自理论"。

(二)用认知科学等理论指导设计问卷

问卷题目中的措辞、题目的顺序、选项的等级或排序等因素及调查对象的社会期待、反应倾向等都会影响调查对象对问卷的问答。以题目顺序的实验为例:在国内,风笑天曾利用大规模调查的数据资料进行经验比较分析,结果表明,答案排列的不同顺序可能对回答结果造成影响,也可能不具影响。其规律是:对于客观性的事实问题、行为问题,答案的不同结果对调查结果没有影响;但对于主观性的认知问题、程度问题、评价问题,不同答案顺序所得的结果有明显不同。因此,为了减少问卷设计不当所引起的误差,提高调查数据的质量,需要了解调查对象在填写问卷时的认知过程和特点,在设计问卷过程中利用认知科学和社会科学领域的各种理论和方法来指导我们处理好影响调查结果的各种因素,诸如问题的界定与措辞、选项的提供与排序、问题顺序的编排等。

(三)以调查对象为中心设计问卷

调查过程是研究者与调查对象两者之间的一种社会交流与互动的过程,我们不能将调查对象当作被动提供资料的工具,应该将调查数据看成是研究者与调查对象共同建构的产物。整体设计法(FDM)创始者迪尔曼提出,依据社会交换理论,在调查过程中,调查对象最终是否愿意填写调查问卷,取决于两个因素:一是调查对象对于完成问卷可能需要的工作量多少的预想与感知;二是当完成问卷填写后,他所得到的回报。因此,要提高问卷的信度和效度,减少调查过程中产生的各种随机误差和系统误差。在设计问卷时,心中必须时时装着调查对象,设身处地为调查对象着想,创造各种条件,使调查对象能够准确地理解问题的含义,正确地填答问卷,积极地配合调查工作。

1.要量体裁衣,问卷要适合调查对象

要想使一份问卷适应一个成分混杂的总体是相当困难的,自填式问卷调查更适用于成分单一的总体。在设计问卷之前,必须对样本的构成有一个清楚的认识,在整个问卷设计过程中都要以这一特定的群体所具有的特征为依据。例如,对农村的农民群体、对城市的工人群体、对大学生群体的调查,即使是同一个研究主题,由于他们的文化程度、生活环境和生活方式、心理状态的不同,也要设计多份问卷,在问卷设计的风格、指导语的详略、使用的语言、提问题的难度与深度、体量的多寡上都要有所差异。

2.要将心比心,尊重并理解调查对象

“己所不欲,勿施于人”在问卷设计中同样适用。例如,作为调查者,总希望得到的信息越多越好,于是往往将问卷的题目设计得尽可能多。可是,任何人拿到一份包含几百道题目的问卷都会望而却步,产生厌烦心理或畏难情绪,这必然会影响填答的质量和回收率。所以,题目应该在满足研究需要的条件下越少越好,一般最好在20分钟之内回答完,最多不要超过30分钟。

(四)根据数据分析的内容和方法设计问卷

问卷设计直接影响调查结论的深度和研究价值,首先,如果我们对调查数据准备进行统计分析的内容与方法非常明确,那么就会在设计问卷时使研究变量达到所需要的测量水平,就会围绕所要进行的统计分析确定需要调查对象的哪些背景信息。否则信息不完备,变量测量水平不合要求,大规模调查所获得的宝贵资料将无法进一步研究开发,确实十分可惜。

其次,在设计问卷时,只有明确了要做哪些统计分析,才能确定各个变量的测量水平。总之,在设计问卷时,内容必须围绕调查研究的目的与主题,题目设计必须在认知科学等理论的指导下进行,必须从调查对象的实际出发,同时必须考虑统计分析的项目和所要采取的方法。可以说,树立这四个“必须”的观念是保证问卷质量的前提。

第三节　农村经济发展调查的测量指标设计

一、农村经济发展调查测量指标的选择

农村经济发展调查涉及的测量指标种类繁多，总的来看测量指标包括社会指标和调查指标。

（一）社会指标

社会指标是通过调查指标发展完善并抽象出来的、用以反映普遍社会状况或意义的项目或标志。调查指标在调查过程中获取数据的可操作性要强，而社会指标的抽象性要弱一些。很多调查指标的设计是在社会指标的基础上分解和细化出来的。例如，"土地产出率"作为一个衡量土地产出状况的社会指标，在进行调查的时候是无法直接获取得到的，因为这个概念是非常抽象的，调查对象对此概念无法理解，所以在进行调查的时候必须将此指标分解为可以操作的调查指标；"土地产出率"可以分解为"农地产量（值）"和"土地面积"两个调查指标，其数据获取要简单得多。

（二）调查指标

调查指标是指在调查过程中用来反映社会经济现象或问题的类别、规模、状态、水平等特性的项目。例如，姓名、性别、年龄、产值、产量、人口规模等，都是我们常用的调查指标。调查指标是农村社会经济现象或问题中的某一概念、某一内容的指示标志，表示的是经验层面的问题或现象。

二、农村经济发展调查测量指标的设计原则

（一）科学性

科学性是指调查指标的设计必须符合客观实际情况。不同的历史时期，人、事、物的概念也会随着社会经济的发展而发生变化。例如，毛泽东在《论人民民主专政》一文中指出人民在当时包括四个阶级：工人阶级、农民阶级、城市小资产阶级和民族资产阶级。而到了21世纪，社会阶层已经发生了改变，可分为工人、农民、专业技术人员、城乡个体户、私营企业主等。这种阶级分层的变化，意味着测量农村分层的调查指标的设计也要因时而异、因地而异。否则，就违背了科学原则。

(二)完整性

完整性,一方面是指调查指标的设计要能够全面、准确地反映调查对象的整体情况;另一方面是指单一调查指标的设计要全面、正确地反映调查对象的某一特征属性。调查指标要完备而不能残缺不全、有所遗漏,调查指标还要互斥而不能互相交叉、互相重复。例如,对于"婚姻状况"指标的设计,不能仅设计"未婚""已婚"两种选项,因为实际生活中还存在其他类型的婚姻状况,简单的两种答案是不够完全的。只有穷尽一切可能性,才算真正体现了完整性的要求。

(三)准确性

准确性是指调查指标的定义清晰,指标数据的计算方法和计量单位统一。例如,"农业总产值"这个指标的定义是用货币计算的农业产品总量,有的可以用"元"为单位,有的可以用"百元""千元""万元"为单位,有的甚至可以用"亿元"为单位。而且,我们还可以规定农业总产值的计算方法为:农业总产值=种植业产品总量×价格+林产品总量×价格+畜产品总量×价格+副业产品总量×价格+水产品总量×价格。统一规定的计算方法对定量研究"农业总产值"是十分重要的,有助于指标的计算和比较。

(四)简明性

简明性是指调查指标的设计要力求简单、明了,以能说明问题为原则。问卷所涉及的调查指标应该尽量简单,能够恰如其分地反映验证假设所需要的内容。在问卷中,并不是问题越多越好,而是在调查研究需要的基础上,尽量以简单为好,因为多一个指标,调查时的工作量会增加,同时在进行假设论证的时候就多一个变量,统计分析的工作量就会增加许多,所以选择恰当的、简明的调查指标是问卷设计中非常重要的一项技能。

(五)可得性

可得性是指调查指标的设计要根据实际情况,充分考虑资料的可获取性,特别是指标的设计要关注调查对象是否能够了解调查指标的意义,要关注被调查指标是否能够获得明确的答案。

第四节　调查中的量表设计及应用

一、量表的概念

(一)量表的定义

要测量某个事物,确定事物的量,必须先有一个具有单位和参照点的连续体,将被测量的事物置于该连续体的适当位置,看它离开参照点多少单位的计数,便得到一个测值,这个连续体就称为量表(Scale)。量表的基本含义是"测量的准尺",在对抽象的社会指标进行测量时,量表就是"测量的准尺"。例如,问卷中的题目——您认为自己的身体状况:(1)很好;(2)较好;(3)不清楚;(4)较差;(5)很差。5个选项就相当于尺子上的5个刻度,这就是常用的利克特五点式量表(总加量表),除了利克特量表外,还有古特曼量表(累加量表)、语义差异量表和社会关系量表等。使用这些量表可以测量各种不同的社会指标,这些量表将在后续的章节内容中进一步介绍。量表的另一含义是用来测量人们的态度、看法、意见、性格等内容的一种量化工具。

(二)量表的尺度

1.定类量表

定类量表也称类别量表或名义量表,是将调查对象分类,标以各种名称,并确定其类别的方法。它实质上是一种分类体系。一个定类量表的序号不反映事物所拥有的特性数量,而只是作为分类类别的标志。例如在识别顾客性别时,规定男性用"1"代表,女性用"2"代表。

2.定序量表

定序量表也称等级量表或顺序量表,是按照某种逻辑顺序将调查对象排列出高低或大小,确定其等级及次序的一种尺度。例如,请对海尔、格力、海信、长虹、TCL五个品牌的空调根据自己的喜好进行排序,5代表最喜欢,1代表最不喜欢。

3.定距量表

定距量表也称等距量表或区间量表,是一种不仅能将变量(社会现象)区分类别和等级,而且可以确定变量之间的数量差别和间隔距离的方法。等距量表包含顺序量表提供的一切信息,并且可以比较对象间的差别,它等于量表上对应数字之差。等距量表中相邻数值之间的差距是相等的,即1和2之间的差距就等于2和3之间的差距,等于5和6之间的差距。有关等距量表最典型的实际例子是温度计。

4.定比量表

定比量表也称比例量表或等比量表，是一种除有上述三种尺度的全部性质之外，还有测量不同变量(社会现象)之间的比例或比率关系的方法。定比量表是有相等的单位和绝对零点的。具有类别量表、顺序量表和区间量表的一切特性，并有固定的原点。因此，在等比量表中，我们可以标识对象，将对象进行分类、排序，并比较不同对象某一变量测量值的差别。测量值之间的比值也是有意义的。

(三)量表的类型

1.根据测量的变量数分类

根据测定变量数目的多少不同，量表可分为一维量表与多维量表。

一维量表也称为一元量表，是指用于测量被测对象单一特性的量表。如果一个调查问题只涉及调查对象的某一特征，例如，要了解消费者对某品牌商品价格的评价态度，就适合采用一维量表。有时，对被测对象就某一个概念或属性进行测量，这个概念或属性可能需要分解为多个问题，一个问题对应一个一维量表，就会形成一个一维量表的组合，来共同测量同一个概念或属性。例如要调查消费者对某品牌冰箱质量的评价态度，由于冰箱的质量这个概念可以分解为制冷效果、耗电量、安全性、容量等四个属性，于是就需要分成四个问题，每一个问题对应一个质量特征，需要分别使用四个平行的一维量表来测量。

多维量表也称为多元量表，是指用于测量被测对象多个特性的量表。如果调查的内容涉及调查对象多方面的属性或特征，就需要设计一组概念，从不同角度和不同方面对被测对象的特性进行测量，此时就需要使用多维量表。例如，要了解消费者对某品牌冰箱的质量、价格、外观、售后服务的评价态度，就涉及四个不同性质的概念，此时就适合采用多维量表来进行测量。多维量表中对每一个概念进行测量，有时只需要一个一维量表，有时可能需要多个平行的一维量表，形成一个量表体系。

2.根据测量方式分类

根据测量的方式不同，量表可以分为分等式量表与排列式量表。分等式量表是指被调查者在不参照其他事物的条件下，直接确定其对某事物或现象的态度等级。例如，在调查用户对某款手机APP使用方便性的评价态度时，可以使用分等式量表。

> 例如：您对××手机APP使用方便性的评价态度是：
>
> ①非常满意；②比较满意；③一般；④不太满意；⑤很不满意。

该例采用的量表就是一个分等式量表，数字1—5分别代表不同的态度等级。分等式量表属于定序量表，由于定距量表与定比量表均具有定序量表的特性，所以也都属于分等式量表的范畴。分等式量表在农村经济发展调查中被广泛地用于态度与事实的测量。

排列式量表是指被调查者首先对若干个受测项目进行比较，然后再按其偏好程度对这些项目排出先后顺序。此类量表主要用于由于其内在的特殊性，无法直接对所有的项目进行比较，只能先做两两比较，然后根据比较的结果进行统一比较分析的问题。下列例子中的量表属于排列式量表。

例如：请比较下列每一对不同品牌的洗发液，哪一种您更喜欢？（每一对中只选一个，并在□内画上“√”）：

□海飞丝□潘婷　　□飘柔□潘婷　　□飘柔□威娜宝

3.根据测量选项的对称性分类

在测定被调查者态度时，按照被选答案中有利态度与不利态度的数目是否相等，量表可分为平衡量表与非平衡量表。

平衡量表也称为对称量表，是指有利态度的答案数目与不利态度的答案数目相等的量表。手机APP方便性评价中采用的量表就是平衡量表。如果研究者事先并不清楚被调查者的有利态度与不利态度的分布，或欲获得广泛的意见，就应采用平衡量表。平衡量表中由于有利态度与不利态度的答案数目是相等的，因而不会对被调查者的选择产生引导作用，不容易产生回答偏差。采用平衡量表测量的结果，有存在均匀分布的可能，但这种概率是较低的。

非平衡量表也称为非对称量表，是指有利态度的答案数目与不利态度的答案数目不相等的量表。如果以往的调研或预先研究已表明，大多数的态度都是有利态度或不利态度，则设计量表时就应该考虑这种态度倾向。采用非平衡量表，一是有利于减少答案的分布，简化调查；二是有利于对某种倾向态度的答案设计得更精确，从而进行深入细致的测量。但是，非平衡量表中有利态度答案多于不利态度答案，或不利态度答案多于有利态度答案，都可能使调查结果倾向答案较多的那个态度方向，从而出现回答偏差。

4.根据测量语句确定者的不同分类

用于测量的语句可以分为两类，一类是由研究者确定的，另一类是由被调查者来确定的。根据测量语句确定者的不同，量表可以分为直接量表与间接量表。

直接量表是由研究者事先设计好有关态度问题的各种语句及答案，直接询问被调查者，由被调查者评定，以反映其态度。大多数场景下，农村经济发展调查中用于测量的语句都是由研究者事先设计好的，凡是对事先设计好的语句进行测量的量表，皆属于直接量表。前文中所列举的一系列例子中，用于测量的语句都是事先由研究者设计好的，对这些语句进行测量的量表都是直接量表。

间接量表是由被调查者决定测量用的语句，研究者提供答案，由被调查者来评定，以反映被调查者的态度。一般情况下，要对被调查者的某些态度特征进行测量，往往是由研究者事先设计好测量语句，但这些语句可能并不是被调查者感兴趣的或所关注的，因此这种测量可能就不会有什么意义。如果测量用的语句由被调查者自己来决定，则测量的内容一定是被调查者所关心的或感兴趣的问题，再使用合理的量表对其进行测量，测量的结果对研究可能更有帮助。后面要介绍的瑟斯顿量表就是典型的间接量表。

5.根据测量工具的形式分类

测量工具有多种形式，根据测量工具的形式不同，量表可分为文字式量表、图式量表、表式量表。

文字式量表是指测量工具上的刻度直接以文字加以表述，由被调查者来选择合适的刻度。用文字来表述的量表有多种具体形式，究竟采用何种形式，主要取决于测量的目的与内容以及设计者的个人偏好。上述例子中所采用的量表均为文字式量表。文字式量表所表达的刻度清楚明了，便于被调查者作答。其不足之处在于，这些刻度往往比较粗略，难以精确地反映被调查者主观态度上的细微差别，有时刻度过于细密，被调查者又难以区分其差别，增加了回答的难度。但从实践来看，文字式量表使用最为普遍，只要量表的刻度设置合理，一般不会对测量产生太大的负面效应。

图式量表是指测量工具以图示的形式表现出来，由被调查者在图示上作答。图式量表的设计是有规则的。一般来讲，图示是一段数轴，数轴上最好是标上刻度，以便被调查者分辨。数轴的两端必须标注事先确定的用于评价被测事物某种属性或特征的两个反义词语。要求被调查者在图示上作答，一般是采取标记的方式。

表式量表是指测量工具以表格的形式表现出来，由被调查者在表格上作答。如果要对多个属性或特征使用相同的量表进行测量，或者测量时用表格的形式更易于被调查者理解与回答时，可以考虑采用表式量表。

二、常见的量表及其应用

常见的测量量表包括总加量表、语义差异量表和瑟斯顿量表等。

(一)总加量表

总加量表(Summated Rating Scales),也称为总和量表或总合评量,它由一组反映人们对事物的态度或看法的陈述构成,回答者分别对这些陈述发表意见,研究人员根据回答者同意或不同意分别计分,然后将回答者在全部陈述上的得分加起来,就得到了该回答者对这一事物或现象的态度的得分。这个分数是其态度的量化结果,它的高低就代表了个人在态度量表上的位置。表7-1就是总加量表的一个例子。

表7-1　农村妇女生育意愿量表

题项	同意	不同意
1.结婚的主要原因之一是要生孩子	1	0
2.生育孩子是一个女性所具有的最深刻的经历之一	1	0
3.男孩、女孩各有一个,比只有一个男孩或只有一个女孩好	1	0
4.没有孩子的女性绝不会感到完全的满足	1	0
5.男性直到他能证明自己是孩子的父亲时,才算是“真正的男人”	1	0
6.(由于生育控制、绝育或年老等因素)不能导致怀孕的性活动是不道德的	1	0
7.女性的首要职责是做母亲,只有在不影响其母亲职责时,才能谈她的事业问题	1	0
8.没有孩子的夫妇实在可怜	1	0

表7-1测量的是人们对生育子女所持的态度。它由在同一方向(强调生育)的8个陈述句构成,每一陈述句后都有两种答案。凡回答“同意”者,记1分;回答“不同意”者,记0分。这样,将一个回答者对这8条陈述的打分相加,就得到他在这一问题上的态度的总得分。在此例中,总分最高者为8分,它表明被调查者对生育孩子有强烈的义务感;总分最低者为0分,它表明被调查者感到没有义务生孩子。需要说明的是,一方面,总加量表的回答类别可以是2个(如上例),也可以是3个、4个或者更多;另一方面,要注意每条陈述所表达的态度方向,如果上例中出现了方向相反的陈述,比如“只生一个孩子是最明智的选择”,则此时对它记分的方法应与其他句相反,即“同意”者记0分,“不同意”者记1分,以保持整个态度量表测量方向的一致性。

上述这样的总加量表有一个潜在的假设或前提:每一个态度陈述都具有同等的效果,即它们在反映人们的态度方面是“等值的”,不同的陈述之间不存在数量的差别(它们的“分值”都一样)。只有在这样的假定下,我们才能说,那些总得分为2的回答者具有同样程度的不主张生育的态度;同样,也只有在这样的假定下,我们才能分辨出同意其中6条陈述的回答者比同意其中2条陈述的回答者有更强烈的生育义务感。

然而,我们在实际应用中却有一个很大的困难,这就是指标(即表中的陈述)的测量信度和效度问题。我们想测量人们对生育孩子的态度,但往往难以保证用来进行这种测量的所有指标(本例中的8条陈述)都是在完全地测量着同一事物。因而,对于同样的2分,这一量表所实际测量的内容,并不一定代表有同样的态度或在这种态度上程度完全一样。

利克特量表是总加量表最重要的一种。利克特量表是由一组能够表达对所研究的概念持有的态度陈述及态度方向与程度的语句所组成的测量工具,用于测量和评定人们对某事物或现象的态度,是问卷设计中运用非常广泛的量表。利克特量表与瑟斯顿量表都是对语句所陈述的概念特征进行态度测量的工具,但两者存在一些区别。瑟斯顿量表中用于实际测量的语句需要经过预先测试、评判、筛选,而利克特量表中的语句既可以按一定方式筛选出来,也可以由研究者主观确定下来;瑟斯顿量表在测量人们对语句所陈述的概念特征时,只需要被调查者回答“同意”还是“不同意”,而利克特量表则要求被调查者回答同意或不同意的程度。因此,在态度测量的角度上,利克特量表要优于瑟斯顿量表,其应用也比瑟斯顿量表更普遍。

严格意义上讲,利克特量表中用于测量的语句,最好要经过预先测试。但这个测试的过程与瑟斯顿量表一样非常复杂。首先,研究者要收集大量的有关公众对所测概念看法的陈述。其次,将收集到的这些陈述划分为“正面的”和“反面的”,并询问被测试者对陈述的态度,态度一般划分为5个等级,即完全同意、基本同意、无所谓(不确定)、不太同意、很不同意,并给每一个态度等级分配一个数字,如上述态度等级按顺序分别分配5、4、3、2、1这5个数字。再次,要进行评分处理。评分过程中,态度的方向(从正面到反面的)应与所测内容保持一致。例如,如果给正面项目中的“完全同意”为5分,则反面项目中的“很不同意”也给5分。最后,选择语句。选择语句的依据是测试分数。先计算每个被测试者的总得分,研究人员只选出那些在高的总分与低的总分之间比较好地表现出差别的项目,并比较每个项目的细微差别,最终选出20—25个在平均得分上有最大区别的项目。这些项目都是陈述句,用于测量被调查者对这些描述概念特征陈述的态度。

(二)语义差异量表

语义差异量表(Semantic Differential Scale)也称为语义分化量表,主要用来研究概念对于不同的人所具有的不同含义。这种量表最初是美国心理学家C.奥斯古德等人在他们的研究中使用的。它“在研究小政治群体、态度或更一般性的政治问题时特别有用”。在社会学、社会心理学和心理学的研究中,语义差异量表主要用于文化的比较研究、个人及群体间差异的比较研究,以及人们对周围环境或事物的态度、看法的研究等。语义差异量表的两端是两组意义相反的形容词,每一对反义形容词中间分为七个等级,每一等级的分数从左至右分别为7、6、5、4、3、2、1,也可以为+3、+2、+1、0、-1、-2、-3。被测量的概念或事物(比如某一群体、某种问题、某个国家等)放在量表的顶端,调查时要求被调查者根据自己的感觉在每一对反义形容词构成的量尺中适当位置画记号,比如画“×”号。研究者通过对这些记号所代表的分数的统计和计算,来研究人们对某一概念或事物的看法或态度,或者进行个人间或团队间的比较分析。比如,要了解人们对女性角色的理解或看法,可用语义差异量表对若干反映女性角色的概念,如母亲、妻子、姐妹、女儿、女朋友、女强人等进行测量。

(三)瑟斯顿量表

瑟斯顿量表(Thurstone Scale)是要求被调查者对一系列表明态度的陈述语句加以评判进而测量其态度的工具。具体而言,它是指在调查中设计一系列陈述语句,由被调查者选出其所同意的陈述,再通过统计处理,筛选出具有代表性的陈述语句所表明的态度,进而来测量被调查者的态度。瑟斯顿量表的设计与测试过程是比较复杂的。其设计过程是通过评判者测试来选择合适的陈述句,再交由被调查者使用。

前面介绍的各种量表,用于测量的问句都是由研究者根据研究的目的与自己的认识来设计的,测量的答案也是事先拟定好的,被调查者只是被动地选择。但是,有时被调查者对问句及其答案的理解与研究者会存在差异,或者问句并不是被调查者感兴趣的,这势必会影响回答质量而产生回答误差。为避免此类问题的发生,就可以考虑由被调查者来决定用于测量的问句,设定回答的规则,评定自身的态度。显然,采用这种方式进行测量,并不是直接测量出被调查者的态度,而是通过被调查者选择的问句及其给出的答案来评定被调查者的态度,所以属于一种间接测量技术。

三、基于量表设计调查问卷

(一)调查问卷和量表的关系

1.量表更开放,或者说覆盖的范围比较大

所有的调查表、量表都是问卷,但并不是所有的问卷都是调查表或量表。绝大多数的问卷是专门为特定的研究或应用而设计的,特别是社会调查,调查的结果往往是为政府的政策制定、公司和企业的决策、学术研究等提供一个经验依据,它所关注的是研究总体或总体中不同群体的态度与行为特征,而非个人的状态。量表更多的是应用于临床、咨询、教育等情境下,如选拔、筛选、资格认定等工作中对被试者进行分类,或促进被试者对自我的了解,参加测试的人是测试结果的主要使用者,因此多数情况下关注的是个体的态度与行为特征,当然也可以用于对不同群体的研究。

2. 量表的编制要比一般的调查问卷更为严格

首先，在编制量表题目的初稿时，如果研究者是编制或准备改进一个正式的量表，题目数量最好是将来所需正式题目数量的3—4倍，至少是1.5倍，以便在施测之后删除鉴别力低的题目，但一般的社会调查问卷，对初稿的题量没有这样的要求。

其次，人们对量表的信度和效度的关注程度要比一般社会调查问卷更高。量表的信度、效度分析及对量表维度的划分随着统计学和统计软件的发展也更为深入，相关性分析、因子分析是构建量表过程中不可或缺的步骤；问卷用来做调查研究时，研究题目之间可能更加异质，很多时候并不能够将题目归类分成一个个分量表，并给出一个属于定比数据的分数。

再次，量表不仅在内容、施测和评分上要标准化，而且测试的结果要给出对被试者的一个评价，即不仅给出具体的分数，而且对分数要给出一个标准化的解释，指出个体在其所属的总体中所处的相对位置或水平。为此，量表的编制过程必须包含着对一个标准化样本（称为常模团体）的测试，根据标准化样本的数据得出测验的常模，没有完成这一步，量表的编制过程就不算完成，而这样的步骤在通常的问卷编制过程中是不需要的。

最后，除了一些纵向调查、跟踪调查，许多社会调查问卷往往为一时所需，调查工作完成，问卷也就完成了自己的使命。而量表随着时间的推移，可供长期使用。例如，斯坦福-比纳量表（Stanford-Binet Intelligence），该量表用于个别智力测验，现已推广到全世界。在我国，经历了多次修改，其中1979年版由吴天敏修订，全部测试为54题，测试对象从2岁到18岁。

（二）基于量表设计调查问卷

设计调查问卷是一项复杂且十分重要的工作，量表设计得是否合理、科学，直接关系到调查问卷测量结果的质量与研究目的的实现程度。设计量表需要考虑的因素较多，既涉及研究目的、研究对象的特点，也涉及调查方法，还涉及被调查者群体的特征以及不同量表的功能与特点

1. 根据研究目的选择量表

研究目的决定研究内容与方法，研究内容与方法决定了所需要收集的数据的类别，当然也决定了测量中需要使用的量表。例如，如果根据研究的目的需要获取定性数据，就应该选择定类与定序量表，如果需要获取定量数据，则应该选择定距与定比量表；如果需要获取被调查者主观层面的数据，定类、定序、定距量表都是可以选择的，前面介绍的一系列量表都可以作为选择对象；如果需要获取被调查者客观层面的事实性数据，大多数情况下首先要考虑使用定比量表。当然，有些事实性数据也只能采用定类量表，如调查性别时就必须采用这种量表。

2. 根据研究对象的特点选择量表

针对不同的调查对象应该选择不同的量表。一次农村经济发展调查活动中，研究的对象可能既有无意识的现象也有有意识的现象。对于无意识的现象，只能采用物理性工具来测量其物理属性，例如对商品的尺寸、重量的测量，就需要采用专用的度量衡工具。对于有意识的现象，既可以采用物理性测量工具，也可以采用非物理性量表。例如，要测量人们对广告的情绪反应，就可以采用诸如视向测定仪进行测量。又如，要了解人们的购买动机，就需要专门设计测量购买动机的量表，具体的量表形式有多种，如列举评比量表、等级顺序量表、配对比较量表都是可以选择的。

3. 根据调查方法选择量表

依据研究的目的不同，农村经济发展调查所采用的调查方法也会不同。面访式调查可以设计复杂一些的量表。例如，在测量被调查者的态度时，一般的量表均可以采用，而且量表的刻度也可以更加细密，量表的表现形式也可以更加灵活。而对于非面访式的各种调查方法，由于被调查者在回答问题时缺少与调查员的沟通机会，设计的量表就不能太复杂，量表上的刻度也不能太细密，以免给被调查者的回答造成障碍。例如，在电话调查中，就不适合采用瑟斯顿量表，对于需要进行测量语句筛选的利克特量表也不能采用。

4. 根据被调查者群体特征选择量表

这里所指的被调查者群体特征主要是指被调查者的自然属性特征与人文属性特征。就自然属性中的年龄特征来讲，被调查者可以划分为不同年龄段的群体，对特殊年龄段的群体进行调查，量表的设计就可能要采用比较特殊的形式。例如，要调查小学生对网络小游戏的兴趣时，由于这个群体的认知能力十分有限，在量表的形式、量表的表述、量表的用词方面就应该考虑这个特定群体的特点，尽可能做到量表简单易答、生动有趣。比如，量表中可以配卡通图片，这些图片可以与测量对网络小游戏的兴趣程度用词匹配起来，帮助其认知、提高其回答兴趣，但描述兴趣程度的等级不能太细，否则，此年龄段的被调查者难以分辨。

5. 选择量表时要考虑的其他因素

现有研究中可使用的量表种类较多，各有其功能与特点，设计量表时还需要考虑以下因素：从态度答案数目上看，量表有平衡量表与非平衡量表之分。如果研究者想得到广泛的意见，则采用平衡量表比较好。如果以往的调查或初步探索结果已表明，大多数的意见都是肯定的，则设计的量表中就应该有更多的肯定倾向。从量级层次的个数上看，量表有低层级量表与高层级量表之分。量级层次太少，则量表会显得粗糙和不够全面。显然，一个3层量表无法反映出一个11层量表所能提供的态度的强度。但是，量级层次过多,可能会超出人们的分辨能力。有研究表明,评比量表基本上以5—9层为宜。

如果采用电话调查,量级层次数最多为5层。一般来讲,5个量级层次的量表最为普遍。从量级层次的奇偶性来看,有奇数层级量表与偶数层级量表之分。一般情况下,应使用奇数层级量表。如果使用偶数层级量表,就意味着没有中间答案。量表中没有中间答案,被调查者就会被迫选择一个正向或负向答案,但那些确实持有中立意见的人就无法表明他们的观点。而奇数层级量表给被调查者设立了一个中间答案,当被调查者确实没有明确的态度倾向时,就不必纠结于态度倾向及其程度的选择,而直接选择中间答案。

从回答是否具有强制性来看,有强迫性量表与非强迫性量表之分。一般情况下应该采用非强迫性量表。强迫性量表要求被调查者必须从答案选项中选择一个答案,但是可能被调查者对问题并不熟悉,或者难以表明态度,本来无法作选又不得不选,就会迫使其任意选择一个并不能反映其认知与态度的答案,测量结果就不准确。在设计量表时,研究者必须对被调查者群体进行初步分析与判断,如果答案选项对于被调查者来说是完备的,采用非平衡量表可能不会存在什么问题;反之,就需要在答案选项中列入“其他”或“不知道”选项,这样就不会强迫对所调查事项一无所知的被调查者给出某种明确的意见或态度。

思政内容提要

通过调查中的测量及其指标设计的学习,培养严谨务实的科学态度,深刻理解马克思主义认识论的基本观点,即人类经济社会的发展是有其客观规律可循的,经济运动规律是可以被认识的,可以通过现象看本质,量表测量有助于对复杂经济现象进行准确的度量和展示。

通过了解测量的相关知识和操作技巧,培养缘事析理、实事求是的科学精神。量表测量的目的是获得准确可靠的统计数据,不能通过操纵数据造成“统计陷阱”,最终导致研究结论不可靠。培养学生一切从实际出发、实事求是、在实践中发现真理、检验真理和发展真理的科学态度,深刻把握马克思主义认识论的基本原理与基本观点,即实践是认识的源泉与基础。

本章小结

在问卷调查中,每一个题项的设计都承担着对各类农村经济的问题或现象的属性、类别、数量进行测量的作用,从而实现对农村经济问题进行定性和定量的判断和分析的作用，使人们对于问题或现象的认识更加准确。测量的类型多样，根据测量的内容不同，测量可分为态度测量、行为测量、背景测量；根据测量的功能不同，测量可分为检验性测量与研究性测量；根据测量的标准化程度不同，可分为标准化测量与非标准化测量。在测量的时候要考虑四个要素，即测量的对象、测量的内容、测量的规则和测量的手段。测量尺度主要包括定类、定序、定距和定比四类。

一般通过信度和效度来对量表的有效性进行检验。信度是反映测量的稳定性与一致性的指标，即对同一个事物进行重复测量时，所得结果一致性的程度。一致性程度越高，说明测量结果越可靠，信度就越高。通常有5种信度系数，即再测信度系数、折半信度系数、克龙巴赫系数、复本信度系数和评分者信度系数。效度是指测量的有效性。效度可分为内容效度、效标关联效度和结构效度三种。信度和效度关系紧密，有效度的测量一定是有信度的测量；有信度的测量既可能是有效度的测量，也可能是无效度的测量；无信度的测量一定也是无效度的测量。

农村经济发展调查测量指标具有多样性，要遵循科学性、完整性、准确性、简明性、可得性的指标设计原则。

量表的基本含义是“测量的准尺”。常见的测量量表包括总加量表（特别是利克特量表）、语义差异量表和瑟斯顿量表等。量表和问卷既有区别也有联系。量表倾向于更开放，或者说覆盖的范围比较大。所有的调查表、量表都是问卷，但并不是所有的问卷都是调查表或量表。量表的编制要比一般的调查问卷更为严格。量表可以作为问卷里面的一部分内容。

关键术语

测量　Measurement

态度测量　Attitude Measurement

行为测量　Behavioral measurement

背景测量　Background measurement

检测性测量　Detective measurement

研究性测量　Research measurement

标准化测量　Standardized measurement

非标准化测量　Unstandardized measurement

测量尺度　Measurement Scale

定类测量　Class Measurement

定序测量　Sequence Measurement

定距测量　Distance Measurement

定比测量　Ratio Measurement

量表　Scale

总加量表　Summated Rating Scales

语义差异量表　Semantic Differential Scale

信度　Reliability

再测信度　Test-retest Reliability

折半信度　Split-half Reliability

克龙巴赫α系数　Cronbach's α Coefficient

复本信度　Copy Reliability

评分者信度　Scorer Reliability

效度　Validity

内容效度　Content Validity

效标关联效度　Criterion-related Validity

结构效度　Construct Validity

思考练习

1.什么是测量？测量的类型有哪些？

2.测量的四种尺度是什么？

3.常见的量表有哪些？

4.哪些方法可以评价测量的信度和效度？

5.信度和效度的关系是什么？

6.如何基于量表设计调查问卷？

实践练习

以小组为单位，针对已经确定的农村经济发展调查主题，设计调查问卷中的量表，并进行信度和效度检验。

第八章

调查资料的整理与分析

实践是认识的来源。所以,在研究一个问题时,往往首先要收集必须的资料。[①]

——陈希孺[②]

经典风格的实际研究者通过细致阐发一切相关的经验材料来证明一项陈述。[③]

——查尔斯·赖特·米尔斯[④]

问题导读

整理和分析调查资料可以确保数据的准确性和完整性,提高研究结论的可信度。在开展农村经济发展调查之后,会得到大量的调查资料。接下来就是要对这些原始资料用某种特定方式进行整理,从而将其转化成符合研究目的、能进行统计分析的基础数据。调查资料的整理是进行研究的基础,是调查活动结束和研究工作开始的中转阶段,关系数据分析和研究结论的可靠性,绝不能轻视。农村经济发展调查能否得出有价值的结论和有针对性的政策建议,在一定程度上取决于调查资料整理的质量。这个工作看似简单,多半都是简单重复劳动,但需要非常细心和耐心。调查资料如何进行整理和分析?定性调查资料和定量调查资料的整理和分析方法有何异同?本章将对调查资料的内涵和类型进行基本介绍,并分别介绍定性调查资料与定量调查资料的整理与分析方法,并详细介绍定量调查资料的描述统计分析。

① 陈希孺.统计学概貌[M].北京:科学技术文献出版社,1989:2.

② 陈希孺,数理统计学家,中国科学院院士,一生致力于中国的数理统计学的研究和教育事业,主要从事线性模型、U统计量等研究,主要著作有《统计学概貌》《统计学漫话》等。

③ C. 赖特·米尔斯.社会学的想象力[M].李康,译.北京:北京师范大学出版社,2017:175.

④ 查尔斯·赖特·米尔斯(Charles Wright Mills),美国社会学家,文化批判主义的主要代表人物之一,主要著作有《社会学的想象力》等。

学习目标

★知识学习:

(1)了解调查资料的内涵和整理原则。

(2)掌握定性调查资料的整理和分析方法。

(3)掌握定量调查资料的整理方法。

(4)掌握定量调查资料的描述统计方法。

★能力提升:

(1)具备对调查收集的定性资料进行整理的能力。

(2)具备对调查收集的定量资料进行统计分析的能力。

(3)增强用统计图表对定量资料进行描述统计分析的能力。

★价值形成

(1)通过调查资料整理明晰去粗取精和去伪存真的科学逻辑道理。

(2)通过调查资料整理辨别真理与谬误的关系。

(3)通过调查资料整理摒弃数据操纵带来的“统计陷阱”,发扬实事求是和求真务实的工作作风。

知识结构

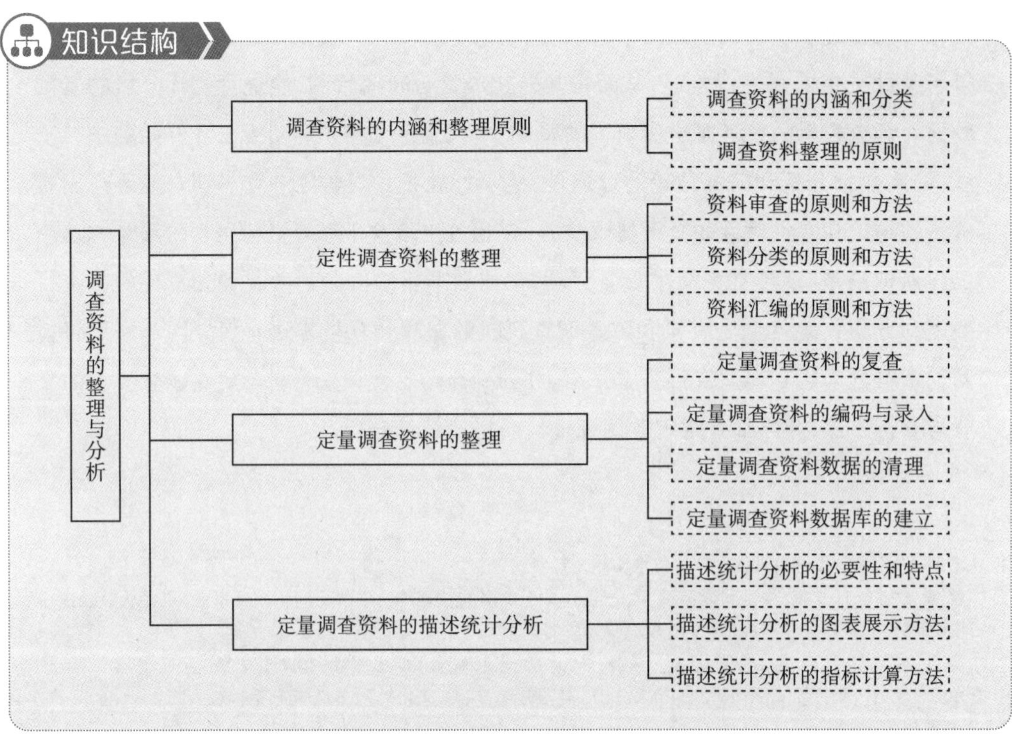

第一节　调查资料的内涵和整理原则

一、调查资料的内涵和分类

调查资料(Survey Information)是通过对人、事、物等调查对象进行调查收集到的资料。根据不同的划分标准,调查资料可以分为不同的类型。

(一)按照调查资料的收集渠道划分

从收集者的角度来看,调查资料的收集主要有两个渠道:一个是间接来源,即通过他人调查的结果获取的;另一个则是直接来源,即调查资料是通过使用者自己组织调查获取的。

1.间接调查资料

间接调查资料(Indirect Survey Information)是指通过文献综述、数据分析、统计报告等方式收集的非直接获取的信息。这种资料可以来自已有的研究文献、政府机构发布的数据报告、行业协会的统计数据等。如果与调查研究有关的原始信息已经存在,只需对这些原始信息进行重新加工、整理,使之成为需要的调查资料。间接调查资料的来源有许多,例如国家统计部门、各级政府机构调查所得的数据,信息咨询机构、专业调查机构的数据资料和利用图书馆、互联网等渠道获得的数据材料。

间接调查资料收集比较容易,采集的成本比较低,这是它的优点,但其缺陷也十分明显,间接调查资料是根据特定的调查目的而采集的资料,由于调查目的和要求存在许多差异,因此可能存在资料相关性不足、口径不一致和数据过时等问题。

2.直接调查资料

直接调查资料(Direct Survey Information)是指针对特定的研究目的,直接对研究对象进行观察、实验得到的第一手材料。直接调查资料具有收集方便、采集成本低等优点,对于特定调查研究目的而言,其具有较强的针对性。直接调查资料与研究目的高度匹配,收集资料花费的时间、精力可能比间接调查资料少。

(二)按照调查资料的计量尺度划分

根据所得调查资料的计量尺度不同,可以将调查资料划分为定性调查资料和定量调查资料两类。

1.定性调查资料

定性调查资料(Qualitative Survey Information)是指用文字或者数字代码来表示事物品质特征或属性特征的资料。调查研究中获得的定性调查资料主要包括:研究者从实地研究中得到的各种以文字、符号表示的观察记录、访谈笔记以及从文献资料研究中得到的相关材料。

2.定量调查资料

定量调查资料(Quantitative Survey Information)是用数值来表示事物数量特征的资料,又称为数值型调查资料。例如企业的销售额、人们的年龄等。现实中收集到的大部分调查资料都是定量调查资料。

二、调查资料整理的原则

调查资料的整理(Collation of Survey Information)是根据调查研究的目的,采用科学的方法对调查阶段获取的一系列资料进行整合和汇总的过程,从而为之后的数据分析提供方便。在调查阶段获取的资料一般是零散的,只能反映各个单独研究对象的特征,而不能揭示研究总体内在的本质特征,因此对收集到的资料进行整理是必要的。没有资料整理就不能进行相应的资料分析,因此在整个研究过程中,资料整理是不可缺少的环节,而资料整理又有一些原则需要遵循,包括真实性、标准性、完整性、简明性和新颖性等。

(一)真实性

调查所得的资料必须是真实可靠的,不能存在一丝弄虚作假的情形。如果调查得到的资料是虚假或者伪造的,那么这种情况比没有获得调查资料更为严重。因为根据这些虚假的资料,分析人员会得到错误的资料分析结果,那么提供给决策者的调查分析报告必然也是有问题的,从而会误导决策者作出错误的决策,这会对社会经济的发展造成很大的影响。因而必须保证调查得到的资料是真实可靠的,只有资料真实才能保证调查分析结果的真实可靠性和政策实施的科学性。因此在整理调查资料的过程中要遵循真实性原则。

(二)标准性

在很多情况下,所得到的调查资料并不是单独存在的,对有些资料,要和其他同类型的资料进行比较,才能得出相关的结论,因此对调查资料的调查指标就有可以相互比较的要求。为了调查指标可以相互比较,指标的计算公式、计量单位、数值口径要统一,符合通用标准,因此在整理调查资料的过程中要遵循标准性原则。

（三）完整性

整理调查资料应尽可能整理研究对象的全部相关资料，不能仅整理自己感兴趣的资料，否则根据部分整理出来的调查资料得到的结果，可能会存在以偏概全的情况。因此在整理调查资料的过程中要遵循完整性原则。

（四）简明性

调查资料的整理结果应尽可能简单、直观，且能够系统、有条理地表现调查研究对象的总体特征。如果整理后的调查资料仍是琐碎、重复、混乱的，那么在之后对资料进行分析仍会存在较大的困难。因此在整理调查资料的过程中要遵循简明性原则。

（五）新颖性

整理调查资料应尽可能从创新的角度来整合和汇总收集到的资料。从不同的角度观察调查研究对象，会得到不同的调查分析方向，从而得到全新的调查分析结论。若总是重复前人的研究，那调查研究就不会推陈出新，也就没有任何创新价值。因此在整理调查资料的过程中要遵循新颖性原则。

总之，在整理调查资料的过程中，要遵循真实性、标准性、完整性、简明性和新颖性等五个原则，只有这样才能顺利完成后续的调查分析工作，得到科学合理的数据分析结论。

第二节　定性调查资料的整理

定性调查资料能够描述一定的社会经济现象，根据所描述的社会经济现象，对经验现象进行概括，并提出尝试性的理论解释。并能够帮助研究人员深入理解研究对象，发现重要的模式和趋势，支持定量研究，为理论建构提供实证支持，并启发新的研究问题和方向。在农村经济发展调查中，定性资料一般为文字资料。文字资料包括文献资料、汇报材料、会议记录、访谈记录等。定性资料的整理有资料审查、资料分类和资料汇编三个程序，每个程序都有不同的整理原则和方法。

一、资料审查的原则和方法

（一）资料审查

资料审查（Information Review）主要是指在整理调查资料之前，对得到的定性资料是否准确，是否完整进行考察。准确性审查主要通过计算检查或逻辑检查的方法，对获得的资料的真实性、可靠性和逻辑性进行检验。完整性审查主要是对调查资料获取是否及时，需要调查的各项项目的资料是否全部获取，资料是否还有空缺和遗漏的检查。对不准确或不完整的资料，要对其进行必要的修订和补充。实际上，资料的收集和审查在大部分的情况下是同时进行的——称作收集审查。在收集资料后，再对收集到的数据进行集中的审查——称作系统审查。

（二）资料审查的原则

针对定性资料审查的原则包括真实性原则和适用性原则。真实性原则是对定性资料本身的真实性进行审查；适用性原则是对定性资料内容是否符合研究目的进行审查。

（三）资料审查的方法

根据资料类型的不同，资料审查可以分为直接调查资料的审查和间接调查资料的审查。

1.对直接调查资料的审查

直接定性调查资料，又称为定性一手资料，是指通过直接调查获得的资料，例如采用观察法、访谈法、问卷法等获得的资料。

通过观察法获得的资料的审查，要注意以下几个方面：一是要检查观察法得到的资料是不是严格按照调查提纲来获取的；二是要善于将观察法获得的资料同其他方法获得的资料进行对比，分析不同方法数据差异的问题所在，并进行调查审核；三是要注意观察时间长短对观察结果造成的影响。

对访谈法和问卷法资料的审查，要注意两个方面的问题：一是通过非标准式访谈获取的资料，调查员对于被调查者给出的答案要有自己的判断，不能全盘相信，要谨慎对待访谈获得的资料；二是通过标准式访谈或调查问卷得到的资料，要审查其是否完整、是否有漏填或少填、是否有逻辑错误以及被调查者的填写是否真实等。

2.对间接调查资料的审查

间接定性调查资料，又称为定性二手资料，是指用文献法收集的相关研究资料。主要有他人的论文、报刊上的报告等。对定性二手资料的审查主要是审查其编写的内容是否真实，也就是要排除当时的调查员编造内容的情况。

定性二手资料的合格性审查，主要是审查该二手资料是否符合原设计的目的，是否具备完整性和及时性等。如果调查资料中，对调查指标的理解错误，计算公式不正确，计量单位不统一，回答内容不能准确反映当前发展情况，回答不完整等，可视这种调查资料为不合格。

对于不合格的资料，一般会对其进行重新调查，使其成为真实且合格的资料。无法进行补充调查的资料，就应该将其放弃。

二、资料分类的原则和方法

（一）资料分类

定性调查资料具体又分为定类调查资料和定序调查资料两种。定类调查资料（Categorical Survey Information）是对事物进行分类从而产生的结果。例如调查对象的性别分为男和女两种类别，调查对象的消费分为衣、食、住、行、娱等类别。定序调查资料（Order Survey Information）则是对事物进行排序后再分类的结果。例如可以将调查对象的成绩划分为优秀、良好、及格和不及格等类别。

（二）资料分类的原则

定性调查资料的分类应遵循三个原则，即目的性原则、客观性原则和互斥性原则。目的性原则认为每一个调查都有相应的目的，目的不同，选择的标准也会有所差别。如调查农产品加工企业的经营情况，就应该以经济效益作为标准；调查“背篼军”的生活情况，就应该以其收入为标准。客观性原则认为分类应符合客观实际，反映现象的本质特征，如调查一个地区的农业人口的比重，就应该按所从事的行业标准进行划分。互斥性原则认为每一条资料都必须找到相应的组与其对应，无“漏网之鱼”。而且每一条资料只能分配到一类中，不能模棱两可，既属于此类，又属于另一类，这样不仅会使分析的资料重复，而且会使分析的难度加大。

（三）资料分类的方法

定性调查资料的分类方法可以分为两种，一种是调查前分类，另一种是调查后分类。前者是收集调查数据之前，根据研究对象的特征和性质设计调查指标，然后再按调查指标收集和整理相关的资料。后一种则是在所有资料都收集完成之后，再按照相应的调查指标对资料进行分类。

三、资料汇编的原则和方法

（一）资料汇编

资料汇编（Information Compilation）是指依据特定目的和一定形式对获取的相关资料进行整理、储存以及提供资料的方式。如专题统计资料汇编等。一般来说，资料汇编在内容上具有两个特点，一个是综合性，一个是系统性。综合性是指资料汇编得到的结果包含的内容较多，涉及的范围较广；系统性是指汇编的结果是按照一定的逻辑顺序安排的，并不是杂乱无章的。资料汇编在形式上也具有两个特点，即它的多样性和适用性。多样性是指资料汇编在具体表现形式上是多样的，有多种不同的表现形式；适用性是指汇编的资料能够分别适用于不同的目的，满足不同方面和层次读者的要求。

（二）资料汇编的原则

定性调查资料的汇编应遵循系统性和完整性原则。系统性原则是指汇编完的数据应该能够系统反映调查对象的客观情况。完整性原则是指汇编的结果需要包含所有有用的材料，不能遗漏或缺失。

（三）资料汇编的方法

在对文字资料进行汇编时，首先需要对所有的资料毫无遗漏地进行全面汇总编辑。其次要使汇编的资料间有一定逻辑性，要层次分明。最后就是尽量使用清晰明了的文字。如有必要，还可对资料的价值做相应的简评，以备进一步研究。

对文字资料进行编辑时可按事件发生时间顺序或者事件发生的背景，对资料进行初步加工。如给资料加上相关的标题、重要记号、相应的序号等。

第三节 定量调查资料的整理

定量调查资料的整理为验证研究假说、提供政策建议和撰写研究报告提供数据基础。定量调查资料的整理在理论上有助于验证和发展研究理论，推动学科的发展。在现实中具有支持政策制定、市场分析、学术交流、问题发现和数据可信度提升等多方面的现实意义。这使得定量调查资料整理成为科学研究和社会实践中不可或缺的重要环节。本部分重点论述定量调查资料的整理，其一般主要通过复查、编码与录入、数据清理和数据库的建立四部分进行。

一、定量调查资料的复查

为了确保问卷调查得到定量调查资料的真实性，还需要对资料进行复查。资料的复查指的是研究者在调查资料收回后，由其他人来对所调查的样本中的一部分个案进行第二次调查，从而检测第一次调查的质量。

复查的做法是由研究者自己或研究者重新挑选的调查员，从第一次调查过的样本中选取5%—15%的个案，使用相同的问卷进行二次调查。复查的目的一方面在于检查原本的调查员是否真的对调查对象进行了调查，避免出现调查员自己编造调查数据的情况；另一方面，可以将二次调查得到的结果与原结果进行对比，从而判断第一次调查得到的数据质量。

虽然对调查资料的复查能够让研究者了解调查得到的数据质量，但并不是每一次的调查都会进行复查。因为复查的对象是在第一次调查的对象中选取的，这要求研究者必须在第一次调查中知道对方的姓名和地址等信息。如果问卷的内容不包括以上信息，那么对资料进行复查的工作就难以展开。因此对于研究者而言，他们在进行问卷和抽样过程的设计中就要考虑到复查的问题，创造一些可以满足复查的条件，便于后续的复查工作的开展。

二、定量调查资料的编码与录入

在对问卷资料进行检查以及复查后，就进入了问卷资料的编码与录入阶段。问卷编码是为了便于将收集到的资料录入到计算机，从而为后续数据库的建立和数据分析打下基础。

问卷资料的编码就是对每一个问题的每一个可能的答案分配编号的过程，编号通常为数字。编码可以在设计问卷时进行，也可以在调查资料收集结束后进行，分别叫作事前编码和事后编码。

（一）数据编码

1. 事前编码

在编写问卷的过程中，对问卷的结构一般都会进行适当的组织和构造，因此大多数问题的答案都会落在事先确定的类别中。事前编码的问卷通常将每个答案选项的对应值放在问卷中，以下部分问卷给出了事前编码的格式。

1. 您的性别

(1)男　(2)女

2. 您的年龄

(1)25岁及以下　(2)26—35岁　(3)36—45岁　(4)46—55岁　(5)56—65岁　(6)65岁以上

3. 您的职业

(1)工人　(2)农民　(3)企业管理人员　(4)教师　(5)行政机关工作人员

(6)事业单位工作人员　(7)学生　(8)退休人员　(9)服务人员

(10)个体户　(11)自由职业者　(12)下岗失业人员　(13)无业人员

(14)其他

4. 您的月收入情况

(1)无收入　(2)2 000元及以下(不含0)　(3)2 001—5 000元

(4)5 001—10 000元　(5)10 001—20 000元　(6)20 001元及以上

2. 事后编码

事后编码是指对没有进行事前编码的答案选项分配一个编号,通常需要事后编码的有封闭式问题的"其他"选项和开放式问题。

封闭式问题一般会事先列举一些可供被调查者选择的答案选项,这些答案有事前编码的过程,但对于需要被调查者自己填写的"其他"选项,由于答案可能多种多样,并没有事先编码,因此在问卷数据录入前,编码员需要对"其他"选项得到的答案完成事后编码。

开放式问答题的事后编码更为复杂,因为调查员不可能事先告诉编码员这个开放式问答题会出现多少新的回答和编码,而且还有一些答案是十分类似的,这就需要编码员自行判断,是归属于同一类还是划分为不同类。

在编码员进行事后编码的过程中,通常遵循以下要点:

(1)给编码员提供一份空白的"参考问卷"。

(2)给每一个需要事后编码的项目提供一份编码表或编码名单。

(3)对每一个项目做一份编码本,内含一页或几张单页。

(4)让所有编码员在同一地点,使用同一本编码本进行工作。

(5)提供编码指南,说明何时以及如何设立新的代码或合并答案。

(6)设立较多较窄的类别要优于设立较少较宽的类别。

(7)保持编码本的整齐和清晰。

此外,如果事后编码仅由一个编码员完成,那么事后编码就比较容易。若是需要多个人来完成事后编码的工作,那么则要求所有工作人员在同一时间同一地点工作,且使用同一本编码本进行编码。因为若是不同的编码工作人员在不同的地点进行工作,那么编码员之间并不知道哪些回答设置了新的编号,新的编号有哪些,这样子就可能导致一个编号代表多个答案的混乱情况的出现。编码的意义在于对问卷上问题的回答进行唯一编码,即一个回答仅对应于一个编号,因此多名编码员编码时,必须保证他们在同一地点进行、同一时间进行工作,并且编码员之间要时时进行交流,避免编码混乱。图8-1选自浙江大学中国农村家庭的追踪调查数据(CRHPS),为一个需要事后编码的例子。

[B1004g]去年,您家养殖了下列哪些牲畜/家禽/水产品?(可多选)(仅[B1004]=4、5时询问)

1.牛	10.犬(非宠物)
2.猪	11.马
3.羊	12.驴
4.鸡	13.鱼类
5.鸭	14.虾蟹类
6.鹅	15.贝类
7.鸽子	16.藻类
8.鹌鹑	7777.其他(请注明)__________
9.兔	

图8-1　事后编码案

事前编码和事后编码所使用的编码本最后会汇总成一个编码本。一般说来,编码本不仅是编码人员的工作指南,也提供了数据集中变量的必要信息。编码本一般包含变量以下方面的信息:

(1)变量编号。

(2)变量标签。

(3)变量名称及变量说明。

(4)缺失值。

(5)测量标准。

(6)编码说明(变量值及变量值标识,以及数据处理方法等)。

(二)数据录入

数据录入是指将收集到的问卷或编码表里的内容逐渐转化成可供计算机处理运算的数据形式。由于计算机技术的迅速发展,数据收集的方法也可以分为纸质问卷收集和网上问卷收集两种,两者数据录入的过程是不同的。当采取的是网上问卷收集的方法时，数据的录入和问卷的收集是同时完成的，只需将数据提取出来就完成了问卷数据的录入。当采取的是纸质问卷收集的方法时，数据录入应在整个问卷收集工作完成之后及时进行，这样才能将收集到的数据及时提供给研究人员，从而让研究人员能够及时录入收集到的数据，达到研究的目的。数据录入必须遵循准确性原则，若录入的数据存在错误，那么之后的数据分析工作得出的结论就会存在问题，整个研究任务也会功亏一篑，因此数据录入要及时和准确。纸质问卷的数据录入需要完成的工作有数据录入人员的培训、数据录入方式的选择和数据录入审核及差错处理。在整个问卷数据资料录入完成之后，对录入的数据还需要进行净化处理。

1.数据录入人员的培训

录入人员培训的内容包括任务的具体要求和注意事项、录入过程中使用的设备和相关工具、数据录入和数据研究的最终目的、数据录入准确的重要性等。

向每一个录入人员提供一份清晰的记录格式说明文件，用于明确每个记录包含的变量及其相对位置。在数据录入的开始阶段，研究人员必须同数据录入人员在一起，指导他们开展快速准确的数据录入工作。录入完成一部分后，数据录入人员需要对录入的数据进行全方位的检查，避免数据遗漏或录入错误发生。

2.数据录入方式的选择

数据录入的方式不同决定了数据录入的速度和质量的不同，根据数据收集方式的不同，可以将数据录入的方式分为纸质问卷的键盘人工录入、纸质问卷的光电扫描录入和计算机辅助数据录入三种方式。

纸质问卷的键盘人工录入是最传统的数据录入方式，数据录入人员根据收集到的问卷，用键盘将一项一项收集的资料录入到计算机内，这是一种十分耗费时间和精力的方法，且存在较大的录入错误可能，因此这种方法仅适用于小规模的问卷调查工作的数据录入。

纸质问卷的光电扫描录入是采用光电扫描设备，对纸质资料进行快速扫描，从而完成录入数据的方式。通过光电扫描设备可以有效地提高纸质问卷的数据录入速度，且准确性也要比键盘人工录入高。缺点在于针对开放式问题的回答，其可靠性会大大降低，需要进行人工的辅助数据录入，以保证数据录入的准确性。在现实中，使用光学字符识别技术(Optical Character Recognition)将纸质问卷上的文字和数字转化为电子格式，减少了手工录入的工作量和错误率。

计算机辅助数据录入是利用计算机技术来辅助进行数据录入和处理的方法。一般通过网络收发问卷，其数据录入和问卷收集工作是同时进行的，从而比纸质问卷的数据收集方式要更为快速、准确和高效。采用计算机辅助数据录入的方式，需要研究人员在网络上编写问卷，并在网络上发放给符合调查要求的调查对象。

3.数据录入审核及差错处理

（1）人工审核。在数据录入结束后，由审核人员将录入的数据同问卷资料进行核对，确定是否存在错录的情况。

（2）双机录入审核。在数据录入阶段，把问卷资料分别交给两个人，由其在计算机上录入。理论上讲，两个不同的人录入同一份文件，在同一个位置上同时出错的可能性是很小的。因此可以对两个人录入后的两份数据文件进行对比，找出两份文件中有差别的地方，再根据问卷资料原件来确定正确的数据，从而达到录入审核的目的。此外，随着计算机技术的迅速发展，利用设计好的软件能够直接对录入的数据进行自动审核，大大提高了录入数据审核的效率。

三、定量调查资料数据的清理

在对问卷调查获取的定量数据进行整理、录入和净化后，需要对数据进行预处理，也就是数据的清理，其中包括缺失值的处理、离群值的处理、加权处理等。

（一）缺失值的处理

缺失值（Missing Value）是指在资料收集过程中，由于各种原因数据收集不全，进而产生的缺失数据。数据的少量缺失在一般情况下是可以容忍的，若数据的缺失值超过了整个数据的10%，那么就必须对数据进行缺失值的处理，缺失值处理的常用方法有以下三种。

1.均值代替缺失值

可以采用一个样本统计量来代替缺失值，最典型的做法是用变量的平均值来代替缺失值，这被称为平均值插补。缺失值插补后，整个变量的平均值没有发生变化，那么其余的统计量如标准差和相关系数，也就不会有太大的变化。例如，一个被访农户没有回答其每月开销，那么可以用其他被访农户的每月开销的平均数来代替。这种方法十分简单，但插补出来的数据对于整体数据而言并没有多大的意义，只是补充了缺少的数据，而没有给原数据补充任何有用的信息，且这种方法在逻辑上是明显不科学的。

2.用模型拟合值代替缺失值

这种处理缺失值的方法是利用一个比较适合整体数据的模型，例如回归模型、判别分析模型等，根据其他变量的数值，来比较合理地推测缺失值的数值。例如，在一家农业企业里，一名员工的工资与月均绩效和工作时间相关，已知所有员工的月均绩效和工作时间，那么就可以采用回归模型来对缺失值进行回归估计。

3.删除个案

删除个案有两种方式:全部删除和配对删除。“全部删除”即将所有含有缺失值的个案删除掉。这种删除个案的方法十分方便和快捷,但其缺点是十分明显的。这种处理方法可能会导致样本量变小,因为被访者或多或少都会有题目没有全部填写。鉴于数据收集的过程已经消耗了大量的精力、人力、物力和财力,大量数据的轻易删除不是研究者希望看到的。而且问卷题目全部填写的被调查者和填写部分题目的被调查者之间可能会有较大的差别,若是直接忽略填写部分题目的被调查,可能会导致数据分析结果的较大偏移,是调查者所不希望的。一般情况下,不会采用这种方法。

“配对删除”是指在进行数据分析的过程中,只是把参与计算的变量中含有缺失值的个案删除,这种方法可以最大限度地使用取得的观测量。例如,某个学生在调查表中只填写了数学成绩,没有填物理成绩,在计算学生数学成绩的平均分时,这个个案仍然有效,即这个学生的数学成绩参与计算,在计算物理平均分时,这个个案被删除,即统计总人数及物理总分时这个个案不参与运算。这样做的结果是,计算不同的统计量可能样本容量不同。

不同的缺失值处理方法可能产生不同的结果,特别是当回答的缺失值不是随机的,且变量之间高度相关时。因此研究人员应尽可能将缺失值的量保持在较低的水准。对缺失值处理方法的选择,要结合研究的目的和采用该方法后的结果进行谨慎考虑。

(二)离群值的处理

离群值(Outliers)也叫异常值,是指在数据中有一个或几个数值与其他数值相比差异较大。对于在调查过程中检测出来的离群值,可以用多种方法来进行处理。一些情况下,如果认为离群值的存在对整体影响不大的话,容许离群值的存在,并对其不做任何处理。在人工审核的过程中,一般会对离群值进行插补处理。因此,是否对离群值进行处理,以及如何对离群值进行处理,完全取决于研究人员的自身判断和需要,因为不论是忽略离群值还是调整离群值都会对数据产生很大的影响。离群值处理的常用方法一般有删除离群值、替代离群值、保留离群值等三种方法。

1.删除离群值

最常见、最简单的处理离群数据的方法,即把离群值直接删除。一般是在异常值不太多的情况下,可以考虑直接删除离群值。因为离群值可能会影响结论。在现实社会的一些节目中计算选手最后得分往往去掉一个最高分,去掉一个最低分,就是这个道理。

2. 替代离群值

如果想保证数据集的完整性，可以将离群值替换为数据集中的其他值，常见的替换策略有：以统计量替换，如平均数、中位数、众数等；对离群值空白处理后进行填补，填补方式与缺失值类似，包括线性回归插补、多重插补等；以边界值进行替换，例如将小于1%的数据替换为1%的数据，大于99%的数据替换为99%的数据。

3. 保留离群值

保留原始的离群值，不删除也不替换，但在统计模型中选择稳健的统计分析方法，如稳健方差估计、稳健回归等。

四、定量调查资料数据库的建立

编码、数据录入、数据审核、缺失值处理和离群值等处理完成后，就要开始建立数据资料库，以便后续的计算机数据分析工作。数据储存的两种主要格式为数据库和平面文件，数据库是储存在一起的相关数据集合，而平面文件是计算机化后的二维记录格式和它的相应值。平面文件的优点在于它可以从一个平台转移到另一个平台，并能用不同的表格软件以及统计软件来读取和操作。平面文件的缺点则在于，大多数的统计软件都要求数据按照一定的格式进行储存，从而加快软件的数据读取以及处理的速度，而用平面文件时，特定格式的数据文件需要另行生成，因此平面文件的转化会浪费许多时间，造成文件处理的效率低下。如果数据以一种适当的数据库格式储存，那么大多数统计和数据库软件不需要另行生成新的格式文件就能对数据进行快速的读取和处理。但其缺点则在于限制了统计软件和数据库软件的使用范围。因此，最好的处理方法为对调查结果生成一个平面文件以及多个不同格式的数据库文件。一旦数据库文件的格式选择完毕，就可以利用相关的统计软件来对数据进行分析并得出结论。

第四节　定量调查资料的描述统计分析

一、描述统计分析的必要性和特点

（一）描述统计分析的必要性

描述统计分析是对所收集的大量数字资料进行加工和概括，用统计语言去描述这些数字资料的特征，提取它们包含的数量信息，用于反映研究对象的内容和本质。统计语言包括图形、表格和各种统计量，概括和表现研究对象的数量性质。这不仅仅是统计资料整理的问题，而且包含了全面分析的研究过程。描述统计分析的工作可以增强事物评价的科学性，并从反映客观事实的统计资料中找出事物本身所固有的规律性，这些规律性又可以运用到宏观经济和微观经济的分析预测中，使研究结论更为有用和可靠。

（二）描述统计分析的特点

1.简明性

描述统计分析通常以简洁的方式呈现数据，例如通过平均数、中位数、标准差、百分比等指标来概括数据特征，可以帮助人们对数据进行概括性的理解，从而使其更好地把握数据的整体情况。

2.科学性

科学性是指描述统计分析是建立在数学的基础之上的，它具有一个可遵循的程序，而不是比较随意的，并且统计分析也需要严谨的逻辑思维来支撑。

3.可视化

描述统计分析通常包括图形分析，如直方图分析、饼图分析、箱线图分析等，也包括表格分析，以便更直观地展示数据的分布和特征。

二、描述统计分析的图表展示方法

统计图表是展示描述统计分析结果的主要形式。

（一）统计表

统计表(Statistical Table)是展示数据的一种基本方法。在数据收集、整理、描述和分析的过程中，需要使用统计表，否则对于杂乱无章的数据，既不方便阅读，也不方便理解。一旦将数据整理在一张表格上，就会使这些数据显示得很清晰，便于了解和分析。

统计表一般由四个主要部分构成，即表头、行标题、列标题和数据资料。此外，必要时还可以在统计表的下方加上表外附加。行标题和列标题一般放在统计表的第一行和第一列，它们描述的是所研究类别的名称和变量的名称。表的其余部分则放的是具体数据资料。表外附加通常放在表的下方，主要包括数据来源、变量的注释和必要的说明内容等。

由于使用者的目的以及统计数据的特点不同，统计表的设计在形式和结构上会有较大的区别，但设计统计表的原则和基本要求是不变的。统计表(示例见表8-1)制作的原则为科学、规范、简练、实用和美观。制作统计表的基本要求如下：

(1)表标题应简明确切地概括出统计表的内容，一般放在表的上方。若所有数据的计量单位一致，则可以在统计表的右上角标明，若计量单位有差异，需要在变量格内标明。

(2)要合理安排统计表的结构，比如行标题、列标题、数据资料的位置应安排合理。

(3)尽量少用线条。表格中、竖线、数据之间的分隔线等均可省去，主要以横线作为主要划分区别，三线表比较常用。

(4)表中的数据一般右对齐，有小数点时则以小数点对齐，而且小数点后的位数要统一。对于没有数据的单元格则用“-”来表示。

(5)给出必要的变量注释和数据来源的说明，尊重知识产权。

表8-1　变量描述性统计案例

变量名称	变量标识	单位	水稻县样本均值 （标准差）	小麦县样本均值 （标准差）
农作物单产	*Yield*	公斤/公顷	6 681 (1 459)	3 798 (1 707)
冻害频率	*CDD*0℃-	累计次数	0.200 (0.713)	4.126 (2.959)
区间积温 0-5℃	*IGDD*0-5℃	累计天数	1.515 (2.760)	13.10 (5.663)

资料来源：陈帅，徐晋涛，张海鹏.气候变化对中国粮食生产的影响——基于县级面板数据的实证分析[J].中国农村经济，2016(5)：8(表1部分内容).

(二)统计图

统计图(Statistical Graph)也是展示数据的一种基本方法。与统计表相比，统计图具有直观、一目了然和易于理解的特点。它主要用于调查资料的描述性分析，可以对调查对象的内部构成进行描述，也可以对不同现象之间的区别进行比较，并对现象随时间变化的情况进行展示。

常用的统计图有柱形图、帕累托图、饼图、环形图、直方图、箱线图、线图、散点图、气泡图、雷达图和小提琴图等。

1.柱形图

柱形图(Column Chart)是用宽度相等的条形的高度来表示数据多少的图形(示例见图8-2)。柱形图横置时则称为条形图。图8-2展示了2003—2020年中国农林牧渔业总产值的增加情况，总体呈现快速上升趋势。

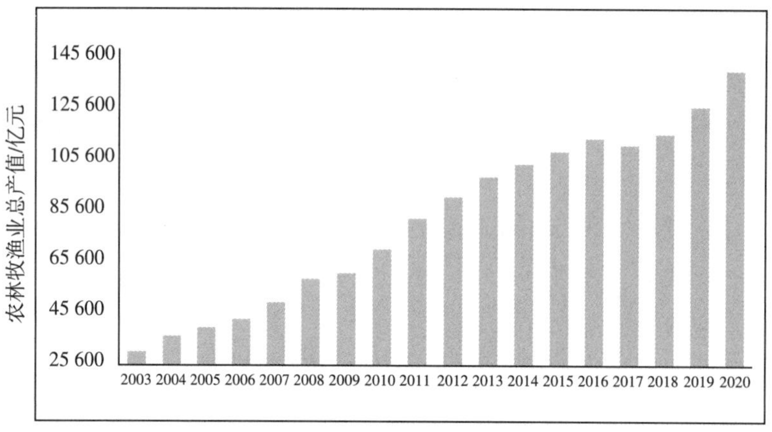

图8-2　中国农林牧渔业总产值

注:数据来源于2004—2021年中国统计年鉴。

2.帕累托图

帕累托图(Pareto Chart)是以意大利经济学家V. Pareto的名字命名的。按照各数据出现的频数的多少排序后绘制的柱形图(示例见图8-3)。根据对条形的排序,很容易发现哪些类别的数据多,哪些类别的数据少。依据图8-3可以发现该合作社拥有的农业机械最多的是拖拉机。

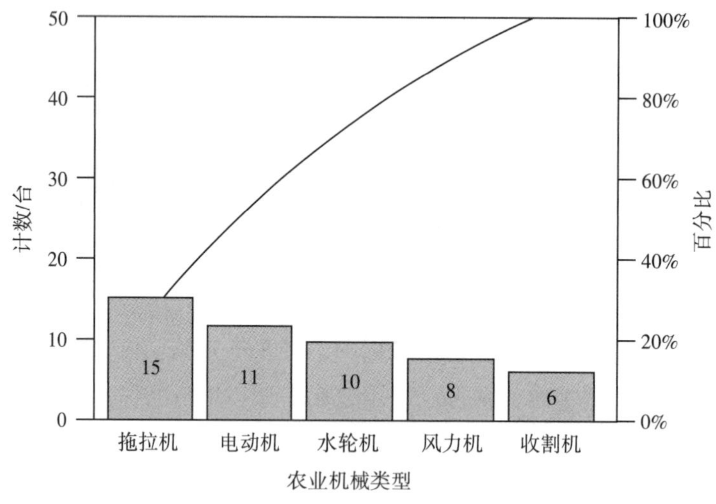

图8-3　不同类型的农业机械拥有量

注:左侧坐标轴为不同类型农业机械的台数,右侧坐标轴为累计百分比。

3.饼图

饼图(Pie Chart)是用圆形及圆内扇形的角度或面积来表示数值或比例大小的图形(示例见图8-4)。它主要用于表示一个总体中,各部分数量占全部数量的比例,这对于研究结构性问题十分有用。图8-4展示了2021年中国总人口构成,其中农村人口为

49 835万人，占比为35%；城镇人口为91 425万人，占比为65%。

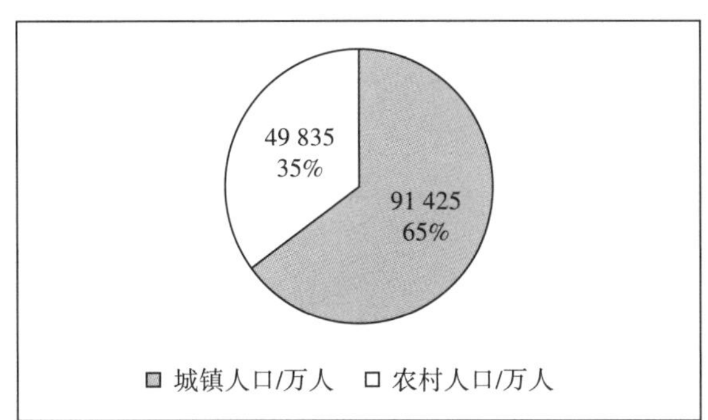

图8-4　中国总人口构成饼图

注：数据来源于国家统计局，https://www.stats.gov.cn。

4. 环形图

环形图(Doughnut Chart)是由两个及两个以上大小不一的饼图叠在一起，挖去中间的部分所构成的图形(示例见图8-5)。环形图与饼图类似，只不过环形图中间有一个“空洞”。环形图是用圆环来表示总体中各部分的占比情况，因此环形图可以显示多个样本的占比，有利于对构成作比较研究。依据图8-5可以发现2020年天津市农村居民全年消费支出构成中食品烟酒支出占比最大，其他用品及服务占比最小。

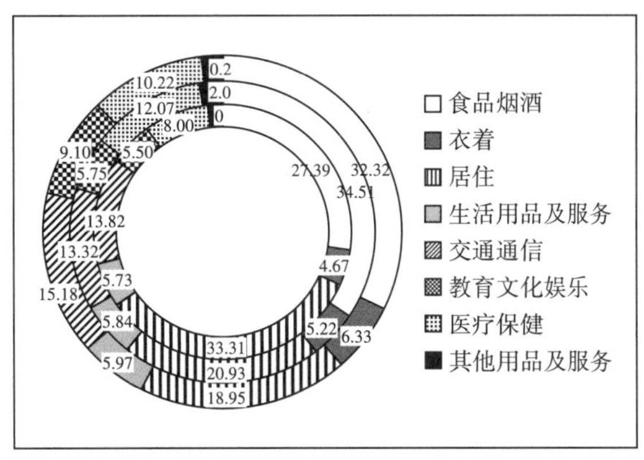

图8-5　北京、天津和河北农村居民全年消费支出构成

注：环形图由内向外分别是北京、天津和河北的农村居民2020年全年消费支出构成。

5. 直方图

直方图(Histogram)是用于展示分组数据分布的一种图形。直方图与柱形图类似，却又全然不同。首先，柱形图是用柱形的高度来表示各类别频数的多少，其宽度是固定不变的；直方图则是用矩形的面积来表示各类别频数的多少，矩形的高度表示各类别的频率，宽度表示各类别的组距。其次，直方图各类别之间是连续排列的，而柱形图各类别之间是分开的。最后，柱形图是用于展示分类数据的统计图，而直方图是用于展示数值型数据的统计图(示例见图8-6)。

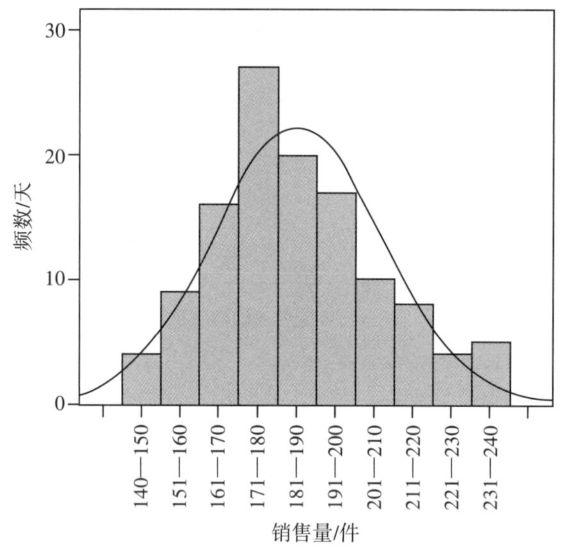

图8-6 某农业企业销售量分布

6.箱线图

箱线图(Box Chart)是根据一组数据的最大值、最小值、上四分位数、下四分位数和中位值一起绘制而成的统计图，它主要用于反映原始数据的分布情况(示例见图8-7)。也可以用于不同数据之间分布情况的比较。其中，箱体的长度(即图8-7矩形的长度)展示了数据的分散程度，也就是四分位距。四分位距越大，说明数据越分散。此外，箱线图的中位数(即箱体的横线)可以展现数据的集中趋势。如果中位数位于箱体的中心，说明数据比较对称地分布；如果不在中心，说明数据偏斜。

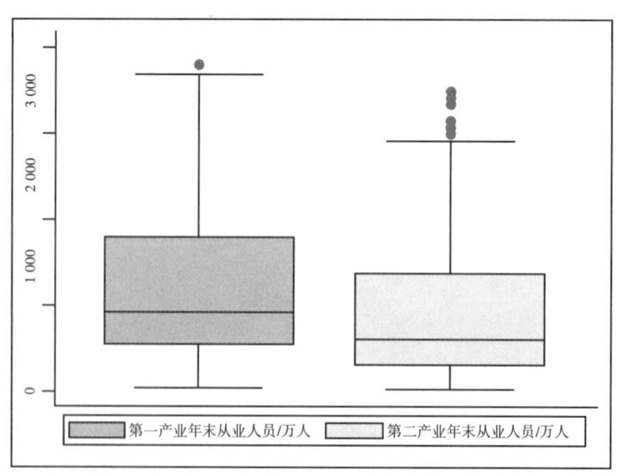

图8-7 中国一二产业从业人员数量

注：数据来源于2009—2022年中国统计年鉴。

7.线图

线图(Line Chart)一般适用于时间序列数据,描述现象随着时间变化而发生的变化(示例见图8-8)。绘制线图时,一般时间在横轴,变量值在纵轴,且一般横轴长度要长于纵轴,便于美观。

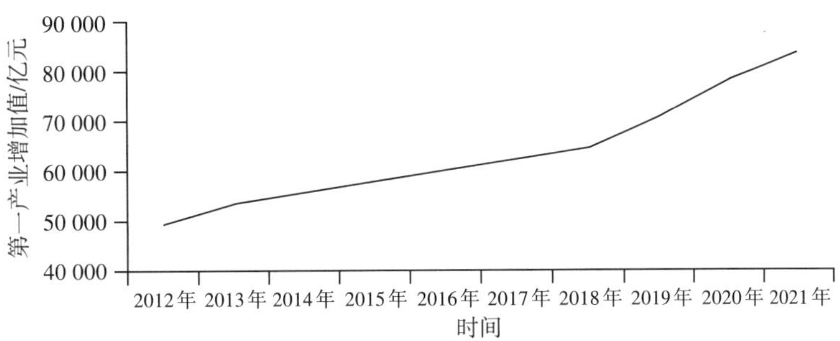

图8-8　中国第一产业增加值线图

注:数据来源于2013—2022年中国统计年鉴。

8.散点图

散点图(Scatter Chart)是用二维数据来描述两个变量之间关系的一种统计图,横坐标为x变量,纵坐标为y变量,(x_i, y_i) $(i=1,2,3,\ldots,n)$为坐标系中的一个点,n个样本在坐标系中就有n个点的存在,n个点与坐标系一起构成了散点图。小麦的单位面积产量与降雨量有一定关系。为了解它们之间的关系形态,试绘制小麦产量与降雨量的散点图(图8-9),并分析它们之间的关系。从图形可以发现,二者之间有明显的线性关系,即随着降雨量的增多,产量也随之增加。

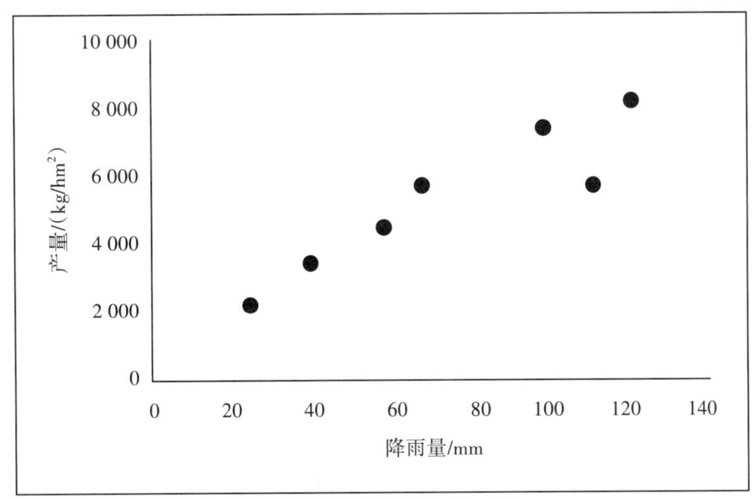

图8-9　小麦产量与降雨量的散点图

9.气泡图

气泡图(Bubble Chart)是用于描述三个变量之间关系的统计图。它与散点图类似，将一个变量放在横坐标，一个变量放在纵坐标，最后一个变量用气泡的大小来表示(示例见图8-10)。

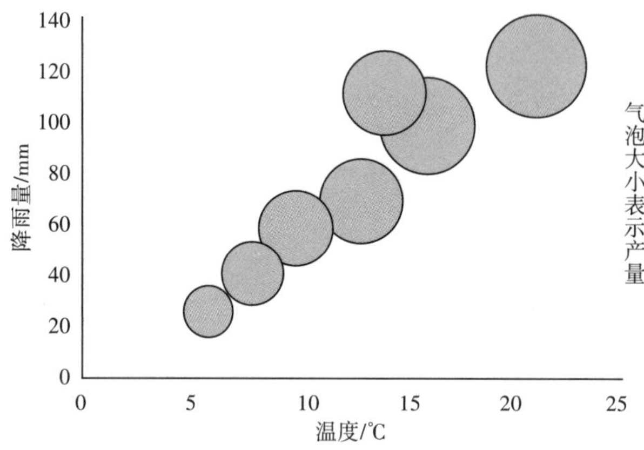

图8-10　小麦产量、降雨量和温度的气泡图

10.雷达图

雷达图(Radar Chart)是用于描述多个变量之间关系的统计图，也称蜘蛛图。假设有n个样本，每个样本有p个变量，则绘制雷达图的方法如下：先画一个圆，将这个圆p等分，得到p个点，令这p个点为p个变量，再将这p个点与圆心连线，得到p个辐射状的半径，这p个半径分别作为p个变量的坐标轴，每个变量值的大小由半径上点到圆心的距离来表示，再将同一样本的p个点连接在一起，形成一个多边形。依此类推，n个样本就形成了n个多边形，也就是雷达图。

雷达图对变量数值进行对比时十分适用，能够根据雷达图直观地看出哪个样本的哪项变量值最大，哪项值最小。此外，雷达图适合于研究多个样本之间的相似性(示例见图8-11)。

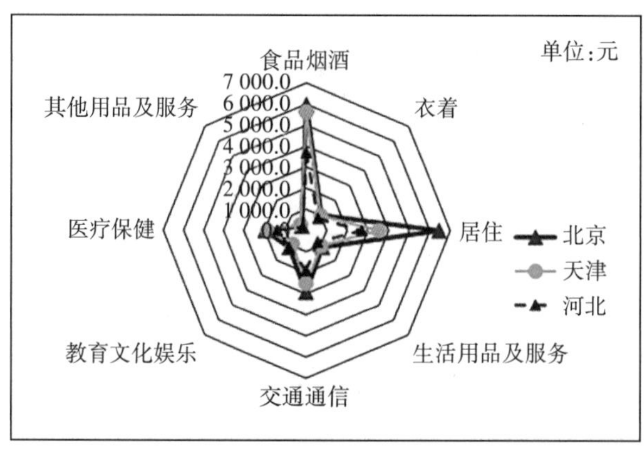

图8-11　北京、天津和河北农村居民全年消费支出构成

11.小提琴图

小提琴图(Violin Chart)可用来展示多组数据的分布状态以及概率密度。这种统计图结合了箱形图和密度图的特征,主要用来显示数据的分布形状。跟箱形图类似,但是在密度层面展示效果更好。在数据量非常大且不方便一个一个展示的时候,小提琴图特别适用(示例见图8-12)。

图8-12中间的黑色粗条表示四分位数范围,黑线底边是下四分位数,顶边是上四分位数。从其延伸的幼细黑线代表95%置信区间,而白点则为中位数。两边对称的黑线则是其核密度图。小提琴图中较宽的部分代表观测值取值的概率较高,较窄的部分则对应于较低的概率。

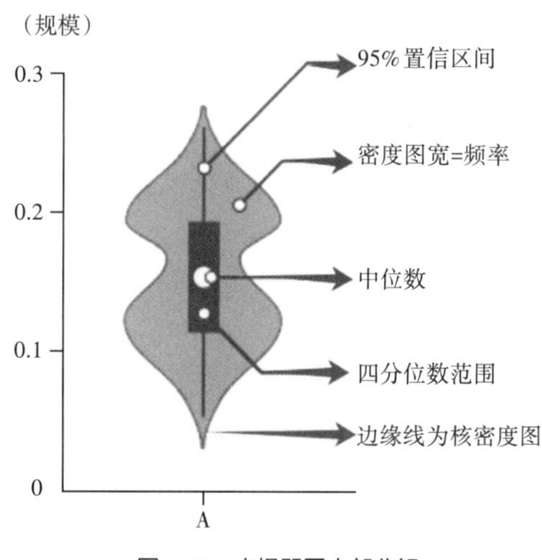

图8-12 小提琴图内部分解

三、描述统计分析的指标计算方法

描述统计分析涉及各种指标的计算方法,这些指标可以帮助我们理解数据的特征和分布状态。在描述统计分析中,常用的指标包括综合指标和反映数据分布状态的指标。

(一)综合指标

1.绝对指标

绝对指标(Absolute Index)又称绝对数,是最基本的统计指标。绝对指标一般表示社会现象的总量,所以又称总量指标。

绝对指标的种类包括:

(1)总体单位总量与总体标志总量。总体单位总量表示的是总体本身的规模大小;

如农业企业数、农户数等。总体标志总量是指总体某种标志数值的总和,如农业企业总产值、职工人数等。总体标志总量是说明总体特征的总数量。

(2)时期指标与时点指标。时期指标是反映社会现象在一定时间内发展过程的总数量。如一定时期的农业产量、人口出生数和死亡数等。这种指标有如下特点:①可累计;②指标数值的大小直接受现象活动过程时间长短的制约,即时期长,数值大;反之,就数值小。时点指标是反映现象在某一时刻上状况的总量,如人口数目、土地块数等。它有下列特点:①不能累计;②时点数的数值大小与时点的间隔长短无直接的关系。

2.相对指标

相对指标(Relative Index)亦称“统计相对数”,是用两个有关系的指标进行对比得到的比值来反映社会经济现象数量特征和数量关系的综合指标,主要有结构相对指标、比较相对指标、比例相对指标、强度相对指标、动态相对指标和计划完成相对指标等。

(1)结构相对指标。

又称结构相对数,是用总体的某个部分与总体进行比较得出的比重或比率指标,可用来反映总体的结构或分布状况。计算公式如下:

结构相对指标=各组(或部分)总量/总体总量

如:农业GDP占比=农业GDP/GDP

(2)比较相对指标。

又称比较相对数,是用不同单位的同类现象的数量进行比较得出的相对指标,可用来反映某一同类现象在同一时间,不同单位之间的发展差异情况。计算公式如下:

比较相对指标=甲单位某指标值/乙单位同类指标值

如:重庆市农业GDP/云南省农业GDP。

(3)比例相对指标。

又称比例相对数,比例相对指标是利用分组法,将总体区分成性质不同的各部分,以这一部分数值与另一部分数值进行对比而得出的比重或比率就是比例相对指标。比例相对指标可以分析总体范围内各局部、各分组间的比例关系和协调平衡状况,表明总体内部的比例关系是否合理。其计算公式如下:

比例相对指标=总体中某一部分数值/总体中另一部分数值

如:城镇常住人口/乡村常住人口。

(4)强度相对指标。

又称强度相对数,是不属于同一总体的两个性质不同但相互间有联系的总量指标对比的比值,是用来反映现象的强度、密度和普遍程度、利用程度的综合指标。其计算公式如下:

强度相对指标=某种总体总量指标/另一有联系的总体总量指标

如:人均粮食产量=粮食总产量/总人口数。

(5)动态相对指标。

又称动态相对数,是用同一现象、同一单位,不同时期下的两个数值进行比较得出的相对指标,通常用来反映某一现象在时间上的发展变动情况。计算公式如下:

动态相对指标=报告期指标数值/基期指标数值

如:2023年农业GDP/2000年农业GDP(2000年为基期)。

(6)计划完成相对指标。

又称计划完成百分数,是以计划的目标量为标准,将实际完成量与计划任务数进行比较得出的相对指标,通常用来反映计划的完成情况。计算公式如下:

计划完成相对指标=实际完成数/计划任务数×100%

具体可以细分为年度计划完成情况(产值、产量、成本、价格)= 本年实际(产值、产量、成本、价格)÷本年计划(产值、产量、成本、价格)×100%,等等。

根据下达计划任务时期的长短和计划任务数值的表现形式不同,计划完成相对指标的计算可分三种情况。

①计划数为总量指标。

当计划数为总量指标时,可用于检查计划完成情况或检查计划进度。其计算公式为:

计划完成相对指标=实际完成(累计)数/计划任务数×100%

例如,某农业企业2021年各季度营业收入有关资料如表8-2所示:

表8-2　计划完成程度计算

季度	计划收入额/万元	实际收入额/万元	计划完成程度/%	计划完成进度/%
第一季度	1 200	1 200	100.00	24
第二季度	1 200	1 500	125.00	54
第三季度	1 300	1 250	96.15	79
第四季度	1 300	1 450	111.54	108
合计	5 000	5 400	108.00	—

计划进度检查主要看时间过半,完成任务是否过半,若有距离应早组织人力物力,确保按时完成计划。

对计划完成程度的评价,实际完成数超过计划数好,还是低于计划数好,要根据计划指标的性质和内容确定。通常正指标,如产值、利税额、产量、销售额等指标超额

100%，说明计划完成情况较好。逆指标如单位成本、费用总额等指标，小于100%为超额完成计划。

当计划数是平均指标时，其计划完成情况检查与计划数是总量指标基本相同。

②计划数是相对指标。

当计划数是相对指标，即用“增长了”“提高了”或“降低了”“减少了”的百分比表示时，其计划检查分增长计划和降低计划两种。

$$增长计划检查=(1+X_{实})/(1+X_{计})\times 100\%$$

$$降低计划检查=(1-X_{实})/(1-X_{计})\times 100\%$$

上述计算公式表明，计划完成相对指标不能直接用实际提高或降低的百分比除以计划提高或降低百分比，而应把原有的基数（以上期实际水平为100%）包括在内。例如，某企业计划2016年人均利税率比上年提高3%，实际提高6%，则计划完成情况为：

计划完成程度=(1+6%)/(1+3%)×100%=102.91%

即完成计划的102.91%，超额2.91%完成计划。

计划完成相对指标主要用来检查监督计划执行情况，分析计划完成或未完成的原因。在实际工作中，常常把计划完成相对指标和分组法结合运用，用以说明组间计划完成程度是否均衡，从而有利于深入分析问题，解决问题。

（二）反映数据分布状态的指标

反映数据分布状态的指标主要包含集中趋势指标、离中趋势指标、偏态和峰态指标三个方面（表8-3）。这些指标提供了数据分布形态、集中趋势、离中趋势、偏斜程度和分布的扁平程度等信息，可以帮助我们更好地理解数据的特征。

表8-3　数据分布指标分类

数据分布指标	具体指标
集中趋势指标	众数、中位数、分位数、平均数
离中趋势指标	异众比率、四分位差、极差、平均差、方差、标准分数、离散系数
偏态和峰态指标	偏态系数和峰态系数

1.集中趋势指标

(1)集中趋势指标的概念。

集中趋势是指一组数据向数据中心值靠拢的程度，它反映了一组数据中心点的位置所在。集中趋势指标（以下也称集中指标）则是集中趋势的具体表现数值，主要有众数、中位数、分位数和平均数等。

(2)集中趋势指标的特点和作用。

集中指标是一组数据的代表值,能说明一组数据的代表情况。集中指标的作用有很多,首先,利用集中指标能对各个总体或各个样本进行比较。其次,利用集中指标可以研究总体的一般水平在时间上的变化。再者,利用集中指标可以分析现象之间的依存关系。

(3)集中趋势指标的类型和计算方法。

①众数。

众数(Mode)是一组数据中出现次数最多的变量值,用M_0来表示。众数主要用于分类数据的集中趋势测量。一般情况下,众数在大样本数据的情况下才有意义。

众数是一组数据中的位置代表值,它不受极端值的影响。从分布的角度来看,众数是具有明显集中趋势点的数值,众数在一组数据中代表其分布的最高峰。当然,如果一组数据没有明显的集中趋势或分布的最高峰,众数就有可能不存在;如果在一组数据的分布中同时存在多个最高峰,则可能存在多个众数。

②中位数。

中位数(Median)是一组数据排序后,处于中间位置上的变量值,用M_e来表示。显然,中位数将整个数据划分成了前后两个部分,每个部分各约占50%的数据,前面部分的数据比中位数小,后面部分的数据比中位数大。中位数适用于顺序数据和数值型数据的集中趋势测量,但不适用于分类数据的集中趋势测量。中位数的特点是不受极端值的影响。

要确定一组数据的中位数,首先要对这组数据排序$x_1,x_2,x_3,\ldots,x_n$再找出中位数所在的位置,最后再确定中位数的数值。

$$\begin{cases} x_{\left(\frac{n+1}{2}\right)}, & (n\text{为奇数}) \\ \dfrac{1}{2}\left\{x_{\left(\frac{n}{2}\right)}+x_{\left(\frac{n}{2}+1\right)}\right\}, & (n\text{为偶数}) \end{cases} \tag{8-4-1}$$

③分位数。

分位数(Quantile),亦称分位点,是指将一个随机变量的概率分布范围分为几个等份的数值点,常用的有中位数、四分位数、百分位数等。中位数是二分位数,即在整个数据的中间点将数据分成两个部分。与中位数类似的还有四分位数、十分位数、百分位数等,它们分别用3个、9个和99个点将整个数据4等分、10等分和100等分。

四分位数(Quartile),也称为四分位点,指的是一组数据经过排序后处于整个数据25%和75%位置上的数据值,其中25%位置的四分位数称为上四分位数(Upper Quartile),75%

位置的四分位数称为下四分位数(Lower Quartile)。和中位数的具体数值确定一样,对数据进行排序后,要确定四分位数处于的位置,然后再确定四分位数的具体数值。

④平均数。

平均数(Mean)也称为均值,是一组数据所有数值加总后除以数据个数得到的结果。平均数是集中趋势的主要测度值,适用于数值型数据,不适用于分类和顺序数据。

平均数在统计学中具有重要的地位,它可以看成是数据的"平衡点"或"中心位置"所在。由于平均数计算时需要用到所有的数据,因此和众数与中位数相比,平均数包含了原始数据的大量信息,但它很容易受个别极端值的影响。根据计算形式的不同,平均数也有不同的类别。

简单平均数:根据未经分组的数据计算得到的平均数称为简单平均数。其计算公式如下,其中$\bar{x}$代表简单平均数,$x_1, x_2, x_3, \ldots, x_n$代表$n$个数据。

$$\bar{x} = \frac{\sum_{i=1}^{n} x_i}{n} \ (i = 1, 2, \ldots, n) \tag{8-4-2}$$

加权平均数:根据分组数据计算得到的平均数为加权平均数。设原始变量被分成k组,各组的组中值为$M_1, M_2, M_3, \ldots, M_k$,各组变量出现的频数又分别为$f_1, f_2, f_3, \ldots, f_k$,计算公式如下:

$$\bar{x} = \frac{\sum_{i=1}^{k} M_i f_i}{n} \ (i = 1, 2, \ldots, k) \tag{8-4-3}$$

几何平均数:几何平均数是n个变量的n次方根,用G来表示。主要用于计算平均比率,如中国农业GDP的年平均增长率等。计算公式如下:

$$G = \sqrt[n]{x_1 x_2 x_3 \ldots x_n} \tag{8-4-4}$$

(4)集中趋势指标的比较。

①几种集中趋势指标的适用场合。

众数是一组数据分布的峰值所在,其优点是不受极端值的影响,而缺点则是具有不唯一性。一组数据可能存在多个众数,也可能不存在众数。众数只有在数据量较大的情况下才有意义,当数据量较小时,不宜使用众数。

中位数是一组数据中间位置的数值,它不受极端值的影响。当一组数据分布偏斜情况较严重时,使用中位数作为该组数据的集中趋势测度值较好。

平均数是针对数值型数据的集中趋势计算的数值,它利用了数据的全部信息,是应用最为广泛的集中指标。但其缺点也十分明显,很容易受极端值的影响,数据的分布为偏态时,平均数对于数据集中趋势的代表程度就较差。

②几种集中趋势指标的关系。

从数据的分布来看，众数是一组数据分布的峰值所在，中位数则是一组数据中间位置上的数值，平均数则是所有数据的算术平均值。对于具有单峰分布的数据来说，众数、中位数、平均数具有以下关系：如果数据分布是对称的，该组数据 $M_0=M_e=\bar{x}$。左偏分布的数据存在极小值，会使平均数偏小，而中位数和众数不受极端值影响，因此该组数据 $M_0>M_e>\bar{x}$。右偏分布存在极大值，会使平均数偏大，而中位数和众数不受极端值影响，因此该组数据 $M_0<M_e<\bar{x}$（图 8-13）。

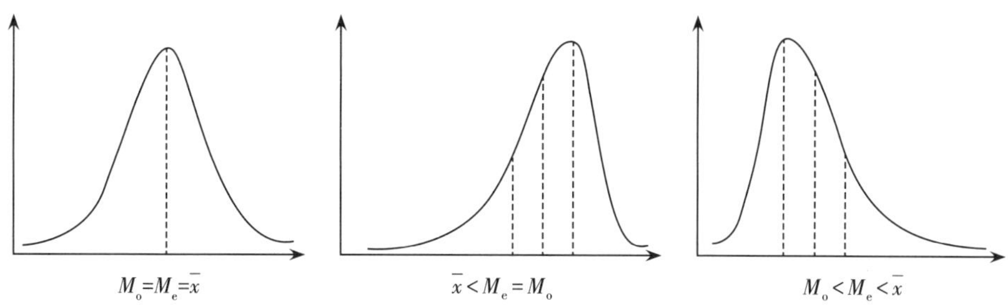

图 8-13　不同分布的众数、中位数和平均数

2. 离中趋势指标

（1）离中趋势指标的概念。

数据的离散程度是数据分布的另一个重要特征，而离中趋势指标就是数据离散程度的表现，反映了各变量值远离其中心值的程度，主要有异众比率、四分位差、极差、平均差、方差、标准分数、离散系数等。

（2）离中趋势指标的特点和作用。

离中趋势指标描述了一组数据的差异程度，利用其能够全面认识数据的分布情况，能够对集中趋势进行补充说明。数据的离散程度越大，则集中指标在数据上的代表性就越差；离散程度越小，集中指标的代表性就越好。

（3）离中趋势指标的类型和计算方法。

①异众比率。

异众比率（Variation Ratio）是指非众数组的频数占总频数的比例，用 V_r 来表示，其计算公式如下：

$$V_r=\frac{\sum_{i=1}^{n}f_i-f_m}{\sum_{i=1}^{n}f_i}\ (i=1, 2, 3..., k) \tag{8-4-5}$$

其中，f_m 为众数组的频数，$\sum f_i$ 为变量值总频数。

异众比率用于衡量众数对于一组数据的代表程度。异众比率越大，说明非众数组的频数在全部数据中的比例越大，众数的代表性也就越差。异众比率越小，说明非众数组的频数在全部数据中的比例越小，众数的代表性也就越好。异众比率主要适合测度分类数据的离散程度。

②四分位差。

四分位差（Interquartile Range），也称为内距或四分间距，它是上四分位数和下四分位数之差，用Q_d来表示，计算公式如下：

$$Q_d=Q_u-Q_l \tag{8-4-6}$$

其中，Q_u为上四分位数，Q_l为下四分位数。

四分位差反映了中间50%数据的离散程度。数值越小，说明中间的数据越集中；数值越大，说明中间的数据越分散。由于中位数处于四分位差的范围之内，因此四分位差可以用来衡量中位数对于一组数据的代表程度。四分位差主要用于顺序数据和数值型数据的离散程度测量，并不适用于分类数据的离散程度测量。

③极差。

极差（Range），又称全距，是一组数据的最大值与最小值之差，用R来表示，计算公式如下：

$$R=\max(x_i)-\min(x_i),(i=1,2,\ldots,n) \tag{8-4-7}$$

其中，x_i为一组数据中的第i个值，$\max(x_i)$为一组数据的最大值，$\min(x_i)$为一组数据的最小值。

极差是一种比较简单的数值型数据的离散程度测量值，计算简单且易于理解。但它容易受极端值的影响，且只用到了数据两端的信息，没有使用全部数据的信息，因此它不能反映中间部分数据的离散程度，因此不能十分准确地表示数据的离散程度。

④平均差。

平均差（Average Deviation），也称为平均绝对离差，它是各变量值与其平均数、离差绝对值的平均数$\bar{x}$，平均差用M_d来表示，计算公式如下：

未分组数据：$$M_d=\frac{\sum_{i=1}^{n}\left|x_i-\bar{x}\right|}{n}\ (i=1,2,\ldots,n) \tag{8-4-8}$$

分组数据：$$M_d=\frac{\sum_{i=1}^{k}\left|M_i-\bar{x}\right|f_i}{\sum_{i=1}^{k}f_i}\ (i=1,2,\ldots,k) \tag{8-4-9}$$

其中，x_i为一组数据中的第i个值，$\bar{x}$为算术平均数，n为变量值的个数，k为将变量x_i分组的组数，M_i是组中值，f_i为第k组数据的个数。

平均差以平均数为中心，反映了每个数据与平均数的平均差异程度，它能全面地反映一组数据的离散程度。平均差越大，说明数据的离散程度越大，平均差越小，说明数据的离散程度越小。为避免离差之和等于0而无法计算平均差的问题，平均差在计算时对离差进行了绝对化的处理。这样就导致平均差的现实意义缺失，因此在现实中，平均差的应用较少。

⑤方差。

方差（Variance），是各变量值与其平均数离差平方的平均数。它在对具有正负号的离差进行了平方化的处理，然后再对其进行平均。方差的平方根称为标准差，方差和标准差能很好地表示一组数据的离散程度，而且在现实生活中的应用较为广泛。方差用S^2表示，样本方差的计算公式如下：

未分组数据：$S^2=\dfrac{\sum_{i=1}^{n}\left(x_i-\bar{x}\right)^2}{n-1}$　　（8-4-10）

分组数据：$S^2=\dfrac{\sum_{i=1}^{k}\left(M_i-\bar{x}\right)^2 f_i}{n-1}$　　（8-4-11）

其中，x_i为一组数据中的第i个值，$\bar{x}$为算术平均数，n为变量值的个数，k为将变量x_i分组的组数，M_i是组中值，f_i为第k组数据的个数。

样本方差是用样本数据的个数减1后去除离差平方和，样本数据的个数减1为自由度。标准差是方差开方后得到的结果。方差是没有量纲的，但标准差有量纲，标准差的计算单位与变量值的计算单位相同，因此标准差比方差更具实际意义。

⑥标准分数。

标准分数（Standard Score），又称为标准化值或z分数。它是变量值与其平均数的离差除以其标准差得到的结果。标准分数一般用z来表示计算公式如下：

$$z_i=\frac{x_i-\bar{x}}{S} \qquad (8\text{-}4\text{-}12)$$

其中，x_i为一组数据中的第i个值，$\bar{x}$为算术平均数，S为标准差。

标准分数具有均值为0，方差为1的特点。实际上，标准分数并没有改变一个数据在该组数据中的位置，也没有改变数据的分布状况，只是对数据进行了简单的线性变换，使变换后的数据均值为0，方差为1。

⑦离散系数。

方差和标准差反映了数据离散程度的绝对值，其数值的大小一方面受原变量值自身水平高低的影响，也就是说原变量值的平均数大，则得出的方差或标准差就大，原变量值的平均数小，则得出的方差或标准差就小。另一方面，标准差与变量的计量单位是相同的，则不同计量单位得出的方差和标准差就有所差距。因此对于平均水平不同和计量单位不同的数据组，不适合用方差或标准差来代表它们的离散程度进行比较。因此，引入了离散系数。

离散系数（Coefficient of Dispersion），又称为变异系数，是一组数据的标准差（S）与其平均数（$\bar{x}$）之比。用V_S表示，其计算公式如下：

$$V_S=\frac{S}{\bar{x}} \tag{8-4-13}$$

离散系数是能用于比较不同样本之间离散程度的统计量，离散系数大，代表数据的离散程度大，离散系数小，代表数据的离散程度小。

上述介绍了描述数据离散程度的几个离中指标的代表，其适用范围有所差异，针对分类数据，一般用异众比率来描述其离散程度；对于顺序数据，异众比率虽然也可以使用，但大部分情况下，采用四分位差来表示数据的离散情况；对于数值型数据，异众比率、四分位差、极差和平均差都可以用来衡量数据的离散程度，但大部分情况下，一般使用方差和标准差来表示。对不同数据之间的离散程度进行比较时，一般使用离散系数。

3.偏态和峰态指标

通过集中指标和离中指标能够很好地了解数据的集中趋势和离中趋势，但要想全面了解一组数据，例如数据分布的形状是否对称、偏斜程度和分布的扁平程度，就需要用到偏态和峰态的测度，即偏态系数和峰态系数。

（1）偏态系数。

偏态一词是由统计学家皮尔逊（Pearson）在1895年首次提出的，它是对数据分布对称性的一种测度，测度偏态的统计量为偏态系数（Coefficient of Skewness），用K_s来表示，计算公式如下：

根据未分组数据计算偏态系数：

$$K_s=\frac{n\sum_{i=1}^{n}(x_i-\bar{x})^3}{(n-1)(n-2)S^3} \tag{8-4-14}$$

其中，x_i为一组数据中的第i个值，$\bar{x}$为算术平均数，n为变量值的个数，S^3是样本数据标准差的三次方。

根据分组数据计算偏态系数：

$$K_s=\frac{\sum_{i=1}^{k}(M_i-\bar{x})^3 f_i}{nS^3} \qquad (8\text{-}4\text{-}15)$$

其中，x_i为一组数据中的第i个值，$\bar{x}$为算术平均数，k为将变量x_i分组的组数，M_i是组中值，f_i为第k组数据的个数，n为变量值的个数，S^3是样本数据标准差的三次方。

如果一组数据是对称分布的，那么这组数据的偏态系数为0。若数据的偏态系数不为0，则表明该组数据的分布是非对称的。若偏态系数K_s大于0，则数据呈现右偏分布，偏态系数K_s小于0，则数据呈现左偏分布。偏态系数K_s大于1或小于-1时，数据呈现高度偏态的分布；若偏态系数K_s在0.5到1或-1到-0.5，数据则呈现中等偏态分布；偏态系数越接近于0，数据分布的偏斜程度越小。

(2)峰态系数。

峰态一词是由统计学家皮尔逊在1905年首次提出的，它是对数据分布平峰或尖峰程度的一种测度，测度峰态的统计量为峰态系数(Coefficient of Kurtosis)，用K来表示，计算公式如下：

根据未分组数据计算峰态系数：

$$K=\frac{n(n+1)\sum_{i=1}^{n}(x_i-\bar{x})^4\sum_{i=1}^{n}3\left[(x_i-\bar{x})^2\right]^2(n-1)}{(n-1)(n-2)(n-3)S^4} \qquad (8\text{-}4\text{-}16)$$

根据分组数据计算峰态系数：

$$K=\frac{\sum_{i=1}^{k}(M_i-\bar{x})^4 f_i}{nS^4}-3 \qquad (8\text{-}4\text{-}17)$$

其中，x_i为一组数据中的第i个值，$\bar{x}$为算术平均数，k为将变量x_i分组的组数，M_i是组中值，f_i为第k组数据的个数，n为变量值的个数，S^4是样本数据标准差的四次方。

正态分布是峰态系数为0的分布；若峰态系数K大于0，表明数据为尖峰分布，数据的分布更集中；若峰态系数K小于0，表明数据为扁平分布，数据的分布更分散。

思政内容提要

调查资料的整理和分析有助于初步探寻现象背后的一般规律。通过掌握调查资料的整理和分析方法，深刻理解农村经济社会发展变化的客观规律本质上是统计规律；统计规律不是对个体之间存在的必然联系的刻画，而是在整体上表现出来的必然的本质联系。统计规律中,某个原因所引起的结果一般并不是唯一的,其是统计意义上一个确定的必然的趋势。

通过掌握调查资料的整理和分析方法,学会全面地、辩证地看问题;学会避免认知偏差,特别是如何避免片面性。

对调查资料进行整理和分析时,学会充分运用所学的知识和方法,不歪曲数据特征,不误导读者,实事求是,培养耐心细致的作风和严肃认真的态度。

本章小结

在调查数据的收集阶段结束之后,将进入到调查资料的整理和分析阶段。调查资料类型多样,根据来源不同可以分为直接调查资料和间接调查资料;根据计量尺度的不同可以分为定性调查资料和定量调查资料。调查资料的整理需要遵循真实性、标准性、完整性、简明性和新颖性的原则。

对于定性调查资料而言,要对其进行审查、分类、汇编等过程;而对于定量调查资料而言,需要进行数据编码和录入,并进行数据净化和清理,建立定量资料数据库。数据净化主要是处理错误的或者不合理的数据以及数据的一致性检验;数据清理则主要是对调查资料的缺失值和离群值进行处理,从而达到后续数据分析的要求。

定量调查资料通常是通过问卷调查获取,需要先完成编码和录入工作,将其转化为可供计算机处理和运算的数据形式。问卷数据的编码分为事前编码和事后编码两种,事前编码一般针对的是封闭形式的问卷,即每个问题都有确定的答案范围;事后编码是指对没有进行事前编码的答案选项分配一个编号,通常需要事后编码的有封闭式问题的“其他”选项和开放式问题。而问卷数据的录入则主要分为纸质问卷的键盘人工录入、纸质问卷的光电扫描录入和计算机辅助数据录入三种。

对定量调查资料进行深入分析前,可以先进行初步的描述统计分析。统计表和统计图可以直观展示数据的结构和特征。针对单变量数据,可以根据数据集向其中心值聚集的程度来了解一组数据的集中程度,根据数据集的分散情况来了解各变量值远离其中心值的程度等。

关键术语

间接调查资料　Indirect Survey Information

直接调查资料　Direct Survey Information

定性调查资料　Qualitative Survey Information

定量调查资料　Quantitative Survey Information

缺失值　Missing Value

离群值　Outliers

统计表　Statistical Table

统计图　Statistical Graph

相对指标　Relative Index

众数　Mode

中位数　Median

分位数　Quantile

平均数　Mean

异众比率　Variation Ratio

四分位差　Interquartile Range

极差　Range

平均差　Average Deviation

方差　Variance

标准分数　Standard Score

离散系数　Coefficient of Dispersion

偏态系数　Coefficient of Skewness

峰态系数　Coefficient of Kurtosis

思考练习

1. 调查资料整理的原则有哪些？

2. 定性资料的整理包括哪些步骤？

3. 事前编码和事后编码有什么区别？事后编码容易出现什么问题？

4. 针对缺失值和离群值有哪些处理方法？

5. 统计分析中常用的统计图有哪些，各种统计图适用于什么场合？

实践练习

以小组为单位，对用问卷调查到的定量调查资料进行初步整理，并进行相应的描述性分析。

第九章

定性调查资料的案例研究

凡是为实用或为研究而做的调查,和那些为调查而调查所得的材料不是相同的。[①]

——陈翰笙[②]

社会科学的目的必须是把实在简化为“规律”。[③]

——马克斯·韦伯[④]

问题导读

与大样本的计量实证分析方法相比,案例研究获取的信息和数据更详细和深入,分析过程更聚焦。案例研究是通过科学方法对一个事件或现象分析从而得出具有普遍性结论的研究方法。案例研究具有丰富的细节和具体的情境,不仅关注表面现象,还探索其背后的原因和规律,有助于获取深层次的见解。因此,案例研究并不是一件容易的事,需要反复学习提升。在研究农村经济发展问题时,什么情况下需要采用案例研究?案例研究的内涵是什么?有哪些作用?有什么局限性?案例研究的过程包括哪些内容?单案例和多案例研究的设计有何异同?本章将基于第八章对定性调查资料整理与分析方法的介绍,进一步对案例研究的内涵以及单案例研究和多案例研究的基本范式进行解读,并对案例研究设计进行详细介绍。

① 李景汉.定县社会概况调查[M].上海:上海人民出版社,2005:(陈序)11.

② 陈翰笙,中国经济学家、社会学家,主要从事世界经济史、印度史和中国农村经济等方面的研究,主要著作有《解放前的中国农村》等。

③ 马克斯·韦伯.社会科学方法论[M].韩水法,莫茜,译.北京:商务印书馆,2017:58.

④ 马克斯·韦伯(Max Weber),德国社会学家、历史学家、经济学家,是现代西方一位极具影响力的思想家,与卡·马克思和埃米尔·涂尔干并称为现代社会学的三大奠基人,主要著作有《经济与社会》等。

学习目标

★知识学习:

(1)了解案例研究的内涵和作用。

(2)明确案例研究的基本过程。

(3)掌握单案例和多案例研究的设计。

★能力提升:

(1)提升对定性资料进行案例研究的能力。

(2)提高用单案例研究方法分析农村经济发展问题的能力。

(3)增强用多案例研究方法分析农村经济发展问题的能力。

★价值形成:

(1)养成案例研究中科学严谨和客观公正的态度。

(2)通过案例研究培养对具体细节的领悟和把握能力。

(3)通过案例研究理解科学证伪与相对真理和绝对真理。

知识结构

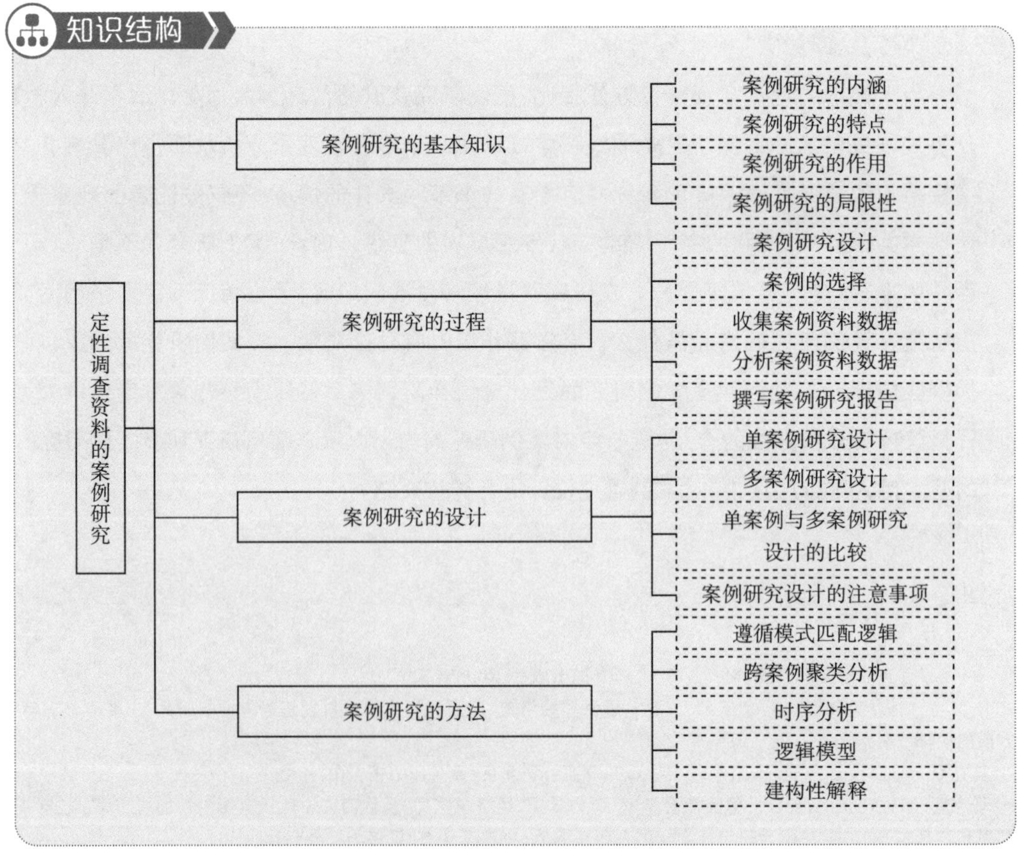

第一节　案例研究的基本知识

定性研究一直都是被广泛使用的研究方法。而案例研究作为分析定性资料的定性研究的方法之一，能够深度剖析事物发展的复杂过程，通过分析事件中蕴藏的关系、结构和逻辑再现事件的前因后果。

一、案例研究的内涵

（一）案例的内涵

案例（Case）指在某一时间点或经过一段时期所观察到的一种有空间界限范围的现象。它凝练成一个推论且试图去解释这一类的事物或现象。因此，在一项试图阐明村庄环境保护现状的案例研究中，案例主体是由村庄构成的；在一项试图解释乡村农户技术采纳行为的研究中，案例则由农户个体构成；诸如此类。每个案例可提供单次观察或多次观察。

（二）案例研究的内涵

案例研究（Case Study）是指研究者选择一个或几个案例，通过实地调查系统地收集数据和资料，进行深入的研究，提出问题并解决问题的一种研究方法。案例研究方法是社会科学研究领域的一种重要的定性研究方法，该方法来源于实践，不仅能更真实、全面地反映客观事实，还能解析现象产生的原因。案例研究可以通过对单个案例进行深入研究，以便于达到解释总体的目的。案例研究也可能包含了多个案例，即多案例研究。当案例研究的重点从单案例转向一系列案例的时候，我们可以称这种研究为跨案例研究。显然，案例研究与跨案例研究之间的区别是一个程度问题。案例越少，对它们所做的研究就越深入，这项工作也越符合“案例研究”的称谓。

二、案例研究的特点

案例研究往往具有典型性、真实性、目的性、完整性等特征。

1.典型性

案例研究的目的是通过归纳的方法来验证理论或构建理论，因此要求案例对于所研究的问题具有典型性。案例研究的这种典型性可以来自研究者事先精心的选择，还可能来自研究过程中的理论抽样[①]。理论抽样由研究过程中核心概念之间的关系和逻辑来决定,通过在研究的过程中有意识地比较和寻找,才能发现典型的案例。

案例研究的对象一般是与同类问题相比表现比较突出的研究对象,研究的对象有特定的范围和情景。虽然其研究对象是个别的,但不是孤立的,因而对这些个别对象的研究必然在一定程度上反映其他个体和整体的某些特征和规律。

2. 真实性

实践出真知,我们分析的案例必须是来自实践的真实的事,因此案例研究具有真实性。案例研究始于研究者对某个特定现象的兴趣,通过观察所有变量及其相互作用关系,而不是控制变量来理解这种现象。真实的案例能让分析者获得仿真的实践锻炼,获取经验,提高理论运用水平和实践能力。案例研究来源于实践,没有经过理论的抽象与精简,是对客观事实全面而真实的反映,将案例研究作为一项科学研究的起点能够切实增加实证的有效性。与实验研究不同,大多数案例研究并不对研究变量进行控制,而在真实的场景中进行数据的收集与研究,这种研究情境的真实性也支撑了研究结论的有效性。

3. 目的性

案例研究具有目的性。案例研究的目的是多元的,可以通过特定情境或现象验证现有理论的适用性和可靠性;可以通过与现有理论相悖的案例研究挑战现有理论的框架和适用范围;也可以识别出新的模式、趋势或关系,并从中形成新的理论。案例研究的独特之处在于,它不仅关注于描述案例本身,还通过分析和解释案例来获取对普遍原则的洞察。案例研究不仅要对现象进行翔实的描述,还要对现象背后的原因进行深入的分析,它既回答"怎么样"的问题,也回答"为什么"的问题,有助于研究者把握事件的来龙去脉和本质。

4. 完整性

案例研究具有整体性要求,研究者必须对这一事件所涉及的各部分的相互依赖关系及这些关系之间发生的方式进行深入的研究。案例研究是整体的、密集性的,是对一个现象或多或少地进行全面考察。有的案例本身就是一个故事,情节不完整,信息不全面,往往会影响案例本身的可读性,乃至使其丧失案例分析的价值,因此需要保证案例的完整性。

---

① 理论抽样(Theoretical Sampling)是一种用于质性研究的抽样方法,常用于案例研究、地理研究和其他质性研究中。与传统的随机抽样不同,理论抽样不是基于概率分布,而是根据研究问题和理论的发展来选择参与者或样本。

三、案例研究的作用

(一)有助于理论构建

农村经济发展调查中普遍认为，当面对一些未知领域时，如果尚没有足够的经验和理论积累可以作为研究的基础时，案例研究是一个非常有效的方法。案例研究通过选择合适的事件进行深入的研究，透过表面现象得出一些假设和结论，作为今后进一步研究的基础。当要作探索性研究时，甚至连假设也是模糊的时候，即所研究的问题是一种理论空白，或者还处于学科发展的初期，现有文献不能够解释或回答所要研究的问题，需要从实践中总结、归纳出理论框架和概念模型时适宜采用案例法。这时，研究者采取理论构建过程而不是理论验证的过程，这种过程是开拓性的，发掘新理论的过程，而不是检验已经存在的理论。最终建立有效的探索性的理论框架。

案例研究方法有其特定的适用范围，其显著优势体现在理论构建方面。从案例研究特征和数据收集方式看，该方法属于定性研究方法，而适当加入定量分析工具能在一定程度上弥补案例研究的固有缺点，这种混合研究方法正被越来越多的学者采用；理论构建型案例研究没有必要预先提出理论假设，但有必要预先确定案例分析的理论视角，以确保研究结论具有理论价值，而不是空中楼阁。

(二)有助于解释理论

案例研究不仅可以进行理论建构，还可以验证理论、提供描述与说明，便于对当前现象进行解释或对某一社会现象进行深入分析，案例研究最显著的特征就是“描述客观世界的真实故事”。通过对具体案例的深入分析，研究者可以展示理论在实践中的应用，解释理论如何适用于特定情境，并揭示理论与实际现象之间的关联和关系。在案例研究中，研究者可以从案例中获得极为丰富的研究数据。案例研究的资料必须通过亲身经历，如通过本人所从事的工作或深入实际的调查研究等去获得，而不能靠他人提供。案例资料所涉及的单位可根据案例研究的主题而定，可以是农民合作社、村庄或者乡镇单位等等。

(三)有助于提供社会知识

案例研究能够提供四种社会知识，即解释性知识、理解性知识、规范性知识和价值性知识。

1.解释性知识

解释性知识即案例研究中特定情境或事件的诱因、影响或动力条件、行为及因果关系的知识。这类知识的作用，在于帮助我们知晓事实、行为及事件因何发生，为何以这样的形态而非其他形态发生，它们在什么条件下发生，推动力来自什么。比如关于土地制度改革的研究，案例研究者需要抽丝剥茧，将真正的土地制度改革因素从无关紧要的各种影响因素中区分出来，认识“生产力与生产关系的矛盾变化”等导致土地改革的真正的力量来源。案例分析中常见的动力研究、转折点研究、比较历史研究以及传导机制研究等，大多属于这一类。

2.理解性知识

理解性知识即特定条件下的行为特点、内涵和意义的知识。理解性知识认识活动常见于人文历史发展成果的分析案例。理解与解释的不同在于，解释的重点是证明和行为相关的原因，而理解的目的则是认识人类社会各种行为的特征意义。这些特征和意义可以是一般的，也可以是独特的。

3.规范性知识

规范性知识即有关“价值评估”的知识。它们可以作为标准，用于鉴别什么是有益伦理、有益行为、有益关系和良序社会，或者怎样的制度干预是公平的等等。这类知识的目标，在于发现对人类延续有益的生存原则，并力求将其转变成行为规范或制度原则。因为人类的认识活动，不仅关切解答客观现象，还关切优良社会的建设，这就需要建立价值标准，对利害关系进行评估，以寻求良好生活的价值选择。

4.价值性知识

价值性知识指的是那些有益于个人的，或社会精神上或者价值观上的知识。除了经验观察、提供理解和解释性知识，案例研究还可能提供价值性知识，这突显了知识的意义不仅在于提供解释和理解，它的反思性特征也同样重要。知识来源于两种途径：其一，对经验现象的证明、归纳、演绎和推论；其二，反思，即通过考量一种潜在性——评估确定和已知的事实，将其与人类的经验、信仰和追求联系起来。这种反思能力，即在尚未关联的事项中建立预设的关联，以求发现潜在性对于社会的影响意义，属于人类所特有。人类的认识活动，可以通过反思性的预设关联，来构造无法直接从经验现实中出现的信念，而社会科学的案例研究可以做到发现事实，并同时阐明价值原则和信念。因此，社会科学的案例研究具有广阔的空间。它可以提供多样知识，不仅可以在要素因果关系上发现解释性知识，也可以对特定的现象或行为特征提供理解性知识，更可以通过反思活动寻找和更正价值性知识。

四、案例研究的局限性

1.技术局限导致效度不足

在案例研究中，当现象和环境的边界不十分明确的时候会增加研究的困难。案例研究没有量化研究中标准化的数据设计、收集与分析方法，从个案的选择、研究到分析、解释，都具有较大的弹性，案例研究的严格性容易受到质疑。比如，如何选择案例就不像问卷法那样有普遍意义。在某些情况下，由于技术的限制还无法将研究结果推广到更广泛的情境或群体中，可能导致外部效度不足，这会限制研究结果的适用性和推广性。此外，研究者本人的偏见、分歧或局限必然渗透于研究的各个环节之中，进而影响研究结论的效度，导致研究结论科学性、客观性与可靠性的不足。

2.成本约束导致信度不足

案例研究需要较高的时间、人力和物质成本，成本约束会降低研究的信度。密集的劳动力和大量的时间耗费是案例研究中的一个典型问题。由于案例研究非常耗时耗力，所以采用该方法进行一项研究时，通常不会调研大量的案例，而是应用小样本研究。当以小样本的研究结论应用于较大群体时，案例研究法的信度大大下降。此外，成本约束可能导致研究者无法获得足够多样和全面的数据、高级的数据分析技术软件以及招募到高水平的调研员。因此，在案例研究过程中，理解并克服成本约束对于确保研究的信度至关重要。研究者可以尝试通过寻找合作伙伴、实现资源共享以及优化研究设计等方式来应对这一挑战，以确保在有限的预算下最大程度地提高案例研究的信度水平。

3.难以归纳出科学普遍的结论

案例研究结论难以科学归纳一方面体现在难以归纳出科学的研究结论，另一方面体现在难以归纳出具有一般意义的普遍性的结论。

案例研究的推理基础不是统计归纳，而是分析式归纳，促使研究结论带有一定的主观性和随意性。因此，研究者对研究对象的选择、描述、分析、解释、总结等容易发生偏差，导致对研究产生理解和把握上的偏差。许多案例研究在呈现案例分析过程方面存在不足，缺乏详细的案例分析过程，使得案例研究结果与理论推导之间的逻辑推理难以理解和验证。部分案例研究成果未真正使用规范的案例分析技术，结论多是通过研究者基于其个人经验主观分析得到的。缺乏科学的研究设计以及数据验证，导致案例研究的分析过程显得透明度低和可信度缺乏。由此展开的案例研究存在着研究结论的信度与效度问题，尤其是许多地方案例素材所得出的结论具有明显的局限性，进一步加剧了学术界对案例研究的轻视和质疑。

第二节 案例研究的过程

案例研究中研究者选择一个或几个研究对象，系统地收集数据和资料，进行深入的研究，以期从中获得对理论的验证或新的洞见。案例研究包含了特有的设计逻辑、特定的资料收集和资料分析方法。整个案例研究的过程包括了案例研究设计、选择案例、收集案例资料数据、分析案例资料数据、撰写案例研究报告等几个重要步骤。

一、案例研究设计

案例研究设计是把需要研究的问题与最终结论连接起来的逻辑顺序。用通俗的话来说，研究设计是从“这里”到“那里”的逻辑步骤，“这里”指需要回答的一系列问题，“那里”指得出的结论。主要包括确定案例研究的问题、明确需要构建或解释的理论、提出案例研究的假说、划定数据收集的边界等内容，如图9-1所示。

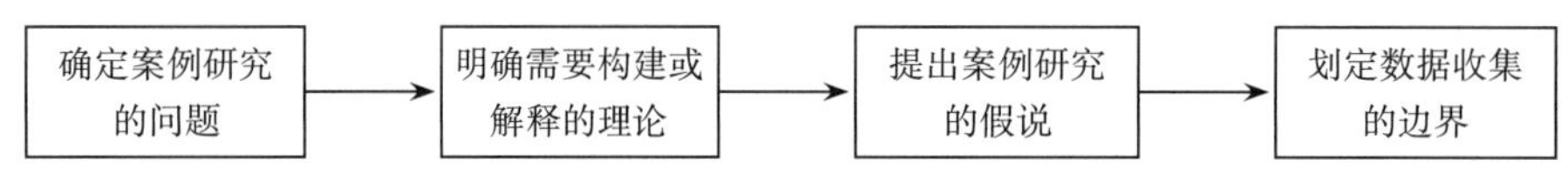

图9-1 案例研究设计的步骤

（一）确定案例研究的问题

案例研究首要的任务就是确定研究的问题。从研究的问题中可以得到案例研究的目的和不同形式的问题，即研究主题为“什么人”“什么事”“在哪里”“怎么样”“为什么”，这些可以为选择研究方法提供一些重要的思路。研究者通过收集整理数据能得到这些问题的证据，并最终得到案例研究的结论。对以前相关研究资料的审查，有助于提炼出更有意义和更具洞察力的问题。

（二）明确需要构建或解释的理论

案例研究的关键之一是明确需要构建或解释的理论。通过对特定案例的深入分析，研究者致力于探索、解释或验证某种理论观点。这个理论可能是现有理论的扩展，也可能是对某个领域尚未解决的问题提出的新理论。明确需要构建或解释的理论可以帮助解释观察到的现象，验证现有理论的适用性，或者探索新的理论观点。

（三）提出案例研究的假说

研究假设可以引导关注研究范围之内的问题。例如，要研究农民合作社之间的合伙关系，那么首先要提出问题：为什么农民之间可以形成这样的合作组织关系？农民合作社可以提供哪些服务？他们是怎么联合起来共同提供这些服务的？据此，可能会提出由于生产资料的短缺或者分工带来更大的收益促使了农民合作社的形成等等假设，这些假设除了反映出重要的理论问题之外，还能告诉研究者到哪里寻找相关的证据。

（四）划定数据收集的边界

在案例研究中，划定数据收集的边界至关重要。这包括确定研究目标、界定案例范围、识别关键变量、选择数据来源以及设定时间和资源限制。通过这些步骤，研究者能够有效地确定需要收集的数据类型和信息，确保数据收集工作能够在可接受的时间和成本范围内完成。

二、案例的选择

案例选择的标准与研究的对象和研究要回答的问题有关，它确定了什么样的属性能为案例研究带来有意义的数据。案例研究设计主要分为两类：单案例研究设计和多案例研究设计。这意味着在收集资料之前就要作出决定，选择采用一个案例还是采用多个案例来说明要研究的问题。在某些情况下，使用单案例研究设计比较合适，单个案例研究可以用于证实、挑战或延伸一个理论，也可以用于观察和分析一种此前未曾挖掘的科学现象，即揭露性案例（Revelatory Case）。多案例研究通常包括两个分析阶段——案例内分析和跨案例分析。前者是把每一个案例看成独立的整体进行全面的分析，后者是在前者的基础上对所有的案例进行统一的抽象和归纳，进而得出更精辟的描述和更有力的解释。研究案例是选择单个还是多个，可以根据研究目的来确定，成熟理论的关键性案例、独特的案例、揭露性案例等可以采用单案例研究。

三、收集案例资料数据

（一）案例研究的数据来源

1.来源于文件的数据

几乎每个案例研究都会使用文件信息。文件证据资料可以表现为多种形式，包括：（1）信件、备忘录和公报；（2）议程、布告、会议记录、书面报告，如村民自治组织的会议记录、决议文件、村务公开报告等；（3）行政性文件，如政府发布的政策文件等；（4）与案例相关的正式研究与评价报告；（5）社区报纸中的简报；等等。

上述文件以及其他种类文件越来越容易通过网络获得，虽然不一定准确，但都是有用的。事实上，使用文件时应小心谨慎，不能将其作为已发生事件的真实记录，例如农村企业的财务报表可能存在错误或者窜改，财务数据被操纵或者隐瞒从而隐藏了真相。在其他研究领域，如历史研究，使用原始文件时必须考虑文件的真实性。

2. 来源于档案记录的数据

很多案例研究会使用到档案记录，包括公共事业档案、服务记录、组织记录、图表和调查资料。与文件证据不同，档案记录的可用性将依据案例研究而变化。对于一些案例研究，记录可能是非常重要的，它们能够成为广泛重新检索和分析的对象。例如，可以通过分析土地权属证书来研究土地流转现象，了解农村地区土地的使用方式和流转情况。在其他研究中，它们可能发挥有限的作用。如果档案记录对研究很重要，研究者就必须细致地核实这些档案记录的产生背景及其准确性。

3. 来源于访谈的数据

访谈是案例研究最重要的数据来源之一。访谈可采用三种形式。第一种是开放式访谈法，是最为普遍的。你能问访谈者一些具体事实，以及他对事件的见解，甚至可以在此基础上进一步追问。第二种访谈是焦点访谈法。受访者将被访谈一段时间，访谈仍然可以是开放式的并以对话的形式呈现，但需要围绕从案例研究方案引出的一整套问题，这种访谈的一个主要目的可能是证实一些你可能已经建立起来的事实。第三种访谈需要更多结构性问题，依靠正式的调查问卷，这种调查问卷可以设计作为案例研究的一部分。

需要注意的是，访谈过程中要做到以下几点：循着自己的提问线索，就像在案例研究方案中设计的那样；且提问方式不带有任何偏见，以得到所需要的信息。例如，你在提问线索中可能希望知道“为什么”某一特殊事件会像实际情况那样发生。“为什么”一类问题会引起访谈对象的防卫心理，访谈者更倾向提“怎么样”这类问题，这是实际谈话中询问“为什么”的好办法。由此可见，案例研究的访谈应同时满足两个要求——得到所需要的信息，以及通过开放式访谈收到“友好”“没有威胁性”的提问效果。

互联网、录音转化文字等现代技术在访谈数据收集中发挥着积极作用。传统的面对面访谈可能受到时间和地点的限制，而现代技术，尤其是视频会议软件和在线调查平台，为访谈的灵活性和便捷性提供了新的解决方案。此外，现代技术还提供了多媒体记录和数据存储的功能，研究者可以通过录音、录像等方式准确地记录访谈过程，将视频或录音转化为文字记录，便于后续的分析和再现。

4. 来源于直接观察的数据

因为案例研究应在“案例”的自然情境中进行，所以研究者需要创造直接观察的机会。如果要研究的某种现象并未完全成为历史，那么与之有关的社会或环境条件可以供研究者观察,为案例研究提供另一种来源的证据资料。可以进行正式的或偶然的资料收集活动。最正式的情况是,作为案例研究方案的一部分,可以制定观察方案,到案例所在地区进行实地走访,如对红薯加工合作社的生产基地、加工工厂、销售平台、示范农户等等进行实地观察。非正式的情况可以是通过场地访问做出直接观察,包括相关证据被收集的情形,如访谈。为提高观察所得资料的信度,通常的做法是安排几个研究者进行观察,不论是正式的还是非正式的。

5.来源于参与性观察的数据

参与性观察是观察的一种特殊形式,需要研究者融入调查场景。研究者在参与性观察的活动中能够承担一些角色并且参与到所要研究的事件中,担任不同的具体角色。例如,在某个村庄邻里关系的研究案例中,调查者担任一些角色并从与不同农户的社交互动中得到一些证据。可能成为该村的一个居民,变成案例研究的对象;可能成为村庄邻里关系的管理者。参与性观察为收集案例研究资料提供了一些不寻常的机会,但也可能会遇到难进入做科学调查、难以以局外观察者的角度工作等情况,需要研究者具备专业的素养和权衡利弊的能力。

6.来源于实物证据的数据

实物证据包括物理或文化的人工制品,如犁、耙、收割机、灌溉设施等农业工具和设备,手艺品等。这些实物证据在历史学研究中被广泛使用。实物证据通常与最典型的案例研究相关性不高。然而,当其相关时,该物品能够是整个案例研究中的重要成分。农村经济发展调查更加注重定性分析,侧重于理论建构和案例解读,而不是仅仅依赖于实物证据的数量或直观表现。实物证据往往难以完全满足研究者对定性分析的需求。

综上,案例研究的数据主要来源包括六种:(1)文件;(2)档案记录;(3)访谈;(4)直接观察;(5)参与性观察;(6)实物证据。表9-1列举了六种案例研究资料来源的优点、缺点,供研究者参阅。

表9-1 六种数据来源的优缺点

数据来源	优点	缺点
文件	稳定:可以反复阅读 自然、真实:不是作为案例研究的结果建立的 确切:包含事件中出现的确切的名称、参考资料和细节 覆盖面广:时间跨度长,涵盖多个事件、多个场景	检索性低 如果收集的文件不完整,资料的误差会比较大 存在报道误差,反映出作者的偏见 一些人为因素会影响资料的获取

续表

数据来源	优点	缺点
档案记录	精确、量化	档案隐私性和保密性影响某些资料的使用
访谈	针对性高：直接针对案例研究课题 见解深刻：呈现观察的因果推断过程和个人观点（如理解、态度和意义）	设计不当的提问会造成误差 存在回答误差 记录不当会影响精确度 被访者有可能有意识地按照采访人的意图回答
直接观察	真实性高：涵盖实际生活中发生的事情 联系性高：涵盖事件发生的背景	费时 选择时易出现偏差，如果没有一个团队，观察的视野就不够开阔 被观察者察觉有人在观察时，会调整、掩饰自己的行为 人力观察耗时多
参与性观察	能深入理解个人行为与动机	存在由于调查者的控制造成的误差
实物证据	对文化特征的见证 对技术操作的见证	存在选择误差 获取困难

（二）案例研究资料收集的总体原则

1.使用多种来源的资料形成证据三角

案例研究应在资料使用中灵活调整、组合每种来源的资料采集方法，运用多种策略，使用多种渠道收集证据。使用多种来源的资料有利于研究者全方位地考察历史问题和行为问题，但其最大的优点在于“殊途同归”，即不同途径的资料相互印证，形成证据三角（Triangulation of Evidence），所谓证据三角，就是提倡从多种渠道收集资料，并力求验证同一个事实或现象。因此，如果把案例研究建立在几个不同但相互确证的证据来源上，研究结果或结论就会更准确，更有说服力和解释力。

有四种类型的证据三角：不同证据来源形成的资料三角、不同的评估员形成的资料三角、同一资料集合的不同维度形成的理论三角、各种不同方法形成的方法论三角。通过形成的证据三角，案例研究的事件、事实得以相互印证，提高了案例研究的信度和效度。

图9-2中，不同证据来源形成的资料三角（如图的上半部分所示），即利用多个不同来源的资料来验证同一个事实或现象。例如，在一个关于农民合作社成功经验的案例分析中，研究者可以通过合作社的数据资料，包括合作社登记信息和税务登记信息，以

客观了解合作社的规模、注册情况和经营范围;通过合作社的会议、表决记录了解合作社的决策机制、成员参与程度、合作社内部的沟通和协作方式等关键信息;通过与当地农业专家、合作社管理者以及相关政府部门的官员进行开放性访谈,以了解他们对合作社成功的看法和评价,获取专业性的分析。通过综合利用以上不同来源的资料,我们得以更全面、更准确地理解该农民合作社的成功经验,为相关的研究结论提供了坚实的证据基础,增强了研究的可信度和说服力。此外,不同的评估员形成的资料三角(如图的下半部分所示)、同一资料集合的不同维度形成的理论三角、各种不同方法形成的方法论三角都是同样的道理,其目标都是通过不同的角度、不同的来源获取数据和信息,从而可以更全面、更准确地理解研究对象或现象,减少信息偏差和误差,提高研究的科学性和准确性。

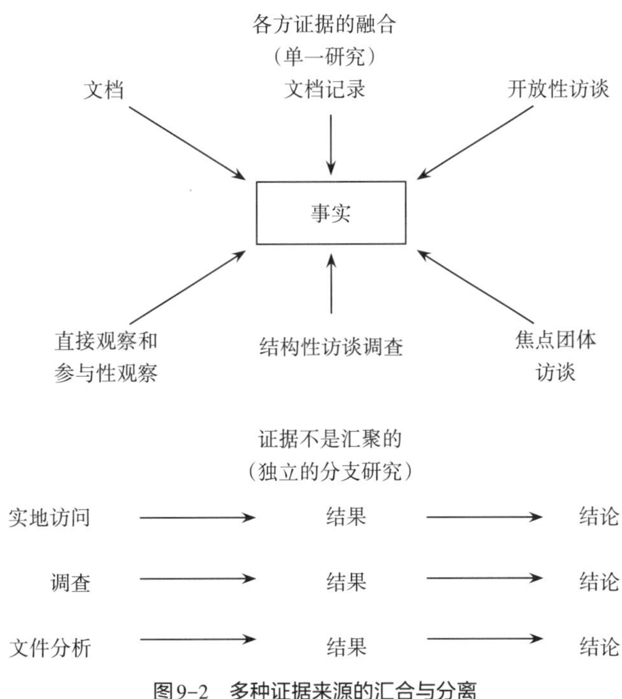

图9-2　多种证据来源的汇合与分离

将证据汇总,形成证据三角,提高了研究的建构效度,这是因为多种证据来源对同一现象进行了多重证明。不同类型案例研究对研究现象的侧重点不同。很多研究中,研究现象与行为或社会事件有关,汇合的研究结论都暗含一个事实。使用多种来源的证据则进一步证明你的研究精确地呈现了事实。

在其他类型的案例研究中,研究现象可能是研究参与者的意向或观点——因为你采用一个相对主义的取向来解释多重事实的可能性。此时证据三角形同样很重要,用于确保研究准确地呈现了研究参与者的观点。如果不出意外,你至少向同一个参与者提出三四个问题或者在不同场合向其提问——这也是“多种”资料来源的一种方式。

2.建立案例研究资料库

不同于案例研究最终报告资料库囊括研究者所有的研究笔记、现场调查的文件和表格材料以及研究者对资料的初步阐述和备忘录。这些资料不局限于一些陈述性或数据性的信息，也包括现场调查中收集的文件和其他材料。研究者可以借助质性数据分析软件（CAQDAS）[①]或者更常规的文本处理工具对陈述性和数据资料进行整理。需要注意的是，应该努力将案例研究资料库中的每一个案例研究制定成一个正式的、可以展示的案例，原则上其他调查者能够直接依据证据而评阅，而不必局限于书面报告。这样一来资料库极大地增强了整个案例研究的信度。同时，有了完备的数据资料库并不意味着案例研究报告不再需要呈现充分的资料。每个报告仍要包含足够的证据，从而使读者能够像阅读其他研究报告一样，推导出研究的演绎过程和结论。

资料库主要用于保存研究者收集到的资料，以便于检索，因而必须井然有序。此外，现代化技术的发展也为案例研究资料库的建立提供了帮助，包括数字化数据收集、数据挖掘分析、人工智能语言处理、数据可视化以及在线协作平台等技术，这些技术应用可以提高案例研究资料库建立的效率，促进案例研究成果的共享。

3.形成一系列证据链

形成一系列证据链能够提高案例研究中证据的信度，此原则旨在帮助案例研究报告的读者从最初研究的问题到最终的结论，找出每一步骤证据的推论（图9-3）。同时。案例研究报告的读者应能够双向地进行这个推导工作，即从结论反推出最初的问题，或以问题推出结论。就像处理司法卷宗那样，这个过程应当非常严谨，因为必须确保在“法庭”上呈现的证据，即案例研究报告，与在“犯罪”现场采集的证据是相同的。当然，也不能因为疏忽或偏见故意无视原始证据。否则对案例“事实”的分析会显得不足。如果能够做到这一点，就能够保证案例研究的建构效度，从而提高整个案例分析的质量。

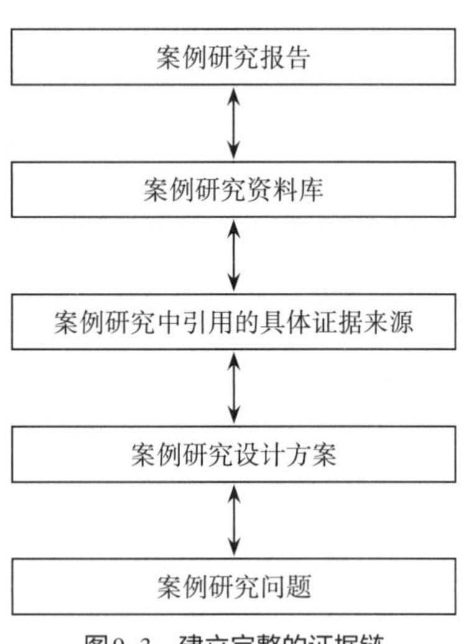

图9-3　建立完整的证据链

① 质性数据分析软件（Computer-Assisted Qualitative Data Analysis Software，CAQDAS）是专门设计的用于支持研究人员和学者对质性数据进行分析的软件工具。具有以下功能：1.数据管理；2.数据标注和编码；3.数据查询和检索；4.文本分析；5.数据可视化；6.协作和共享。可以帮助用户有效地组织、管理、解释和分析大量的文本、音频、视频或图像数据。

设想下面的情景：你阅读完一份案例研究报告的结论部分，产生对建立结论的基础做更多了解的欲望。此时，你就需要反向推导论证过程。第一，案例研究报告应该对案例研究中资料库的内容做充分的引用，包括引用具体的文件、访谈或观察记录。第二，通过检查数据库，应当能够揭示实际的证据，并且应当指出在何种情况下证据被收集。例如，访谈的时间和地点。第三，这些情况应与案例研究方案中具体的步骤和问题一致，从而体现资料的采集遵循了案例设计方案中规定的步骤。第四，审阅方案须确保充分体现了相关内容与最初问题之间的联系。由此，整个案例研究实现清晰的方法程序与支持结论的证据之间具有明确的相互参照关系。制定方法论步骤就是希望最终建立起完整的"证据链"。

四、分析案例资料数据

资料分析包含检视、分类、列表或是用其他方法重组证据，以探寻研究初始的命题。在分析资料之前，研究者需要确定自己的分析策略，也就是要先了解要分析什么，以及为什么要分析的这个优先级。具体使用的分析策略有以下四种：

1.整合原始资料

整合原始资料是案例研究最重要的一种分析策略。经过整理和归纳相关的原始资料，研究者会发现这些资料着重提及一个或几个重要的概念。这一发现是分析路径的开端，将引导研究者深入挖掘资料和揭示重要概念间的关系。这个归纳策略效果很明显，但需要注意一点，经验丰富的研究者由于对研究领域了解更深入，头脑中可能有类似的挖掘想法和动机。但是，刚刚入门的研究者却相反，其对研究的问题不怎么熟悉，此外，他们在建立资料之间的有效联系方面也面临着挑战。

美国学者安塞尔姆·斯特劳斯与巴尼·格拉泽（Anselm Strauss and Barney Glaser，*Discovery of grounded theory*：*Strategies for qualitative research*）提出的质性研究扎根理论为使用归纳策略进行资料分析提供了很多指导建议。在资料整理归纳的过程中，对不同的资料配给不同的代码，每个代码代表一个概念或研究内容摘要。这类方法既可以用于基于扎根理论的研究，也适用于所有的案例研究。

量化资料对于解释或验证案例研究的核心论点起着重要的作用。例如对一个农村学校、农民合作社或其他常见的农村经济发展主题进行案例研究。评价性案例研究的结果可能分别是学生成绩，对应农村学校的案例研究，农民合作社成员收益，对应农民合作社的案例研究。这些解释性结果都是嵌入型分析单位，使研究者有机会收集到精细的量化资料。此外，案例研究的主题也许涉及的是更大范围的对象：一所农村学校，而不仅仅是学生;一个农民合作社,而不仅仅是社员。因此,要从更高层面探索、描述或解释事件,还应收集并运用质性资料,案例研究要直接整合质性资料和量化资料。

2.遵循研究假说

一个重要的案例资料分析策略就是遵循案例研究的理论假设。案例研究一开始可能就以所确定的理论假设为基础,而理论假设则反映了一组研究问题、新的观点和文献回顾的结果。由于资料的收集计划应该是根据理论假设所拟定的,因此理论假设可能已经指出了相关分析策略的优先级。一般来说,在提出理论假设后,研究者通常会根据理论假设来制订资料收集方案,并据此选择合适的证据分析策略。例如,一项对农民合作社农产品质量安全的研究,其基本假设是,通过合作社的内部信任提升农产品质量安全控制效果。其中心论点是通过人际信任提升资源共享水平以及通过制度信任规范、约束社员的行为来影响农民合作社的农产品质量安全控制效果。因此,对于研究的每个合作社,案例研究力求探究不同内部信任情况的合作社中农产品质量安全效果如何,是否有显著的农产品质量安全差异,人际信任和制度信任在其中扮演什么样的角色。这些都为案例材料的分析提供了思路。

上述例子中的理论假设说明了案例研究中理论取向如何指导资料分析工作。理论假设有助于研究者组织整个案例资料分析过程,明了需要描述的相关情境状况,帮助提出其他可能的解释并对之进行检验。

3.进行案例描述

如果研究者运用前两种策略有难度,也可以选择案例描述的策略,作为替代策略。换言之,如果研究者还没有选定最初的一系列研究问题或研究假设就已经收集到大量的资料,并且还没有从资料中发现任何有用的研究主题,这种情况下,可以选择进行案例描述,案例研究最初目的就是用于描述的。

中央民族大学刘璐琳和彭芬等在合著的《中国精准扶贫与案例研究》中的研究策略就是如此。该著作是关于中国贫困治理的经验总结,该书的结构设计和章节安排就体现了这一点:

- 第一篇:绪论
- 第二篇:产业精准扶贫篇
- 第三篇:金融精准扶贫篇
- 第四篇:教育精准扶贫篇
- 第五篇:电商精准扶贫篇
- 第六篇:旅游精准扶贫篇

●第七篇：易地搬迁精准扶贫篇

●第八篇：结语

这些章节涵盖了中国政府在精准扶贫和脱贫攻坚时期的一系列政策导向和攻克方向。该书在绪论之处就指明了中国精准扶贫的六大领域及其关系，各章节内部呈现出国内外经验总结、扶贫概况、案例分析递进布局。从其可以看出，在决定资料收集工具之前，案例研究就应该考虑描述性框架，起码有初步的规划和考量。同时，案例研究的框架是基于最初所查的文献综述而形成的，也正是这些文献透露出以往研究的空白或是启发了你的研究兴趣，从而引起了你展开案例研究的兴致。因此，案例研究之前需要回顾已有的案例研究的结构，至少要看看这些案例研究的目录，因为目录在一定程度上含蓄地展现了不同的描述方法。

4.检验竞争性解释

第四种总体分析策略是检验竞争性解释，这种策略与前面的三种策略可以结合起来使用。对原始资料的分析可能形成竞争性的归纳框架，最初的理论依据可能就包括了竞争性假设，案例描述可能形成对案例的其他竞争性描述。例如评估研究中的一个典型假设是：观察到的状况是计划干预的结果。与此相反的一个简单而直接的竞争性解释是，除了这些干预之外，最终结果还受到了其他因素的影响。如果研究者能事先意识到这样的竞争性解释，就应尝试着收集可能反映“其他影响”的资料。同时，要尽力去做好这些资料的分析处理工作——犹如需要证明其他因素的影响是最重要的影响一样，而不是寻找理由排除这些因素的影响。当然，如果分析资料时能考虑并且逐个验证、排除竞争性解释，那么所得的结论就会更有说服力和解释力。

五、撰写案例研究报告

（一）案例研究报告的类型

案例研究报告要详细描述特定情境、事件或问题，包括背景信息、问题陈述、研究方法、数据分析、解决方案和结论等主要部分内容。通过分析实际案例，案例研究报告旨在提供实用的见解和经验教训，帮助理解和解决类似情况或问题。案例研究报告主要分为总结型案例研究报告、对策型案例研究报告以及反思型案例研究报告等类型。

1.总结型案例研究报告

总结型案例研究报告又称经验总结型案例研究报告，可分为成功经验总结型案例研究报告和失败教训总结型案例研究报告两类。总结型案例分析报告针对一份完整具体的案例材料，结合有关理论着重分析成功或失败的原因。

如2022年发表于《中国农村经济》的《农业转型的社区实践与驱动逻辑——基于湘中鹊山村的经验研究》一文就是总结型案例研究报告①。如图9-4所示，该文以湘中鹊山村农业转型实践为例，结合新内生发展理论，提出社区本位的农业转型分析框架。文章研究发现，社区是农业转型的重要影响因素，农业转型的社区实践过程可以归纳为"整体推进"，这一过程包括全民参与土地制度改革、集体统筹农业生产秩序和社区精英引领现代农业经营等具体内容。社区驱动农业转型的内在逻辑体现为社区主体动力的激活和社区发展能力的提升。在外部环境因素的催化下，社区基于农户的利益诉求和村社组织的治理要求形成农业转型的主体动力。在此基础上，社区通过动员和组织农民、整合多重资源以及重塑制度规则实现社区整合，提高了社区的整体发展能力。

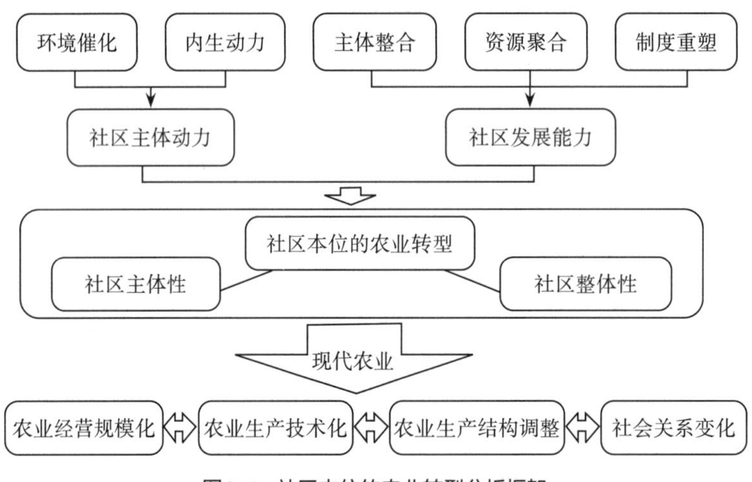

图9-4　社区本位的农业转型分析框架

这类文章由分析一个特定的事件，总结出一般的规律——具有一种由点到面，由个别到一般的效果，使分析者和阅读者获得有益的启发，从而提高理论素质、政策水平和实践能力。

2.对策型案例研究报告

对策型案例研究报告又称为问题解决型案例研究报告。此类报告的案例特征是案例材料里一般都蕴含着一个悬而未决的问题，需要分析者根据材料提出解决问题的途径、方法或措施。

如2023年发表于《中国农村经济》的《"大小兼容"的农地连片经营如何实现——以江苏盐城亭湖区"小田并大田"为例》一文就是对策型案例研究报告的例子②。如图9-5所示，文章以自主治理为核心的制度分析与发展框架拓展至协同治理情景，并结合江苏

① 梁伟.农业转型的社区实践与驱动逻辑——基于湘中鹊山村的经验研究[J].中国农村经济，2022(11):2-20.

② 刘同山，孔祥智，杨晓婷."大小兼容"的农地连片经营如何实现——以江苏盐城亭湖区"小田并大田"为例[J].中国农村经济，2023(12):44-64.

盐城亭湖区的改革实践,分析如何在农地细碎化治理的同时,让小农户和规模农业经营主体都能获得合意面积的连片农地。文章研究发现:农地连片经营能够降低农业生产成本、增加可用耕地面积、提高农业效益和农民收入。但是,由于涉及多个相关主体且异质性农户的农地经营需求不同,“小田并大田”的集体行动难以形成。亭湖区的经验表明:构建发挥各方积极性的协同治理机制,提供具有充分包容性的制度安排,以“承包权不动,经营权连片”方式推动改革,是改变农地细碎化利用状况、实现“大小兼容”农地连片经营的有效途径;“政府支持+村民自治”是推行“小田并大田”的重要思路,农村集体经济组织对土地经营权的“统”,赋予了统分结合双层经营体制中的“统”新内涵。文章研究认为,在解决农地细碎化问题的过程中,需要强化政府的引导支持,充分发挥相关各方的自主性与积极性;提高制度供给的灵活性,形成尊重农民意愿的包容性改革路径;实现相关主体的协同治理,注重发挥农村党员干部的带头作用。

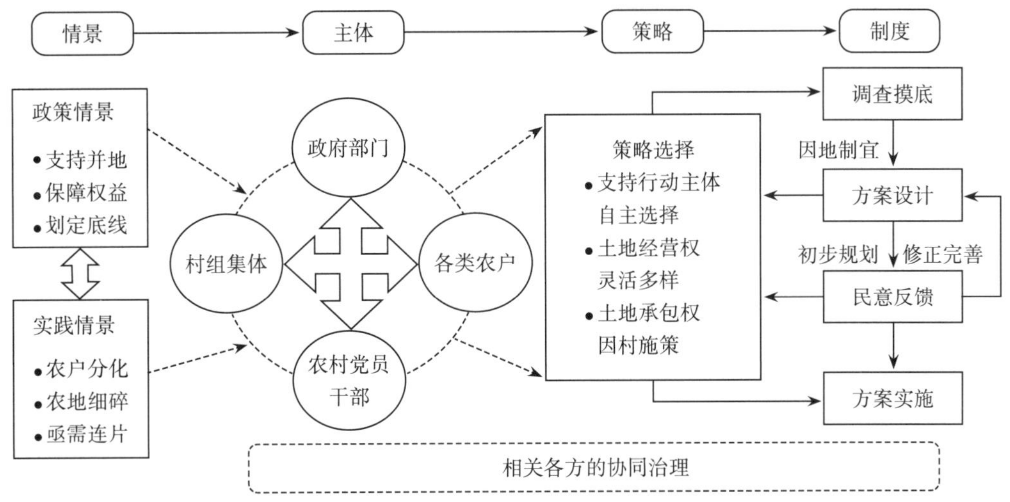

图9-5　基于协同治理的“情景-主体-策略-制度”分析框架

3.反思型案例研究报告

反思型案例研究报告又可称为现象反思型案例研究报告。此类报告的案例特征是作者针对案例材料中所展现出来的问题或现象产生对制度、政策或措施执行等方面的思考,并有针对性地指出改进、完善或加强的方法和思路。

如2023年发表于《农业经济问题》的《回到过程之中:西南边境小农户实现可持续生计的困境与思考》一文就是反思型案例研究报告①。如图9-6所示,文章以社会资本为分析工具,在修改可持续生计分析框架(Sustainable Livelihoods Approach, SLA)的基础上揭示云南M抵边村将外部干预行动“内部化”的机制性过程。文章研究发现,在新产

① 李臻.回到过程之中:西南边境小农户实现可持续生计的困境与思考[J].农业经济问题,2023(9):135-144.

业植入前，当地人基于“意会”的社会关系网络维系了人与物的流动，形塑了农业组织形态、保障了兼业活动和日常生活的顺利进行。新产业植入后，尽管农业组织形式被改变，行动者仍借助互惠与信任等传统组织要素维持产业稳定，体现出生计适应性。该案例揭示，应重视行动者自发形成的经济互动形态，并在激活其所蕴含的积极资源基础上，创造有助于展开多方合作的制度环境。

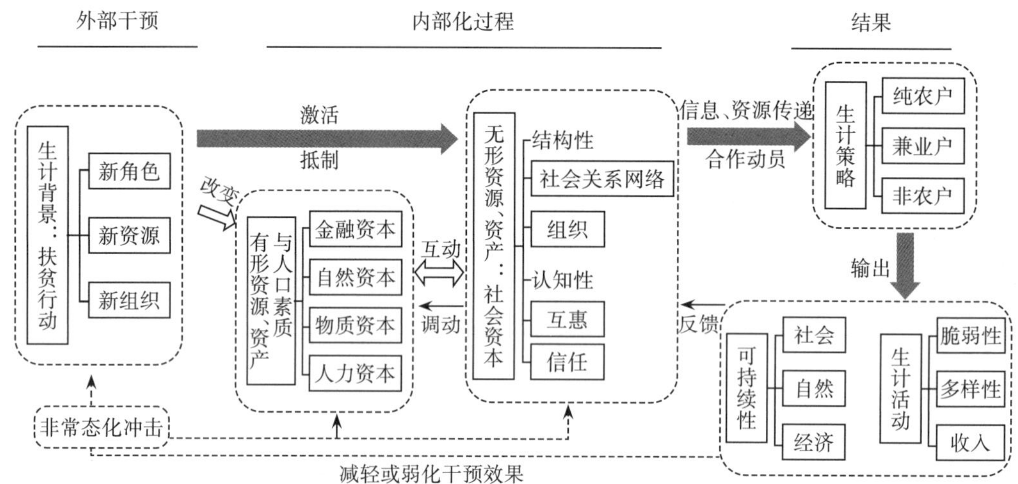

图9-6 外部干预下小农户可持续生计的分析框架

反思型案例研究报告与经验总结型案例研究报告的不同之处在于思考的角度有差别，经验总结型案例研究报告主要从活动的成败来分析总结。而反思型案例研究报告有的是关注活动过程当中的某种现象，有的是关注管理过程所引发的某种争议。

(二)案例研究报告的写作框架

1.引言

引言部分应包括案例写作的研究背景及意义、研究方法(含资料与数据的收集方法和过程)、研究内容及思路(可包含案例内容结构与安排、技术路线图)等内容。

2.案例介绍

此部分可通过案例背景(包括行业背景、企业背景等)、案例具体情况、需解决的问题等几个方面分别展开。值得注意的是，其中需解决的问题这一方面为案例的主体内容，撰写可按照时间顺序进行，既分析案例的过去、现在与未来，也可按照所要分析问题的构成要素来撰写。

3.案例分析

此部分为论文的重点，此部分可以通过理论介绍(解决上述问题所需相关理论的文献综述，说明本案例分析所采用的理论及方法)、具体案例分析(可根据案例分析需要，自拟题目)、原因/结果总结等几部分展开论述。

4.解决方案

此部分根据所分析问题的成因，提出解决方案。解决方案是针对案例中的问题或挑战提出的具体措施或方法。在案例研究报告中，解决方案部分应当清晰地描述每个问题所对应的解决方案，并分析其优缺点以及实施的可行性。

5.结论与展望

这一部分总结全文，并在此基础上根据方案的规律性，提出具有普遍意义的实践建议。分析案例并判断其后续发展，给出对未来的展望等。

第三节 案例研究的设计

一、单案例研究设计

（一）单案例研究的定义

单案例研究（Single-case Study）是一种定性研究方法，通常用于深入地研究一个特定的案例、个体或事件。在单案例研究中，研究者会详细地收集、分析和解释关于该案例的数据，以便深入了解其背后的原因、动机和影响。单案例研究强调深度理解，可以为研究者提供深入探究特定情境下复杂问题的机会。适用于下面五种对象——批判性的、不寻常的、典型性的、启示性的或者纵向性的个案。单案例研究就好像是单个实验，适合进行单个实验的许多情境都同样适用于单案例研究。

（二）单案例研究设计的适用对象

1.批判性的案例研究

单案例研究的第一类适用对象是批判性的个案。选择单案例的一种原因是为了测试已经建立的理论，以及证实、挑战或延伸相关理论。这些理论确定了一系列具体的情境，并且在这些情境中研究的理论假设被认为是正确的。必须满足相关理论所有的前提条件的单案例才能用于案例研究。用单案例研究来判断这个假设是否真的正确，或者是否有比这个理论更恰当的解释。单案例研究也可以促进知识和理论的形成和发展。单案例研究甚至有助于重新定位某一学科领域未来的研究重心。

2. 不寻常的案例研究

单案例研究的第二类适用对象是不寻常的个案。极端案例或独一无二的案例，常与理论规范或日常情况相背离。这种情形常常出现在临床心理学中。临床心理学中常常出现某种极不常见的损伤或心理失调症状，由于其极为少见，所以值得进行记录和分析。临床研究中，一种常用的研究策略要求对这些不寻常的病例进行研究，因为研究发现可能揭示病情的一般过程。这种情况下，个案研究的价值在于一大群患者而非局限于单个患者的原始症状。

3. 典型性的案例研究

与第二种用途相反，单案例研究的第三类适用对象是具有典型性、代表性的个案。在此，研究的目的是了解某一日常事件出现的环境和条件——因为该事件反映的社会进程经验可能与某种理论意义相关。比如，要了解气候变化对小农户收益带来何种影响，就可以关注某个气候变化频繁的地区，分析农民面对极端天气事件时的行动和决策过程。可以探究农民调整种植季节、选择更适应当地气候变化的作物品种、改进灌溉系统、采取土壤保护措施以及寻求其他生计来源等方面的行为。

4. 启示性的案例研究

单案例研究的第四类适用对象是启示性个案。当研究者有机会去观察和分析先前无法研究的科学现象时，适宜采用单案例研究设计。例如，传统上水稻是在水稻田中生长，需要充足的水源和湿润的土壤。近年来，一些农业专家开始研究和尝试使用节水技术和耐盐碱土种植水稻。相关技术系统包括滴灌技术系统、雨水收集和利用技术系统、土壤改良技术系统以及选育技术系统（选育适应干旱和盐碱土条件的水稻品种）等。通过研究相关的启示性案例，可以深入了解在极端环境条件下种植水稻的可行性、挑战和成功因素。同时，相关研究也可以为解决干旱地区或沙漠地区的粮食安全问题提供新的思路和方案。当研究者有类似的机会可以揭示先前社会科学家难以研究的常见现象时，单案例的启示性性质证实了单案例研究的意义。

5. 纵向性的案例研究

单案例研究的第五类适用对象是纵向性个案——对两个或多个不同时间点上的同一案例进行研究。这样的研究将能揭示所要研究的案例是如何随着时间的变化而发生变化的。设定理想的时间间隔，将有助于反映出待研究案例在各个阶段的变化情况。这些时间间隔可能是预精准时间，例如按照“之前”或“之后”的逻辑，提前或延后某一关键变化。另外，这些变化可能不是按照具体的时间间隔，而是按照发展历程，呈现为一段较长时间的变化趋势。在其他情况下，同一个案例可以是两个连续性案例研究的主题。无论关注的时间间隔或时间段是什么，所研究的过程仍要反映案例研究的研究假设。理想的时间间隔应该反映案例在各阶段的变化，而且所观察的过程也应该反映研究假设。

无论做案例研究的目标是什么，单案例设计潜在的薄弱点是：单案例可能与最初预想的不同，即所选择的案例可能与研究者最初计划的不同，导致研究结果偏离了最初的设想。因此，单案例设计要求对潜在案例研究对象进行仔细调查，以尽量减少错误，并最大化地掌握收集案例研究证据的机会。

（三）单案例研究的分类

1.整体性的单案例研究

如果在某个案例研究中，仅考察某一组织或项目的整体性质，那就会用到整体性单案例研究设计。在这种研究设计中，研究者通过全面、细致地考察和分析一个特定的案例，揭示该案例的各个方面、层面以及内在的机制和关系，从而达到全面理解和分析的目的。

当不存在次级分析单位时，或者分析案例的相关理论有整体属性时，整体性单案例研究设计就较为有利。然而，虽然整体性单案例研究设计能够让研究者不必对案例的细枝末节进行费时耗力的分析，但也会引起新的问题。譬如，整体性单案例研究设计常常出现的一个典型问题是，案例将流于抽象化，缺少明确具体的证据或指标。

整体性单案例研究设计常常引发另一个问题，就是在研究者毫无察觉的情况下，案例研究的性质在研究过程中发生漂移。研究者最初的设计可能是指向某一问题，但随着研究的进展，新的问题出现了，观察到的证据指向另一研究方向。研究者必须避免出现这种预料之外的漂移；如果需要研究的相关问题确实出现了改变，那你就要重新开始，提出一个新的研究设计。对无意识漂移保持警惕性的一种方法，是提出一整套次级分析单位，也就是说，嵌入性单案例研究设计是能够使你对案例保持高度注意的一个重要工具。

2.嵌入性的单案例研究

一个案例研究可能包含一个水平以上的分析单位。当需要对多个次级分析单位进行考察时，就会出现一个研究中同时并存多个分析单位的现象。例如，尽管某个案例研究仅仅涉及一个组织，比如农民合作社，但其分析对象可能包括农民合作社的生产部门、销售部门、财务部门以及合作社成员。在评估研究中，单案例研究对象可能包括众多财政资助的公共项目——每个项目都可能成为嵌入性分析单位。无论出现哪种情况，这些嵌入单位可以通过抽样技术或族群技术选取。不管通过什么方式选取出次级分析单位，这种研究设计都被称为嵌入性单案例研究设计。

嵌入性单案例研究设计同样有其不足之处。一个常常出现的问题是研究者往往把目光集中于次级分析单位,而未能及时回到主分析单位上。例如,某一公共政策可能包括多个项目,每个项目都是一个次级分析单位。在对公共政策进行评价时,本来要对公共政策层次的单位进行分析,但不幸演变成对项目层次的单位分析,即演变为对不同项目的多个案例分析。在这个例子中,原计划要研究的对象不再是研究的目标,而变成了研究的背景。

二、多案例研究设计

(一)多案例研究的定义

多案例研究(Multiple-case Study)是指同一项研究可能包括多于一个单案例。在多案例研究中,研究者研究多个组织、社区或其他分析单位,以探索它们之间的共同特征、差异和模式。这些案例可能是相似的,也可能是异质的,研究者旨在通过对它们的比较和对比来理解某一特定现象、问题或主题。多案例研究的主要目的之一是通过收集和分析多个案例来提高研究的可信度和推广性。通过观察多个案例,研究者可以更全面地理解研究对象,并较好地理解其背后的机制和原因。多案例设计与单案例设计比较有着明确的优势与劣势。多案例的证据经常被认为是有说服力的,多案例的总体研究因而被认为是更健全的。

另外,适用于单案例研究的场合通常并不适用于多案例研究。根据定义,不寻常的案例研究、典型性的案例研究、批判性的案例研究等都可能只适用于单案例研究。除此之外,选择单案例研究或者多案例研究可根据研究者的研究目的、研究问题的复杂程度、资源可用性、研究设计的可行性以及研究方法的适用性等因素来决定。需要提醒的是,在做出采用多案例研究设计的决策之前,必须谨慎考虑,因为这种研究可能需要耗费大量的资源和时间,可能超出一个学生或初级研究者的研究能力范围。

(二)多案例研究的法则

多案例研究应遵从复制法则,该法则与多元实验中的复制法则类似。例如,通过某次实验取得某项重大发现后,学者将会重复进行第二次、第三次甚至更多次相同的实验对之进行验证、检验。有些重复实验可能要一模一样地复制前次实验的所有条件,而另一些重复实验可能会有意改变某些非关键性的条件,来考察是否能得到同样的实验结果。只有通过了这种复制性实验的检验,原有的实验结果才能被认为是真实的有说服力的,因而也才有继续进行研究和解释的价值。

多案例研究背后的原理与多元实验相同。每一个案例都经过仔细挑选，要么能产生相同的结果，即逐项复制；要么能由可预知的原因而产生与前一研究不同的结果，即差别复制。在一个多案例研究中合理地安排6—10个案例，就如同围绕同一问题设计6—10个实验一样，需要精心地准备一些案例进行逐项复制，一般为2—3个案例；而另一些案例应差别复制，一般为4—6个。如果所有的案例都与事前提出的理论假设相符合，那么这6—10个案例合在一起就能很有说服力地证明最初提出的理论假设。假如某几个案例的结果呈现相互矛盾之处，那么就应对最初的理论假设进行修改，然后再用另外几个案例，对修改后的理论假设进行检验。这一过程与科学家们处理几个相互矛盾的实验结果时所采取的方法是一样的。复制过程的逻辑也应符合理论框架，而不是仅仅预测两个案例是否相似或是否有差别。

采用复制法则进行多案例研究的过程如图9-7所示。该图显示，多案例研究设计的第一步是进行理论建构。在设计和收集资料的过程中，个案的选择与研究类型的界定是其中最重要的两个环节。每一个案例都是一个“完整”的研究，如果实证结果是内敛的、汇聚的，那就证明其结论成立。如果某一结论成立，那就要再进行一次复制的过程，对上一个案例进行检验。每一个单独案例的研究报告要解释原理论假设成立或者不成立的理由。所有的案例合在一起，需要再次撰写多案例分析报告，报告中要阐明复制的逻辑，并解释为什么有些案例的实证结果与其理论假设相符合，而有些案例的实证结果与其理论假设不符合。

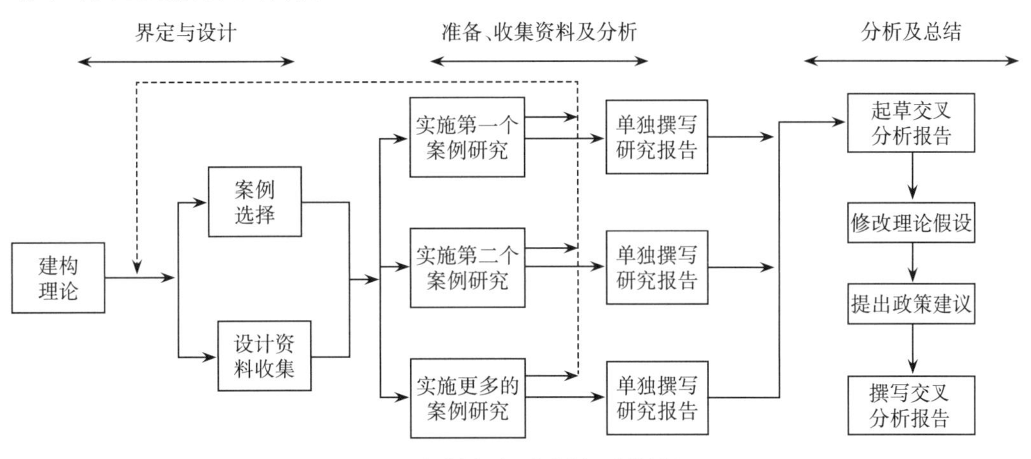

图9-7　复制法则下多案例研究的过程

图9-7中，虚线所形成的反馈环是研究中非常重要的一个环节。反馈环节呈现这样一种情况：在对某一个案例进行研究时，研究者有了重要发现，例如，某一案例与最初的设计方案不匹配，这一发现要求研究者重新思考最初的理论假设。在这种情况下，一定要在进行下一个案例研究之前，重新“设计”原有的研究方案。重新设计可能包括采

用其他可替代的案例，或者改变案例研究草案。如果不修订研究方案，那么别人就会质疑你是否为了使研究结果与最初的假设达到一致而故意扭曲或忽视与之不相符合的发现。而且，别人会接着认定，为了使你的研究结果与你既定的想法（即最初的理论假设）相一致，你是选择性地采集资料，故意忽视对你不利的数据。

总体来说，图9-7描述了一套与抽样设计截然不同的研究思路，这种研究思路及与之形成鲜明对比的抽样方法，都是很难操作的，因此，在进行案例研究设计之前，与同侪进行深入而广泛的探讨将是十分必要的，它对你的研究将有很大的帮助。

当采用多案例研究设计时，你会遇到的另一个重要问题是到底要列举多少个案例才能被认为是足够的。然而，由于抽样法则在案例研究中并不适用，所以有关样本大小的常用理论在此不适用。相反，你在作出决定时，应该扪心自问：我需要或想要重复做几个案例（既包括逐项复制，也包括差别复制）？

逐项复制的数量，并不是由某个公式决定的，而是由你自己主观决定的。同样，决定到底进行几次逐项复制，取决于你想让多案例研究的结果具有多大程度的确定性。例如，如果你所要研究的问题并不要求具有很高的确定性，或者你所提出的理论假设与其他的相关理论假设之间的差别很大，不易混淆，那么你进行两到三次逐项复制就足够了。然而，如果你提出的理论假设与其他相关的理论假设差别极小极易混淆，或者你要使你的研究具有更高的确定性，那么你可能就需要进行五六次甚至更多次逐项复制。

至于差别复制的个数，则要根据竞争性解释的重要程度而定：对立的竞争性解释越有说服力，就越需要增加案例。并且，每一个案例所得出的竞争性解释都不相同。

（三）多案例研究的分类

1.整体性的多案例研究

采用多案例研究设计并不能消除或减少前述单案例研究的变式。每一个案例都可分为整体性个案或嵌入性个案。换句话说，多案例研究也可分为整体性多案例研究及嵌入性多案例研究。

整体性的多案例研究通过分析多个相关案例来全面理解某一现象、问题或情境。在这种研究设计中，研究者选择多个具有代表性的案例，通过深入研究以揭示出它们的共性、差异和内在机制。整体性的多案例研究适用于那些需要比较和对比不同案例，从而揭示出普遍性和特殊性的研究问题，以及那些需要深入理解和解释复杂现象或问题的情况。整体性的多案例研究可以帮助研究者更全面、深入地理解某一现象或问题。例如，整体性的多案例研究的主题为“农村电商发展模式比较”，研究者选择了几个具有代表性的农村电商示范区，通过深度访谈、问卷调查和文献资料分析等方法，分析了它们的发展模式、运营方式、销售渠道以及面临的挑战和机遇,为其他农村地区电商发展提供了启示性的结论和政策建议。

整体性的多案例研究可能也存在一些不足之处。样本选择偏差可能影响研究结果的普适性和可推广性。如果样本选择不当,可能导致对研究对象整体情况的误解。确保不同案例之间的一致性和可比性也是一个挑战,不同案例之间存在的地域、文化、政策环境等差异可能会影响到研究结果的解释和比较。多案例研究往往注重于案例的深度分析和比较,但在理论建构和推广方面存在一定困难,每个案例的独特性和复杂性可能会限制研究结果的推广性。整体性多案例研究需要大量的研究资源和时间投入,这对于初级研究者或学生而言可能超出其研究能力范围。

2.嵌入性的多案例研究

采取哪种变式,取决于你所要研究的现象及研究问题的性质。嵌入性研究设计,甚至需要对每一个研究节点都进行调查。例如,假设你研究的内容是相同的课程在不同护理学校的影响,那么每所学校都可以成为案例研究的对象。根据理论框架,选择九所学校作为研究对象,其中三个案例复制直接结果,即进行逐项复制分析,另外六个案例则要改变条件进行对比,即进行差别复制分析。

由于在研究中需要对每所学校的学生进行调查,让他们回答某些问题,所以这是一个有九个案例的嵌入性多案例研究设计。然而,每次统计的资料仅能用于本校,而不能把所有学校的统计资料综合在一起进行分析。也就是说,对每所学校所做的统计只能用于本案例(本校)的研究。这些资料高度量化,甚至包括统计测量,反映的是学生的态度或行为;这些资料与档案信息一起,共同说明课程在每一所学校的成功运作情况。相反,如果一所学校的调研资料能够适用于其他学校,就无须复制设计了。事实上,这个研究现已成为一个单案例嵌入式研究,这九所学校和九所学校的学生都变成更大的分析单位的一部分。这种转变可能迫使研究者抛弃最初的多案例研究设计。新的案例研究需要再次完整地定义主要的分析单位,也可能需要大量地修订初始理论和假设。

多案例研究现在越来越流行、越来越普遍,但也越来越耗费经费、时间和精力。任何一种多案例研究设计都要遵循复制法则,而不能沿袭抽样法则。研究者在选择案例时必须十分仔细,所选案例应该如同进行多元实验一样,在研究开始之前就明确地预告其会出现相同的结果(逐项复制)或不同的结果(差别复制)。

多案例研究设计中的每一个单独的案例,既有可能是整体性案例,也有可能是嵌入性案例。在嵌入性研究设计的每一个单独的案例中,都有可能收集并分析高度量化的资料,也可能会在每个单独的案例中使用统计技术。

三、单案例与多案例研究设计的比较

单案例研究设计与多案例研究设计是同一研究方法的两个变式，在单案例研究与多案例研究之间没有明确的分界线，它们都属于案例研究。与单案例研究设计相比，多案例研究设计既有其长处，也有其不足。从多个案例中推导出的结论往往被认为更具说服力，因此整个研究就常常被认为更能经得起推敲。另外，适用单案例研究的场合通常并不适用多案例研究。根据定义，不常见的案例、批判性的案例以及启示性案例都可能适用于单案例研究。除此之外，多案例研究可能要占用如此之多的研究资源和时间，以至于超出一个学生或一个学者的研究能力范围。因此，在作出采用多案例研究设计的决策之前，一定不能轻率。

选择多案例还可能引发一系列新问题。在此，强烈建议研究者把多案例研究看作多元实验，即在进行多案例研究时，要遵从复制法则。以前有一种错误的类比，即把多案例研究中的案例看作是一个调查统计中的多个访谈对象，或者一个实验中的多个实验对象——它们需要遵从抽样法则。这种类比是完全错误的。多案例研究与后两者的差别，在于它们背后的理论基础不同，多案例研究遵循的是复制法则，而后两种研究方法遵循的是抽样法则。

四、案例研究设计的注意事项

（一）选择单案例还是多案例研究设计

尽管两种研究设计都能取得圆满的结果，但是，如果条件允许的话，应尽量选择多案例研究设计。单案例研究设计就好比“把所有鸡蛋都放在一个篮子”，很容易出现“一步走错，全盘皆输”的问题；从两个或更多案例中总结出来的结论会比从一个案例中总结出来的结论更具说服力。如果你并不想进行逐项复制，而是特意挑选两个具有较强对比性的案例。在这种研究设计中，如果两个案例都分别证明其各自最初的理论假设，这实际是一个差别复制，那么多案例研究结果的效度与单案例研究设计相比，外在效度也会提高许多。

（二）选择封闭式设计还是开放式设计

封闭式设计指在案例研究前已确定研究对象，且不允许在研究过程中添加新的案例，注重研究过程的控制性和稳定性。开放式设计与之相反，即允许在研究过程中添加新案例，更灵活适应研究的发展。案例研究设计不是僵化的、不变的，如果在资料收集过程中出现新资料或新发现，应该允许改动研究设计。但是，在做出修改之前，研究者应该认真思考要做出哪种性质的修改:仅仅是重新选择一个案例,还是改变最初的理论假设以及研究目的? 处理这一问题的核心在于,研究设计应具有某种程度的灵活性,但并不能因此而降低案例研究设计所应遵循的周密性和严肃性。

第四节　案例研究的方法

案例研究方法中有五种分析技巧,分别是模式匹配、跨案例聚类分析、时序分析、逻辑模型、建构性解释。用好这些具体分析技术绝非易事,要经过大量训练才能有效地运用。一个可行的建议是,起点不要定得太高,工作要细致,并不断地进行反思,不要期望一蹴而就,在一段时间内全面培养各项分析技能。这样,分析就会有理有力,最终才能完成高质量的案例研究。

一、遵循模式匹配逻辑

模式匹配(Pattern Matching)可以理解为一致性检验。对于案例研究而言,最值得提倡的技术就是遵循模式匹配逻辑,即将建立在研究发现基础上的模式与建立在预测基础上的模式相匹配的逻辑。在政治科学研究中,有一种技巧与模式匹配很像,被称为一致性检验法。如果这些模式相互之间达成一致,案例研究结论的内在效度会更理想。

如果案例研究的目的是解释性的,模式匹配可能与研究中的因变量或自变量相关,抑或与两者都相关。如果案例研究的目的是描述性的,模式匹配逻辑依然能发挥作用,只需在资料收集之前确定具体变量的预计形式即可。

(一)将非对称因变量作为一种模式

非对称的因变量设计指在实验或案例研究中,因变量的模式不是对称的,即不是在各个处理条件下都表现出相同的趋势或关系。根据这种设计,一项实验或案例研究可以有多个因变量,即多种结果。例如,在农业领域的研究中,研究者可能预测某种农业管理模式对作物产量的影响。通过收集和分析数据,研究者可以判断这些技术或措施是否对作物产量产生了影响。如果数据显示每个预测结果都得到了验证,且没有其他情况的出现,那么就可以合理地推测农业管理模式与作物产量之间有显著的因果关系。

(二)作为模式匹配的竞争性解释

竞争性解释是一种有效的总体分析策略,也是对自变量进行模式匹配的一种选择。在某种情况下,几个案例可能会出现某一相同结果。案例调查应侧重于了解每个案例中的结果是怎样产生的,搞清楚为什么会产生这样的结果。

这种分析要求形成以可操作性语言表述出来的竞争性假设。这些竞争性假设的特点是每种解释都包含了在形式上相互对立的自变量:如果有一种解释是有效的,那么其他解释就都是无效的。这意味着某些自变量的存在排除了其他自变量存在的可能性。自变量可以包括几种或多种不同的性质或事件,每种都由不同的手段与工具进行评估。然而,案例研究分析的难点在于观察到的模式与预测的模式在何种程度上相匹配。

模式匹配既适用于单案例研究,也适用于多案例研究。对于单案例研究而言,如果能成功地将模式与竞争性解释搭配起来,则可以断定这种解释是正确的,那么其他解释就是错误的。同样,即使是单案例研究,也需要找出并且排除影响有效性的因素——它们基本上构成了另一组竞争性解释。另外,如果多个案例都推导出这个相同的结果,就可能构成对单案例的逐项复制,切片分析的效果就会更有力地表现出来。然而,如果预计到由于存在不同的环境条件,将导致第二组案例无法得出相同的结果,那就构成了差别复制,最初的观点就成立,并更有解释力了。

(三)模式匹配的准确性

就当前研究水平看,模式匹配程序尚未发展到精确比较的阶段。无论是在竞争性解释的基础上预测一种不对称的因变量,还是简单的模式匹配中的预测,预测模式与实际模式之间的比较可能都未达到量化的程度(现有的统计学技术可能用不上,因为这些形式中的变量都没有变化,每个变量实质上代表了一个单一资料点)。如果研究中事先确定了一个基准,就可能得到精确的量化结果(如生产力将增长10%)。实际结果的水准可与这个基准做比较。

二、跨案例聚类分析

跨案例聚类分析(Cross-case Clustering Analysis)专门用于多案例研究的分析。相对于单个案研究,分析相对容易一些,研究结论也会更有说服力。无论是把单案例作为独立的课题分别进行研究,还是作为同一研究预先设计的一部分,都可以进行跨案例聚类分析。此外,也有运用这项技术分别研究每个案例的情况。因此,这项技术与其他的综合性研究一样,都是对一系列单个研究的结果进行综合。如果要进行多个单案例研究,此技术就可以贯穿在其他定量研究方法的综合过程或元分析中。

跨案例聚类分析至少还有另外一种类型，这种类型不同于前面讨论的，其案例研究的设计水平更高——高于聚类分析。这种情况下，案例研究有更大范围或更多的个案或分析单元，而多案例研究（以及跨案例聚类分析）则是嵌入单位。研究结果和结论从作为主个案（仍然使用复制模型分析）的较大分析单位资料中得出。来自这两个层次（较大分析单位和嵌入案例）的资料将服务于最终的案例研究。

三、时序分析

时序分析（Time Series Analysis）是针对时间序列数据（Time Series Data）进行分析的方法。这旨在帮助研究者有效地处理案例研究中的时间序列数据，识别数据中的模式和趋势，并从中获取有意义的见解。与实验及准实验研究中进行的时序分析相类似。时序分析有多种复杂的形式，模式越复杂、越精确，时序分析越能为案例研究的结论奠定坚实的基础。

（一）简单的时间序列设计

简单的时间序列设计是一种用于分析数据随时间变化的技术，通过观察和分析时间序列数据中的趋势、周期性、季节性和随机波动等特征，以了解事件、现象或变量随时间的演变情况。与较为综合性的模式匹配相比，时间序列设计在某种意义上要简单得多，时间序列中可能只有一个自变量或因变量。在这样的情况下，当众多资料是相关的且可以得到的时，可以使用统计技术来检验和分析资料。

然而，从另一种意义上讲，这种分析技术可能更为复杂，因为单变量随着

时间的多种变化可能没有清晰的起始或终结点。尽管存在这一问题，能找到前后时间跨度中的变化轨迹仍然是案例研究的一个明显优势——可以不再局限于跨时期的或特定情境中的静态评估。虽然案例研究也会用到其他技术，但如果跨时期事件得到了细致与精确的检验，那么就可能进行某些时序分析。

时间序列设计的内在逻辑是把资料的趋势与以下两个趋势进行比对：一是在调查开始之前就明确下来的某种理论性趋势。二是前期确定的某种相反趋势，譬如，在一段时间中，同一单案例研究可能会存在两种不同的假设。

（二）复杂的时间序列设计

某个案例中变量的发展趋势越多变，时间序列设计也会越复杂。比如，某个案例中变量的发展趋势可能不单单是上升的或下降的，也可能是先升后降。这种跨时期的混合型模式产生了复杂的时间序列。案例研究方法的优势不仅在于评估这种时间序列，

还在于帮助研究者深入理解数据背后的复杂关系和模式，并提供丰富的解释。

有些研究中牵涉的不是一个变量，而是一组变量，每个变量在一定时间内会表现出不同的形式，这时情况可能更为复杂。这种情况尤其经常出现在嵌入式案例研究中：案例研究可能是关于某一单案例的，但是广泛收集的资料涵盖了一个嵌入型分析单位。例如，一个关于某个村庄的养殖产业发展的案例分析中，在关注村庄养殖产业发展历程的同时，可能还需要嵌入基层政府的帮扶、政府政策的引导、村内基础设施的完善等等相关分析。总之，尽管时间序列越复杂，资料收集工作就会越困难，但发展趋势（或一组趋势）会展现得更具体，分析也就更有力。如果预测的时间序列与实际时间序列很复杂，并且相互匹配，就能为最初的理论观点提供强有力的资料支持。

（三）大事年表

大事年表（Chronology of Events）是案例研究中常用的技巧，可以将其看作是一种独特的时序模型。大事年表的时间序列直接体现了前面提及的案例研究的突出优点，即案例研究允许追溯一段时期内发生的事件。

编制过程要以分析事件为目的，即分析假定有因果联系的事件，因为有关原因的基本序列及其影响在时间上都无法逆转。而且，大事年表可能会包含很多不同类型的变量，而不是一个自变量或一个因变量。因此，编制大事年表比起运用一般的时间序列的方法会更为全面和深刻。分析的目的是，将大事年表与解释性理论所预测到的情况相比较——这个理论可能包含下面的一种或多种情况：一是某些事件必然发生在其他事件之前，不能有逆向的序列；二是某些事件之后必然出现其他事件（基本上可看作附带事件）；三是某些事件只能在其他事件之后出现，并出现在事先指明的一个时间间隔之后；四是某一定时间段内可能会出现某一组事件，它们与其他时间段有本质的区别。

如研究者能对事件进行详细的记录、审核，且研究中的实际事实符合预测的事件序列，而不是出现相反的序列，那么单案例研究就可以成为因果推断的基础。此外，与其他案例相对照，并对有损研究内在效度的因素做清晰的解释，会进一步提高推断的说服力。

无论对时间序列的本质如何规定，案例研究的主要目的是去探讨一定时间内各种事件之间的关系，回答相关的“怎么样”和“为什么”的问题，而不是仅仅观察时间上的趋势。时间序列的分段为判定潜在的因果联系创造了条件。同样，大事年表也包含因果关系的判定。

如果在有关的案例研究中运用到时序分析技术，那么研究的基本特征就是找出特定的指标，划分合适的时间段，提出几个事件基本相互存在的因果关系。所有这些在收集资料之前就应明确下来，事先对此心中有数，这样才有可能在短时间内带有最少偏见地采集到更多相关的资料，不必要的分析则会变得更少。

相对而言，如果研究仅限于对时间趋势的分析研究，比如并不十分看重因果关系的描述性模型，可能会更多地用到案例研究以外的策略技术。此外还要注意的是，离开了理论假设或因果推断，大事年表就有成为流水账的可能——尽管对事件的描述和记录很有价值，但未对因果推断部分给予任何侧重而导致研究贬值。

四、逻辑模型

逻辑模型（Logistic Model）这种技术日渐变得重要，尤其是在案例研究的评估中更为有效。逻辑模型是一定时期内各个事件之间复杂而精确的关系链条。这些事件能展现"原因—结果—原因—结果"的重复与循环，前一阶段的因变量（事件）成为下一个阶段的自变量（原因事件）。研究者还分析了协作建立逻辑模型的好处，即当研究者和官员在确定要研究的政策问题时，一起界定项目模型。这种方式能帮助研究团队更加明确远景和目标，并了解行动方案过程（理论上）如何实现目标。

约瑟夫·沃利是把逻辑模型发展为一种分析技术的鼻祖。他首次提出了"项目"逻辑模型，认为如果出台某一公共政策希望得到某种结果，就要对事件进行追溯分析。公共政策的出台先会引起一些活动，这些活动会产生直接结果；接下来，这些直接结果又会产生某些中间结果。反过来，这些中间结果又会导致最终结果。例如，在一项关于村庄"厕所革命"的研究中，发现"厕所革命"政策的"立即"结果（指实施后马上出现的效果）是村庄的环境得到一定程度的保护。这种"立即"结果的"后"果（此指后期结果）是长期安全卫生的如厕环境保障了居民的身体健康和身心愉悦，即产生了中间结果。最后，促进居民身体健康和身心愉悦的中间结果提升了居民的卫生和环保意识。

运用逻辑模型分析技术，需要将实际观察到的事件与测到的事件相比对。因此，从理论上讲，逻辑模型也可以看成理论预匹配的一个变式。但鉴于连续性事件的发展阶段各不相同，因而，也可以将逻辑模型看作是模式匹配之外的一种独立分析技术。

五、建构性解释

建构性解释（Constructive Explanation）这种分析技术实际上是一种特殊的模式匹配，不过步骤更复杂，操作更难，因而需要单独介绍以引起重视。这一技术的目的在于通过建构一种关于案例的解释来分析案例研究的资料。

（一）解释的要素

“解释”一个现象，就是提出一套有关该现象的假定存在的因果关系。在很多现有案例研究中，建构性解释都是以描述性形式存在的，由于不可能准确，如果解释能反映出一些具有理论意义的观点，则更具意义。例如，因果联系能揭示有关公共政策进程或社会科学理论中最主要的观点。如果这些关于公共政策的观点是正确的，就可以成为未来推行政策的建议。同样，关于社会科学的观点如果是正确的，就可能对理论建构作出重大贡献，例如国家由农业社会过渡到工业社会的实例。

（二）解释建构的重复性质

有关解释性案例研究的建构解释过程，已有文献中尚未出现操作性很强的阐述。不过不难推测——最后的解释可能是一系列不断修正的循环过程：首先对政策或社会行为提出一个原创性的理论观点或命题，再将原始案例的研究结果与上述观点或命题进行比较，然后修正该观点或命题，再将案例的其他细节与修改后的内容相比较，最后将修改后的观点与第二、第三或更多案例中的事实相比较，根据需要将上述过程重复数次。

从这个意义上看，由于最后的解释可能无法在研究刚刚开始时就确定下来，因而有别于前面提到的模式匹配技术。通常对案例研究的资料进行检验，理论观点经过修正，又一次从新的角度以重复的模式处理资料。如果你只是做一个单案例研究，这一过程最后不会得出结论，但是如果你将修改后的解释应用于多案例研究中的其他案例，得出的研究结论会令人信服。

逐步建构解释与提炼一组观点的过程相类似，其中很重要的一个方面是要考虑看上去似乎有说服力的、相对立的竞争性解释。如前所述，目的在于证明，在给定实际的案例研究发现时，其他的解释为什么不能成立。

（三）建构性解释的潜在问题

有些人指出了逐项复制的挑战和缺陷，例如黛安·沃恩在其“理论阐述”中对此进行了贴切、周密、有效的描述。研究者运用这种方式进行案例研究分析时需要注意这些不足，建构解释者需要具备一定的分析思维和敏锐力。例如，随着这种重复式过程的延展，研究者可能逐渐脱离原来的实际课题。更糟的情况是，研究过程中可能产生多余的选择性偏见，导致解释掩盖一些关键的证据资料。为了减少这些潜在的危险，研究者应该时常提及最初的目的，让研究之外的同事充当“批判朋友”，并不断地检查可能得出的其他解释。

思政内容提要

通过对案例研究方法的学习，掌握另一种看待社会、分析问题和提出解决方案的思想。学生通过案例研究，归纳演绎总结经济社会现象中存在的各种联系和规律，可以加深对经济现象产生、发展与变化的理解，发现并理解经济社会现象的多样性和复杂性。做案例研究要全面地看待问题或现象。通过案例研究的学习有利于培养学生纵观全局的视野、见微知著的分析能力，提高学生综合性、统筹性看待问题和把握问题的能力。

通过对案例数据的收集和分析，学生能深入农村、了解农业、贴近农民，培养缘事析理、实事求是的科学精神。邓小平同志说："实践是检验真理的唯一标准"。在收集案例数据时，要贴近基层、贴近实际、深入到群众中，深入到"三农"的具体实践中找到问题、收集证据，去检验和发展真理。案例分析要求从微观的角度去观察和理解宏观的社会问题，形成深入、全面的思考，通过分析与总结学生能培养理性思辨的精神。

通过案例分析提出解决方案，有助于培养学生综合分析、统筹把握的问题解决能力。不同于实证研究旨在验证理论假设或探究变量之间的因果关系，案例研究重点在于深入了解特定事件或问题的背景、原因，最终提出可行的解决方案。通过设计案例解决方案能够帮助学生发现并理解经济社会现象中的多样性和复杂性。学生需要运用自己所学的理论知识，结合实际情况进行思考和判断，提升批判性思维和逻辑推理能力，培养理论联系实际、具体问题具体分析的科学研究精神。

本章小结

案例研究是社会科学研究的多种方法之一。与其他研究方法相比，案例研究更适用于以下三种情形：一是主要问题为"怎么样""为什么"；二是研究者几乎无法控制研究对象；三是研究的重点是当前的现实现象。案例研究主要关注真实环境中正在发生的事情或现象，特别是在特定情境下出现的问题和矛盾。案例研究的目的不仅在于解释和验证理论，还在于构建新的理论。

案例研究过程包括案例研究设计、选择案例、收集案例资料数据、分析案例资料数据、撰写案例研究报告等主要流程，研究者需要掌握案例研究中各个流程的技巧和方法。需特别注意的是，案例研究的资料收集过程比其他研究方法更为复杂，研究者必须熟悉案例研究独特的数据收集方式，同时，在研究过程还须遵循一定的程式规范，以确保资料收集过程的质量。

案例研究设计的四种类型,形成一个“2×2”矩阵。第一个“2”指单案例研究和多案例研究;第二个“2”指整体性设计和嵌入性设计,可以与单案例研究或多案例研究结合运用。在多案例研究中,无论是整体性设计还是嵌入性设计,选择案例必须按照统一逻辑,而不是随机抽取。虽然单案例研究可以获得珍贵的结论,但大部分多案例研究效果比单案例研究效果要好。与单案例研究相比,双案例研究是很值得一试的选择。案例研究可以与其他研究方法一起使用,作为混合型研究的一部分。

案例研究分析的五种方法:模式匹配、跨案例聚类分析、时序分析、逻辑模型、建构性解释。这几种技术都不是轻轻松松就可以运用的,无法简单地按照书上的步骤机械地套用。实际上,案例分析是案例研究中最难的部分,缺少经验的研究者会感到有些困难,可以先从简单的案例研究入手,虽然简单的课题可能不如人们所期望的那样复杂和具有创造性,但通过进行简单的案例研究,可以积累一些经验,为以后进行更复杂的研究而做好准备。

关键术语

案例　Case

案例研究　Case Study

单案例研究　Single-case Study

多案例研究　Multiple-case Study

揭露性案例　Revelatory Case

证据三角　Triangulation of Evidence

模式匹配　Pattern Matching

跨案例聚类分析　Cross-case Clustering Analysis

时序分析　Time Series Analysis

大事年表　Chronology of Events

逻辑模型　Logistic Model

建构性解释　Constructive Explanation

思考练习

1. 案例研究的内涵和特点是什么?

2. 案例研究方法有哪些局限性?

3. 案例研究的过程包括哪些环节?

4. 单案例研究设计和多案例研究设计有什么区别?

5. 案例研究如何遵循模式匹配逻辑?

实践练习

以小组为单位,对收集到的定性调查案例资料进行初步整理,并进行细致深入的案例研究。

第十章

定量调查资料的计量实证研究

对现代社会科学积累的有益知识体系，运用的模型推演、数量分析等有效手段，我们也可以用，而且应该好好用。[①]

——习近平

经济学家运用科学方法(scientific approach)来理解经济生活，包括观察经济事件、利用统计分析和历史记录。[②]

——保罗·萨缪尔森[③]

问题导读

农村经济现象中的关系错综复杂，而这种错综复杂的关系往往表现为定量调查资料中变量之间的关系。统计图表可以初步展示定量调查资料中变量之间的关系，而计量实证研究往往能够有助于发现隐藏于调查资料背后更深层次的规律与故事。什么是计量实证研究？能够用于哪些研究领域？计量实证研究的步骤包括哪些？如何利用计量实证方法识别变量之间的因果关系，并对变量之间的影响机制进行解释？如何利用统计软件实现计量模型的实证分析？本章基于第八章对定量资料的描述统计分析方法的介绍，进一步介绍研究变量之间关系的方法，将对计量实证研究的内涵以及计量模型特点进行介绍，进而围绕计量实证研究的应用情况以及应用范式进行详细阐述。最后，本章还将结合相应案例讲解基本的计量实证研究中的因果识别方法以及机制分析方法。

① 习近平.在哲学社会科学工作座谈会上的讲话[M].北京：人民出版社，2016：18-19.

② 保罗·萨缪尔森，威廉·诺德豪斯.经济学[M].18版.萧琛，主译.北京：人民邮电出版社，2008：5.

③ 保罗·萨缪尔森(Paul Samuelson)，美国著名经济学家，1970年诺贝尔经济学奖获得者，是凯恩斯主义在美国的主要代表人物，主要著作有《经济学》等。

学习目标

★知识学习:

(1)了解计量实证研究的内涵和特点。

(2)掌握计量实证研究的步骤。

(3)掌握计量实证研究的因果识别方法。

(4)掌握计量实证研究的机制解释方法。

★能力提升:

(1)增强通过计量实证研究识别农村经济变量之间因果关系的能力。

(2)提高通过计量实证研究解释农村经济变量之间影响机制的能力。

★价值形成:

(1)通过回归分析理解变量之间特殊和一般的关系。

(2)通过变量内生性理解内因与外因的关系。

(3)通过计量实证研究的局限性理解可知论与不可知论的关系。

知识结构

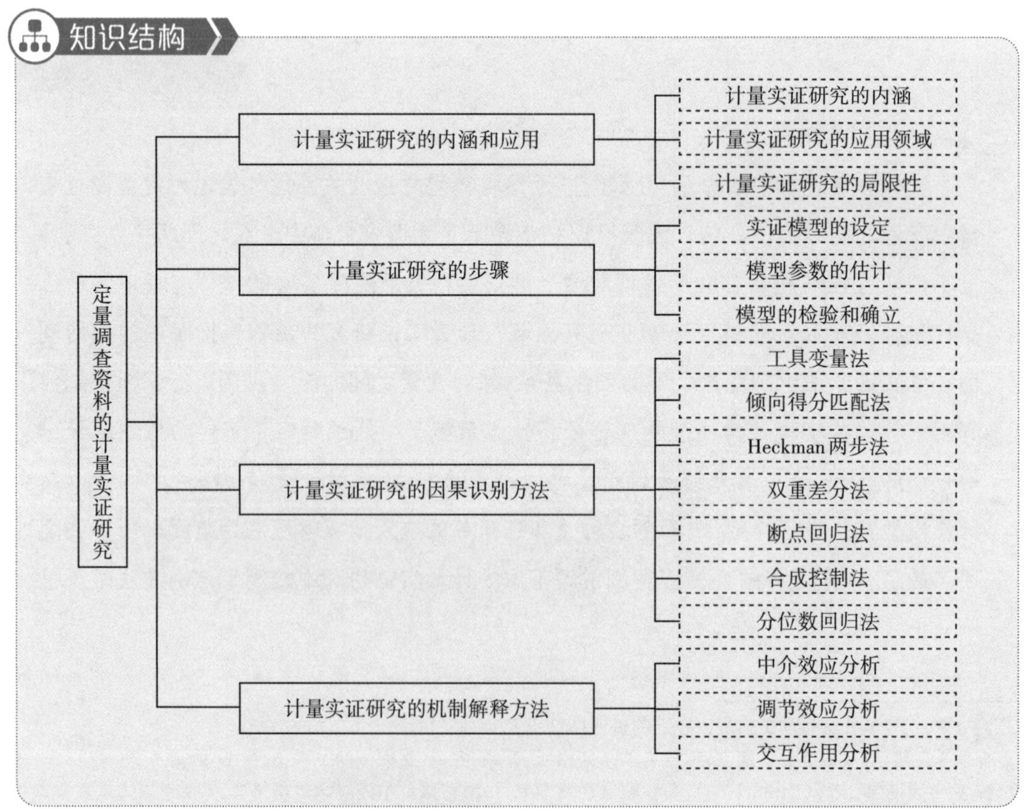

第一节　计量实证研究的内涵和应用

一、计量实证研究的内涵

(一)计量实证研究的内涵

计量实证研究是指采用计量经济学方法建立计量模型进行实证研究。

计量经济学(Econometrics)是经济学的一个分支学科,是用来揭示经济活动中客观存在的数量关系的分支学科。计量经济学一词是由挪威经济学家弗里希(R. Frisch)于1926年模仿生物计量学一词提出的,它的提出标志着计量经济学的诞生。但人们一般认为1930年12月29日世界计量经济学会的成立和1933年其创办的学术刊物的正式出版,才标志着计量经济学作为一门独立的学科正式诞生了。计量经济学是以观测数据或实验数据为基础,以经济理论为指导,以统计推断方法为主要手段,定量研究经济变量之间的逻辑关系特别是因果关系,可解释经济现象、检验经济理论、评估经济政策、预测经济走势的一门方法论科学。

过去40多年,经济学研究范式出现了一个重要转变,从靠未经过检验或无法检验的一些基本假设(如偏好、技术、禀赋、制度)来研究人们的经济行为和经济运行规律,转变为以现实观测数据或实验数据为基础,从数据中推断经济变量之间的逻辑关系特别是因果关系,这种研究称为实证研究,已成为国外经济学研究的主流(Angrist et al., 2017),也是中国经济学研究的主流(洪永淼、薛涧坡,2021)。计量经济学是经济学实证研究最主要的方法论。它提供了适合于经济数据特点的各种常用的计量经济学模型,推断、检验、预测方法与工具。

(二)计量实证模型的特点

计量实证分析是用统计推断的方法对社会经济变量之间的关系进行数值估计的一种数量分析方法。计量模型(Econometric Models)则是用于分析经济变量间关系的工具。计量模型包括一个或一个以上的随机方程式,揭示了经济活动中各个因素之间的定量关系,并用随机的数学方程式加以描述,因此广义地说,计量模型就是一切包括经济、数学、统计三者的模型。而狭义地说计量模型是只用参数估计和假设检验的数理统计方法研究经验数据的模型。计量模型的特点主要体现在确定性、随机性和动态性三个方面。

1.确定性

计量模型的确定性是指通过对各经济变量数据的分析,得到的是一个定量的公式,一种可被量化的具体形式,可以根据计量模型了解自变量的变化会给因变量带来多大程度的变化,而不是文字上笼统的表述。

2.随机性

计量模型的随机性是指根据经济行为构造的函数关系式具有不确定的特征。由于现实中任何一种经济行为都受众多因素的影响,在构造经济行为的函数关系式时,不可能,也没必要把全部因素都罗列到函数关系式中来。有些因素影响很小,而且没有规律性,它们的作用结果一般无法观测到,我们称这类因素为随机因素,综合地用随机误差项ε来表示。因此函数关系式中引进随机误差项ε,带来了计量模型的随机性。

3.动态性

计量模型的动态性是指对经济变量不仅可以分析在同一时点上的截面数据(Cross-section Data),还可以对时间序列数据和面板数据(Panel Data)进行相应的分析,从而了解时间的变化对于各经济变量的影响以及对各变量之间的关系。

二、计量实证研究的应用领域

经济系统中各个部分之间、经济过程中各个环节之间和经济活动中各个因素之间,除了我们已知的经济行为理论上的关系外,还存在数量上的相互依存关系。我们对这些客观存在的数量关系的研究,是经济研究的一项重要任务,是经济预测和决策的重要过程,是经济理论发展的重要工具。因此计量经济学在数量经济分析中占重要的地位。

计量实证研究的应用领域主要包括结构分析、经济预测、政策评价、理论检验和发展等。

(一)结构分析

应用计量模型对经济变量之间的关系进行数量分析,就是计量模型的结构分析应用。这里所说的结构分析并不是传统意义上的结构分析,例如产业结构分析、消费结构分析和投资结构分析。它是指当研究的一个或多个变量发生变化时,对其他变量甚至于整个经济系统会带来什么样的影响,也就是说我们研究的是经济变量中的定量分析内容。结构分析采用的主要方法是弹性分析、乘数分析和比较静态分析。

1.弹性分析

弹性分析(Elastic Analysis)是经济学中的一个重要概念,是指某一变量的相对变化引起其他变量相对变化的度量,即变量的变化率之比。我们在经济研究中,不仅要研究变量之间的绝对数值变化，也要研究变量之间的相对变化，变量之间的相对变化能让我们进一步了解变量的变化程度，为后续的经济决策提供依据。

2. 乘数分析

乘数分析（Multiplier Analysis）也是经济学中的一个重要概念，是指某一变量的绝对变化引起其他变量绝对变化的度量，即变量的变化量之比。乘数分析能直观表达变量之间的数据依存关系，能让我们了解变量之间的联系到底有多紧密。

3. 比较静态分析

比较静态分析（Comparative Static Analysis），是比较经济系统中不同平衡位置之间的联系，探究经济系统从一个平衡状态到另一个平衡状态时变量的变化情况，研究系统中某个变量或参数的变化对其他变量或参数变化的影响。很明显，上述的弹性分析和乘数分析都是比较静态分析中的内容。

（二）经济预测

用计量模型进行定量分析，根据现有样本数据以外的某些变量预测值，得到该变量在未来时期或不同空间中的预测结果，就是计量模型的经济预测应用。应用计量经济模型是根据已经发生了的经济活动来找出变量的变化规律，然后再根据这些规律来预测未来，这种方法在平稳的经济系统中比较有用，但在非平稳发展的经济系统中，由于存在重要不可预知的情况的发生，计量模型的经济预测功能会大幅度削弱。

（三）政策评价

通过计量经济模型仿真各种经济政策的实施效果，并对不同的政策方法进行比较和分析，就是计量模型的政策评价应用。现实社会中每时每刻都会有政策评价问题的出现，但经济政策的实施具有不可实验性，一旦实施相关的经济政策，经济系统就会发生相应的难以逆转的变化，因此政策评价在实际生活的应用中尤为重要。而计量模型的出现，解决了政策评价这一难题，计量模型揭示了经济系统中变量之间的相互联系，我们将经济目标作为被解释变量，经济政策作为解释变量，就可以很方便地对经济政策的实施效果进行评价和对比，从而得到实施效果最好的政策并予以实施。计量模型用于政策评价主要有以下三种方法。

1. 工具-目标法

工具-目标法（Instrument-Destination Method）是指给定我们需要的经济目标的预期值，然后根据模型来求解政策的变量值，并进行研究分析。例如，分析农村税费改革对农村居民消费、农村公共品供给等方面的影响。

2.政策模拟法

政策模拟法(Policy Simulation Method)是指将不同的经济政策代入模型,并通过模型求出经济目标的最终数值,进行比较分析,从而选择出最有效的经济政策。

3.最优控制法

最优控制法(Optimal Control Method)是指将计量经济学模型和最优化方法结合起来,选择使得目标最优的政策,从而达到政策评价的目的。比如,比较生态环境保护中的生态补偿项目的效果和保护区政策的政策效果哪个更好。

(四)理论检验和发展

实践是检验真理的唯一标准,任何经济理论只有它完美地解释了过去发生的经济现象才能被大家所接受,计量模型提供了检验经济理论的一个很好的方法。计量模型的建立可以是按照某种理论去建立和构造变量之间的相关关系,然后我们将已经得到的样本数据去拟合这个模型,如果得出的拟合结果较好,那么这些经济理论就得到了检验。

发展理论则主要表现在具体的计量经济学模型的研究中,任何严谨的计量经济学模型的研究,都是首先在观察和行为分析的基础上,提出理论假设,然后根据理论假设建立相关的模型结构,再用已经产生的样本数据来检验这个模型,这就是计量模型对于理论发展的应用。

三、计量实证研究的局限性

(一)忽视计量理论带来的局限

因为计量分析方法的研究受到大多数人的过度重视,对于计量分析理论研究的重视程度就会有所下降,甚至被人们所忽视,这种行为是极为错误的,一个不懂经济理论、不了解经济行为的人是不可能从事计量分析的研究工作的。对计量理论和计量方法两者之一过度重视而忽视另一方面的情况时常出现,这是计量分析的局限所在。

(二)计量方法选择带来的局限

在计量分析的过程中,对于计量分析方法的研究尤为重要,因为方法的水平往往决定了研究成果水平,因此不正确或不成熟方法的应用会给计量分析带来错误的结果。如何选择计量方法,目前还缺乏有效的理论指导,其选取要凭研究者的理论水平和实际经验,因此设定一个恰当的方法模型往往是比较困难的。影响内生变量的诸多因素是不确定的,特别是内生变量与政策因素、政策导向有关时,在确定用什么样的方法对不确定因素进行定量的测度时,要求模型构建者对测定样本期间的政策走向有深刻的领会和认识。常常有一些打破常规、超越常识的政策,这在设定模型时也是必须注意的一个问题。

(三)数据质量限制带来的局限

对计量分析局限最大的就是数据,主要表现在数据的收集方面。人们在对某个项目进行研究分析时,对数据的可得性、可用性和可靠性缺乏认真的推敲;在研究过程中出现问题时,也很少从数据的质量方面寻找原因,如何便捷高效地收集到我们需要的数据也是计量分析的主要问题。

第二节　计量实证研究的步骤

在运用计量经济学方法对农村经济发展现象进行计量分析时,主要有以下四个步骤:实证模型的设定、调查数据的收集(前已述及,下文不做赘述)、模型参数的估计、模型的检验和确立。本节将根据经典单方程计量经济学模型来介绍微观计量实证研究的主要步骤。

一、实证模型的设定

计量经济模型,是指对经济现象或过程拟合的一种模型。我们对所要研究的经济现象进行深入的分析,根据研究的目的,选择模型中应该包含的因素,再根据数据的可得性选择适当的变量来表征这些因素,并根据经济理论或样本数据之间的关系设定描述这些变量之间关系的数学关系函数,这就是实证模型的设计。实证模型的设计主要包括三部分的工作,即模型中包含变量的确定、模型数学形式的确定和模型中待估参数理论期望值的确定。

(一)确定模型中的变量

在经典单方程计量经济学的模型中,变量主要分为两类。一类是被解释变量,又称为因变量,是我们研究对象的变量;另一类是解释变量,又称为自变量,是影响我们研究对象的变量。现实中的经济现象是受众多因素影响的,我们在选择构建模型的解释变量时,不可能也没必要把所有的影响变量都放入模型中。有些因素影响很小且没有规律性，我们就可以将这些变量忽视，而只选取影响较大且容易观测的变量纳入到我们的计量分析模型中，其他被忽视的变量则用随机扰动项μ来表示。现在的问题是我们在确定被解释变量后，如何正确选择影响较大的变量纳入计量分析的模型。

第一，我们要正确理解和把握所研究的经济现象中隐含的经济学理论和经济行为规律。建立经济模型的本质是为了反映实际经济活动的规律性，因此我们必须对所研究的经济现象进行科学的分析，尽可能保证模型能够准确描述经济现象的规律性。对于别人成功描述的模型，我们也要对其进行适用性分析，考察这些模型是否符合我们的研究目的，不能生搬硬套。

第二，选择变量时要考虑数据的可得性。在变量的选择确定后，变量的数据是否可得尤为关键，若是一个变量确实对模型影响很大，但数据无法收集或者收集到的都是错误的数据，那么这个变量在模型中就没有继续存在的必要了，否则错误的数据会带来错误的结论。例如农户收入对于农户消费的影响肯定很大，在实际生活中农户一般不可能把自身收入的具体水平告诉调查人员，因此居民收入这项数据就难以收集和在模型中应用。

第三，选择变量时要考虑所选择变量之间的关系，使得每个解释变量之间都是独立的，这是计量模型分析的技术要求。当然这在开始时操作较为困难，一般可以选择在检验模型的过程中筛除相关变量。

（二）确定模型形式

在选择了适合的变量之后，我们就要着手选择适当的数学形式来描述变量之间的关系。

模型的数学形式可以是单一方程，也可以是联立方程组。每个方程组既可以表示变量之间的线性关系，也可以表示变量之间的非线性关系。模型数学形式的确定主要是依据相关的经济行为理论；但在一些情况下，我们也可以根据变量之间的散点图来确定解释变量和被解释变量之间的关系，并将由散点图表示出来的函数关系作为实证模型的数学形式；在特殊情况下，若始终无法确定实证模型的数据形式，我们可以采用各种可能的模型对数据继续拟合，最后选择拟合效果最好的模型。

（三）确定待估参数的理论期望值

实证模型中的待估参数一般都有其特殊的经济含义，它的具体数值需要通过参数估计和模型检验后才能正式确立。但对于待估参数的理论期望值，即参数的取值范围，我们能根据它们的经济含义在参数估计前对其进行确定，例如农村人均收入对于农村人均消费肯定会带有正向的影响，因此农村人均收入变量前的系数是会大于0的，若是我们根据数据得出的系数值小于0，与理论期望值不符，我们则有理由怀疑模型的数学形式设定错误或模型变量之间存在一些问题。

二、模型参数的估计

模型参数的估计是计量分析的核心内容，是根据样本数据来对总体参数进行推断的过程。我们在建立实证模型并收集到了符合要求的相关调查资料之后，就可以选择适当的方法来对模型进行估计，并得到模型参数的估计量。

模型参数的估计是一个纯技术的过程，主要包括以下三个方面：第一，模型的识别，即模型能否被估计出来，估计出来的参数是否具有唯一性；第二，估计方法的选择，不同的估计方法会给出不同的参数估计结果，我们要根据研究目的和数据能够反映的具体信息来选取适当的估计方法，模型参数的估计方法有最小二乘法（Ordinary Least Squares，OLS）、广义最小二乘法（Generalized Least Squares，GLS）、加权最小二乘法（Weighted Least Squares，WLS）和工具变量法（Instrumental Variable）等；第三，统计软件的应用，即运用计算机上的统计软件对模型参数进行快速估计。

三、模型的检验和确立

在得到模型参数的估计值后，一个经济计量模型可以说是初步建立了，但是它能否客观反映变量之间的联系和经济现象中隐含的规律，能否付诸实践应用，还需要对模型进行检验。模型的检验主要有四级，即经济意义检验、统计检验、计量经济学检验和模型预测检验。

（一）经济意义检验

模型经济意义的检验是根据经济理论所阐明的基本原理，对模型参数的符号和取值范围进行检验；就是指经济理论对经济计量模型中参数的符号和取值范围施加约束，以此检验参数的合理性。包括参数估计量的符号、大小、相互之间的关系等。

首先，我们要对参数估计量的符号进行检验，如果得到的参数估计量的符号和参数理论预期值的符号不同，则我们有理由怀疑模型的准确性。其次，如果参数估计量的符号是正确的，则我们要对参数估计量的大小进行检验，即得到的参数估计量的数值是否在理论估计值的范围内，若不在此范围内，则我们有理由怀疑模型的准确性。最后，如果参数估计量的符号和大小都符合参数理论期望值的要求，我们还需要对参数之间的关系进行检验，如理论上两个参数之和为1，但实际得到的两个参数估计值之和与1相差很大，则我们有理由怀疑模型的准确性。

只有当模型中的参数估计量通过了以上的经济意义检验后，我们才可以进行下一步的检验。模型参数估计量经济意义的检验是最基础也是最重要的检验，如果参数估计量经济意义的检验没有通过，那么即使后续的检验都通过了，参数估计量也毫无作用与意义，计量模型也就没有任何作用。

(二)统计检验

统计检验(Statistical Test)是由统计理论决定的。统计检验的目的在于考察所求参数估计值的统计可靠性。由于所求参数的估计值是根据计量分析模型中所含经济变量的样本观测值推断求得的，因此我们便可以根据数理统计学的抽样理论中的几种检验，来确定参数估计值的精确度。

(三)计量经济学检验

计量经济学检验是由计量经济学的理论决定的。其目的在于研究任何特定情况下，所采用的经济计量方法是否违背了计量经济模型的假定。最主要的检验有随机干扰项的序列相关性检验和异方差性检验，以及解释变量的内生性检验、变量的多重共线性检验和时间序列的平稳性检验等。

(四)模型预测检验

模型预测检验主要是对模型参数估计量的稳定性以及相对样本容量变化时的灵敏度进行检验，确定模型是否能用于对不属于样本观测值的数据作出正确的拟合预测。具体检验方法为：(1)利用扩大了的样本重新对模型的参数估计量进行估计，比较样本容量不同情况下，参数估计量的差异程度，并检验两者差异大小的显著性。(2)用不属于样本观测值的数据代入模型并得出预测的结果，将预测的结果与实际观测值进行比较，并对两者之间差异的显著性进行检验。

第三节 计量实证研究的因果识别方法

线性计量经济学模型中的一个重要假设是随机干扰项的条件零均值假设，如果该假设成立，则称模型中的解释变量是外生解释变量，否则称为内生解释变量。解释变量的严格外生假定要求任何观测点处的解释变量与任何观测点处的随机干扰项无关。违背这一基本假定，则认为模型中存在内生性的问题。

对于内生解释变量的问题，又存在两种不同的情况：一是解释变量与随机干扰项同期相关，即 $cov(x_{i2},\mu_i)\neq 0$；二是解释变量与随机干扰项同期无关但异期相关，即 $cov(x_{i2},\mu_i)=0$ 且 $cov(x_{i2},\mu_{i-s})\neq 0, s\neq 0$。

解释变量内生性问题出现具体有以下三种原因：一是被解释变量与解释变量之间具有双向因果的关系，即 y 可以用 x 来解释，且 x 也可以用 y 来解释，此时模型中就会存在解释变量与随机干扰项相关的问题；二是模型设定时遗漏了重要的解释变量，遗漏的解释变量与模型中存在的解释变量具有同期或异期的相关性，从而导致解释变量与随机干扰项同期或异期相关；三是模型中的数据存在样本选择的问题，即我们得到的数据并不遵循随机抽样的原则，样本的选择中存在人为的主观因素。

内生解释变量出现的后果主要表现在我们的最小二乘估计量是有偏的且是不一致的，因此当计量模型中出现内生性问题时我们要采取措施来解决参数估计量偏斜且不一致的问题。

下面介绍几种常用的因果识别（Cause and Effect Recognition）方法，包括工具变量法、倾向得分匹配法、Heckman两步法、双重差分法、断点回归法、合成控制法和分位数回归法等。

一、工具变量法

模型中出现解释变量的内生性问题时，最小二乘法的参数估计量不再是无偏一致估计量。这时为了得到我们需要的无偏一致估计量，我们一般采用工具变量法来解决。

（一）工具变量法的概念和原理

工具变量法是一种常用的实证研究方法，用于解决因果关系中的内生性问题，指的是某一个变量与模型中随机解释变量高度相关，但却不与随机误差项相关，那么就可以用此变量与模型中相应回归系数得到一个一致估计量，这个变量就称为工具变量，这种估计方法就叫工具变量法。当研究主变量与随机抽样原则（即不相关性假设）无关时，内生性问题会出现。在这种情况下，使用传统的OLS回归模型估计将导致参数估计的无效性。工具变量法通过利用一个或多个工具变量，来解决内生性问题，并得到一致的估计结果。工具变量法的基本思想是在原始模型中引入一个工具变量，在回归分析中用工具变量代替内生变量。这样，内生变量与工具变量的回归关系就代替了内生变量与因变量的直接关系。通过估计工具变量与因变量的关系，就可以得到一致的因果关系估计。

工具变量法是解决计量模型中出现的内生性问题的一种参数估计方法，它是一种矩估计的形式，我们以一元线性回归为例进行介绍。一元线性回归的模型如下：

$$y=\beta_0+\beta_1 X_i+\varepsilon_i(i=1,...,k) \tag{10-3-1}$$

矩估计是根据一元线性回归模型的基本假定——随机干扰项的零均值假定和与解释变量不相关的假定，得出的，即

$$E(\varepsilon_i)=0, cov(X_i,\varepsilon_i)=E(X_i\varepsilon_i)=0 \tag{10-3-2}$$

当X_i与ε_i相关时，以上的两个矩估计不成立，无法得到一致无偏估计量。根据工具变量的选择要求，选取工具变量Z作为X的替代变量，会使矩估计方法发生变化，总体矩估计条件表现为：

$$E(\varepsilon_i)=0, cov(Z_i,\varepsilon_i)=E(Z_i\varepsilon_i)=0 \tag{10-3-3}$$

将上述式子用具体的模型表达式代入，得到矩估计的条件为：

$$E(\varepsilon_i)=\frac{1}{n}\sum(Y_i-\tilde{\beta}_0-\tilde{\beta}_1 X_i)=0, cov(Z_i,\mu_i)=E(Z_i\mu_i)=\frac{1}{n}\sum Z_i(Y_i-\tilde{\beta}_0-\tilde{\beta}_1 X_i)=0$$

进而得到关于参数估计量的正规方程组：

$$\sum Y_i=n\tilde{\beta}_0+\tilde{\beta}_1\sum X_i \tag{10-3-4}$$

$$\sum Z_i Y_i=\tilde{\beta}_0\sum Z_i+\tilde{\beta}_1\sum Z_i X_i \tag{10-3-5}$$

于是解以上方程，得到：

$$\tilde{\beta}_1=\frac{\sum z_i y_i}{\sum z_i x_i},\ \tilde{\beta}_0=\bar{Y}-\tilde{\beta}_1\bar{X} \tag{10-3-6}$$

这种求解模型参数的方法就是工具变量法，得到的$\tilde{\beta}_1$、$\tilde{\beta}_0$就是运用工具变量法得到的模型估计量。

（二）工具变量的选取

工具变量法是在模型的估计过程中，选择工具变量去替代与随机干扰项相关的内生解释变量来完成参数估计的方法。如果选择Z作为内生解释变量X的工具变量，其应该满足以下的条件：

（1）工具变量Z与代替的内生解释变量X要高度相关，即$cov(Z,X)\neq 0$。

（2）工具变量Z与任何观测时期的随机干扰项不相关，即$cov(Z,\varepsilon)=0$。

（3）工具变量Z与其他解释变量不高度相关，避免模型中出现多重共线性的问题。

（三）工具变量的应用

从现有研究来看，二阶段最小二乘法（2SLS）是工具变量法应用最广泛的回归模型。对于工具变量法而言，我们并不是使用工具变量本身替代了原模型的内生解释变量，而是在参数估计过程中使用工具变量的信息替代了原本内生解释变量的信息，并没有改变原模型的状态。因此，二阶段最小二乘法的具体实施过程可以分为以下两个步骤：

步骤一：用普通最小二乘的方法对内生解释变量X关于工具变量Z进行回归，即

$$\widehat{X}_i=\widehat{\alpha}_0+\widehat{\alpha}_1 Z_i \tag{10-3-7}$$

步骤二：以步骤一得到的关于工具变量信息的$\widehat{X}_i$作为解释变量代入原方程，进行普通最小二乘方法的回归，即

$$Y_i=\beta_0+\beta_1\widehat{X}_i+\mu_i \tag{10-3-8}$$

当找到一个工具变量对一个内生解释变量进行替换时，我们可以采用上述的二阶段最小二乘的估计方法来得到参数的一致估计量。而对于一元线性模型，我们能够找到多个可以替代内生解释变量的工具变量时，仍可以采用二阶段最小二乘的估计方法。

但对于多元线性回归模型却有所不同，在步骤一阶段，内生解释变量并不是只对工具变量进行回归，而是对工具变量和模型中其他的外生变量一起进行回归，得到估计值。假设多元线性回归的模型表达式为：$Y_i=\beta_0+\beta_1X_i+\beta_2Z_i+\mu$，其中$Z_i$为模型中的外生解释变量。若我们找到了两个相互独立的工具变量Z_1和Z_2来代替内生解释变量X，可以采用如下做法：

步骤一：用普通最小二乘的方法对内生解释变量X关于工具变量Z_1和Z_2以及模型的外生变量Z进行回归，即

$$\widehat{X}_i=\widehat{\alpha}_0+\widehat{\alpha}_1 Z_{i1}+\widehat{\alpha}_2 Z_{i2}+\widehat{\alpha}_3 Z_i \tag{10-3-9}$$

步骤二，以步骤一得到的关于工具变量信息的$\widehat{X}_i$作为解释变量代入原方程，进行普通最小二乘方法的回归，即

$$Y_i=\beta_0+\beta_1\widehat{X}_i+\beta_2Z_i+\mu_i \tag{10-3-10}$$

对于一个内生解释变量而言，如果我们能够找到很多个相互独立的工具变量，又不想浪费各个工具变量的信息，就可以采用广义矩估计的方法。二阶段最小二乘的方法可以认为是广义矩估计的一种特例，而对一个内生变量仅找到一个工具变量来对其进行处理，则是二阶段最小二乘方法的特例。

二、倾向得分匹配法

（一）倾向得分匹配法的概念和原理

倾向得分匹配（Propensity Score Matching，PSM）是一种处理观察研究的数据的统计方法，用以减少数据偏差和混杂变量对于研究结论的影响。与双重差分法类似，是处理因样本选择产生的内生性问题的一种方法。只不过双重差分法是寻找有共同发展趋势的处理组和控制组来差分处理，得到政策实施的净效应。倾向得分匹配法是在控制组中寻找某个个体j，使得控制组中的个体j与处理组中的个体i的可观测变量的取值尽可能相匹配。基于可忽略性假设，个体i和个体j进入处理组的概率相近，具有可比性。因此可以直接将个体j的值作为个体i未受政策影响时的估计值，从而将两者之间的差值视为处理效应。对处理组的每个个体都进行上述匹配，对所有处理的净效应进行平均，就可以得到匹配估计量。

此外，不同的匹配方法会得到不同的匹配估计量，匹配方法涉及两种方法的选择。首先，是否允许放回，如果允许可能导致一个个体与多个不同组的个体相匹配的问题。其次，是否允许并列。假设控制组中个体j和个体k同时与处理组的个体i相匹配，在允许并列的情况下，则可以将个体j与个体k两者的平均值作为个体i未受政策影响时的估计值，在不允许并列的情况下，还要考虑如何选取最适合的匹配个体。

针对更一般的情况，我们可以得到的观测比较变量X往往是多维的。此时，在对处理组和控制组中的个体根据观测变量X进行匹配比较时，意味着要在高维空间进行匹配，可能遇到数据稀疏的问题，导致难以进行有效的数据匹配。面对这种问题的一般处理方法为：将多维的观测变量通过某个函数压缩成一维的情形，然后继续比较。比较常见的有马氏距离，但也要考虑马氏距离存在的缺陷，当X包括的变量数量过多或样本量较小时，马氏距离也难以完成有效的匹配，因此统计学家罗森鲍姆（Rosenbaum）和鲁宾（Rubin）（1983）提出了倾向得分的一种度量距离的方法。

个体i的倾向得分为在给定x_i的情况下，个体i进入处理组的条件概率，即$p(x_i)=P(D_i=1 \mid X=x_i)$。在估计$p(x_i)$时可以使用参数估计或非参数估计，常用的有Logit估计方法。使用倾向得分来估计个体的距离的好处在于，它不仅将多维变量压缩成了一维变量，而且使变量取值落在0到1之间。即使x_i和x_j相距很远，其$p(x_i)$和$p(x_j)$也可能相近，使用倾向得分法进行处理组和控制组的样本匹配，称为倾向得分匹配。

为了保证处理组和控制组中的样本能够进行顺利匹配，需要在x的每个可能取值上同时存在处理组和控制组的样本个体，即对于x的任何可能取值，都有$0<p(x)<1$，这称为重叠假定。重叠假定保证了处理组和控制组的倾向得分有着相同的取值范围，从而保证匹配的顺利进行。如果没有上述的重叠假定，可能某些x使得$p(x)=1$，这些个体都

属于处理组,而无法在控制组找到匹配的个体;或$p(x)=0$,这些个体都属于控制组,无法在处理组中找到匹配的个体。这种情况就是后续我们要研究的倾向得分匹配问题。倾向得分匹配计算平均处理效应的一般步骤为:

(1)选择协变量x,尽可能将影响产出变量y和处理变量D的相关变量都包括进去,以保证可忽略性假设得以满足,否则会引起偏差。

(2)估计倾向得分,一般采用形式灵活的Logit模型进行估计。

(3)进行倾向得分匹配,匹配的方法有K近邻匹配、卡尺匹配、卡尺内最近邻匹配、核匹配、局部线性回归匹配和样条匹配等。

(4)根据匹配后的样本计算平均处理效应。

在一定意义上,匹配估计量可以视为一种再抽样的估计方法。因此在方法论上,倾向得分匹配试图通过匹配再抽样的方法使得观测数据尽可能接近随机抽样的结果。但同时也有局限性:第一,倾向得分匹配要求比较大的样本容量来进行匹配;第二,倾向得分匹配要求处理组和控制组的倾向得分有较大的重叠部分,否则会丢失较多观测值,使得能够进行匹配的样本不具有代表性;第三,倾向得分匹配只使用了可观测的变量进行匹配,如果存在不可观测变量的影响,匹配结果和政策效应的估计结果会有很大的偏差。

(二)倾向得分匹配法的应用

参考薛永基、薛艳金和张园圆(2024)的研究《加入合作社能否提高家庭农场绿色全要素生产率——基于苏赣陕892家种植类家庭农场的调查数据》,采用2022年1月至2月对江苏、江西、陕西3个省种植类家庭农场的问卷调查数据,经过数据清理后,共得到有效问卷892份,变量数据特征如表10-1所示。

通过STATA17.0软件,运用独立样本t检验分析加入合作社和未加入合作社的家庭农场在各项指标上的差异,结果如表10-1所示。其中,加入合作社的家庭农场GTFP比未加入合作社的家庭农场高0.018,该结果在1%统计水平上显著。在匹配变量方面,加入合作社的家庭农场与未加入合作社的家庭农场在务农经历、家庭规模、劳动力规模、示范农场类型、经营年限、注册商标、高标准农田和农产品认证等方面都表现出显著的差异。加入合作社的家庭农场相较于未加入合作社的家庭农场,往往更具有示范性、经营年限更短、劳动力规模更小。而未加入合作社的家庭农场当中拥有注册商标、高标准农田和农产品认证的家庭农场占比高于加入合作社的家庭农场。处理组和对照组在主要经营者年龄、经营者受教育程度、家庭农场土地规模和市场距离上没有显著的差异。由表10-1的数据特征可见,处理组与控制组数据特征存在较大差异,为避免内生性影响,数据需要进行倾向匹配得分。

表10-1　数据特征表

变量名称	变量说明	总体均值	处理组均值	对照组均值	差值
GTFP	由Super-SBM计算所得	0.328	0.335	0.317	0.018***
加入合作社	家庭是否加入合作社	0.598			
年龄	主要经营者年龄段	3,117	3.086	3.162	-0.075
受教育程度	主要经营者受教育程度	2.998	2.994	3.003	-0.008
务农经历	主要经营者是否有务农经历	0.931	0.914	0.955	-0.042**
家庭规模	家庭总人数(人)	3.651	3.495	3.883	-0.388***
劳动力规模	家庭长期劳动力人数(人)	3.578	3.377	3.877	-0.500***
示范农场类型	省级,市级,县级,都不是	2.440	2.514	2.331	0.183**
经营年限	家庭农场的经营年限	3.169	3.075	3.309	-0.234***
土地规模	实际经营的土地面积(亩)	255.539	251.952	260.864	-8.912
市场距离	家庭农场到农产品市场的距离	1.577	1.614	1.552	0.062
注册商标	家庭农场是否拥有注册商标	0.467	0.385	0.588	-0.203***
高标准农田	家庭农场是否拥有高标准农田	0.468	0.430	0.524	-0.094***
农产品认证	农产品是否获得农产品质量认证	0.472	0.413	0.560	-0.147***

注:**和***表示5%和1%的显著性水平。

图10-1展示了家庭农场倾向得分匹配后的核密度曲线。加入合作社的家庭农场和未加入合作社的家庭农场的倾向得分区间会有一定的重叠,此区间称为共同支撑域。共同支撑域范围越大,表明匹配过程中样本损失的可能性就越小。从图10-1中的结果可以看出,匹配前处理组和对照组的核密度曲线相差较大,而匹配后处理组和对照组的倾向得分区间重合度较高,且多数观察值处于共同取值范围内,表明样本中家庭农场的匹配程度良好。

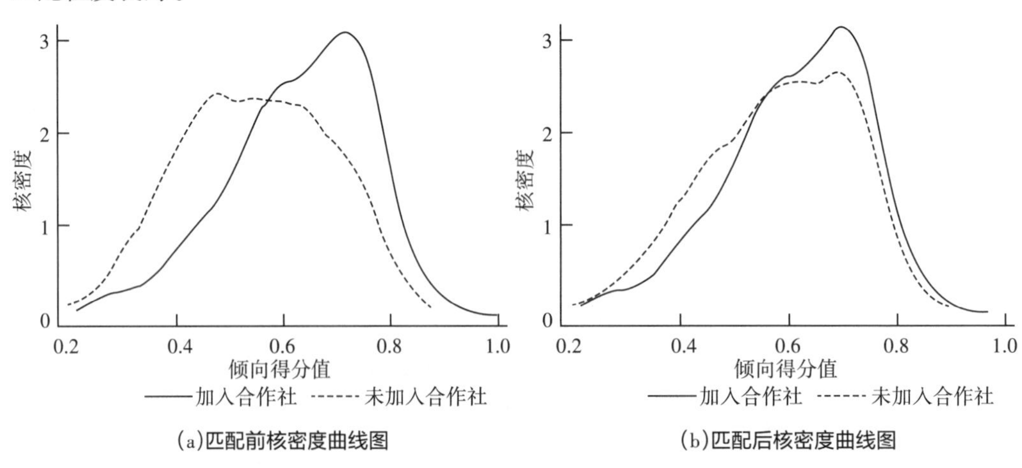

图10-1　倾向得分匹配前后家庭农场的核密度曲线图比较结果

此外，该研究通过K近邻匹配、卡尺匹配和局部线性匹配3种不同匹配方法，得出样本最大损失结果，样本损失数量较少，因此使用倾向得分匹配法的匹配情况良好。由表10-2可知，在家庭农场两组样本匹配后，伪R^2的值从匹配前的0.061下降到匹配后的0.004—0.011，LR统计量由匹配前的73.75下降到匹配后的5.68—13.96。由联合显著性检验可知，解释变量的显著性水平发生了较大改变。此外，解释变量的均值偏差大幅降低，从匹配前的17.9%下降到匹配后的2.9%—4.8%，而中位数偏差从匹配前的18.9%下降到匹配后的2.2%—3.7%，总偏误大大降低。由此可知，倾向得分匹配降低了处理组与对照组之间解释变量的差异，匹配后加入合作社的家庭农场和未加入合作社的家庭农场其他特征基本一致。

表10-2　平衡性检验结果

匹配方法	伪R^2	LR统计量	p值	均值偏差/%	中位数偏差/%
匹配前	0.061	73.75	0.000	17.9	18.9
K近邻匹配	0.011	13.96	0.303	4.8	3.7
卡尺匹配	0.004	5.68	0.931	2.9	2.2
局部线性匹配	0.008	11.35	0.500	4.3	3.1
平均值	0.008	10.33	0.578	4.0	3.0

加入合作社对家庭农场GTFP的影响如表10-3所示。由测算结果可知，在采用3种匹配方法之后，所得到的匹配结果非常相近，且ATT值都在1%统计水平上显著，说明不同匹配方法的估计结果具有一致性，研究结果比较稳定。

表10-3　加入合作社影响家庭农场绿色全要素生产率的平均处理效用

匹配方法	处理组	对照组	ATT	标准误
K近邻匹配	0.335	0.203	0.132***	0.031
卡尺匹配	0.335	0.215	0.120***	0.023
局部线性匹配	0.335	0.208	0.124***	0.029
平均值	0.335	0.209	0.125	

注：***表示1%的显著性水平。

总体来说，家庭农场加入合作社可以有效提高GTFP，影响呈现差异化的结果。若家庭农场未加入合作社，其GTFP为0.209，但由于加入了合作社，其GTFP增加到0.335，实证结果显示了加入合作社对于家庭农场GTFP的促进作用。从理论上看，加入合作社将对家庭农场带来降本增效的好处，从而激励家庭农场加入合作社。并且，加入合作社可以通过提升绿色环保意识、规范农业生产的方式，有效促进家庭农场的绿色生产行为，进而提升它们的GTFP。

三、Heckman两步法

(一)Heckman两步法的概念

Heckman两步法(Heckman Two-Step Model)主要用于解决实证研究中所获得的数据不能代表研究总体而导致的样本选择问题。样本选择问题既可能是由收集样本的规则所导致的,也可能是由研究对象自己的行为所导致的。前一种情形是指研究人员根据自己设定的规则抽取样本,而不是随机抽样。例如,研究人员在研究公司治理问题时只收集了发达地区的公司作为样本。后一种情形被称为(样本)自选择问题。例如,若我们想研究妇女的工资收入,虽然我们可以观测到有工作的妇女的实际工资收入,但是不知道没有工作的妇女的“保留工资”(即愿意工作的最低工资)。于是我们收集数据时就会缺失没有工作的妇女样本。在以上两种情况下,被选择的样本都无法代表总体,使用这样的样本进行研究是得不到准确的结果的。若收集到的数据本身就存在代表性的问题,即样本不能够代表总体时,我们又该如何解决此类样本选择问题所带来的模型内生性——这时就需要采用我们要介绍的Heckman两步法。

(二)Heckman两步法的原理

我们假设回归模型为$y_i=x_i^T\beta+\varepsilon_i$,其中被解释变量$y_i$能否观测取决于二值选择变量$z_i$(取值为0或1)

若$z_i=1$,y_i=可观测

若$z_i=0$,y_i=不可观测

而决定二值变量的z_i的方程为:

若$z_i^*>0$,$z_i=1$

若$z_i^*\leqslant 0$,$z_i=0$

$z_i^*=w_i^T\gamma+\mu_i$

其中z_i^*为不可观测变量的潜变量。假设μ_i服从正态分布,则z_i为Probit模型,故$P(z_i=1|w_i)=\Phi(w_i\gamma)$,可观测样本的条件期望为:

$$
\begin{aligned}
E(y_i|y_i\text{可观测})&=E(y_i|z_i^*>0)=E(x_i^T\beta+\varepsilon_i|w_i^T\gamma+\mu_i>0)\\
&=E(x_i^T\beta+\varepsilon_i|\mu_i>-w_i^T\gamma)=x_i^T\beta+E(\varepsilon_i|\mu_i>-w_i^T\gamma)\\
&=x_i^T\beta+\rho\sigma_\varepsilon\lambda(-w_i^T\gamma) \qquad (10\text{-}3\text{-}11)
\end{aligned}
$$

其中,$E(\varepsilon_i)=E(\mu_i)=0$,并将Probit扰动项的残差$\sigma_\mu$标准化为1。如果直接用OLS来估计样本数据,将遗漏非线性项$\rho\sigma_\varepsilon\lambda(-w_i^T\gamma)$。一般来说,$w_i$和$x_i$相关,所以普通最小二乘估计方法会得到不一致的估计量,除非$\rho=0$(即y与z不相关),考察x_{ik}变动的边际效应可知:

$$\frac{\partial E(y_i|z_i^*>0)}{\partial x_{ik}}=\beta_k+\rho\sigma_\varepsilon\frac{\partial\lambda(-w_i\gamma)}{\partial x_{ik}} \tag{10-3-12}$$

其中,右边第一项为x_{ik}对y_i的直接影响,而第二项则是通过改变个体被选入样本的可能性而产生的间接影响,即选择性偏差。如果知道γ,我们就能知道$\lambda(-w_i\gamma)$,从而可以把它作为解释变量引入回归方程中。基于此,Heckman提出了"两步估计法",又称为"Heckit"。

第一步:用Probit估计方程$P(z_i=1|w_i)=\Phi(w_i\gamma)$,得到估计值$\hat{\gamma}$,计算$\hat{\lambda}(-w_i\hat{\gamma})$。

第二步:用普通最小二乘,以y_i为被解释变量,x_i和$\hat{\lambda}_i$为解释变量,得到估计值$\hat{\beta}$、$\hat{\rho}$、$\hat{\sigma}_\varepsilon$,从而得到我们需要的政策影响效应。

另外一种更有效率的方法为用极大似然估计(Maximum Likelihood Estimate,MLE)来估计模型。在Heckit估计法中,由于第一步的误差被带入了第二步,故其效率不如MLE的整体估计。但两步法的优点在于,操作简单,且对于分布的假设更弱。

四、双重差分法

(一)双重差分法的概念和原理

双重差分(Differences-in-Differences, DID),又称为倍差法。主要被用于政策效果评估。其原理是基于一个反事实的框架来评估政策发生与不发生这两种情况下被观测因素y的变化。如果一个外生政策变量将样本分为受政策影响的处理组和未受政策影响的控制组,且在政策影响前处理组和控制组之间的y值具有共同的发展趋势,那么我们就可以将控制组在政策实施前后的变化看作处理组在未受政策影响时的变化状况,即反事实框架。通过比较对照组的y的变化,以及处理组y的变化,从而得到政策影响的实际效果。

双重差分法作为政策效应评估的重要方法,近些年来受到越来越多人的青睐,概括起来有如下两个方面的原因:一是可以很大程度上避免内生性问题的困扰,政策相对于微观经济主体而言一般是外生的,因而不存在逆向因果问题。二是传统方法下评估政策效应,主要是通过设置一个政策发生与否的虚拟变量作为解释变量然后进行回归,相较而言,双重差分法的模型设置更加科学,能更加准确地估计出政策效应。

双重差分法大多应用于面板数据的研究,而且对于政策的效果评价要求有一定数量受政策影响的处理对象。

例如,想要对一项农业试点政策的影响效应进行评估,我们找到了两组样本地区,一组受农业试点政策的影响,而另一组则不在政策的影响范围内,假如处理组和控制组在实施政策前后的平均亩产量如表10-4所示：

表10-4　处理组和对照组政策实施前后的平均亩产量

分组	实施前/千克	实施后/千克
处理组	563	735
控制组	524	581

如果我们直接将政策实施后，处理组与对照组之间的差距作为政策实施的影响效应，那么我们就忽略了处理组与控制组两个地区本身之间的差距问题，从而使得出的政策效应评估结果有偏差。而双重差分法则要求，处理组和控制组在政策实施前后有着共同的变化趋势，即如果处理组没有受政策影响，那么随着时间的变化，其平均亩产量应该为563+(581-524)=620千克，之后我们再将政策实施后得到的亩产量735千克减去反事实框架下得到的620千克，我们就能得到农业试点政策的净政策效应为735-620=115千克。

具体来说，基准的双重差分模型设置如下：

$$Y_{it}=\alpha_0+\alpha_1 du+\alpha_2 dt+\alpha_3 dudt+\varepsilon_{it} \tag{10-3-13}$$

上述模型中，du为分组虚拟变量，若个体i受政策实施的影响，则个体i属于处理组，对应的du取值为1，若个体i不受政策实施的影响，则个体i属于对照组，对应的du取值为0。dt为政策实施虚拟变量，政策实施之前dt取值为0，政策实施之后dt取值为1。$dudt$是分组虚拟变量和政策实施虚拟变量的交互项，其系数α_3代表了政策实施的净效应。为什么交互项$du \cdot dt$的系数是政策实施的净效应，表10-5可以说明。

表10-5　双重差分法政策处理效应表

分组	政策实施前	政策实施后	差距
处理组	$\alpha_0+\alpha_1$	$\alpha_0+\alpha_1+\alpha_2+\alpha_3$	$\alpha_2+\alpha_3$
控制组	α_0	$\alpha_0+\alpha_2$	α_2
差距	α_1	$\alpha_1+\alpha_3$	α_3

双重差分法的基本思想就是通过对政策实施前后对照组和处理组之间差异的比较构造出反映政策效果的双重差分统计量。将该思想与上述的模型结合，得到了表10-5的内容，因此只需要关注模型中交互项的系数，就可以得到想要的双重差分下的政策净效应。图10-2的虚线表示处理组在未受政策影响情况下的反事实结果。该图再次强调了双重差分法实施最为重要的前提是处理组和控制组有着共同的发展趋势。双重差分法的使用不需要政策随机以及分组随机，只要求满足处理组和控制组有共同趋势的

假设。因此在应用双重差分法前，必须先进行两组样本共同趋势的检验。除此之外，还需要确定在处理前后是否有其他政策的同期实施影响评估结果，即处理变量对产出变量的排他性检验。主要有安慰剂检验，通过虚拟处理组来进行检验；利用不同的控制组进行回归，查看结果是否准确；选取一个完全不受政策干预影响的因素作为被解释变量进行回归，如果双重差分估计量仍然显著，则可以认为原本的政策效应估计量存在问题。

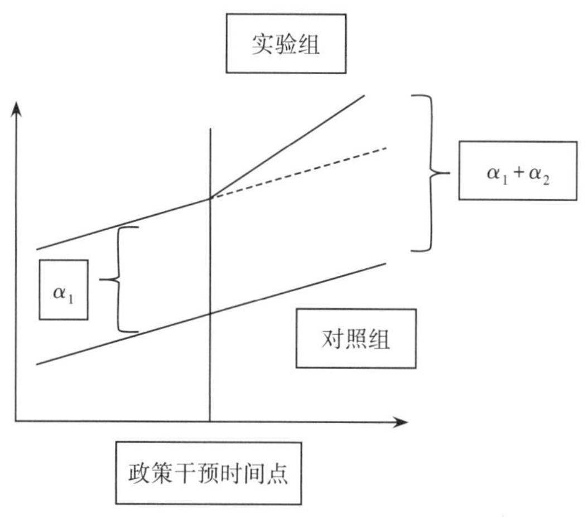

图10-2　双重差分法政策评估效应

（二）双重差分法的应用

在双重差分法的构建上，参考王新刚和司伟（2021）的研究《大豆补贴政策改革实现大豆扩种了吗？——基于大豆主产区124个地级市的实证》，借助《全国农产品成本收益资料汇编》调查数据，最终得到11个大豆主产省124个地级市2014—2019年的平衡面板数据，基于中国大豆主产区地级市层面的面板数据，利用双重差分模型详细考察了2017年推出的大豆生产者补贴政策对大豆生产的影响。

根据Colman（1983）、Brockhaus等（2015）的观点，农户生产决策包括两个阶段：一是农户根据农作物补贴政策、市场价格和家庭情况等信息选择种植作物种类并决定每种作物种植面积，大豆和玉米是主要竞争作物，农户根据两者的比价关系在两种作物之间配置耕地资源；二是农户在播种后决定大豆这一作物的生产要素投入。因此该研究选取大豆播种面积、面积占比和单位面积投入作为结果变量对大豆生产情况进行度量。其中，大豆面积占比为各地级市大豆播种面积占大豆和玉米总播种面积之和的比重，取值范围为[0,1]；大豆单位面积投入为物质与服务费用、雇工费用和流转地租金之和，由于已公开数据中缺乏地级市层面农作物成本收益的完整信息，该研究借鉴贺超飞和于冷（2018）的做法，采用《全国农产品成本收益资料汇编》中报告的省级层面大豆种植成本作为各地级市大豆单位面积投入的替代指标。

控制变量的选取如下:①玉米和稻谷播种面积。玉米和稻谷是东北地区大豆种植的主要竞争作物,在大豆补贴政策改革阶段,玉米和稻谷的价格支持政策可能影响到农户种植决策,该研究选取玉米和稻谷播种面积这两个变量来控制其他补贴政策对本研究的干扰。②大豆玉米价格比。由于政府将大豆玉米纳入统一补贴框架,农户大多会调整这两种作物的种植结构以实现利润最大化,借鉴胡迪等(2019)的研究,将大豆玉米价格比引入模型。③地区产业结构和农村劳动力转移程度。借鉴童馨乐等(2019)的研究,使用地级市农业总产值占农林牧渔总产值的比重来衡量地区产业结构,使用地级市农业从业人员数占乡村从业人员数的比重来衡量农村劳动力转移程度。④人均GDP和农作物种植总面积。借鉴阮荣平等(2020)的研究,选取人均GDP和农作物种植总面积作为衡量各地区经济发展程度和农业资源禀赋的指标。对于人均GDP、大豆和玉米价格、大豆单位面积投入等变量,作者基于国家统计局公布的各省人均地区生产总值指数、种植业产品价格指数、农业生产资料价格指数以2014年为基期进行了平减。模型得到的结果如表10-6:

表10-6 双重差分法估计结果表

分析项	(1)播种面积	(2)面积占比	(3)投入
treat×post	1.590* (0.839)	0.021 (0.014)	−18.676*** (3.091)
上年玉米大豆比价	−36.388** (13.945)	−0.512*** (0.132)	60.784** (25.282)
上年大豆播种面积	0.112* (0.064)	−0.000 (0.000)	
上年大豆成本			−0.084* (0.048)
地市级特征	是	是	是
个体固定效应	是	是	是
时间固定效应	是	是	是
常数项	6.385* (3.369)	0.290*** (0.050)	258.864*** (22.797)
观察值	744	744	744
拟合优度	0.301	0.235	0.257

注:*,**和***代表不同程度的显著性水平。为简略表格,突出数量关系,表格中的单位做了省略,具体单位可参考下文描述。

为准确评估大豆生产者补贴对大豆生产的影响,该研究控制上一年玉米大豆比价、大豆播种面积和大豆成本、玉米和稻谷播种面积以及地级市层面特征(人均GDP、耕地总面积、产业结构、农村劳动力转移程度),采用双向固定效应对DID模型进行估计,具体回归结果如表10-6所示。表10-6报告了大豆生产者补贴对大豆生产影响的估计结果。回归(1)—(3)表明,实行大豆生产者补贴政策后东北地区大豆播种面积和面积占比有所上升,而大豆单位面积投入显著下降。具体来看,东北地区大豆播种面积平均提高1.59万公顷,且在5%的水平上显著,说明大豆生产补贴能显著提升东北地区大豆种植积极性;大豆面积占比提高了2.1%,虽在统计上不够显著,仍能在一定程度上说明改革能促使东北地区种植结构调整;大豆每亩投入平均下降18.68元,可能因为农户在扩大种植面积的同时粗放管理,忽视了化肥、农药等生产要素的投入。

五、断点回归法

(一)断点回归法的概念

在倾向得分匹配法中,若处理组和控制组无法满足重叠假定,则可能存在某些x使得$p(x)=1$,这些个体都属于处理组,而无法在控制组找到匹配的个体;或$p(x)=0$,某些个体都属于控制组。在这种情况下,处理组中的个体无法在控制组中找到与其相匹配的个体,也就不能通过倾向值匹配的方法来评估政策实施效应和解决样本选择带来的模型内生性问题。这时候,就应该引入断点回归(Regression Discontinuity,RD)的思想。

(二)断点回归法的原理

比如,我们要考察上不上重点大学对工资收入的影响,并假设上不上重点大学完全由人们的高考分数是否超过550分来决定:

$$D_i=1,\text{若}\ x_i\geq 550 \tag{10-3-14}$$

$$D_i=0,\text{若}\ x_i<550 \tag{10-3-15}$$

记上重点大学与不上重点大学的两种潜在分类结果分别为(y_{0i},y_{1i}),由于D_i是x_i的确定函数,所以在给定x_i时,D_i是一个常数,与(y_{0i},y_{1i})独立,也就是满足可忽略性的假定。但该问题不能使用倾向得分匹配法来解决,处理组和控制组对应的x_i不存在任何交集,不满足倾向得分匹配法的重叠假定。当然也不能直接拿大于等于550分个体的工资收入直接减去小于550分个体的工资收入,因为个体间出现工资收入差异可能不仅仅是因为大学教育的影响,也可能是学习能力差异导致的,因此两者直接相减会估计出较多因素的影响效应,这不是我们所希望的,此时就需要采用断点回归的方法。

处理变量D_i完全取决于x_i的数值，则D_i为x_i的函数，且有一个明显的断点x=550，我们可以根据这个断点来估计处理变量D_i对y_i的效应。对于高考成绩548、549、551、552的个体来说，这些个体本身的学习能力可能并不具有系统性差别，只是由于考试本身具有的随机性，导致成绩大于等于550分的人上了重点大学，进入了处理组。小于550的人没有上重点大学，进入了控制组。因此，由于考试的随机性，导致高考成绩在[550−ε，550+ε]范围内进行了随机分组。由于存在随机分组，故可以一致地估计在x=550附近局部的平均处理效应，即

$$LATE=E(y_{1i}-y_{0i}\mid x_i=550)=\lim_{x\to 550^+}E(y_{1i}\mid x_i=550)-\lim_{x\to 550^-}E(y_{0i}\mid x_i=550)$$

假设$E(y_{1i}\mid x)$和$E(y_{0i}\mid x)$是连续函数，则极限值等于函数值。

在更一般的情形下，断点可以为某常数c，其分组规则为

D_i=1，若$x_i \geqslant c$

D_i=0，若$x_i < c$

并假设实验前变量y_i与x_i之间存在如下线性关系：

$$y_i=\alpha+\beta x_i+\varepsilon_i \tag{10-3-16}$$

假设D_i=1的影响效应为正，y_i对x_i的线性关系在x_i=c附近有一个向上跳跃的过程，如图10-3所示。由于在x_i=c附近，个体各方面均无其他方面的系统性差异，因此造成条件期望函数$E(y_i|x)$变动的只有可能是处理变量的影响效应，这样就能估计得到处理变量的影响效应。

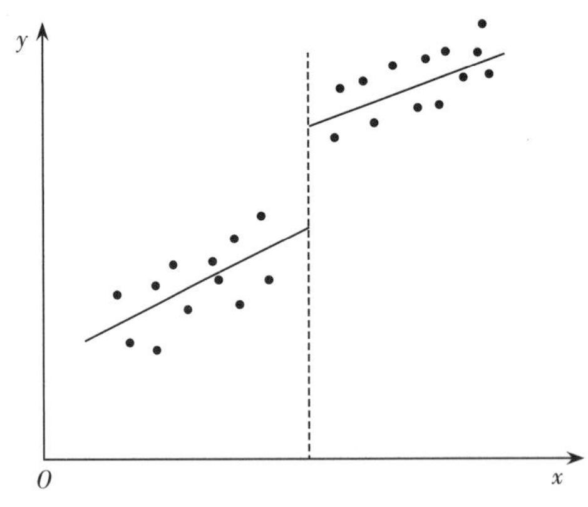

图10-3 断点回归

上面讲述的是精确断点回归的过程，即在断点x_i=c处，个体的处理概率由0直接到1。模糊断点回归的特征则是，在断点x_i=c处，个体的处理概率是从a跳跃到b，0<a<b<1。这意味着即使x_i<c，个体不一定会受到处理，只不过是处理概率的跳跃变化。模糊断点回归，模糊的不是断点的位置，实际上断点的位置是十分明显的，即x_i=c。

它模糊的地方在于在 $x_i=c$ 两边，个体的处理情况并不是绝对的，而是处理概率的跳跃。

就像上大学对个体工资收入的影响一样，上大学这件事情并不是由成绩唯一决定的，很多大学都有体育特招或者艺术特招的情况，即使分数不够仍可以上大学。在分数够的情况下，也有人不去上大学，而选择复读的也有很多。因此在高考分数 $x_i=450$ 附近，个体上大学与否是一个概率跳跃的情况。由于处理效应 D_i 并不完全由 x_i 决定，因此在处理效应的评估过程中，我们引入了条件独立假定。即给定 x_i，$(y_{1i}-y_{0i})$ 独立于 D_i。由于

$$y=y_0+D(y_1-y_0) \tag{10-3-17}$$

则

$$E(y\,|\,x)=\mathrm{E}(y_0|\,x)+E[D(y_1-y_0)|\,x]=E(y_0|\,x)+E(D|\,x)\cdot E[(y_1-y_0)|\,x] \tag{10-3-18}$$

其中 $E[(y_1-y_0)|\,x]$ 是我们想要得到的平均处理效应，$E(D\,|\,x)$ 是倾向匹配得分。对上述式子进行断点处的左右两边求极限得到下式：

$$\lim_{x\to c^+}E(y|\,x)=\lim_{x\to c^+}E(y_0|\,x)+\lim_{x\to c^+}E(D|\,x)\cdot\lim_{x\to c^+}E[(y_1-y_0)\,|\,x] \tag{10-3-19}$$

$$\lim_{x\to c^-}E(y|\,x)=\lim_{x\to c^-}E(y_0|\,x)+\lim_{x\to c^-}E(D|\,x)\cdot\lim_{x\to c^-}E[(y_1-y_0)\,|\,x] \tag{10-3-20}$$

假设 $E(D|\,x)$，$E(y_1|\,x)$，$E(y_0|\,x)$ 在 $x=c$ 处连续，则

$$\lim_{x\to c^+}E(y_0|\,x)=\lim_{x\to c^-}E(y_0|\,x) \tag{10-3-21}$$

且

$$\lim_{x\to c^+}E[(y_1-y_0)\,|\,x]=\lim_{x\to c^+}E[(y_1-y_0)\,|\,x]=E[(y_1-y_0)\,|\,x]=c \tag{10-3-22}$$

两式相减得：

$$\lim_{x\to c^+}E(y|\,x)-\lim_{x\to c^-}E(y|\,x)=\left[\lim_{x\to c^+}E(D|\,x)-\lim_{x\to c^-}E(D|\,x)\right]\cdot E[(y_1-y_0)\,|\,x=c] \tag{10-3-23}$$

则

$$E[(y_1-y_0)\,|\,x=c]=\frac{\lim\limits_{x\to c^+}E(y|\,x)-\lim\limits_{x\to c^-}E(y|\,x)}{\lim\limits_{x\to c^+}E(D|\,x)-\lim\limits_{x\to c^-}E(D|\,x)} \tag{10-3-24}$$

其中 $\lim\limits_{x\to c^+}E(D|\,x)-\lim\limits_{x\to c^-}E(D|\,x)$ 为处理概率在 $x=c$ 断点处的跳跃值，即 $b-a$。因此，式子可以化简为

$$E[(y_1-y_0)|x=c]=\frac{\lim\limits_{x\to c^+}E(y|x)-\lim\limits_{x\to c^-}E(y|x)}{b-a} \quad (10\text{-}3\text{-}25)$$

精确断点回归可以看作模型断点回归的特殊情况，即$b-a=1$的情况。

进行断点回归的另一种方法是工具变量法。定义$Z_i=1(x\geqslant c)$。一方面，Z_i明显与D_i相关，满足相关性；另一方面，$Z_i=1(x\geqslant c)$在断点c附近是局部随机实验，Z_i只通过D_i而影响y_i，和随机误差项无关，满足外生性。因此Z_i为D_i的有效工具变量，可以使用二阶段最小二乘的方法进行估计。

不论是精确断点回归还是模糊断点回归，我们都假设在断点附近有局部随机实验的存在。但如果分组变量为年龄或者地理位置时，由于年龄和地理位置是确定性的变量，有着确定性的发展趋势，不能适用于局部随机实验。比如，以65岁为分界线，年满65岁即可获得退休金，此时分组变量为时间，是个确定性过程，个体无法控制。因此对于以上类似的变量要对各种具体的可能性进行具体分析，进而解决问题。

六、合成控制法

（一）合成控制法的概念

倾向得分匹配法、双重差分法和断点回归法在针对样本选择的问题时，都是基于拥有众多处理对象的情况。如果只有一个处理对象，即处理组中仅包含一个样本的内容，并且在控制组中难以找到各方面都接近处理组的唯一对象。在这种情况下阿巴迪(Abadie)和加德亚萨瓦尔(Gardeazabal)(2003)提出了合成控制法(Synthetic Control Method)：虽然无法在控制组中找到与处理对象各方面都十分匹配的个体，但通常可以根据样本数据选取最优权重对控制组中的一些对象进行线性组合，以便构造一个更为合适的合成控制对象。此时合成控制对象便成为处理对象的“反事实”对照，然后通过对比处理对象和合成控制对象结果变量的差异来估计处理效应的大小。上述方法控制对象的选择可以看成是合成控制法的特例，即选取的控制组内的对象权重为1，其余对象权重为0的加权组合。

（二）合成控制法的原理

合成控制法的原理如下：设Y_{it}为结果变量，其中i代表地区($i=1,2,\ldots,J+1$)，设第1个地区为政策实施的处理对象，而其余J个地区均没有受到政策的处理，t表示时刻($i=1,2\ldots,T_0,\ldots,T$)，T_0表示政策实施的年份。Y_{it}^0为未受政策实施处理的第i个地区第t年对应的结果变量，Y_{it}^1表示政策实施处理后第i个地区第t年对应的结果变量，并且我们一般

认为政策干预前 $Y_{it}^1=Y_{it}^0$。因此政策干预的效应为 α_{1t} 的结果如下：

$$\alpha_{1t}=Y_{1t}^1-Y_{1t}^0(t\geqslant T_0) \tag{10-3-26}$$

$$\alpha_{1t}=0(t<T_0)$$

因此若能估计出“反事实”的结果变量 Y_{1t}^N（即第一个地区不受政策实施处理时的结果变量），我们便能得到政策的实施处理效应 α_{1t}。由于“反事实”结果变量无法直接对其进行观测，且无法在控制组（即剩余的 J 个地区）中找到与会受政策实施处理影响的第一个地区相匹配的对象。我们将控制组中的 J 个地区的权重记为 W，$W=(w_2,w_3,\ldots,w_{J+1})$，其中 W_j 为第 J 个地区在合成控制对象时所占的权重，$j=2,3,\ldots,J+1$，$W_j\geqslant 0$ 且 $\sum W_j=1$，当权重取不同的值时，我们会得到不同的合成控制对象。我们又假设这些地区有 K 个可以观测得到的预测变量，在政策实施前，第一个地区各预测变量的平均值向量为 X_1（K*1 维，K 表示预测变量的个数，1 表示处理地区），$X_1=(x_{11},x_{12},\ldots,x_{1k})^T$，而其他地区各预测变量的平均值为 X_0（K*J 维，下标 0 表示控制地区）：

$$X_0=\begin{pmatrix} x_{021} & x_{031} & \cdots & x_{0J1} & x_{0(J+1)1} \\ x_{022} & x_{032} & \cdots & x_{0J2} & x_{0(J+1)2} \\ \cdots & \cdots & \cdots & \cdots & \cdots \\ x_{02(K-1)} & x_{03(K-1)} & \cdots & x_{0J(K-1)} & x_{0(J+1)(K-1)} \\ x_{02K} & x_{03K} & \cdots & x_{0JK} & x_{0(J+1)K} \end{pmatrix}$$

我们将 X_0 中第一行的各个数据进行相应加权后，使其与 X_1 中的 x_{11} 接近，X_0 中第二行的各个数据进行相应加权后，使其与 X_1 中的 x_{12} 接近，剩下的部分同理。即我们选择适当的权重，使得 X_0W 尽可能地接近 X_1，也就是使得加权后的合成控制对象与政策实施处理对象除结果对象外的其他方面尽可能接近。即

$$\min(X_1-X_0W)^TV(X_1-X_0W) \tag{10-3-27}$$

$$s.t.w_j\geqslant 0,\ \sum_{j=2}^{J+1}w_j=1 \tag{10-3-28}$$

其中 V 为非负的对角矩阵，隐含各预测变量均不相关的假设。V 的作用是说明预测变量对解释变量的影响程度或重要程度。选择最优的 V，使得在政策实施前，合成控制对象的结果变量与处理对象的结果变量相近。即

$$\min_V(Y_1-Y_0W^*(V))^TV(Y_1-Y_0W^*(V)) \tag{10-3-29}$$

其中 Y_1，Y_0 分别代表政策实施前处理对象和控制对象的结果变量矩阵，Y_l 为 $((T_0-1)*1)$ 维矩阵，Y_0 为 $((T-T_0+1)*1)$ 维矩阵。基于此得出最优解 $W^*=W^*(V^*)$，然后再根据该权重估计合成控制对象在 $t\geqslant T_0$ 后的结果变量值，作为 Y_{it}^0 的估计值，然后再估计政策实施的效应 $\alpha_{1t}=Y_{1t}^1-Y_{1t}^0(t\geqslant T_0)$。

合成控制法也存在固有缺陷。一是合成控制法更适合对宏观总量数据进行效应评估,但是使用微观数据集的项目评估起来则较为困难。二是合成控制法的使用前提是,在政策实施处理前,合成控制组的结果变量能较好地拟合政策实施处理对象结果变量的发展趋势,否则合成控制法将难以适用。此外,尤其在政策实施处理对象的结果变量大于或者小于所有控制组的结果变量的情况下,合成控制组的结果变量根本无法拟合处理对象的结果变量,合成控制法在此类场景中是完全不适用的。

七、分位数回归法

(一)分位数回归的概念和原理

当前大部分回归模型着重考察解释变量x对被解释变量y的条件期望$E(y|x)$的影响,这实际上是均值回归。但我们关心的是x对整个条件分布$y|x$的影响,如果条件分布$y|x$不是对称分布,条件期望$E(y|x)$就难以反映整个条件分布的全貌。如果能够估计出条件分布$y|x$的若干重要的条件分位数,比如中位数、四分位数等,那么就能对条件分布$y|x$有更全面的认识。分位数回归则是为了解决上述问题而提出的新方法。

分位数回归(Quantile Regression)是计量经济学的研究前沿方向之一,其最早是由肯克(Koenker)和巴塞特(Bassett)(1978)提出的。它利用解释变量的多个分位数(例如四分位、十分位、百分位等)来得到被解释变量的条件分布的相应分位数方程。与传统的OLS只得到均值方程相比,它可以更详细地描述变量的统计分布。分位数回归的优点在于:

(1)能够更加全面地描述被解释变量条件分布的全貌,而不是只分析被解释变量的条件期望(均值),也可以对解释变量如何影响被解释变量的中位数、分位数等进行分析。不同分位数下的回归系数估计量常常不同,即解释变量对不同水平被解释变量的影响不同。

(2)中位数回归的估计方法与最小二乘法相比,估计结果针对离群值表现得更加稳健,而且分位数回归对误差项并不具有很强的假设条件,因此对于非正态分布而言,分位数回归系数估计量更加稳健。

分位数回归的估计过程如下:假设条件分布$y|x$的总体分位数$y_q(x)$是x的线性函数,即$y_q(x_i)=x_i'\beta_q$,其中β_q被称为q分位数的回归系数,其估计量$\hat{\beta}_q$可以由以下最小化问题来定义:

$$\min_{\beta_q} \sum\nolimits_{i:\, y_i \ldots x_i'\beta_q}^{n} q\left|y_i - x_i'\beta_q\right| + \sum_{i:\, y_i < x_i'\beta_q}^{n} (1-q)\left|y_i - x_i'\beta_q\right| \quad (10\text{-}3\text{-}30)$$

如果 q=0.5，则称为“中位数回归”，此时目标函数简化为：

$$\min_{\beta_q} \sum_{i=1}^{n} \left| y_i - x_i' \beta_q \right| \tag{10-3-31}$$

因此中位数回归也被称为“最小绝对离差估计量”。显然，它比均值回归更不易受极端值的影响，且更加稳健。

由于分位数回归的目标函数带有绝对值，不可微分，所以通常使用线性规划的方法来计算 $\hat{\beta}_q$。可以证明样本分位数回归系数 $\hat{\beta}_q$ 是总体分位数回归系数 β_q 的一致估计量，而且 $\hat{\beta}_q$ 服从渐近正态分布，即

$$\sqrt{n}\left(\hat{\beta}_q - \beta_q\right) \to N\left(0, Avar\left(\hat{\beta}_q\right)\right) \tag{10-3-32}$$

其中，渐近 $Avar\left(\hat{\beta}_q\right) = A^{-1}BA^{-1}$，$A = \underset{n\to\infty}{plim} \frac{1}{n}\sum_{i=1}^{n} f_{u_q}\left(0|x_i\right)x_i x_i'$，$B = \underset{n\to\infty}{plim} \frac{1}{n}\sum_{i=1}^{n} q(1-q)x_i x_i'$，而 $f_{u_q}\left(0|x_i\right)$ 是扰动项 $u_q \equiv y - x'\beta_q$ 的条件密度函数在 u_q=0 处的取值，因此要计算 $\hat{\beta}_q$ 的协方差矩阵 $Avar\left(\hat{\beta}_q\right) = A^{-1}BA^{-1}$，首先要计算 $f_{u_q}\left(0|x_i\right)$。

（二）分位数回归的应用

参考杨玉萍（2014）的研究《健康的收入效应——基于分位数回归的研究》①，采用2010年中国家庭追踪调查（CFPS）数据作为样本来源。经过数据匹配清理后，共计得到10 491个样本，其中城市样本3 695个，乡村样本6 796个。本例中被解释变量为个人收入，即问卷中的“个人去年收入”项目取对数值（y）；核心解释变量是健康状况（d），为问卷中的“您的双手是否能够接触到颈根”“您的双手是否能够接触到后腰”“坐一段时间后您能马上从椅子上站起来吗”“您能捡起地上的书吗”四个变量按照文献中因子分析所得权重计算得到。工具变量为“到最近医疗点最快的时间”（z）。控制变量选取性别（gender）、年龄（age）、婚姻状况（marriage）、教育水平（Edu）及工作情况（work）等变量，对其中分类变量做虚拟变量处理，进行分位数回归估计（表10-7）。

表10-7　不同收入水平下健康的收入回报

分位数	10%	25%	50%	75%	90%
全部	0.107***	0.076***	0.066***	0.055***	0.021**
18 371	(7.25)	(8.44)	(9.54)	(10.53)	(2.57)
城市	0.202***	0.099***	0.073***	0.064***	0.02

① 杨玉萍．健康的收入效应——基于分位数回归的研究[J]．财经科学，2014(4)：108-118.

续表

分位数	10%	25%	50%	75%	90%
9 023	(8.2)	(9.47)	(6.21)	(5.49)	(1.04)
乡村	0.090^{***}	0.056^{***}	0.058^{***}	0.032^{***}	0.007
9 348	(4.85)	(4.5)	(5.42)	(3.46)	(0.71)

由表10-7可以看到，无论是全部样本还是在城乡分样本中，健康依然会显著地增加个人收入，但是随着收入水平的增加，健康的收入效应会逐渐降低。以全样本为例，在10%、25%、50%、75%、90%的分位数上，健康的收入效应分别为0.107、0.076、0.066、0.055、0.021依次梯度降低，城乡内部也呈现这一特征。

第四节 计量实证研究的机制解释方法

一、中介效应分析

中介效应(Mediation Effect)是指变量间的影响关系($X \to Y$)不是直接的因果链关系，而是需要通过一个或一个以上的变量间接影响产生。中介效应分析是自然学和科学研究中较为常见的统计分析方法，在心理学领域应用甚广。通常情况下认为，变量间的直接关系是很少的，往往需要通过间接作用传递影响。

(一)中介效应分析的概念和原理

在研究自变量X对因变量Y的影响时，发现存在一个变量M，使得X可以通过M影响Y，那么这个变量M就叫中介变量。如果存在中介变量，那么就说明存在中介效应。例如，老师的教育水平，通过影响知识的传授方式来影响学生的学习成绩，其中知识的传授方式就是中介变量。

假设所有变量都已经中心化(即均值为零)，可用下列方程来描述变量之间的关系：

$$Y=cX+\varepsilon_1 \tag{10-4-1}$$

$$M=aX+\varepsilon_2 \tag{10-4-2}$$

$$Y=c'X+bM+\varepsilon_1 \tag{10-4-3}$$

在研究中介变量的影响效应时，前提假设是Y与X之间的关系显著，即在第一个方程中的回归系数c是显著的。而研究中介效应是否显著时，现在主要有三种方法：依次检验上述三个方程的回归系数是否显著、检验中介变量路径上的回归系数的乘积即ab是否显著、检验中介效应c'和c的差异是否显著（图10-4）。

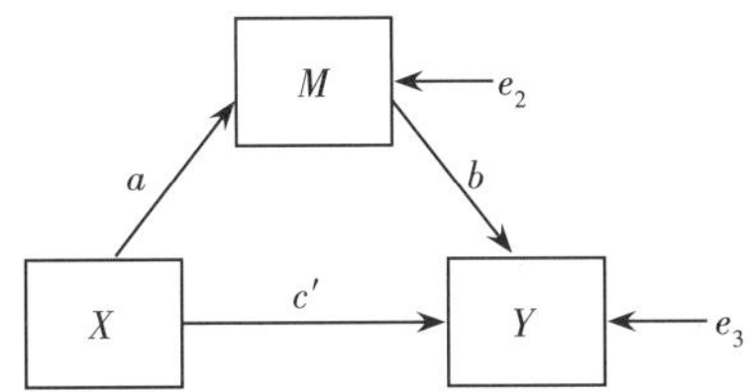

图10-4 中介效应的检验原理

（二）中介效应的检验方法

由于中介效应是间接效应，因此不论观测的变量是显变量还是隐变量，都可以使用结构方程模型来分析模型中存在的中介效应。若模型中包含的变量都是显变量时，一般采用三种方法来进行检验。

1.依次检验回归系数

中介效应的检验比较复杂，在三种方法中依次检验回归系数是最简单也是最烦琐的检验方法。具体的检验过程为：首先检验自变量X和因变量Y之间的回归系数是否显著，即检验公式（10-4-1）中的回归系数c是否显著；其次检验公式（10-4-2）和公式（10-4-3）的回归系数a与b是否显著；最后再检验公式（10-4-3）的c'是否显著。如果三个公式中的回归系数c、a和b均显著，且回归系数c'不显著时，表明模型中存在完全中介效应的情况；如果满足回归系数c、a、b、c'均显著则模型中存在的是部分中介效应的情况。

2.检验H_0:ab=0

检验H_0:ab=0时的关键问题是要求出$\hat{a}\hat{b}$的标准差，从而算出统计量t的值。目前有较多计算$\hat{a}\hat{b}$标准差的公式，在大样本的情况下，各计算公式得出的标准差以及最终的检验能力相近。比较常用的是Sobel根据一阶泰勒展开得到的估计公式：

$$S_{ab}=\sqrt{\hat{a}^2 s_b^2+\hat{b}^2 s_a^2} \qquad (10\text{-}4\text{-}4)$$

其中s_a和s_b为$\hat{a}$和$\hat{b}$的标准差，检验统计量为$t=\frac{\hat{a}\hat{b}}{s_{ab}}$。根据这个检验统计量计算其相应的$P$值，来检验$H_0$:$ab$=0是否成立。

3.检验H_0:$c-c'$=0

同样的，我们在检验H_0:$c-c'$=0的过程中，还要计算$\hat{c}-\hat{c}'$的标准误。目前也有较多的方法来计算此标准误。麦金农（MacKinnon）等人（2002）在比较研究中发现，以下两个

公式得到的检验具有较高的检验能力。一个是克洛格(Clogg)、佩特科娃(Petkova)和谢哈德(Shihadeh)(1992)给出的公式：$s_{c-c'}=|r_{XM}|s_{c'}$，其中r_{XM}和$s_{c'}$分别为X与M的相关系数和$\hat{c}'$的标准差。另一个是由弗里德曼(Freedman)和沙茨金(Schatzkin)(1992)提出的公式：

$$s_{c-c'}=\sqrt{s_c^2+s_{c'}^2-2s_cs_{c'}\sqrt{1-r_{XM}{}^2}} \tag{10-4-5}$$

这两个$\hat{c}-\hat{c}'$标准误的估计公式所具有的中介效应检验能力虽然比较强，但当a=0，$b\neq0$，时会出现第一类错误率都很高的情况。特别是用克洛格等人提出的公式进行检验，其第一类错误率能高达100%。实际上用克洛格等人提出的公式进行的检验与H_0:b=0的检验等价。也就是说即使中介效应不存在，只要回归系数b是显著的，模型得到的检验结果也会是显著的。

(三)中介效应的解释

对于检验结果显著的中介效应，需要区分是完全中介效应还是部分中介效应。如果是完全中介效应，则说明自变量X对因变量Y的影响完全通过中介变量M来实现，此时X对Y没有直接的影响。如果是部分中介效应，则说明自变量X对因变量Y的影响，有一部分是通过中介变量M来实现的，应该解释中介效应占总效应的比例，或者报告中介效应和直接效应之比。

二、调节效应分析

调节效应(Moderate Effect)是交互效应的一种，是有因果指向的交互效应，是指两变量间的因果关系随调节变量的取值的不同而产生变化。

(一)调节效应分析的概念和原理

调节效应检验原理是在统计学中常用的一种方法，用于确定一个因素对两个变量之间关系的影响是否会发生变化。它的核心思想是在考虑其他变量的影响后，分析一个因素对两个变量之间关系的调节效应。调节效应检验原理可以帮助研究者更深入地理解变量之间的关系，并探讨在特定条件下这些关系是否会发生变化。在实际研究中，调节效应检验原理常用于解释为什么在某些情况下变量之间的关系较强，而在其他情况下较弱或不存在。调节效应检验原理的基本步骤如下：

第一，确定主要变量和调节变量：首先，需要明确研究中所关注的主要变量和可能对其影响产生调节作用的调节变量。主要变量是研究中感兴趣的变量，而调节变量是可能对主要变量的影响产生调节作用的变量。

第二，进行统计分析：接下来，需要对数据进行统计分析以确定主要变量和调节变量之间的关系。常用的统计分析方法包括线性回归、方差分析等。在分析中，通常需要控制其他可能影响主要变量的变量，以确保调节效应的准确性。

第三，检验调节效应：在统计分析的基础上，可以使用调节效应检验原理来检验调节效应是否存在。一种常用的方法是通过计算交互作用项的显著性来判断调节效应的大小。如果交互作用项显著，说明调节效应存在，即主要变量对两个变量之间的关系的影响会随着调节变量的不同而发生变化。

第四，解释调节效应：最后，需要解释调节效应的含义和原因。通过对调节效应的解释，可以更深入地理解变量之间的关系，并揭示潜在的机制和原因。这有助于提供对研究问题的更全面的解答，并为进一步研究提供指导。

调节效应检验原理的应用范围广泛，可以用于各种研究领域和问题的探究。例如，在医学研究中，可以使用调节效应检验原理来研究某种治疗方法对不同患者的效果是否存在差异；在教育研究中，可以使用调节效应检验原理来研究教育政策对不同学生群体学业成绩的影响是否存在差异。

（二）调节效应的分析方法

调节效应的分析和中介效应的分析一样，根据模型中包含的变量能否被直接观测到可将模型分为两大类：一类是通过模型中的变量均可以直接观测到显变量；一类是模型中至少含有一个潜变量。变量可以分为两类：一类是分类变量，包括定性变量和定序变量；另一类是数量变量，包括定距变量和定比变量。因此显变量的调节效应分析根据自变量和调节变量的不同类型又可以分为四种情况，即分类变量和数量变量的交叉组合情况。

1.方差分析

当自变量和调节变量均为分类变量的情况下，两变量有交互效应的分析，交互效应即调节效应。因此我们分析其调节效应主要采用方差分析的方法。为了研究自变量X和调节变量M对因变量Y的交互效应，可以将总方差进行分解，即：

$$SST=SSX+SSM+SSXM+SSE \quad (10\text{-}4\text{-}6)$$

其中，SSX、SSM、$SSXM$、SSE分别是自变量X的效应平方和、调节变量M的效应平方和，X和M的交互效应平方和以及误差项的平方和。然后我们再计算F统计量：

$$F=\frac{SSXM/df_{XM}}{SSE/df_E} \quad (10\text{-}4\text{-}7)$$

df_{XM}和df_E又分别是X和M交互项的自由度以及误差项的自由度。若F检验显著，则AB之间的交互效应显著，$SSXM$代表其交互效应的大小。

2.层次回归分析

当自变量和调节变量均为数量变量的情况下，我们一般采用回归分析的方法，并在回归分析中引入自变量和调节变量的交互项XM。为了减少X、M和XM的相关，即减少三个自变量的多重共线性，我们一般对调节变量做中心化的处理，之后运用层次回归分析(Hierarchy Regression Analysis)的方法。

首先，做Y对X和M的回归，即$Y=\beta_0+\beta_1X+\beta_2M+e$，得到该模型的平方复相关系数$R_1^2$。

其次，做Y对X、M和XM的回归，即$Y=\beta_0+\beta_1X+\beta_2M+\beta_3XM+e$，得到该模型的平方复相关系数$R_2^2$。如果$X$和$M$交互项的回归系数显著，即$\beta_3$显著不为0，表明$X$和$M$的交互效应存在，且$R_2^2$显著高于$R_1^2$。$R_2^2-R_1^2$衡量了两个模型$R^2$的变化，衡量了交互项$XM$对因变量$Y$变异的额外贡献。

如果我们只是要知道交互效应即调节效应的显著性，那么我们直接进行第二步即可。但我们想要了解的是交互效应的额外贡献，这个额外贡献可以视作交互效应量或者说是调节效应量的大小。

除了考虑交互效应项XM外，我们还可以考虑高阶交互效应项。例如XM^2，表示非线性调节效应；MX^2，表示曲线回归的调节效应；等等。

3.分组回归

当自变量是数量变量，调节变量为分类变量时，我们可以按照M的取值进行分组，做Y对X的分组回归(Grouping Regression)。如果不同组之间的回归系数差异显著，则表明调节效应显著。假设调节变量仅有两个分组，即Y对X是有两个分组的回归模型。设Y对X在第一组的回归系数为b_1，在第二组的回归系数为b_2。

检验的假设是：

$$H_0: b_1=b_2 \tag{10-4-8}$$

检验统计量是：

$$t=\frac{b_1-b_2}{\sqrt{\frac{SSE_1+SSE_2}{n_1+n_2-4}\cdot\frac{SS_1+SS_2}{SS_1\cdot SS_2}}} \tag{10-4-9}$$

其中SSE_1、SSE_2分别为Y对X在第一组和第二组的残差平方和，n_1、n_2分别表示两组的样本容量，SS_1、SS_2则表示X在第一组和第二组中的离差平方和。若检验结果拒绝原假设，则M对X的调节效应显著。

（三）调节效应的解释

对模型$Y=\beta_0+\beta_1X+\beta_2M+\beta_3XM+e$进行回归估计，得到相关的参数后，代入原方程得到估计的拟合方程：$\widehat{Y}=\widehat{\beta}_0+\widehat{\beta}_1X+\widehat{\beta}_2M+\widehat{\beta}_3XM$。在解释结果的过程中，通常是将$M$的值取为$M$的均值、$M$的均值减去一个标准差，$M$的均值加上一个标准差，即$M=\overline{M}$，$M=\overline{M}-S_M$，$M=\overline{M}+S_M$，得到三组$Y$和$X$之间关系的函数形式，并具体分析它们的差别，说明$M$在$Y$与$X$关系中的调节作用。

三、交互作用分析

交互作用（Interaction Effect）指研究两个（比如A因素和B因素）或多个因素对于某项（比如身高）的影响时，检查A因素和B因素各个水平之间是否存在着相互作用关系。比如A因素为性别，B因素为区域，检查男性并且属于北方群体时身高如何，男性并且属于南方群体时身高如何，也或者女性并且属于北方群体时身高如何，女性并且属于南方群体时身高如何。检查性别的2个水平（男和女），与区域的2个水平（北方和南方）之间有没有交互。

交互效应分析与上述调节效应的分析类似，针对交互项都是显变量的情况，在调节效应分析中的方差分析、层次回归分析、分组回归和带虚拟变量的层次回归分析同样适用于交互效应分析，在此我们就不再赘述。但在现实生活中，特别是在心理、行为、管理和社会等研究领域，研究所涉及的变量往往不能直接观测，即为所谓的潜变量，潜变量一般视为连续变量。下面主要讲述的是两个变量中含有潜变量的交互效应分析。

对于交互项中的变量只有一个潜变量，且另一个变量是分类变量的情况下，一般采用分组结构方程分析的方法，该方法是显变量分组回归方法的推广。如果两个变量都是潜变量，每个潜变量相当于因子分析中的因子，需要设计若干题目作为指标去间接测量。

假设分类变量仅有两个类别，则分组结构方程分析的做法是首先将两组的结构方程回归系数限制为相等，得到一个χ^2值和对应的自由度；然后去掉这个限制，重新估计模型，又得到一个χ^2值和对应的自由度；最后，前面的χ^2值减去后面的χ^2值成为一个新的χ^2值，新的χ^2值的自由度是上述两个自由度相减所得，如果新χ^2值的检验结果显著，则说明变量之间交互效应显著。

（一）用潜变量的因子得分作回归分析

我们根据潜变量的观测指标作因子分析，得到潜变量的因子得分，再根据潜变量的因子得分进行如下回归分析：

$$Y=\beta_0+\beta_1X_1+\beta_2X_2+\beta_3X_1X_2+e \tag{10-4-10}$$

这种方法是两步估计法，首先根据因子分析计算因子得分再进行回归分析。该方法的优点十分明显，步骤清晰，只需要因子分析和回归分析两个步骤。缺点则在于，使用了因子得分，忽略了指标的测量误差，从而使参数的估计标准误不准确，进而影响参数的检验结果。

（二）分组线性结构方程模型分析

这种方法主要是根据潜变量的间接观测指标来进行分组，例如一个潜变量有两个间接观测指标 K_1 和 K_2，其具体的观测数据为 k_1 和 k_2，计算 K_1+K_2 的样本均值 $\overline{K}$，将 k_1+k_2 大于均值 $\overline{K}$ 的样品分为高分组，其余分为低分组，对两个分组结构方程模型进行分析。之后的做法与一个是显变量、一个是潜变量的分组线性结构方程模型的做法一样。该方法的优点在于得到的结果直观有效，缺点有以下五点：一是分组有人为性的情况；二是基于潜变量的可观测指标进行分组，忽略了测量误差；三是会增加假设检验中的第二类错误；四是没有给出效应的估计；五是受样本容量的限制。

思政内容提要

通过计量经济学的学习，有利于探索农村经济现象背后的经济规律。理论联系实际是中国共产党在长期的革命和建设实践中确立的思想路线，是中国共产党认识、分析和处理问题所遵循的最根本的指导原则和思想基础。理论联系实际就是一切从实际出发，实事求是，在实践中发现真理、检验真理和发展真理。而计量经济学是基于实践，从复杂经济现象中揭示经济内在运行规律、构建原创性经济理论的科学方法论，是从感性认识上升到理性认识的重要推断方法与手段。

通过掌握计量实证研究方法训练科学思维，通过回归分析方法理解特殊和一般的关系，通过分析变量的内生性理解内因与外因的关系，通过数据与模型的关系掌握主要矛盾与矛盾的主要方面，通过计量实证研究的局限性理解可知论与不可知论的关系。毛泽东指出："认识的过程，第一步，是开始接触外界事情，属于感觉的阶段。第二步，是综合感觉的材料加以整理和改造，属于概念、判断和推理的阶段。"在揭示经济发展规律、构建原创性经济理论的过程中，计量经济学主要是在第二步发挥关键方法论作用。

本章小结

计量实证研究是指采用计量经济学方法建立计量实证模型进行实证研究。计量模型包括一个或一个以上的随机方程式，可以揭示经济活动中各个变量之间的定量关系，并用随机的数学方程式加以描述。计量模型具有确定性、随机性和动态性特征。计量模型可以运用在四个方面：结构分析、经济预测、政策评价、理论检验和发展。当然，计量实证研究也存在一定局限性。

计量实证研究主要由实证模型的设定、调查数据的收集、模型参数的估计、模型的检验和确立这四个步骤组成。其中，模型的检验包括经济意义检验、统计检验、计量经济学检验和模型预测检验等。模型检验这一步骤十分重要，若不能通过检验，我们有理由怀疑模型结果的合理性。

常见的因果识别方法有工具变量法、倾向得分匹配法、Heckman两步法、双重差分法、断点回归法、合成控制法和分位数回归法。模型中出现解释变量的内生性问题时，最小二乘法的参数估计量不再是无偏一致估计量，一般采用工具变量法来解决。倾向得分匹配法是处理因样本选择导致的模型内生性问题的方法，主要是在控制组中找到与处理组相似的个体，从而将两者之间的被观测因素的差值视为处理效应。当模型内生性是由数据本身代表性问题造成时，可以采用Heckman两步法来解决。双重差分法原理是基于一个反事实的框架来评估政策发生与不发生这两种情况下被观测因素的变化。断点回归法是处理组和控制组无法重叠时使用的方法，包含精确断点回归和模糊断点回归。断点回归假设断点附近有局部随机实验的存在，从而将断点附近个体的差距视为处理效应。合成控制法是将控制组中的一些对象进行线性组合，从而构造一个和处理对象相似的合成控制对象，再将两者之间的被观测因素的差值视为处理效应。分位数回归法是对变量数据的分位数进行回归分析，用于描述被解释变量条件分布的全貌。

模型机制解释的方法主要包括中介效应分析、调节效应分析和交互作用分析等。当研究X对Y的影响时，发现存在一个变量M使得X可以通过M影响Y，说明存在中介效应。当因变量y与自变量x之间的关系是调节变量M的函数时，调节效应就存在。

关键术语

计量模型　Econometric Models

时间序列数据　Time Series Data

截面数据　Cross-section Data

面板数据　Panel Data

因果识别　Cause and Effect Recognition

工具变量法　Instrumental Variable Analysis

倾向得分匹配　Propensity Score Matching

Heckman两步法　Heckman Two-Step Model

双重差分　Differences-in-Differences

断点回归　Regression Discontinuity

合成控制法　Synthetic Control Method

分位数回归　Quantile Regression

中介效应　Mediation Effect

调节效应　Moderate Effect

交互作用　Interaction Effect

思考练习

1. 计量实证研究的内涵和特点是什么?

2. 计量实证研究包括哪些基本步骤?

3. 计量实证研究中的因果识别方法有哪些?

4. 计量实证研究中的机制解释方法有哪些?

实践练习

以小组为单位,对收集到的抽样调查数据进行计量实证研究。

(1)寻找各个变量之间的关系;

(2)使用合适的因果识别方法得出模型的结果,并进行相应的分析;

(3)对变量之间的关系进行相应的机制解释。

第十一章

调研报告的撰写

一切结论产生于调查情况的末尾，而不是在它的先头。[①]

——毛泽东

要想使事实秩序成为一种审慎的科学，光靠缜密的观察、描述和分类是不够的。[②]

——埃米尔·涂尔干[③]

问题导读

完成了调查资料的收集和分析工作之后，最重要的任务就是把调查研究的结果以恰当的形式展示出来，并进行交流，这就是撰写调研报告的工作。调研报告是整个调查资料的收集和分析内容的书面呈现方式，是农村经济发展调研成果的集中体现。调研报告的质量是衡量整个调研质量的重要标尺。那么，撰写调研报告的目的是什么？调研报告的类型有哪些？为了充分反映农村经济发展调查中发现的现实问题和规律，该如何撰写调研报告？本章将详细介绍相关内容。

学习目标

★知识学习：

(1)理解撰写调研报告的目的。

(2)掌握调研报告的内涵与特点。

① 毛泽东．毛泽东选集：第一卷[M]．北京：人民出版社，1991：110.

② 埃米尔·涂尔干．社会分工论[M]．渠东，译．北京：生活·读书·新知三联书店，2000：(第一版序言)11.

③ 埃米尔·涂尔干(Émile Durkheim)，法国社会学家、人类学家，与卡·马克思、马克斯·韦伯并称为现代社会学的三大奠基人，主要著作有《社会分工论》《宗教生活的基本形式》等。

(3)熟悉调研报告的类型。

(4)掌握计量类与案例类调研报告的结构与写作要点。

★能力提升:

(1)增强围绕调研主题撰写调研报告的能力。

(2)提升以辩证的眼光看待农村经济发展调查中的问题的能力。

(3)增强提出问题分析问题解决问题的能力。

★价值形成:

(1)形成将“三农”政策焦点与农村现实问题精准匹配的问题意识。

(2)具备从整体大局思考和解决“三农”问题的思维能力。

(3)具备将所学理论知识创造性地运用到实践中的能力。

知识结构

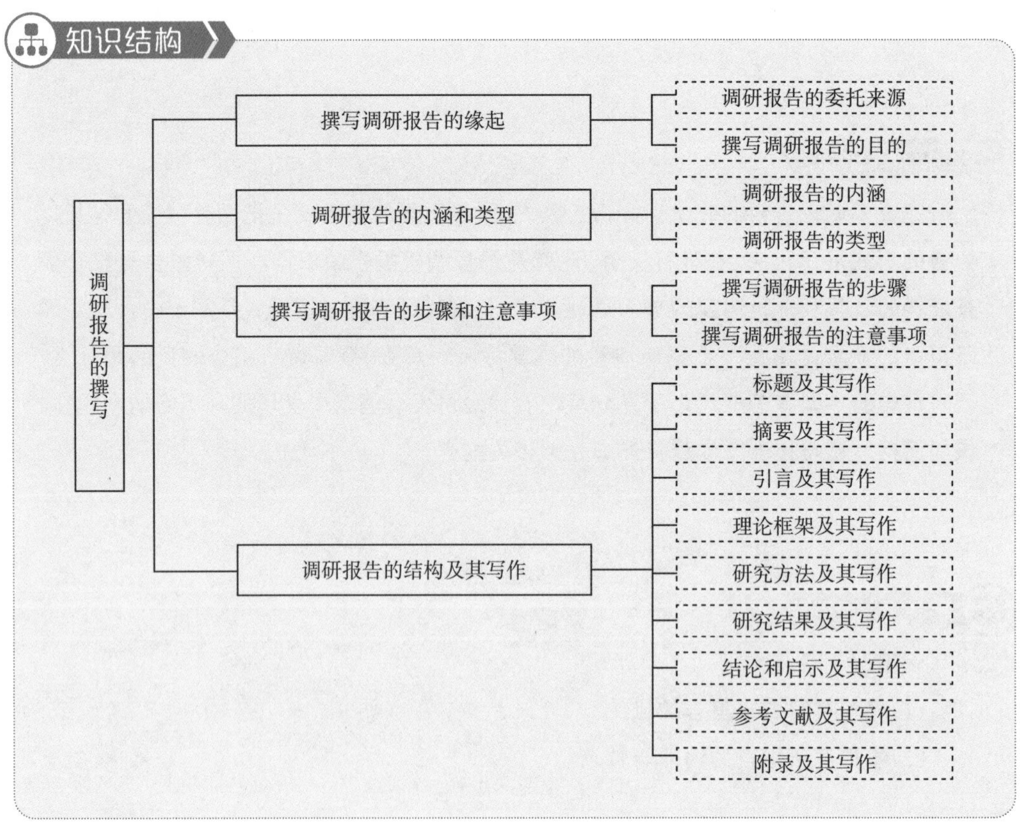

第一节　撰写调研报告的缘起

经过充分的调研准备、严谨的调研过程、系统的调研分析之后，需要对调研目的、调研过程、调研结果和相关建议等进行书面总结，并向上级相关部门、同行、大众等展示调研的相关信息，这便需要撰写调研报告。

一、调研报告的委托来源

通常情况下，开展农村经济发展调查并撰写调研报告的委托来源有如下几种。

（一）国家或地方政府部门委托

国家和地方政府部门基于某种考虑，例如了解农业、农村、农民的发展现状与存在问题，或者某一项政策实施的效果，从而委托科研部门或者高校针对上述目的开展特定的项目，相关科研部门或高校为更好地完成项目开展特定区域的农村经济发展调查。例如农业农村部办公厅、财政部办公厅发布相关项目申报公告后，经过单位申请、选拔，最终确定中标单位，中标单位根据课题设计，可开展一定范围的农村经济发展调查，详情见图11-1、图11-2。

农业农村部办公厅 财政部办公厅关于做好2023年农业产业融合发展项目申报工作的通知

各省、自治区、直辖市农业农村（农牧）、畜牧兽医、渔业厅（局、委）、财政厅（局），新疆生产建设兵团农业农村局、财政局，广东省农垦总局、北大荒农垦集团有限公司:

贯彻落实党中央、国务院关于推进农村产业融合发展的决策部署，为更好发挥中央财政资金使用效益，引导和撬动更多资源要素向乡村汇聚，探索产业集聚发展模式，整体提升农业产业链供应链现代化水平，农业农村部、财政部2023年继续统筹推进农业产业融合发展工作。现将有关事宜通知如下。

一、总体目标

坚持以习近平新时代中国特色社会主义思想为指导，深入贯彻党的二十大精神和中央经济工作会议、中央农村工作会议精神，按照2023年中央一号文件部署，锚定建设农业强国目标，以促进乡村产业融合发展为重点，统筹国家现代农业产业园、优势特色产业集群、农业产业强镇政策任务资金，紧扣稳产保供重点任务，强化藏粮于地、藏粮于技，紧紧抓住耕地和种子两个要害，着力做好“土特产”文章，开发乡土资源，突出地域特点，推动乡村产业全链条升级。进一步优化产业布局，集聚要素发展，强龙头、补链条、兴业态、树品牌，完善联农带农利益联结机制，增强市场竞争力和可持续发展能力，为加快建设农业强国和实现乡村全面振兴、农业农村现代化提供有力支撑。

图11-1　农业农村部办公厅和财政部办公厅发布的项目申报通知

(二)涉农企业委托

为了发展需要,涉农企业也会针对一些主题发布项目申请公告,中标的单位可能会围绕课题,开展一些农村经济发展调查。

(三)科研管理部门委托

一些科研管理部门或者国际组织例如国家自然科学基金委员会、国家社会科学基金委员会、国际农业发展基金等,为了促进科学技术与社会进步,会定期发布项目申请公告,依托单位申请的个人中标后,根据课题内容与目标,可能会设计、开展相关农村经济发展调查。

2023年度国家自然科学基金委员会与国际农业研究磋商组织合作研究项目指南

根据国家自然科学基金委员会(NSFC)与国际农业研究磋商组织(CGIAR)下属11个研究中心(研究所),即国际生物多样性中心(Bioversity)、国际热带农业中心(CIAT)、国际林业研究中心(CIFOR)、国际玉米小麦改良中心(CIMMYT)、国际马铃薯中心(CIP)、国际干旱地区农业研究中心(ICARDA)、世界农用林业中心(ICRAF)、国际半干旱热带作物研究所(ICRISAT)、国际食物政策研究所(IFPRI)、国际家畜研究所(ILRI)以及国际水稻研究所(IRRI)达成的合作共识,双方将共同资助科学家开展合作研究。合作研究将聚焦于可持续农业和生物多样性与气候变化相关研究领域。

资助领域由NSFC和CGIAR所属研究中心(研究所)协商确定,项目的受理、评审和管理由NSFC负责。中方科研人员应以项目主持人身份与上述CGIAR下属11个研究中心(研究所)之一的科研人员共同提出项目申请。

一、项目说明

(一)资助领域及申请代码

1. 主要粮食作物(水稻、玉米和小麦)优异种质资源挖掘和遗传改良的基础研究(申请代码1选择C13的下属代

图11-2 国家自然科学基金委员会与国际农业研究磋商组织合作研究项目指南

二、撰写调研报告的目的

无论因为何种原因开展农村经济发展调查,项目委托单位通常都要求中标单位或个人撰写调研报告,以了解项目研究的过程、结果,并据此评判项目是否能够顺利结项。上级部门、同行、大众等也需要通过阅读调研报告,来了解项目与调研的目的、过程、结果等。

(一)介绍调研目的与过程

调研报告是项目成果的书面呈现,需要对调研开展的目的、过程进行全面的介绍,

介绍内容包括此项调研是依托于哪个单位发布的项目、项目主题、项目的目的、项目资金等，从抽样方案、调研问卷与访谈提纲的设计，到调研员招聘、调研员培训、调研实施、问卷质量把控等一系列程序。对于读者而言，若不了解调研的目的、调研过程等信息，就不能对调研结果有一个准确、深刻的理解，甚至有时会产生误解，可能会导致政府或企业等相关主体作出有偏差的决策，导致经济损失或社会效益损失，也可能会使科研工作者在后续的学术与科学研究中，错误地引用或得出错误的结论，对科研工作造成负面影响。

（二）展示调研数据分析过程和结果

调研报告是项目成果的集中体现，需要对调研结果进行详细的介绍和分析。调研结果的展示是调研报告的核心内容，也是占调研报告篇幅最大的部分，是衡量项目实施质量的重要指标。一份好的调研报告，其调研结果通常能对现实中的重要问题有所回应，甚至能够影响政府、企业等主体的相关决策。

一般情况下，调研结果包括针对项目主题内容所做的研究框架设计、研究方法的适用性分析、调研数据的计量模型分析与结论、案例访谈的呈现与分析等。调研结果呈现的方式是多种多样的，可以采用“案例访谈—机制分析—问题归纳”的思路，也可以采用“理论框架—问卷调研—实证检验”的思路。无论采用哪种思路，重要的是将调研结果与研究结论全面、准确、清晰地呈现给读者。

在撰写调研结果时，尤其要注意对问卷调研时抽样的随机性、选取案例的代表性展开论述，在得出相应结论时，要说明结论的普遍适用性。在论述过程中，尽量以“论点—论据—论证”的结构组织语言，使整个报告的逻辑更加紧密。

（三）提出解决问题的政策建议

调研报告的目的之一在于发现现实社会经济中的问题，根据调查研究结论，提出相关的改进建议或解决措施。绝大多数的项目，都是为了解决当下或者未来可能面临的难题。因此，在梳理调研结果之后，一般都会对调研中发现的问题进行总结，并依据调研结论，有针对性地提出解决方案，这也是项目立项单位比较关注的部分。

在撰写相关问题与提出解决措施时，需要注意不能泛泛而谈，要具有很强的针对性，不能张冠李戴。一是调研报告中提出的问题，一定是在调研过程中发现的问题，不能是从其他文献或书里面引用过来的；二是提出的问题数量也不能过多，要以发现的主要的、重要的问题为主，数量控制在3—5个为宜；三是提出的建议要与问题一一对应，具有一定的可操作性，不能过于理论化。

第二节 调研报告的内涵和类型

农村经济发展调研报告是农村经济发展调查成果的表现形式，是调研人员通过对调研所得资料的总结分析，得出结论、建议与形成进一步的思考。与新闻、小说等文体不同，农村经济发展调研报告本质上属于比较正式的科学性文体，对语言的准确性、平实性有一定的要求。根据不同的内容、目的与研究方法，调研报告可以划分为不同的类型。

一、调研报告的内涵

（一）调研报告的含义

农村经济发展调研报告是调研实施方基于收集的文字、图片、问卷数据、访谈信息等资料，围绕特定的主题，遵循一定的逻辑思路，撰写的关于调研对象的现状、机制、问题与建议的书面介绍与分析。

农村经济发展调研的形式多样、目的与目标相对聚焦。由于受到时间、资金、人力等方面的限制，农村经济发展调研一般是针对某个区域或某几个区域的调研。一些科研院所或高校会定期、定点开展农村经济发展调研，例如中国社会科学院社会学研究所于2013年开始在全国范围内开展了“中国社会状况综合调查”项目，覆盖了全国31个省份，包括151个区市县，604个村/居委会，每次调查访问7 000到10 000余个家庭，目的是通过对全国公众的劳动就业、家庭及社会生活、社会态度等方面的长期纵贯调查，来获取转型时期中国社会变迁的数据资料，从而为社会科学研究和政府决策提供翔实而科学的基础信息[①]。再比如北京大学中国社会科学调查中心于2010年开始在全国25个省份开展了综合社会调研，目标样本规模为16 000户，调查对象包含样本家户中的全部家庭成员，调研结果反映了中国社会、经济、人口、教育和健康的变迁[②]，为社会科学研究提供数据支撑。

（二）调研报告的特点

农村经济发展调研报告是一种研究性文体，具有以下特点。

① 详情见http://ssm.cssn.cn/sjzy/201609/t20160914_3202845.shtml.

② 详情见http://www.isss.pku.edu.cn/cfps/.

1.政策相关性

农村经济发展调研报告针对的是“三农”问题，具有较强的政策相关性和现实指导意义。近年来，我国中央一号文件持续关注“三农”问题，“十三五”时期把农村脱贫攻坚、“十四五”时期把乡村振兴放在了核心位置，而研究者的课题一般都是围绕上述农村社会经济的热点问题和核心需求展开研究，以期得到对现实具有一定指导意义的结论。

2.研究时效性

农村经济发展调研报告具有较强的时效性。农村经济发展调研报告的结果与开展调研的时间具有直接的相关性，在前期设计调研主题与后期撰写调研报告时，应当结合当时的政策背景与现实背景，在撰写结论时，应当保持慎重的态度，明确结论的时期适用性，不夸大、不含糊其辞。例如，在“十四五”时期，针对欠发达地区农村低收入群体展开调研时，调研主题不应该再沿用“贫困地区”“贫困人口”的说法，而应该使用“脱贫地区”“边缘易致贫户”“突发困难户”等；在撰写调研结论时，应该明确结论的时间范围，而不应该笼统地得出××省××县人均收入水平低的结论。

3.地域差异性

农村经济发展调研报告具有较强的地域差异性。考虑到农业问题的空间地域属性比较显著，在前期选取调研样本和后期撰写调研结论时，要充分考虑到区域异质性问题，特别是深度贫困地区、少数民族地区都有其特别的经济和文化背景。因此，在前期抽样时，需要根据课题研究目标，选取能够代表课题研究区域的对象，这样在后期撰写农村经济发展调研报告时，就可以在研究区域内，得出相应的研究结论，但应注意如果研究区域不是全国，也就是样本情况不能代表全国范围情况时，就不能将结论盲目拓展至全国。

4.风格多样性

农村经济发展调研报告的受众群体较为广泛，因此内容设计会比较多样化。农村经济发展调研报告的常见受众群体有教学科研人员、政府官员、企业、普通大众等，面对不同的受众，调研报告的风格差异性较大。如果受众是教学科研人员，此类农村经济发展调研报告内容应该尽量全面、具体、深入一些，表达应该尽量专业、严谨、平实，不应出现过多的口语。如果受众是政府官员，此类农村经济发展调研报告内容方面应该多一些事实的描述、问题的分析与解决措施的讨论，少一些学术性、理论性的探讨，语言方面应该尽量生动形象、直观明了，少一些专业词汇，逻辑方面可以简单一些，但概括性要求较高。如果受众是企业，此类农村经济发展调研报告内容方面应该多一些数据统计与图表，并基于此展开一些分析，语言表达上要尽量简洁、易懂。如果受众是普通大众，此类农村经济发展调研报告内容方面应该简短、观点性强，语言表达应该通俗易懂，多使用一些图表。

二、调研报告的类型

（一）根据内容划分

根据调研报告的内容范围，可以将农村经济发展调研报告分为综合性调研报告与专题性调研报告两种。

1.综合性调研报告

综合性调研报告（Comprehensive Survey Report）是一种详尽分析某一特定主题或领域的调研报告，旨在提供全面的信息和见解，找出带有普遍性和关键性的问题，认识某一特定主题或领域的发展规律，以支持决策制定、解决问题或做出建议。农村经济发展综合性调研报告涉及的内容一般较为宽泛，从农村的经济、社会、文化到政治、生态等多角度描述，例如××省××县农村经济发展调研报告。此类调研报告的作用是让读者快速了解一个地区或一个组织的宏观发展情况，而非让读者深入地探究某一个方面。此类报告特点是内容全面，不过分追求“颗粒度”。

2.专题性调研报告

专题性调研报告（Thematic Survey Report）是指为了解和研究某一时期、某一项特定研究问题的发展变化情况而进行的调查，通过系统收集和分析相关数据和信息，提供全面的研究结果和建议。农村经济发展专题性调研报告涉及的内容较为聚焦，通常只关注调研对象的经济、社会、文化或政治、生态的一个角度，例如××省××县农村核桃产业的调研报告、××省××县农村就业现状与问题分析等。此类调研报告的功能是让读者了解调研对象某个维度的详细情况，其特点是不追求全面，而注重一个维度纵向的深度解析。

在实际调研工作中，课题组一般都会撰写一份综合性调研报告和若干个专题性调研报告，综合性调研报告侧重从宏观上介绍调研区域的总体情况，专题性调研报告则会选取若干个主题，分别展开详细、深入的讨论与分析。

（二）根据目的划分

根据调研报告的目的，可以将农村经济发展调研报告分为学术性调研报告与应用性调研报告两种。

1.学术性调研报告

学术性调研报告(Academic Survey Report)以社会现象为支撑,基于对调研资料的梳理与归纳,阐释各种社会现象的本质,分析各种社会现象的相关关系与因果关系,达到构建新理论或检验已有理论的目的。此类报告中,现状描述性内容所占篇幅不应过大,应以对案例的分析、理论的解释与检验为重点。

2.应用性调研报告

应用性调研报告(Applied Survey Report)以发现现实问题、寻求解决措施为目的,通过了解现实情况、分析现实问题,为政府部门、企业部门等主体提供决策依据。此类报告不追求学术层面的理论性,应尽量避免采用生僻枯涩的书面用语表达,主要以简洁易懂、对现实问题的精准识别与科学施策为目标。

在实际调研中,应根据课题的性质与目的,有针对性地选择学术性调研报告或应用性调研报告,并充分考虑读者的背景与可读性。

(三)根据研究方法划分

根据研究方法的不同,可以将农村经济发展调研报告分为计量类调研报告与案例类调研报告两种。

1.计量类调研报告

计量类调研报告(Econometric Survey Report)是指以计量经济学模型为主要研究方法,分析社会现象之间的相关关系、因果关系,检验已有理论或提出新理论,并得出研究结论的调研报告。此类调研报告需要根据研究问题的性质与数据,选择适合的计量经济模型,例如若是评估"三农"政策的政策实施效果,一般采用准自然实验法,包括倾向得分匹配法、合成控制法等。此类报告是学术性调研报告的一种,受众群体是科研人员,对专业用词的表达、计量结果分析的精准性都有较高的要求。

2.案例类调研报告

案例类调研报告(Case Survey Report)是指以案例分析法为主要研究方法,分析社会现象内部要素的作用机理、社会现象之间的影响机制,从而对现实进行解释的调研报告。此类调研一般采用深度访谈、半结构化访谈等方式,将收集到的资料通过梳理、分析,采用质性研究法或逻辑推理,最终形成对现实的解释分析框架。此类调研报告是学术性调研报告的一种,受众群体是科研人员,对行文逻辑、理论对现实的解释力度,都有较高的要求。

在实际调研中,要根据课题研究问题的性质,选择适合的研究方法,若属于新社会现象的探究性研究,则多采用案例调研报告的形式,若属于评估类等对量化关系要求较高的研究问题,则多采用计量调研报告的形式。

调研报告的类型及区别见表11-1。

表11-1 调研报告的类型及区别

划分标准	报告类型	内容	特点
内容	综合型	内容宽泛,涉及经济、政治、文化等	让读者快速了解宏观发展情况,颗粒度大
	专题型	内容聚焦,通常只涉及一个领域	不追求全面,而注重一个维度纵向的深度解析
目的	学术型	分析各种社会现象的相关关系与因果关系	描述性内容少,以对案例的分析、理论的解释与检验为重点
	应用型	以发现现实问题、寻求解决措施为目的	不追求学术理论性,重视问题对策分析,以简洁易懂为目标
方法	计量型	用计量经济学法分析社会现象间的相关关系与因果关系	对数据要求较高,需用专业词汇表述研究结果
	案例型	用案例研究法分析社会现象内部要素的作用机理与影响机制	常基于深度访谈获取资料,通过逻辑推理提高理论对现实的解释力度

第三节 撰写调研报告的步骤和注意事项

一、撰写调研报告的步骤

实际上,关于调研报告主题与思路的斟酌,贯穿于整个调研过程中。一般情况下,在撰写调研报告之前,需要首先根据调研资料确定报告的主题,其次是围绕主题有针对性地选择材料,进而拟定调研报告的提纲,最后形成书面报告。

(一)确定调研报告的主题

确定调研报告主题,主要分为三个阶段,即调研准备阶段、调研过程阶段、调研结束阶段,需要三个阶段不断修改完善并最终确定调研报告的主题。

1.调研准备阶段初步确定主题

调研准备阶段首要任务是确定框架性主题。在调研前期准备阶段,需要根据调研目的初步确定调研的主题，应该确定调研对象是谁（WHO）、调研对象做了什么事情（WHAT）、调研对象是如何做的（HOW）、调研对象做得怎么样（HOW），即通过问“2W2H”初步确立调研报告的主题。

2.调研过程阶段不断完善主题

在调研过程阶段，要根据调研获取的资料和信息，不断地调整和优化。这一阶段需要不断的细化和完善调研报告的主题。在实际调研过程中，应不断思考此次调研过程中收集到的资料是否符合第一阶段设计的主题。尤其是在每天调研结束后，应该与团队成员深入讨论调研报告的主题，并根据讨论结果形成新的、更加聚焦的调研报告主题。

3.调研结束阶段复盘确定主题

在调研结束阶段，需要暂时将调研相关资料搁置1—2天，等大脑放空后，再从头到尾把调研的内容、两次确定调研报告主题的过程完整复盘，重新思考调研报告的主题是否合适，如果不合适，就与团队成员再次讨论，最终确定调研报告的主题。

（二）选择研究所需材料

选择研究所需材料，即结合调研报告的主题，要对调研收集的资料进行筛选。实际调研过程中，会收集到很多的资料，但并不是所有的资料都应该用到调研报告中，只有那些与调研主题直接相关的案例、数据等资料才能在精练后用到调研报告中。筛选调研资料时，应考虑以下三个方面，一是要选择真实可靠的资料，二是要选择典型材料，三是要选择多样化的资料。

1.选择真实可靠的资料

实际调研过程中，有些资料是二手资料，有些实地收集的资料可能存在自相矛盾的情况，这些都需要经过核实无误后再使用。

2.选择典型材料

典型材料包括典型人物、典型事件、典型举措等，选择典型材料在说明问题时更具代表性。在调研过程中，通常有很多同类的资料可供选择，调研者应该有敏感的意识，选择那些有代表性的人物，比如返乡创业者、女性、老年人、大学生等。选择有代表性的产品，如尽量选择那些既具有当地特色又是主导产业的产品，而非仅有特色或仅是主导产业的产品。

3.选择多样化的资料

在筛选案例时，应尽量选择多样化，而非同质化的材料，这样写出的调研报告与得出的结论才更丰满，避免过于单一。在选择数据信息时，应尽量选择多个维度、最新时间的数据，如政府统计数据、行业报告、相关学术研究报告、实地调研和访谈等多样化的数据，有助于全面深入地了解某一研究主题，为相关决策制定和政策调整提供多维的数据支撑。

（三）拟定调研报告的提纲

确定了调研报告主题与相关材料后，不可马上动手撰写调研报告，而应该先构思好调研报告的写作提纲。写作提纲是整个调研报告的总体设想和规划，一份高质量的写作提纲是高质量调研报告的基础。如果主题是调研报告的灵魂，那么写作提纲就是调研报告的骨架。根据调研报告的主题，基于筛选后的调研资料，制定写作提纲可以采用以下四个步骤。

1.围绕报告主题设计子主题

围绕报告主题设计几个子主题这一步非常关键。调研者应该与团队成员进行深入讨论，设计几个与主题直接相关的子主题，使几个子主题能够完全刻画主题的内涵，几个子主题依次是提纲的一级标题。例如调研主题是“农产品电商如何促进农户增收”，则可分设“农产品电商发展概况”“农产品电商带动小农户发展的模式”“农产品电商促进农户增收的路径”“相关建议”四个子主题。

2.给每个子主题设置二级标题

在每个子主题下面，均按照二级标题的形式设置主要内容。同一个子主题下的二级标题应该能够层次清晰地反映该子主题的内容，这些二级标题之间可以是并列关系，也可以是递进关系。例如在上面第二个子主题“农产品电商带动小农户发展的模式”中，可以设置“促进产业升级，带动农户绿色生产”“促进产业分工，带动农户就业”“改善创业环境，促进农户创业”三个二级标题，这三个二级标题之间属于并列关系。

3.给每个二级标题设置三级标题

在每个二级标题之下，要进一步设置三级标题。三级标题是二级标题的细化，例如在上述例子二级标题“改善创业环境，促进农户创业”中，可进一步细化为“降低资金门槛，促进农户创业”“降低年龄门槛，促进农户创业”“降低技能门槛，促进农户创业”三个三级标题。

4.列出三级标题下每个段落的主旨句

针对每个三级标题，应进一步列出每个段落的主旨句。例如在三级标题“降低资金门槛，促进农户创业”之下，可以设置三个段落，并把每个段落的主旨句写出来，例如第一段落的主旨句可以概括为“推进普惠金融政策，进而降低农户创业的资金门槛”；第二段落的主旨句可以概括为“建立风险共担机制，进而降低农户创业的资金门槛”；第三段落的主旨句可以概括为“培育农村金融生态系统，进而降低农户创业的资金门槛”。

通过上述四个步骤，就可以形成一份非常完整的调研报告写作提纲，从一级标题、二级标题、三级标题到每个段落的主旨句，这些标题与标题之间、标题与段落主旨句之间，就会形成环环相扣、逻辑严谨的“骨架”，这样就可以开始动手撰写调研报告了。

（四）撰写书面调研报告

遵循拟定的调研报告写作提纲，可以快速地开始撰写调研报告，但同时需要注意以下几个问题。首先，在撰写开始前，最好先确定调研报告的总字数，再根据各部分的重要性，大致确定各个部分的字数，接着就可以按照这个要求往“骨架”里填充“血肉”了。其次，在撰写时，要时时注意，所撰写的内容是否与主旨句直接相关，是否有能够支撑主旨句观点的论据，论据需要确保与主旨句是严格的被论证与论证的关系，这样每段内容都是逻辑严密的，而每个段落与上一级标题、上一级标题与上上级标题都是逻辑清晰的有机体。最后，就形成了调研报告的初稿。调研者需要调整好报告的格式，使其尽量美观、易读，以便于团队成员的进一步修改。

（五）调研报告咨询反馈和修改

当完成调研报告的初稿后，需要对调研报告进行全面、详细的检查，并进一步修改完善。调研报告的检查与修改可以采用以下步骤，需要注意的是，当完成第一步后，第二步至第四步可能是个反复的过程。通常情况下，一篇高质量的调研报告需要至少十遍的修改。

1. 重新审视研究目的

深入思考撰写此调研报告的目的是什么，具体为了回答哪些问题，现有的研究结论是否能够准确回答上述问题。若不能，有哪些问题不能回答？有哪些问题回答的深度不够？若想达到精确回答的目的，需要修改研究方法、增加分析内容吗？若回答“是”，则可以制定具体的修改方案，并实施修改。

2. 完善调研报告内容

在修正了第一步的内容偏差后，应继续思考调研报告每个部分的内容是否较为充实，每个部分是否还存在内容缺失的情况。若回答“是”，则应该详细梳理出每个部分缺失内容的类型，是调研时尚未收集到的资料，还是调研时有收集但未纳入调研报告。若属于前者，则应该尽量联系调研对象，获取相应资料；若属于后者，则应该整理调研资料获取相应内容。总之，应制定具体的修改方案，并实施修改。

3. 确保逻辑闭环完整

完成了前两步的检查与修改后，应浏览整个调研报告的各级标题，看各级标题之间

（例如总标题与一级标题之间、各一级标题与其二级标题之间、各二级标题与其三级标题之间）是否形成了完整的逻辑闭环，各标题与其相应的段落主旨句之间的逻辑是否形成闭环，段落主旨句与其段落的内容是否形成逻辑闭环。若回答“否”，则应该不断调整各级标题、段落主旨句、段落内容的表达，确保它们之间形成严密的逻辑闭环，充分显示出各部分内容的关系（是并列、递进还是总分）。

4.精修并提交报告

完成了前三步的检查与修改后，应将调研报告打印成纸质版，认真通读整个调研报告的内容，确保不存在病句、错别字、用错的标点符号等。此外，还要检查调研报告的版面格式是否与老师或上级单位的要求相符。若回答“否”，则应该反复修改、打印、通读调研报告，确保全文没有病句、错别字、用错的标点符号等，按照要求调整好格式，并提交调研报告。

二、撰写调研报告的注意事项

撰写农村经济发展调研报告时，要注意主题的聚焦、调研资料的真实性、数据的可靠性等问题，这些是学术性调研报告的基本要求。调研者在动手撰写调研报告之前、完成初稿之后，可以结合下面的内容，一一核对，看是否符合相关要求。

（一）主题突出

对于一份学术性调研报告而言，主题突出、聚焦是最重要的评价指标。调研者在撰写调研报告提纲时，就应该把主题，以及围绕主题展开的一级标题仔细打磨成一个主题鲜明、逻辑清晰的故事。有些调研报告的主题不聚焦，只是把收集到的文字和数据资料简单拼凑下，结构混乱，甚至有三四个主题，这是刚开始写调研报告时最容易出现的错误。例如在《中国深度贫困地区农产品电商报告（2020）》中，报告围绕深度贫困地区农产品电商，设计了“深度贫困地区农产品电商发展背景与意义”“深度贫困地区农产品电商发展的成效与启示”“深度贫困地区农产品电商发展的典型模式”“深度贫困地区农产品电商发展的主要问题”“深度贫困地区农产品电商发展的趋势”“推进深度贫困地区农产品电商发展的建议”六个板块的内容，环环相扣、自成体系。

在主题聚焦的基础上，农村经济发展调研报告在观点方面需要明确、清晰。除了基础情况的介绍外，报告观点要十分明确，不能模糊不清、含糊其词。例如由中国人民大学中国扶贫研究院发布的《中国深度贫困地区农产品电商报告（2020）》[①]中第四部分“深

① 中国人民大学中国扶贫研究院.中国深度贫困地区农产品电商报告（2020）[EB/OL].（2020-04-29）[2024-04-15]. https://www.chu.edu.cn/chncx/2020/0612/c3026a101519/page.htm.

度贫困地区农产品电商发展的主要问题"中，调研者在设计二级标题时直接给出了如下观点：(1)农产品电商以销售初级农产品为主，附加值低；(2)供应链体系不完善，商品流通成本居高不下；(3)生产组织化和标准化程度低，缺乏技术支撑；(4)农产品电商发展缺资金，供应链主体融资难；(5)农产品电商关联农业的多重风险，脆弱性强。读者在不读全文时，通过读标题就能知悉报告的主要观点。

(二)内容真实

在撰写农村经济发展调研报告时，要确保写入报告中的案例、信息等内容是真实的。调研报告作为调查研究的成果，最基本的特点就是尊重客观实际；只有深入调查研究，力求弄清事实、摸清原因，才能真实地反映事物的本质。

在调研中收集到的资料非常多，需要调研者认真核对，把一些虚假的、不确定的资料删除，在筛选后的资料中，选择适合的、相关的内容放入调研报告中。切忌弄虚作假、歪曲事实。

(三)数据确切

在撰写农村经济发展调研报告时，对于出现在文中的数据要求真实、可靠。

数据一方面是指绝对量、相对量类的数值型数据，例如××县农民的年平均收入为×万元、第一产业占比为××等。对于这种数值型数据，调研者务必核对清楚数值、单位、统计口径等，以免引起误会。此外，数据一般是用来支持观点的，一篇好的调研报告，必须有观点、有数据、有分析，它们之间应该紧密结合、相互统一。

另一方面是指日期、编号等文本型数据，这类数据一般是用来界定上述数值型数据的范围，通常与数值型数据同时出现。报告中不应使用模糊不清的日期，例如上年、上个月、目前等，而应准确地说明某年某月。

(四)观点新颖

撰写农村经济发展调研报告的目的在于发现新的农村社会经济规律，凝练更贴合乡村经济与社会发展的现实路径与相关建议，从而为政府及相关主体的决策提供理论参考。因此，调研报告的观点应力求新颖，否则便失去了调研的意义。

为得到新颖的观点，首先需要在调研之初，广泛阅读文献与资料，思考调研选题的必要性，从现实需求出发提出科学问题，即那些在理论或实践中尚未解决但非常重要的问题，把握调研选题的本质与难点；其次，在调研过程中，应时刻保持问题意识，思考可能的解决思路或路径；最后，调研结束后，应进一步反复思考、讨论、论证调研过程中提出的观点，最终得到具有建设性的新观点。

(五)论证严密

在撰写农村经济发展调研报告时,还应注意在论证方面需符合逻辑、便于理解。调研者在构思写作提纲、撰写、调研过程中,要时刻提醒自己遵循报告的整体逻辑。调研报告中常见的逻辑关系有总分关系、因果关系、并列关系、递进关系、点面关系、定性与定量关系等,调研者应该反复思考每一部分的逻辑关系,并遵循该逻辑关系进行撰写。不能为了凑字数把不相关的资料放到调研报告中,调研报告本身应该是一个逻辑严密的有机体,不能有逻辑的断层。

(六)表达贴切

在撰写农村经济发展调研报告时,语言表达方面须平实、客观、直观、简洁。调研者在完成初稿后应反复研读,尽量用最简洁的语言表达思想,不使用过长的句子,切勿陷入"报告越长、质量越高"的误区,不要试图告诉所知道的一切,而要以客观、简洁和有效的表述吸引读者的注意力,避免使用生硬、晦涩的措辞和术语。在撰写时,尽量使用第三人称代词或不使用人称代词,可以使用"笔者发现……"或"调研结果显示……",而不使用"我认为、我们认为……",陈述事实力求客观,避免使用主观或感情色彩较浓的语句。

第四节 调研报告的结构及其写作

常见调研报告的结构主要包括标题、摘要、引言、理论框架、研究方法、研究结果、结论和建议、参考文献、附录等。不同类型的调研报告结构相似,但写作要点却不大相同。本节主要介绍计量类调研报告、案例类调研报告两类调研报告的结构与写作要点。

一、标题及其写作

标题(Title)即研究的主题或现实问题,应该简明扼要地概括出调研报告的主题或重点。标题应是画龙点睛之笔,它必须准确揭示调研报告的主题思想,做到题文相符。标题要简单明了,高度概括,具有较强的吸引力。常见的标题由调查对象、调查内容、文体三个部分组成,例如在"农产品电商发展现状调研报告"中,"农产品电商"是调查对象,"发展现状"是调查内容,"调研报告"是文体。

标题的表现形式通常有单标题和双标题两种，单标题是指调研报告只有一个正标题，双标题是指调研报告既有一个正标题，还有一个副标题。标题的写作方法一般有三种。一种是“直叙式”，即在标题中直接指出调研对象、调研问题，例如“农村土地流转问题调研报告”；第二种是“观点式”，即在标题中直接说明调研的观点，例如“土地流转何以能促进农户增收——基于××县的调查研究”；第三种是“提问式”，即在标题中通过提问表明报告主题，同时引起读者的兴趣，例如“电商直播能够增进消费者信任吗？——基于××县的调查研究”。

二、摘要及其写作

摘要（Abstract）是对调研报告整体内容的凝练，主要包括研究问题、研究意义、研究对象、研究方法、创新点、研究结论和相关建议等，字数一般控制在500字以内。撰写摘要是为了让读者在研读全文前，能够明晰调研报告的核心思想，判断其可读性。因此摘要具有高度的概括性，是读者判断调研报告质量的重要参考。

摘要虽位于正文之前，但一般是在完成调研报告全文后才开始撰写。调研者要把撰写摘要放在极其重要的位置，反复修改，直至无法再改动任何一个字词。调研者在撰写摘要时，应指明调研报告研究的问题，并注重强调研究结论与创新点，其他部分内容可以适当简略。当调研者完成摘要撰写后，可以请其他团队成员阅读，看其能否简要概括出调研报告的核心内容，以此判断调研报告摘要撰写得是否清晰、全面。

三、引言及其写作

引言（Introduction）包括调研对象、调研目的和调研方法。学术性调研报告引言部分需要涉及的内容更多，不仅需要有农村经济发展问题提出的现实背景和政策背景，还需要有文献综述给出的理论背景。因此，学术性调研报告需要包括问题提出的现实背景、政策背景、理论背景，问题的提出，通过调研解决问题的方案等部分内容。

现实背景通常包括调研主题的现实发展情况、参与主体存在的问题等。现实发展情况可以通过一些统计数据来表明，也可以通过以往权威资料统计的现实数据来表明。政策背景主要包括政策支持情况，一般包括中央一号文件，农业农村部、商务部等相关政府部门发布的相关文件，以及地方政府发布的政策文件等。参与主体存在的问题是指调研事件的相关方在现实中的功能错位情况，这里可以有一些新闻案例材料支撑。例如在“农村电商对农户收入的影响调研报告”中，现实背景可以包括农产品电商发展趋势、农产品上行量、农产品下行量，带动农户就业人数等，政策支持可以是中央一号文件中对农村电商的倡导，商务部在全国范围内选取电子商务示范县的政策等，参与主体存在的问题可以是农户的受教育水平低等现象。

理论背景需要通过文献综述得到，文献综述需要通过收集、聚焦与调研主题直接相关的高质量文献，通过阅读梳理、分类、总结归纳，将所阅读资料的学术观点客观地总结出来。通过文献综述，调研者需要回答以下几个问题：(1)与调研主题相关的研究现状如何？是否有一些不足和需要完善的地方？(2)现有研究采用的方法是质性研究还是量化研究？研究方法是否合适？是否存在可以改进的方法？(3)已有研究的结论是否存在分歧？若存在分歧，则造成分歧的原因是什么？最后，通过对上述问题的回答，得出此调研报告需要探究的问题。

从现实背景、政策背景、理论背景提出问题后，调研者就可以有针对性地对调研报告解决上述问题的思路、方法作出简要说明，体现出此调研报告的研究价值、创新性。

四、理论框架及其写作

理论框架(Theoretical Framework)是学术性调研报告的核心，只有具备了合乎逻辑的理论框架，整个调研报告的论证才具备了“灵魂”，否则无论是何种研究方法，也只能沦为研究方法、数据或文字资料的“大型展览”。理论框架，是进一步量化论证或案例论证分析的“理论逻辑目标”，即任何形式的论证都是为了论证理论框架的合理性。撰写理论框架时，需要符合论证性、理论性和创新性。

(一)论证性

论证性是指调研报告提出观点或结论的逻辑合理性和充分的证据支持程度。论证性强的报告在逻辑上连贯，提供可靠的数据和证据，考虑并反驳可能存在的对立观点，同时具有透明度和可验证性，使读者能够清晰理解和验证其结论的可靠性和有效性。理论框架是调研主题的理论推演，与调研主题具有直接相关性。例如在“农村电商对农户收入的影响调研报告”中，调研主题是农村电商对农户收入的影响，调研报告的理论框架就包括农村电商对农户收入影响的平均效应、农村电商对农户收入影响的组间效应，前者旨在分析农村电商何以对农户收入产生平均的正向影响，后者旨在分析农村电商何以对不同群体的农户产生不同收入影响。无论如何，理论框架是通过理论推理得出的相应的分析框架。

(二)理论性

形成理论框架是从社会经济现象到一般理论的凝练升华，是从具体到一般的过程，因此,理论框架写作需要理论性。在农村经济发展调研过程中,调研者观察到的是一系列农村社会经济现象,从社会经济现象中剖析出经济学中的本质问题,并上升到一般化的路径逻辑与论证,则形成了理论框架。例如,在调研中观察到的是一个村有很多农户从事农产品的网络销售,当地形成了完整的分拣、粗加工、包装、打包、物流的产业链,并已形成规模;调研者则需要从这些农村社会经济现象中梳理出农户如何从电商发展中增加收入的机理,例如农产品电商高效地对接了产销信息,获取信息变得更加容易,极大地降低了交易成本,增加了农户网络销售的利润,即从农村社会经济现象中归纳出"农产品电商通过拓展信息渠道、降低交易成本,增加农户销售利润"的经济逻辑。完成了从农村社会经济现象中的每个案例到理论的凝练升华,就能逐步构建起完整的理论框架。

(三)创新性

从现实出发,提出与以往研究不同,或补充以往研究空白的论点,这样的理论框架具备较强的创新性。提出新的理论框架的原因在于以往学者提出的理论不能很好地解释现实,需要新的研究与案例来拓展与论证,因此,调研报告中提出的理论框架一定是具备一些新意的。这种新意可以来源于对农村社会经济现象的认真观察与深度思考,可以是以往学者尚未观察的新的农村社会经济现象,而这个新的农村社会经济现象体现了新的路径与逻辑,例如电子商务发展以后,对农产品销售产生了颠覆性的影响,调研者就可以根据这类新涌现的现象展开研究。这种新意也可来自对已有研究选取新的角度重新解释,抑或采用新的研究方法重新测度,例如以往学者多从成本降低方面研究电商对农户的增收作用,而新的研究则可以从赋能方面展开分析,也可以考虑采用更高质量的数据、更适合的计量经济模型进行分析。

五、研究方法及其写作

研究方法(Research Method)是指在科学研究中采用的一系列系统化的程序和技术,旨在收集、分析和解释数据,以回答研究问题或验证假设。不同类型的调研报告,其研究方法差异性较大,下面将分类详细介绍计量类调研报告和案例类调研报告研究方法的写作要点。

(一)计量类调研报告研究方法的写作

计量经济学模型方法部分的写作,一般情况下包括抽样方案的介绍、调查问卷的介绍、模型方法的选择、变量的设置四个方面。

在抽样方案方面，调研报告中应该对调研总体和样本进行说明，要对调研对象进行界定，对调研对象的构成、分布进行介绍，还要对抽样框的来源、构造方法，以及抽样方法的不足之处进行说明；此外，还要对样本的基本情况、收集数据的过程、如何确保数据质量等，以及有效问卷的数量做一些必要的介绍，具体的方法详见第五章。

在调查问卷方面，首先要对调查问卷包含的板块、调研报告用到的板块进行详细的说明，还要对调查问卷设计的过程进行简要的介绍，以及对运用何种方式展开问卷调研等进行必要的论述，具体的方法详见第六章。

在模型方法的选择方面，第一要厘清研究问题的性质，确定该类研究问题适合用什么类型的计量经济模型，即要对研究问题所采用研究方法的匹配性、必要性进行详细阐释。第二，要对采用的研究方法进行详细的介绍，尤其是在该研究方法中可能有分支时，要说明拟采用的分支方向。第三，如果研究方法的内容过多，可以详细写能体现研究方法核心步骤的内容，简略写其他细节内容。例如在“农户培训的收入效应调研报告”中，应该首先把研究问题界定为“政策的实施效果”类问题，进一步筛选此类研究问题的计量方法，通过分析发现采用准自然实验研究中的“倾向得分匹配法（PSM）”比较适合，要详细指出PSM的优势与处理农户培训政策效果的合理性。其次，要详细介绍PSM的原理，以及在运用PSM过程中，在需要选择Logit模型或Probit模型估计概率时，为何选择其中一种而不是另外一种的原因，具体的方法详见第十章。

在变量设置方面，首先要结合以往学者处理同类型研究问题时所选取的变量，详细列出调研报告中拟采用变量的依据。其次，应该对所选择的变量进行适当的分类，比如物质资本类、人力资本类、社会资本类、政策支持类、控制变量类等。最后，应该对所有涉及的变量进行描述性统计，并简要介绍统计结果。

（二）案例类调研报告研究方法的写作

案例研究一般是指通过观察一个新的社会现象，以一个或多个典型案例为代表，基于已有理论或理论工具，解释这个新的社会现象的多维特征，挖掘出现象背后的机理与路径，回答“是什么、为什么、怎么做、做得怎么样”等几个问题；抑或运用逻辑推理或质性研究方法，归纳构建一个新理论，解释现象背后蕴含的机理或机制。前者是从理论到现象，而后者是从现象到理论，在撰写案例类调研报告时，两种形式都是可以的，具体选取哪种形式，要根据研究问题确定。若研究问题是属于解释性的，则可以选用现有理论重新解释新社会现象；若研究问题是属于探究性的，则可以通过对案例的分析，构建一个新理论。如图11-3所示，从案例研究方法来看，案例研究可分为逻辑推理法与质性研究法，从案例研究数量来讲，案例研究可分为单案例研究与多案例研究。具体内容详见第九章。

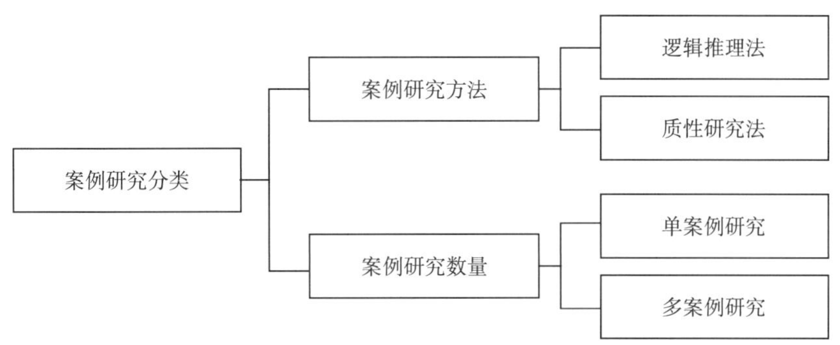

图11-3 案例研究的分类

案例研究方法一般可以分为逻辑推理法与质性研究法。与撰写案例介绍不同，案例类研究报告中，注重的不是案例本身的介绍，而是针对案例的分析。在案例分析过程中，通常可以采用逻辑推理的办法，通过描述案例，从中推理出相关的观点，例如论文《经济结构变革、村庄转型与宅基地制度变迁——四川省泸县宅基地制度改革案例研究》①采用的即逻辑推理法。另外一种方法是采用质性研究方法，例如扎根理论方法，基于特定的程序，归纳出相关的理论，例如论文《乡村振兴背景下农村电商产业集聚与区域经济协同发展机制——基于产业集群生命周期理论的多案例研究》②采用的即扎根理论方法。

此外，根据所选用案例的数量，可以将案例研究法分为"单案例研究"与"多案例研究"。单案例研究法是指全文中以一个典型案例为研究对象，从单一案例归纳出相关的理论或解释，例如论文《由农民分化迈向共同富裕：现实困顿与实现路径——基于湖北兴村的纵向单案例分析》③采用的即单案例研究法。多案例研究法则是指以多个案例为研究对象，采用复制法则归纳出相关理论或解释，论文《农产品电商直播中消费者信任的形成机制：中介能力视角》④中即采用了多案例研究的方法。

在撰写案例类调研报告时，要注意根据研究问题的属性，选择逻辑推理或质性研究的方法，并结合调研材料，采用单案例或多案例的研究方法。

① 刘守英，熊雪锋.经济结构变革、村庄转型与宅基地制度变迁——四川省泸县宅基地制度改革案例研究[J].中国农村经济，2018(6)：2-20.

② 梅燕，蒋雨清.乡村振兴背景下农村电商产业集聚与区域经济协同发展机制——基于产业集群生命周期理论的多案例研究[J].中国农村经济，2020(6)：56-74.

③ 王亚星，罗建章，杜焱强.由农民分化迈向共同富裕：现实困顿与实现路径——基于湖北兴村的纵向单案例分析[J].农业经济问题，2024(1)：118-131.

④ 熊雪，朱成霞，朱海波.农产品电商直播中消费者信任的形成机制：中介能力视角[J].南京农业大学学报(社会科学版)，2021，21(4)：142-154.

六、研究结果及其写作

研究结果(Research Result)指在科学研究或调查中获得的数据、观察结果、实验结果或发现。调研报告采用的研究方法不同,相应的研究结果撰写要点也应有所不同。

(一)计量类调研报告研究结果的写作

在计量经济模型分析的基础上,就可以对模型处理结果进行数据分析。

首先,要对计量经济模型的主要结果进行准确解读,调研者不能夸大,或者偷换概念进行解析。例如模型结果若只能显示变量之间具有相关关系,就不能过度解读为变量之间具有因果关系。

其次,要对模型的系数大小进行准确的解释,不同模型的系数是具有不同含义的,有些模型的系数大小直接反映了边际效应,有些模型则需要进一步求解边际效应,才能解释自变量变化百分之一时引起的因变量变化幅度。

再者,除了计量模型数据结果的解读,还需结合经济学意义和现实情况,对模型结果中显著的变量、不显著的变量进行解释;要认识到计量经济模型追求的不完全是变量的显著性,变量系数不显著也是一种结果。

最后,计量经济模型的结果,要与调研报告中的理论分析框架结合起来解读,看计量经济模型的结果是否能够论证理论分析框架中的研究假说,在文中要作出明确的判断。

(二)案例类调研报告研究结果的写作

案例分析是在案例介绍之后所进行的分析,案例分析一般是结合案例研究方法同步写作的。在撰写案例分析时,要注意以下几点。

一是案例分析要有严密的逻辑。案例分析本身容易遭受研究方法方面的质疑,因此在选择案例时要十分注意案例的代表性。在撰写时要十分注意各级标题、标题与段落间、不同段落间、主旨句与内容之间的逻辑关系,在论证上要经得起推敲。

二是案例与案例分析要有机结合,案例是引子,案例分析才是目的。在撰写调研报告时,案例介绍与案例分析最好能从形式上有所区分,可以把案例介绍以特殊的字体、特殊的格式展示出来。案例介绍之后,一般是案例分析,不宜相隔太远。案例分析内容最好能用框架图、表格的形式进行展示,使案例分析更具可读性。除此之外,案例分析必须具有很强的精准性,不能是泛泛而谈、放之四海而皆准的内容。

三是案例分析的载体一般是机理、机制或路径的解析。通过案例分析解决的问题一般是“是什么、如何做”类的问题,虽然不同于计量模型实证研究,但案例分析实际上也是为了探讨变量之间的关系。因此,在撰写案例类调研报告过程中,案例分析内容的标题通常是自变量影响因变量的机制分析、自变量对因变量的作用机理分析、自变量对因变量的作用路径分析等。

七、结论和启示及其写作

结论(Conclusion)即调研报告的结束语，是指在对某个问题或主题进行研究、讨论或分析后所得出的结论性观点或结果。好的结论撰写可以使读者明确主题，加深对问题的认识，并能进一步启发思考和联想。结论部分，需要对前文中研究背景、研究意义、研究思路、研究结果做一个简要的梳理，在此基础上，有针对性地把模型结果凝练升华为一般化的结论。

政策建议(Policy Suggestion)是针对特定问题或挑战提出的一系列措施、方案或建议，旨在指导政府、组织或个人制定政策、规划和行动计划。将调研结论与现实情况相结合，有针对性地提出相应的政策建议。提出政策建议时，要注意尽量具体化，明确哪些主体应该采取什么样的措施，建议要有针对性。另外应该特别注意的是，建议与结论必须是直接相关的，不能相互割裂。

计量类调研报告尤其要注意量化结果的准确表达，不要刻意回避一些不显著的变量，在凝练一般化结论时，切忌盲目夸大、盲目拓展。案例类调研报告尤其要注意对案例所蕴含的机理或机制进行一般性的概括，并对其适用性作出准确的界定。

八、参考文献及其写作

参考文献(References)是研究过程中使用、引用或参考的书籍、期刊文章、报告、网页或其他来源的清单。目的是支持作者的论点或观点，并向读者提供进一步阅读和研究的资源。参考文献的撰写需注意以下几点。

首先，文末的参考文献需要与调研报告中引用的文献一一对应，正文所引用参考文献须在文后列出，文后所列参考文献应在前文中实际引用。

其次，在正文中，参考文献一般采用“作者姓名(编著年份)”或“(作者姓名，编著年份)”的格式，如有必要，可在编著年份后注明页码。

再者，中文作者如果为两人，应写出两位作者的姓名并在中间加顿号；中文作者三人及三人以上，仅写出第一作者加“等”字。英文作者如果为两人，应写出两位作者的姓并在中间加“and”；英文作者如果为三人及以上，仅写出第一作者的姓加“et al.”。同时引用多篇文献时，可在一个括号中一起注明，不同作者的文献用分号分开；同时引用一位作者的多篇文献时，可在一个括号内注明，不同年份之间用逗号分开；同时引用一位作者同一年份的多篇文章时，须在年份后紧跟“a、b、c……”以区分不同的文献。

最后，参考文献需采用规范的引用格式。这里以期刊《中国农村经济》的投稿要求为例，阐述不同类型参考文献的引用格式①。

知识卡片

不同类型参考文献的引用格式

不同类型文献引用范式如下：

（一）期刊论文

（1）中文期刊论文

体例：作者姓名，年份：《论文题目》，《刊名》第××期，第××-××页。

例：蔡昉、王美艳，2007：《农村劳动力剩余及其相关事实的重新考察——一个反设事实法的应用》，《中国农村经济》第10期，第4-12页。

（2）英文期刊论文

体例：作者姓名，年份，“论文题目”，*刊名*，卷（期）：××-××.

注意事项：英文文献第一作者的姓在前、名在后（名用缩写，并用实心点标明），姓、名之间用逗号隔开；其余作者的名、姓顺序不变，名在前，姓在后，中间不用标点符号隔开。

例：Aaberge，R.，M. Mogstad，and V. Peragine，2011，“Measuring Long-term Inequality of Opportunity”，*Journal of Public Economics*，95（3-4）：193-204.

（二）著作

（1）中文著作

体例：作者姓名，年份：《著作题目》，出版地：出版社，页码（第××页或第××-××页）。

例：蔡昉、都阳、王美艳，2003：《劳动力流动的政治经济学》，上海：上海人民出版社，第23-27页。

（2）英文著作

体例：作者姓名，年份，*书名*，出版地：出版社，页码（××或××-××）。

例：Feenstra，R. C.，2004，*Advanced International Trade：Theory and Evidence*，Princeton，N.J.：Princeton University Press，31-45.

（3）译文著作

体例：作者姓名，年份：《著作题目》，××译，出版地：出版社，页码（第××页或第××-××页）。

注意事项：作者姓名直接写中文译名，出版年份仅标注所引文献中译本的出版年份。

例：斯密，2011：《国富论》，郭大力、王亚南译，南京：译林出版社，第37-42页。

提醒：参考文献中书籍的版次不放在书名号内，且应改用阿拉伯数字表示。例如：《社会学概论新修》（第4版）。

① 引自 http://crecrs-zgncjj.ajcass.org/Show/1194？itemID=157668.

（三）工作论文

（1）中文工作论文

体例：作者姓名，年份：《论文题目》，组织机构名称（如××大学××学院）工作论文（编号），文献来源或网址。

例：余森杰、崔晓敏，2016：《我国的产能过剩及其衡量方法》，北京大学国家发展研究院工作论文 No.C2016009，http://www.nsd.pku.edu.cn/publications/tlg/tlg2015/2016/0905/271 59.html。

（2）英文工作论文

体例：作者姓名，年份，“论文题目”，组织机构名称（例如××大学××学院）工作论文（编号），文献来源或网址.

例：Wei, S., and Y. Wu, 2001, “Globalization and Inequality: Evidence from within China”, NBER Working Paper 8611, http://www.nber.org/papers/w8611.

（四）析出文献

（1）中文析出文献

体例：析出文献作者姓名，年份：《析出文献题目》，载源文献作者姓名（编）《源文献题目》，出版地：出版社，第××–××页。

例：史泰丽、岳希明、古斯塔夫森、李实，2008：《中国城乡之间收入差距分析》，载李实、史泰丽、古斯塔夫森（编）《中国居民收入分配研究Ⅲ》，北京：北京师范大学出版社，第120–166页。

（2）英文析出文献

体例：析出文献作者姓名，年份，“析出文献题目”，in 源文献作者姓名（eds.）*源文献题目*，出版地：出版社，××–××.

注意：如果编者只有一个，用“ed.”。

例：Li, S., and C. Luo, 2010, “Reestimating the Income Gap between Urban and Rural Households in China”, in M. K. Whyte (ed.) *One Country, Two Societies: Rural-Urban Inequality in Contemporary China*, Cambridge, MA: Harvard University Press, 105–121.

（五）外文会议论文

体例：文献作者姓名，年份，“会议论文题目”，conference paper，会议名称，会议地点，文献链接或网址.

例：Taylor, M., and A. Featherstone, 2016, “The Value of Social Capital in Cropland Leasing Relationships”, Conference Paper, 2016 Annual Meeting of Agricultural and Applied Economics Association, Boston: Massachusetts, https://ideas.repec.org/ p/ags/aaea16/235975.html.

（六）学位论文

（1）中文学位论文

体例：论文作者，年份：《论文题目》，××学校硕士（博士）学位论文。

例：王旭东，2007：《中国农村宅基地制度研究》，财政部财政科学研究所博士学位论文。

(2)外文学位论文

体例:论文作者,年份,“论文题目”,PhD(Master) Dissertation,××University.

例:Lin, Weiwei, 2020, “Robust Speaker Recognition Using Deep Neural Networks”, PhD Dissertation, The Hong Kong Polytechnic University.

(七)研究报告

(1)中文研究报告

体例:文献作者,年份:《研究报告题目》,文献网址链接。

例:中商产业研究院,2021:《2021年中国农业机械行业市场前景及投资研究报告》,https://www.askci.com/news/chanye/202103 15/1735101386916.shtml。

(2)英文研究报告

体例:文献作者,年份,“研究报告”,文献网址链接.

例:World Bank, 2009, “China – From Poor Areas to Poor People: China’s Evolving Poverty Reduction Agenda – An Assessment of Poverty and Inequality”, https://documents.worldbank.org/en/publication/documents-reports/documentdetail/816851468219918783/china-from-poor-areas-to-poor-people-chinas-evolving-poverty-reduction-agenda-an-assessment-of-poverty-and-inequality.

九、附录及其写作

附录(Appendix)是指附在调研报告正文后面与正文有关的说明性文字,由于篇幅过大或并非核心内容,而不便编入正文的材料。附录的作用是便于读者更详细地了解调研报告的内容,包括调研区域的详细介绍、抽样方法的设计、研究结果的推导过程等。附录是调研报告的补充部分,并不是必需的,可根据需要权衡取舍。

在计量类调研报告中,附录的类型常有某种数学模型的推导过程、某种指标设计的参考文献等。而在案例类调研报告中,附录的类型常有某项政策制定的详细背景、某个区域的地图等。附录的具体形式主要有照片、论文、图表等,通常情况下,需按顺序进行编号,置于文末。

思政内容提要

通过撰写调研报告培养学生提炼科学问题的能力。通过农村经济发展调查收集大量数据和真实案例,增加学生对中国农村经济与社会发展的真实感知,提高学生将理论与现实相结合分析的能力,帮助学生发现制约中国农村经济与社会发展的科学问题,并将此科学问题作为调研报告的主题。

通过撰写调研报告培养学生探求真理的科研精神和发现规律解决问题的科研能力。撰写调研报告是展示科学研究过程和结果的重要方式。科学研究本质上是一个证“伪”的过程。在这个过程中，错误的理论假说不断地被推翻，而新的理论假说不断被提出并接受验证，如此循环往复，不断推动了科学的发展。正如毛泽东所指出的，“实践、认识、再实践、再认识，这种形式，循环往复以至无穷，而实践和认识之每一循环的内容，都比较地进到了高一级的程度”。

通过撰写调研报告提升学生的批判性思维能力。科学研究的证“伪”本质彰显了批判性思维的重要性。批判性思维，即质疑精神，是一种科学精神、创新精神。习近平指出，“哲学社会科学要有批判精神，这是马克思主义最可贵的精神品质”。

通过撰写调研报告理解科学研究过程中的相对真理和绝对真理的辩证统一关系。相对真理指在一定条件下对有限的客观事物的相对正确的认识。相对真理和绝对真理是辩证统一的，绝对真理寓于相对真理之中，在相对真理中包含有绝对真理的成分，无数相对真理的总和就是绝对真理。任何没有被证“伪”的理论假说可视为相对真理，即在一定条件下成立的真理，随着实证研究的不断深化，相对真理将不断趋向绝对真理。

本章小结

本章遵循“为什么要撰写调研报告→什么是调研报告→如何撰写调研报告”的逻辑思路，详细介绍了从调研结束到撰写完整调研报告的整个过程。

调研报告可由国家或地方政府部门委托、涉农企业委托或者科研管理部门委托相关机构或人员撰写。撰写调研报告的目的在于介绍调研的目的与过程、展示调研数据分析过程和结果，并提出解决问题的政策建议。

农村经济发展调研报告是调研实施方基于收集的文字、图片、问卷数据、访谈信息等资料，围绕特定的主题，遵循一定的逻辑思路，撰写的关于调研对象的现状、机制、问题与建议的书面介绍与分析。调研报告具有政策相关性、研究时效性、地域差异性、风格多样性等特点。根据调研报告的内容范围，可以将农村经济发展调研报告分为综合性调研报告与专题性调研报告；根据调研报告的目的，可以将农村经济发展调研报告分为学术性调研报告与应用性调研报告；根据研究方法的不同，可以将农村经济发展调研报告分为计量类调研报告与案例类调研报告两种。

撰写调研报告的步骤包括确定调研报告的主题，选择研究所需材料，拟定调研报告的提纲，撰写书面调研报告，咨询反馈和修改等环节。撰写调研报告应注意主题突出、内容真实、数据确切、观点新颖、论证严密、表达贴切等。常见调研报告的结构主要包括标题、摘要、引言、理论框架、研究方法、研究结果、结论和建议、参考文献、附录等。

关键术语

综合性调研报告　Comprehensive Survey Report

专题性调研报告　Thematic Survey Report

学术性调研报告　Academic Survey Report

应用性调研报告　Applied Survey Report

计量类调研报告　Econometric Survey Report

案例类调研报告　Case Survey Report

标题　Title

摘要　Abstract

引言　Introduction

理论框架　Theoretical Framework

研究方法　Research Method

研究结果　Research Result

结论　Conclusion

政策建议　Policy Suggestion

参考文献　References

附录　Appendix

思考练习

1. 撰写调研报告的目的是什么？

2. 农村经济发展调研报告有哪些特点？

3. 撰写调研报告一般包括哪些步骤？

4. 常见的调研报告的结构是什么？各部分内容的撰写要点有哪些？

实践练习

(1)以小组为单位,根据已经确定的农村经济发展调查主题,基于实地调研资料的整理和分析,撰写案例实证类型的调研报告。

(2)以小组为单位,根据已经确定的农村经济发展调查主题,基于实地调研资料的整理和分析,撰写计量实证类型的调研报告。

参考文献

[1] 阿琳·芬克.如何设计调查问题:第二版[M].黄卫斌,译.北京:中国劳动社会保障出版社,2004.
[2] 艾尔·巴比.社会研究方法[M].14版.邱泽奇,译.北京:清华大学出版社,2021.
[3] 陈强.高级计量经济学及Stata应用[M].2版.北京:高等教育出版社,2014.
[4] 陈伟,岳广军,徐长冬.市场调查与预测[M].哈尔滨:哈尔滨工程大学出版社,2012.
[5] 陈卫,刘金菊.社会研究方法概论[M].北京:清华大学出版社,2015.
[6] 陈卫洪,洪名勇.农村经济调查方法[M].北京:中国经济出版社,2012.
[7] 达莱尔·哈夫.统计陷阱[M].廖颖林,译.上海:上海财经大学出版社,2002.
[8] 丹尼·L.乔金森.参与观察法:关于人类研究的一种方法[M].张小山,龙筱红,译.重庆:重庆大学出版社,2015.
[9] 德尔博特·C.米勒,内尔·J.萨尔金德.研究设计与社会测量导引:第6版[M].风笑天,等译.重庆:重庆大学出版社,2004.
[10] 邓恩远,于莉.社会调查方法与实务[M].北京:北京大学出版社,2009.
[11] 翟振武,等.社会调查问卷设计与应用[M].北京:中国人民大学出版社,2019.
[12] 杜智敏.社会调查方法与实践[M].郭宜斌,审校.北京:电子工业出版社,2014.
[13] 杜子芳.抽样技术及其应用[M].北京:清华大学出版社,2005.
[14] 范水生.农村社会调查[M].北京:中国农业出版社,2007.
[15] 费孝通.江村经济[M].北京:生活·读书·新知三联书店,2021.
[16] 风笑天.现代社会调查方法[M].5版.武汉:华中科技大学出版社,2014.
[17] 弗洛尹德·J.福勒.调查研究方法[M].2版.孙振东,龙藜,陈荟,译.重庆:重庆大学出版社,2009.
[18] 福武直,松原治郎.社会调查方法[M].长沙:湖南大学出版社,1986.
[19] 郝大海.社会调查研究方法[M].4版.北京:中国人民大学出版社,2019.
[20] 约翰·吉尔林.案例研究:原理与实践[M].黄海涛,刘丰,孙芳露,译.重庆:重庆大学出版社,2017.
[21] 贾俊平,何晓群,金勇进.统计学[M].7版.北京:中国人民大学出版社,2018.
[22] 江立华,水延凯.社会调查教程[M].7版.北京:中国人民大学出版社,2018.

[23] 金勇进,杜子芳,蒋妍.抽样技术[M].2版.北京:中国人民大学出版社,2008.

[24] 柯惠新,丁立宏.市场调查[M].北京:高等教育出版社,2008.

[25] C.R.劳.统计与真理:怎样运用偶然性[M].北京:科学出版社,2004.

[26] 劳伦斯·纽曼.社会研究方法:定性和定量的取向:第5版[M].郝大海,译.北京:中国人民大学出版社,2007.

[27] 李金昌.应用抽样技术[M].2版.北京:科学出版社,2010.

[28] 理查德·P.鲁尼恩,凯·A.科尔曼,戴维·J.皮滕杰.行为统计学基础:第9版[M].王星,译.北京:中国人民大学出版社,2007.

[29] 刘芳.农村统计与调查[M].北京:高等教育出版社,2014.

[30] 刘建平.抽样技术与应用[M].北京:北京大学出版社,2021.

[31] 陆方文.随机实地实验:理论、方法和在中国的运用[M].北京:科学出版社,2020.

[32] 罗伯特·K.殷.案例研究:设计与方法:第5版[M].周海涛,史少杰,译.重庆:重庆大学出版社,2017.

[33] 吕亚荣.农村社会经济调查方法[M].北京:中国人民大学出版社,2010.

[34] 马克思,恩格斯.马克思恩格斯全集:第3卷[M].北京:人民出版社,1960.

[35] MILES M B,HUBERMAN A M.质性资料的分析:方法与实践:第2版[M].张芬芬,译.重庆:重庆大学出版社,2008.

[36] 玛丽亚·海默,曹诗弟.在中国做田野调查[M].于忠江,赵晗,译.重庆:重庆大学出版社,2012.

[37] 迈克尔·曼.国际社会学百科全书[M].袁亚愚,译.成都:四川人民出版社,1989.

[38] 毛泽东.毛泽东农村调查文集[M].北京:人民出版社,1982.

[39] 邓肯·米切尔.新社会学词典[M].蔡振扬,谈谷铮,雪原,译.上海:上海译文出版社,1987.

[40] 诺曼·布拉德伯恩,希摩·萨德曼,布莱恩·万辛克.问卷设计手册:市场研究、民意调查、社会调查、健康调查指南[M].赵锋,译.重庆:重庆大学出版社,2011.

[41] 潘善琳,崔丽丽.SPS案例研究方法:流程、建模与范例[M].北京:北京大学出版社,2016.

[42] 邱泽奇.费孝通与江村[M].北京:北京大学出版社,2004.

[43] 范水生.农村社会调查[M].北京:中国农业出版社,2007.

[44] 水延凯,江立华.社会调查教程[M].6版.北京:中国人民大学出版社,2014.

[45] 苏驼.社会调查原理与方法[M].武汉:湖北科学技术出版社,1989.

[46] 阿巴斯·塔沙克里,查尔斯·特德莱.混合方法论:定性方法和定量方法的结合[M].唐海华,译.重庆:重庆大学出版社,2010.

[47] 托尼·巴赞.思维导图:放射性思维[M].李斯,译.北京:作家出版社,1998.

[48] 万崇华,许传志.调查研究方法与分析[M].北京:中国统计出版社,2016.

[49] 吴明隆.问卷统计分析实务:SPSS操作与应用[M].重庆:重庆大学出版社,2010.

[50] 吴永祥.怎样搞农村经济调查[M].北京:农业出版社,1986.

[51] 吴增基,吴鹏森,苏振芳.现代社会调查方法[M].4版.上海:上海人民出版社,2014.

[52] 杰弗里·M.伍德里奇.计量经济学导论:现代观点:第4版[M].北京:清华大学出版社,2009.

[53] 萧浩辉.决策科学辞典[M].北京:人民出版社,1995.

[54] 肖苏,张建芹.市场调查与分析[M].北京:人民邮电出版社,2017.

[55] 邢占军,衣芳.社会调查研究方法[M].北京:人民出版社,2010.

[56] 徐经泽.社会调查理论与方法[M].北京:高等教育出版社,1994.

[57] 徐锐,鲁艺.农村社会调查方法[M].北京:科学出版社,2019.

[58] 徐映梅.市场调查理论与方法[M].北京:高等教育出版社,2018.

[59] 杨贵军,尹剑,王维真.应用抽样技术[M].北京:中国统计出版社,2015.

[60] 杨学新.卜凯与20世纪中国农业变革[M].北京:人民出版社,2018.

[61] 约翰·W.克雷斯威尔.研究设计与写作指导:定性、定量与混合研究的路径:第2版[M].崔延强,主译.重庆:重庆大学出版社,2007.

[62] 约瑟夫·A.马克斯威尔.质的研究设计:一种互动的取向:第2版[M].朱光明,译.重庆:重庆大学出版社,2007.

[63] 赵勤.社会调查方法[M].2版.北京:电子工业出版社,2012.

[64] 周璐.社会研究方法实用教程[M].上海:上海交通大学出版社,2009.

[65] 周拥平.江村经济七十年[M].上海:上海大学出版社,2006.

[66] LESSLER J T,KALSBEEK W D.调查中的非抽样误差[M].金勇进,主译.北京:中国统计出版社,1997.

[67] 朱胜,冯亮能.市场调查方法与应用[M].北京:中国统计出版社,2004.

[68] AAKER D A, KUMAR V, DAY G S. Marketing research[M]. 8th ed. New York: John Wiley & Sons, 2004.

[69] CHURCHILL G A, IACOBUCCI D. Marketing research: methodological foundations[M]. 8th ed.Orlando: Harcourt College Publishers, 2002.

[70] CHRZANOWSKA J. Interviewing groups and individuals in qualitative market research[M]. New York: Sage, 2002.

[71] DAYMON C, HOLLOWAY I. Qualitative research methods in public relations and marketing communications[M]. Oxon: Routledge, 2011.

[72] EREAUT G. Analysis and interpretation in qualitative market research[M]. London: Sage, 2002.

[73] GUJARATI D N, PORTER D C. Basic econometrics[M]. 5th ed. New York: McGraw Hill, 2009.

[74] HAIR J F, BUSH R P, ORTINAU D J. Marketing research: within a changing information environment[M]. 2nd, ed. New York: McGraw Hill, 2003.

[75] KISH L. Survey sampling[M]. New York: John Wiley & Sons, 1965.

[76] MCGIVERN Y. The practice of market research: an introduction[M]. 4th ed. London: Pearson Education, 2013.

[77] MOSER C A, KALTON G. Survey methods in social investigation[M]. 2nd ed. New York: Routledge, 2016.

[78] OWEN M. Developing brands with qualitative market research[M]. New York: Sage, 2002.

[79] LYNN P. Advances in Longitudinal Survey Methodology[M]. S.l.: John Wiley & Sons, 2021.